CITY DEVELOPMENT
LAW FIRM 建纬

《建设项目工程总承包合同（示范文本）》逐条精解

——合同适用法律风险防范指引

徐寅哲 著

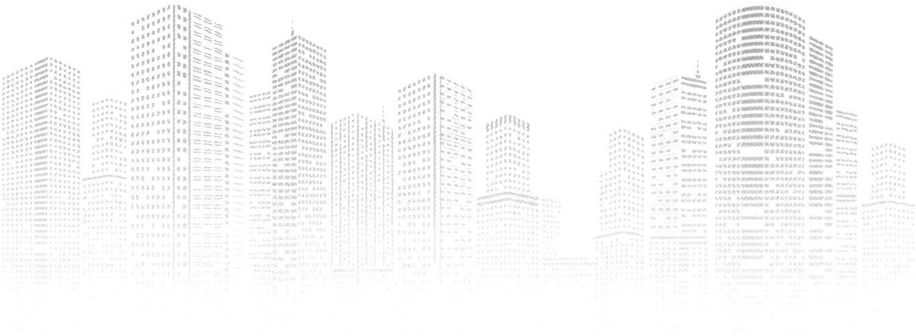

法律出版社 | LAW PRESS
北京

图书在版编目(CIP)数据

《建设项目工程总承包合同（示范文本）》逐条精解：合同适用法律风险防范指引 / 徐寅哲著. -- 北京 ：法律出版社，2022

ISBN 978-7-5197-6908-6

Ⅰ. ①建… Ⅱ. ①徐… Ⅲ. ①建筑工程－承包合同－法律解释－中国 Ⅳ. ①D923.65

中国版本图书馆CIP数据核字(2022)第126660号

《建设项目工程总承包合同(示范文本)》逐条精解
——合同适用法律风险防范指引
《JIANSHE XIANGMU GONGCHENG ZONGCHENGBAO HETONG (SHIFAN WENBEN)》ZHUTIAO JINGJIE
—HETONG SHIYONG FALÜ FENGXIAN FANGFAN ZHIYIN

徐寅哲 著

策划编辑 肖 越
责任编辑 肖 越
装帧设计 汪奇峰

出版发行 法律出版社
编辑统筹 法商出版分社
责任校对 晁明慧
责任印制 胡晓雅
经　　销 新华书店

开本 710毫米×1000毫米 1/16
印张 34 **字数** 538千
版本 2022年9月第1版
印次 2022年9月第1次印刷
印刷 固安华明印业有限公司

地址：北京市丰台区莲花池西里7号(100073)
网址：www.lawpress.com.cn
投稿邮箱：info@lawpress.com.cn
举报盗版邮箱：jbwq@lawpress.com.cn

销售电话：010-83938349
客服电话：010-83938350
咨询电话：010-63939796

书号：ISBN 978-7-5197-6908-6
定价：128.00元

凡购买本社图书，如有印装错误，我社负责退换。电话：010-83938349

阅读说明

本书在阅读过程中,敬请读者注意以下五个方面的问题:

一、有关法律、法规、司法解释和各合同示范文本的表述

为便于阅读,本书中,有关法律、法规、司法解释和各合同示范文本均使用其简称,具体详见《全称、简称对照表》。

二、有关合同示范文本的使用

本书中,逐条精解所关涉的合同条款,以及援引有关合同示范文本时所表述的“条”“款”“项”“目”等,均对应的是通用合同条件(或通用条款),而不涉及专用合同条件(或专用条款)。

三、有关 FIDIC 合同版本参考使用的差异问题

1. 当涉及 FIDIC 合同的相关论述时,仍保留使用“雇主”、“承包商”与“雇主要求”等表述,从而与 FIDIC 合同官方中文版相一致,且分别与本合同示范文本中的“发包人”、“承包人”与“发包人要求”等表述相对应。

2. 当对照使用 FIDIC 合同进行论述时,较多时候 FIDIC 黄皮书与银皮书的表述一致,或者两者的差异仅在于前者的意思表示都是通过“工程师”来作出,而后者则直接是“雇主”自己。因此,这种情况下一般均直接使用“FIDIC 黄(或)银皮书”的表述,而不再分别引用。而当两者在风险分配、责任大小或程序规则等方面有所差异的时候,则是分别引用。

3. FIDIC 黄(或银)皮书 2017 版的官方文本,使用的是机械工业出版社 2021 年 5 月版,但存在部分条款在使用到本书的过程中重新进行了些微中文翻译的调整。[①]

四、有关本书上篇部分的撰写体例

本书上篇部分的撰写,针对具体的合同条款,一般按照【解析】、【关联条文】与【流程图】(如有)的顺序展开。其中,【解析】部分又会分为条款的来源[②]、自身解读(包括对比分析)与具体适用时应注意的事项等。但是,此种撰写体例在全书中亦根据具体条款的具体情况而有所不同,并不完全统一。

五、有关本书撰写的视角立场

本书不做预先的立场和利益角度的前提设定,一般会兼顾发承包双方的各自视角,做相关的风险提示。

---

① 部分调整是因为基于作者个人的理解,认为官方中文版可能存在翻译偏差,但是,限于作者个人的学识能力,若读者在阅读时仍认为官方中文版的翻译更为准确的,则还请自行甄别判断。

② 所谓来源,是基于作者个人的对照学习与检索思考,不代表作者所在单位的观点与立场,可能存在理解谬误,敬请读者在阅读时予以注意。

序

工程总承包是当下建筑业转型升级的重要举措之一。住建部在2016年的93号文(《关于进一步推进工程总承包发展的若干意见》)中指出要充分认识推进工程总承包的意义,促进设计施工的深度融合、提高工程建设和管理水平,不断做优做强工程企业,服务于国家“一带一路”战略实施。国务院办公厅随后在2017年的19号文(《关于促进建筑业 持续健康发展的意见》)中也明确要求,加快推进工程总承包的发展。建纬所有幸在这样一个重要时间节点,加入到为建筑业改革发展出谋划策的专业力量中。过去的5年里,建纬所先后参与了有关单位委托的房屋建筑和市政基础设施项目工程总承包管理办法和完善工程组织实施方式研究的相关课题组,并由我本人担任两个课题组的组长,积极配合有关单位完成课题。此外,在形成工程总承包管理办法和新版工程总承包合同示范文本有关成果的同时,建纬所还努力利用自身优势,组织编写出版了有关配套的理解与适用以及适用指南,尽力为行业发展作出自身应为的专业贡献。

眼前摆在读者诸君面前由徐寅哲律师著作的这本新书,则是所有建纬人始终秉持专业立本之宗旨,积极参与工程总承包行业发展的又一例证。个人著作不同于集体编著,对于作者个人的心力耗费较大,我本人在过去20年间撰写了十本个人专著,深知其中艰辛。根据徐寅哲律师跟我讲的情况,本书萌发于建纬所在2021年春节期间组织的工程总承包发包人要求课题,其个人资料查阅、检索与写作时间先后历时1年整,过程中基本上所有工作之余的时间都在埋头这本新书的写作。我仔细翻阅了徐寅哲律师交给我的书稿,全书共分上下两篇,上篇与新版工程总承包合同示范文本的目录、协议书以及通用条款一一对应,逐个条款进行了精细解读,既指出了作者发现的条款来源、出处,并据此进行了横向对照与比较分析,又提出了作者个人独到的风险防范建议。下篇则是在上篇的基础上,基于作者对整个新版工程总承包合同示范文本的贯通理解,提炼出了八个具体专题,逐一进行了进一步的深入分析。我相信,读者诸君在阅读完本书之后,应该会对新版工程总承包合同示范文本,乃至对工程总承包项目的合约与法律风险防范产生新的认知。

最后不得不提到的是,今年是建纬所成立的 30 周年,在这样一个特殊的年份里,我自是带有别样的情感。30 年来,有志于投身中国建设法治事业发展的建纬人们,不断以自身的各项实际行动,来贡献属于我们建纬人特有的专业力量,著书立说即是其中非常重要的一种方式。因此,在本书即将付梓之际,徐寅哲律师前来请我作序,翻阅全书后我甚感欣慰,并愿为其作序。我想,这是建纬人自己给建纬 30 周年生日非常好的祝贺。在我看来,这,很建纬!

是为序。

朱树英

2022 年 8 月

于建纬所上海办公室

全称、简称对照表

一、国家机构、政府机关和社会组织

全　称	简　称
中华人民共和国国务院	国务院
住房和城乡建设部/厅/局	住建部/厅/局
住房和城乡建设管理委员会	住建委
发展和改革委员会	发改委

二、规范性文件简称

(一)法律

全　称	简　称
《中华人民共和国民法典》	《民法典》
《中华人民共和国合同法》(已废止)	《合同法》
《中华人民共和国招标投标法》	《招标投标法》
《中华人民共和国建筑法》	《建筑法》
《中华人民共和国文物保护法》	《文物保护法》
《中华人民共和国反不正当竞争法》	《反不正当竞争法》
《中华人民共和国安全生产法》	《安全生产法》
《中华人民共和国环境保护法》	《环境保护法》
《中华人民共和国民事诉讼法》	《民事诉讼法》

(二)行政法规、部门规章和其他政府规范性文件

全　称	简　称
《中华人民共和国招标投标法实施条例》	《招标投标法实施条例》
《必须招标的工程项目规定》(国家发展和改革委员会令第16号)	《必须招标规定》
《必须招标的基础设施和公用事业项目范围规定》(发改法规规〔2018〕843号)	《必须招标基础设施和公用事业规定》
国务院办公厅《关于清理规范工程建设领域保证金的通知》(国办发〔2016〕49号)	《清理规范工程建设领域保证金的通知》
国务院办公厅《关于促进建筑业持续健康发展的意见》(国办发〔2017〕19号)	《促进建筑业持续健康发展的意见》
国务院办公厅《关于加强行政规范性文件和监督管理工作的通知》(国办发〔2018〕37号)	《加强行政规范性文件制定和监督管理工作》
《建设工程价款结算暂行办法》(财建〔2004〕369号)	《工程价款结算办法》
《房屋建筑工程质量保修办法》(建设部令第80号)	《房建工程质量保修办法》
《房屋建筑和市政基础设施工程施工分包管理办法》(建设部令第124号)	《房建市政施工分包管理办法》
《房屋建筑和市政基础设施工程施工图设计文件审查管理办法》	《房建市政工程施工图审查管理办法》
《房屋建筑和市政基础设施工程竣工验收规定》(建质〔2013〕171号)	《房建市政工程竣工验收规定》
《建设工程质量保证金管理办法》(建质〔2017〕138号)	《质保金管理办法》
《关于推进建筑业发展和改革的若干意见》(建市〔2014〕92号)	《推进建筑业发展改革的意见》
《建筑工程施工转包违法分包等违法行为认定查处管理办法(试行)》(建市〔2014〕118号)(已废止)	《施工转包分包违法行为管理办法》
《建筑工程施工发包与承包违法行为认定查处管理办法》(建市规〔2019〕1号)	《施工发承包违法行为管理办法》
《关于征求房屋建筑和市政基础设施项目工程总承包管理办法(征求意见稿)意见的函》(建市设函〔2017〕65号)	《工程总承包管理办法(征求意见稿)》
《房屋建筑和市政基础设施项目工程总承包管理办法》(建市规〔2019〕12号)	《工程总承包管理办法》

续表

全　　称	简　　称
《房屋建筑和市政基础设施项目工程总承包计价计量规范(征求意见稿)》(建办标函〔2018〕726号)	《房建市政工程总承包计价计量规范(征求意见稿)》
《关于加快推进房屋建筑和市政基础设施工程实行工程担保制度的指导意见》(建市〔2019〕68号)	《推进房建市政工程实行工程担保制度的指导意见》
劳动和社会保障部办公厅《关于参加商业保险中的人身意外伤害险后是否还应当参加工伤保险问题的复函》(劳社厅函〔2001〕113号)	《参加商业保险中的人身意外伤害险后是否还应当参加工伤保险问题的复函》
《关于推进全过程工程咨询服务发展的指导意见》(发改投资规〔2019〕515号)	《推进全过程工程咨询服务发展的指导意见》
《关于印发铁路建设项目工程总承包办法的通知》(铁建设〔2006〕221号)	《铁路建设项目工程总承包办法》
《关于推进房屋建筑和市政基础设施项目工程总承包发展的实施意见》(苏建规字〔2020〕5号)	《江苏推进房建市政基础设施项目工程总承包发展的实施意见》
《关于进一步推进房屋建筑和市政基础设施项目工程总承包发展的实施意见》(浙建〔2021〕2号)	《浙江进一步推进房建市政基础设施项目工程总承包发展的实施意见》
《关于印发上海市建设项目工程总承包管理办法的通知》(沪住建规范〔2021〕3号)	《上海工程总承包管理办法》
《关于进一步规范本市建筑市场秩序的通知》(京建发〔2015〕36号)	《北京规范建筑市场秩序的通知》
《关于规范房屋建筑和市政基础设施项目工程总承包管理的通知》(吉建办〔2020〕34号)	《吉林规范工程总承包管理》
《关于加强建设工程工期管理有关工作的通知》(冀建市〔2015〕14号)	《河北加强建设工程工期管理有关工作的通知》
《关于推进广西房屋建筑和市政基础设施工程总承包试点发展的指导意见》(桂建管〔2016〕117号)	《广西房建市政工程总承包试点发展的指导意见》
《广西壮族自治区水利建设项目工程总承包指导意见(试行)》(桂水规范〔2018〕4号)	《广西水利项目工程总承包指导意见(试行)》
《湖南省人民政府办公厅关于推进工程总承包发展的指导意见》(湘政办发〔2017〕58号)	《湖南推进工程总承包发展的指导意见》
《关于加强建筑安装工程工期管理的通知》(济建标字〔2011〕5号)	《济南加强建筑安装工程工期管理》

续表

全　称	简　称
《关于加强建筑安装工程工期管理的通知》(青建管字〔2011〕8 号)	《青岛加强建筑安装工程工期管理的通知》
《深圳市建设工程工期管理办法》(深建规〔2015〕4 号)	《深圳建设工程工期管理办法》

(三)司法解释、地方高级人民法院文件

全　称	简　称
最高人民法院《关于审理建设工程施工合同纠纷案件适用法律问题的解释(一)》	《施工合同司法解释(一)》
最高人民法院《关于审理环境侵权责任纠纷案件适用法律若干问题的解释》	《环境侵权责任司法解释》
最高人民法院《关于审理民间借贷案件适用法律若干问题的规定》	《民间借贷案件司法解释》
最高人民法院《关于适用〈中华人民共和国民事诉讼法〉的解释》	《民诉法司法解释》
江苏省高级人民法院《关于审理建设工程施工合同纠纷案件若干问题的解答》(〔2018〕3 号)	《江苏高院施工合同问题解答》
最高人民法院《关于适用〈中华人民共和国合同法〉若干问题的解释(二)》(已废止)	《合同法司法解释(二)》

三、示范文本、行业标准简称

全　称	简　称
《建设项目工程总承包合同示范文本(试行)》(GF－2011－0216)	住建部 2011 版
《标准设计施工总承包招标文件》(2012 年版)	九部委 2012 版
《建设工程施工合同(示范文本)》(GF－2017－0201)	住建部施工合同 2017 版
《生产设备和设计－施工合同条件》2017 版	FIDIC 黄皮书 2017 版
《生产设备和设计－施工合同条件》1999 版	FIDIC 黄皮书 1999 版
《设计采购施工(EPC)/交钥匙工程合同条件》2017 版	FIDIC 银皮书 2017 版

续表

全　　称	简　　称
《设计采购施工(EPC)/交钥匙工程合同条件》1999 版	FIDIC 银皮书 1999 版
《建设项目工程总承包合同(示范文本)》(GF－2020－0216)	2020 版工程总承包合同或本合同示范文本
《建设工程分类标准》(GB/T 50841－2013)	《13 工程分类标准》
《建设工程工程量清单计价规范》(GB50500－2013)	《13 清单计价规范》
《建设工程造价指标指数分类与测算标准》(GB/T 51290－2018)	《18 造价指标指数分类与测算标准》
《建设工程造价咨询规范》(GB/T 51095－2015)	《15 造价咨询规范》
《建筑安装工程费用项目组成》(建标〔2013〕44 号)	《13 建安费用组成》

目 录

Contents

上篇 条文精解

下篇 专题解读

上篇　条文精解

第一章

建设项目工程总承包合同(示范文本)目录解析

目　　录[①]

【解析】

通过目录,我们通常能够最为快速地了解一个合同文本的全貌、主要内容与其制订脉络。为求更为深度地学习、理解好本合同示范文本的目录,我们将住建部 2011 版、九部委 2012 版、FIDIC 黄(或银)皮书(1999 版与 2017 版)这几个国内当前多有使用参考的工程总承包合同文本的目录进行了对比分析。[②] 经比对可发现本合同示范文本至少存在以下三个方面的差异与特点。

一、调整了部分条款名称的表述

相比于住建部 2011 版,本合同示范文本将 2011 版第 1 条[一般规定]改为[一般约定],将第 13 条[变更和合同价格调整]改为[变更与调整],将第 14 条[合同总价和付款]改为[合同价格与支付]。该等条款名称的表述更改,借鉴了 FIDIC 合同,更为精确地契合了条款所列示的内容,符合工程实践的用语习惯。

二、调整了部分条款的罗列顺序

本合同示范文本在具体的条款排序上,借鉴了 FIDIC 的合同体系,按照工程项目的进展流程来加以展开。这一点变化与住建部 2011 版比较起来,显得尤为

---

① 目录全文不再单独罗列,而在后附对比表中予以分析。

② 具体详见后附对比表。

明显。例如,住建部 2011 版在第 4 条规定了[进度计划、延误和暂停],本合同示范文本则将其规定在第 8 条[工期和进度];住建部 2011 版在第 15 条规定了[保险],本合同示范文本则将其规定在第 18 条[保险];住建部 2011 版在第 18 条规定了[合同解除],本合同示范文本则将其规定在第 16 条[合同解除]。此外,本合同示范文本第 9 条到第 12 条,依工程总承包项目的进展流程,调整了竣工试验、验收、工程接收、缺陷责任与保修、竣工后试验的条款顺序。经此调整,使得工程合同自身的内在体系架构更为顺畅,整体上增加了可操作性,便于使用者理解。

三、细化了通用合同条件的内容

如整体的条款组成上,本合同示范文本相比于住建部 2011 版与九部委 2012 版,增加了第 3 条[发包人的管理],并在其中拓展了发包人人员的内涵,采用了“工程师”这一概念。相比于住建部 2011 版,本合同示范文本又将住建部 2011 版第 16 条[违约、索赔和争议]进行拆解细化,分成第 15 条[违约]、第 19 条[索赔]与第 20 条[争议解决]三个条款进行表述,结构更为清晰。

又如具体的条款内容上,住建部 2011 版在不可抗力条款中规定了[不可抗力发生时的义务]与[不可抗力的后果]等内容,九部委 2012 版在不可抗力条款中规定了[不可抗力的确认]、[不可抗力的通知]与[不可抗力后果及其处理]等内容。本合同示范文本在第 17 条[不可抗力]中,作了进一步细化,规定了[不可抗力的定义]、[不可抗力的通知]、[将损失减至最小的义务]、[不可抗力后果的承担]、[不可抗力影响分包人]与[因不可抗力解除合同]等内容。

各合同示范文本具体对比详情见表 1－1－1。

表 1-1-1 各合同示范文本对比详情

住建部 2011 版	九部委 2012 版	FIDIC 黄皮书 2017 版	FIDIC 银皮书 2017 版	2020 版工程总承包合同
第 1 条 一般规定	1. 一般约定	1. 一般规定	1. 一般规定	第 1 条 一般约定
1.1 定义和解释	1.1 词语定义	1.1 定义	1.1 定义	1.1 词语定义和解释
		1.2 解释	1.2 解释	
1.2 合同文件				
1.3 语言文字	1.2 语言文字	1.4 法律和语言	1.4 法律和语言	1.2 语言文字
1.4 适用法律	1.3 法律			1.3 法律
1.5 标准、规范		5.4 技术标准和法规	5.4 技术标准和法规	1.4 标准和规范
	1.4 合同文件的优先顺序	1.5 文件优先次序	1.5 文件优先次序	1.5 合同文件的优先顺序
	1.5 合同协议书	1.6 合同协议书	1.6 合同协议书	
		1.7 权益转让	1.7 权益转让	
	1.6 文件的提供和照管	1.8 文件的照管和提供	1.8 文件的照管和提供	1.6 文件的提供和照管
		1.10 雇主使用承包商文件	1.9 雇主使用承包商文件	
		1.11 承包商使用雇主文件	1.10 承包商使用雇主文件	
	1.7 联络	1.3 通知和其他通信交流	1.3 通知和其他通信交流	1.7 联络
	1.8 转让			
	1.9 严禁贿赂			1.8 严禁贿赂
	1.10 化石、文物	4.23 考古和地质发现	4.23 考古和地质发现	1.9 化石、文物
5.5 知识产权	1.11 知识产权	17.3 知识产权和工业产权	17.3 知识产权	1.10 知识产权

续表

住建部 2011 版	九部委 2012 版	FIDIC 黄皮书 2017 版	FIDIC 银皮书 2017 版	2020 版工程总承包合同
1.6 保密事项	1.12 文件及信息的保密	1.12 保密	1.11 保密	1.11 保密
	1.13 发包人要求中的错误(A) 1.13 发包人要求中的错误(B)	1.9 雇主要求中的错误		1.12《发包人要求》和基础资料中的错误
	1.14 发包人要求违法			
		1.13 遵守法律	1.12 遵守法律	
		1.14 共同的和各自的责任	1.13 共同的和各自的责任	
		1.15 责任限度	1.14 责任限制	1.13 责任限制
				1.14 建筑信息模型技术的应用
		1.16 终止合同	1.15 合同终止	
第 2 条 发包人	2. 发包人义务	2. 雇主	2. 雇主	第 2 条 发包人
	2.1 遵守法律			2.1 遵守法律
		2.1 现场进入权	2.1 现场进入权	
2.1 发包人的主要权利和义务				
	2.2 发出承包人开始工作通知			
	2.3 提供施工场地	2.2 协助	2.2 协助	2.2 提供施工现场和工作条件

续表

住建部 2011 版	九部委 2012 版	FIDIC 黄皮书 2017 版	FIDIC 银皮书 2017 版	2020 版工程总承包合同
		2.3 雇主人员和其他承包商	2.3 雇主人员和其他承包商	
		2.4 雇主的资金安排	2.4 雇主的资金安排	
		2.5 现场数据和参考资料	2.5 现场数据和参考资料	2.3 提供基础资料
	2.4 办理证件和批件			2.4 办理许可和批准
	2.5 支付合同价款			2.5 支付合同价款
				2.6 现场管理配合
	2.6 组织竣工验收			
	2.7 其他义务	2.6 雇主提供的材料和雇主设备	2.6 雇主提供的材料和雇主的设备	2.7 其他义务
			3. 雇主的管理	第 3 条 发包人的管理
2.2 发包人代表			3.1 雇主代表	3.1 发包人代表
			3.2 雇主的其他人员	3.2 发包人人员
	3. 监理人	3. 工程师		
	3.1 监理人的职责和权力	3.2 工程师的任务和权利		
2.3 监理人	3.2 总监理工程师	3.1 工程师	3.3 受托人员	3.3 工程师
	3.3 监理人员	3.3 工程代表		
		3.4 由工程师付托		3.4 任命和授权
	3.4 监理人的指示	3.5 工程师的指示	3.4 指示	3.5 指示

续表

住建部2011版	九部委2012版	FIDIC 黄皮书2017版	FIDIC 银皮书2017版	2020版工程总承包合同
		3.6 工程师的替代		
	3.5 商定或确定	3.7 商定或确定	3.5 商定或确定	3.6 商定或确定
		3.8 会议	3.6 会议	3.7 会议
2.4 安全保证				
2.5 保安责任				
第3条 承包人	4. 承包人	4. 承包商	4. 承包商	第4条 承包人
3.1 承包人的主要权利和义务	4.1 承包人的一般义务	4.1 承包商的一般义务	4.1 承包商的一般义务	4.1 承包人的一般义务
	4.2 履约保证	4.2 履约担保	4.2 履约担保	4.2 履约担保
3.2 项目经理	4.5 承包人项目经理	4.3 承包商代表	4.3 承包商代表	4.3 工程总承包项目经理
	4.6 承包人人员的管理			4.4 承包人人员
	4.7 撤换承包人项目经理和其他人员			
	4.8 保障承包人人员的合法权益			
3.8 分包	4.3 分包和不得转包	4.4 分包商	4.4 分包商	4.5 分包
		4.5 指定分包商	4.5 指定分包商	
	4.4 联合体	4.6 合作	4.6 合作	4.6 联合体
				4.7 承包人现场查勘

续表

住建部 2011 版	九部委 2012 版	FIDIC 黄皮书 2017 版	FIDIC 银皮书 2017 版	2020 版工程总承包合同
		4.9 质量管理和合规验证体系	4.9 质量管理和合规验证体系	
		4.10 现场数据的使用	4.10 现场数据的使用	
		4.11 中标合同金额的充分性	4.11 合同价格的充分性	
	4.9 工程价款应专款专用			
	4.11 不可预见的物质条件(A) 4.11 不可预见的困难和费用(B)	4.12 不可预见的物质条件	4.12 不可预见的困难	4.8 不可预见的困难
3.3 工程质量保证	4.13 质量保证			4.9 工程质量管理
		4.14 避免干扰	4.14 避免干扰	
	4.12 进度计划	4.20 进度报告	4.20 进度报告	
	4.10 承包人现场查勘	4.22 承包商的现场作业	4.22 承包商的现场作业	
3.4 安全保证				
3.6 进度保证				
3.7 现场保安				
第 5 条 技术与设计	5. 设计	5. 设计	5. 设计	第 5 条 设计
5.2 设计	5.1 承包人的设计义务	5.1 一般设计义务	5.1 一般设计义务	5.1 承包人的设计义务
5.1 生产工艺技术、建筑设计方案				

续表

住建部 2011 版	九部委 2012 版	FIDIC 黄皮书 2017 版	FIDIC 银皮书 2017 版	2020 版工程总承包合同
	5.2 承包人设计进度计划			
5.3 设计阶段审查	5.3 设计审查			
		5.2 承包商文件	5.2 承包商文件	5.2 承包人文件审查
		5.3 承包商的承诺	5.3 承包商的承诺	
5.4 操作维修人员的培训	5.4 培训	5.5 培训	5.5 培训	5.3 培训
	5.5 竣工文件	5.6 竣工记录	5.6 竣工记录	5.4 竣工文件
	5.6 操作和维修手册	5.7 操作和维护手册	5.7 操作和维护手册	5.5 操作和维修手册
	5.7 承包人文件错误	5.8 设计错误	5.8 设计错误	5.6 承包人文件错误
		6. 员工	6. 员工	
		6.1 员工的雇用	6.1 员工的雇用	
		6.2 工资标准和劳动条件	6.2 工资标准和劳动条件	
		6.3 招聘人员	6.3 招聘人员	
		6.4 劳动法	6.4 劳动法	
		6.5 工作时间	6.5 工作时间	
		6.6 为员工提供设施	6.6 为员工提供设施	
		6.7 人员的健康和安全	6.7 人员的健康和安全	
		6.8 承包商的监督	6.8 承包商的监督	
		6.9 承包商人员	6.9 承包商人员	

续表

住建部 2011 版	九部委 2012 版	FIDIC 黄皮书 2017 版	FIDIC 银皮书 2017 版	2020 版工程总承包合同
		6.10 承包商的记录	6.10 承包商的记录	
		6.11 无序行为	6.11 无序行为	
		6.12 关键人员	6.12 关键人员	
第 6 条 工程物资	6. 材料和工程设备	7. 生产设备、材料和工艺	7. 生产设备、材料和工艺	第 6 条 材料、工程设备
6.1 工程物资的提供	6.4 实施方法	7.1 实施方法	7.1 实施方法	6.1 实施方法
				6.2 材料和工程设备
		7.2 样品	7.2 样品	6.3 样品
6.2 检验		7.3 检验	7.3 检验	6.4 质量检查
	14. 试验和检验			
	14.1 材料、工程设备和工程的试验和检验	7.4 由承包商试验	7.4 由承包商试验	6.5 由承包人试验和检验
	14.2 现场材料试验			
	14.3 现场工艺试验			
		7.5 缺陷和拒收	7.5 缺陷和拒收	6.6 缺陷和修补
		7.6 修补工作	7.6 修补工作	
		7.7 生产设备和材料的所有权	7.7 生产设备和材料的所有权	
		7.8 土地(矿区)使用费	7.8 土地(矿区)使用费	
6.3 进口工程物资的采购、报关、清关和商检				

续表

住建部 2011 版	九部委 2012 版	FIDIC 黄皮书 2017 版	FIDIC 银皮书 2017 版	2020 版工程总承包合同
6.4 运输与超限物资运输				
6.5 重新订货及后果				
6.6 工程物资保管与剩余				
	6.1 承包人提供的材料和工程设备			
	6.2 发包人提供的材料和工程设备(A) 6.2 发包人提供的材料和工程设备(B)			
	6.3 专用于工程的材料和工程设备			
	6.5 禁止使用不合格的材料和工程设备			
第 7 条 施工	7. 施工设备和临时设施 8. 交通运输 9. 测量放线 10. 安全、治安保卫和环境保护			第 7 条 施工
7.1 发包人的义务				
	8.4 超大件和超重件的运输	4.16 货物运输	4.16 货物运输	7.1 交通运输

续表

住建部 2011 版	九部委 2012 版	FIDIC 黄皮书 2017 版	FIDIC 银皮书 2017 版	2020 版工程总承包合同
	8.1 道路通行权和场外设施（A） 8.1 道路通行权和场外设施（B）	4.13 道路通行权和设施	4.13 道路通行权	
	8.2 场内施工道路	4.15 进场通路	4.15 进场通道	
	8.3 场外交通			
	8.5 道路和桥梁的损坏责任			
	8.6 水路和航空运输			
	7.1 承包人提供的施工设备和临时设施	4.17 承包商设备	4.17 承包商设备	7.2 施工设备和临时设施
	7.2 发包人提供的施工设备和临时设施（A） 7.2 发包人提供的施工设备和临时设施（B）			
	7.3 要求承包人增加或更换施工设备			
	7.4 施工设备和临时设施专用于合同工程			
				7.3 现场合作
7.2 承包人的义务	9.1 施工控制网	4.7 放线	4.7 放线	7.4 测量放线
	9.2 施工测量			

续表

住建部 2011 版	九部委 2012 版	FIDIC 黄皮书 2017 版	FIDIC 银皮书 2017 版	2020 版工程总承包合同
	9.3 基准资料错误的责任			
	9.4 监理人使用施工控制网			
				7.5 现场劳动用工
	10.1 发包人的安全责任	4.8 健康和安全义务	4.8 健康和安全义务	7.6 安全文明施工
3.5 职业健康和环境保证 7.8 职业健康、安全、环境保护	10.2 承包人的安全责任			7.7 职业健康
	10.4 环境保护	4.18 环境保护	4.18 环境保护	7.8 环境保护
		4.19 临时公用设施	4.19 临时设施	7.9 临时性公用设施
	10.3 治安保卫	4.21 现场安保	4.21 现场保安	7.10 现场安保
		17.1 工程照管的职责	17.1 照管工程的职责	7.11 工程照管
		17.2 工程照管的责任	17.2 照管工程的责任	
7.3 施工技术方法				
7.4 人力和机具资源				
7.5 质量与检验				
7.6 隐蔽工程和中间验收	13.4 工程隐蔽部位覆盖前的检查			
7.7 对施工质量结果的争议				
	10.5 事故处理			

续表

住建部 2011 版	九部委 2012 版	FIDIC 黄皮书 2017 版	FIDIC 银皮书 2017 版	2020 版工程总承包合同
第 4 条 进度计划、延误和暂停	11. 开始工作和竣工 12. 暂停工作	8. 开工、延误和暂停	8. 开工、延误和暂停	第 8 条 工期和进度
	11.1 开始工作	8.1 工程的开工	8.1 工程的开工	8.1 开始工作
	11.2 竣工	8.2 竣工时间	8.2 竣工时间	8.2 竣工日期
				8.3 项目实施计划
4.1 项目进度计划		8.3 进度计划	8.3 进度计划	8.4 项目进度计划
4.2 设计进度计划				
4.3 采购进度计划				
4.4 施工进度计划				
				8.5 进度报告
		8.4 预先警告	8.4 预先警告	8.6 提前预警
		8.5 竣工时间的延长	8.5 竣工时间的延长	
	11.3 发包人引起的工期延误	8.6 部门造成的延误	8.6 部门造成的延误	8.7 工期延误
	11.4 异常恶劣的气候条件			
	11.5 承包人引起的工期延误			
	11.6 工期提前			8.8 工期提前
	11.7 行政审批迟延			

续表

住建部 2011 版	九部委 2012 版	FIDIC 黄皮书 2017 版	FIDIC 银皮书 2017 版	2020 版工程总承包合同
		8.7 工程进度	8.7 工程进度	
4.5 误期损害赔偿		8.8 误期损害赔偿费	8.8 误期损害赔偿费	
4.6 暂停	12.1 由发包人暂停工作	8.9 雇主暂停	8.9 雇主暂停	8.9 暂停工作
	12.2 由承包人暂停工作			
	12.3 暂停工作后的照管	8.10 雇主暂停的后果	8.10 雇主暂停的后果	
		8.11 雇主暂停后对生产设备和材料的付款	8.11 雇主暂停后对生产设备和材料的付款	
		8.12 拖长的暂停	8.12 拖长的暂停	
	12.4 暂停工作后的复工	8.13 复工	8.13 复工	8.10 复工
	12.5 暂停工作 56 天以上			
	13. 工程质量			
	13.1 工程质量要求			
	13.2 承包人的质量检查			
	13.3 监理人的质量检查			
	13.5 清除不合格工程			
第 8 条 竣工试验	18. 竣工试验和竣工验收	9. 竣工试验	9. 竣工试验	第 9 条 竣工试验
8.1 竣工试验的义务	18.1 竣工试验	9.1 承包商的义务	9.1 承包商的义务	9.1 竣工试验的义务
8.2 竣工试验的检验和验收				

续表

住建部 2011 版	九部委 2012 版	FIDIC 黄皮书 2017 版	FIDIC 银皮书 2017 版	2020 版工程总承包合同
8.3 竣工试验的安全和检查				
	18.2 竣工验收申请报告			
8.4 延误的竣工试验		9.2 延误的试验	9.2 延误的试验	9.2 延误的试验
8.5 重新试验和验收		9.3 重新试验	9.3 重新试验	9.3 重新试验
8.6 未能通过竣工试验		9.4 未能通过竣工试验	9.4 未能通过竣工试验	9.4 未能通过竣工试验
8.7 竣工试验结果的争议				
第 9 条 工程接收		10. 雇主的接收	10. 雇主的接收	第 10 条 验收和工程接收
第 12 条 工程竣工验收				
12.1 竣工验收报告及完整的竣工资料				
12.2 竣工验收	18.3 竣工验收			10.1 竣工验收
				10.2 单位/区段工程的验收
	18.4 国家验收			
9.1 工程接收		10.1 工程和分项工程的接收	10.1 工程和分项工程的接收	10.3 工程的接收
9.2 接收证书				10.4 接收证书
	18.5 区段工程验收	10.2 部分工程的接收	10.2 部分工程的接收	
	18.6 施工期运行			

续表

住建部 2011 版	九部委 2012 版	FIDIC 黄皮书 2017 版	FIDIC 银皮书 2017 版	2020 版工程总承包合同
	18.7 竣工清场			10.5 竣工退场
	18.8 施工队伍的撤离			
		10.3 对竣工试验的干扰	10.3 对竣工试验的干扰	
9.3 接收工程的责任				
9.4 未能接收工程				
		10.4 需要复原的地面		
第 11 条 质量保修责任	19. 缺陷责任和保修责任	11. 接收后的缺陷	11. 接收后的缺陷	第 11 条 缺陷责任与保修
				11.1 工程保修的原则
	19.1 缺陷责任期的起算时间			11.2 缺陷责任期
	19.2 缺陷责任			11.3 缺陷调查
		11.1 完成扫尾工作和修补缺陷	11.1 完成扫尾工作和修补缺陷	
		11.2 修补缺陷的费用	11.2 修补缺陷的费用	
	19.3 缺陷责任期的延长	11.3 缺陷通知期限的延长	11.3 缺陷通知期限的延长	
		11.4 未能修补缺陷	11.4 未能修补缺陷	
		11.5 现场外缺陷工程的修补	11.5 现场外缺陷工程的修补	
	19.4 进一步试验和试运行	11.6 修补缺陷后进一步试验	11.6 修补缺陷后进一步试验	11.4 缺陷修复后的进一步试验

续表

住建部 2011 版	九部委 2012 版	FIDIC 黄皮书 2017 版	FIDIC 银皮书 2017 版	2020 版工程总承包合同
	19.5 承包人的进入权	11.7 接收后的进入权	11.7 接收后的进入权	11.5 承包人出入权
		11.8 承包商调查	11.8 承包商调查	
	19.6 缺陷责任期终止证书	11.9 履约证书	11.9 履约证书	11.6 缺陷责任期终止证书
11.1 质量保修责任书	19.7 保修责任			11.7 保修责任
		11.10 未履约的义务	11.10 未履约的义务	
		11.11 现场清理	11.11 现场清理	
第 10 条 竣工后试验		12. 竣工后试验	12. 竣工后试验	第 12 条 竣工后试验
10.1 权利与义务				
10.2 竣工后试验程序	18.9 竣工后试验(A) 18.9 竣工后试验(B)	12.1 竣工后试验程序	12.1 竣工后试验程序	12.1 竣工后试验的程序
10.3 竣工后试验及试运行考核				
10.4 竣工后试验的延误		12.2 延误的试验	12.2 延误的试验	12.2 延误的试验
10.5 重新进行竣工后试验		12.3 重新试验	12.3 重新试验	12.3 重新试验
10.6 未能通过考核		12.4 未能通过竣工后试验	12.4 未能通过竣工后试验	12.4 未能通过竣工后试验
10.7 竣工后试验及考核验收证书				
10.8 丧失了生产价值和使用价值				

续表

住建部 2011 版	九部委 2012 版	FIDIC 黄皮书 2017 版	FIDIC 银皮书 2017 版	2020 版工程总承包合同
第 13 条 变更和合同价格调整	15. 变更 16. 价格调整	13. 变更和调整	13. 变更和调整	第 13 条 变更与调整
13.1 变更权	15.1 变更权	13.1 变更权	13.1 变更权	13.1 发包人变更权
13.2 变更范围				
	15.2 承包人的合理化建议			13.2 承包人的合理化建议
		13.2 价值工程	13.2 价值工程	
13.3 变更程序	15.3 变更程序	13.3 变更程序	13.3 变更程序	13.3 变更程序
13.4 紧急性变更程序				
13.5 变更价款确定				
13.6 建议变更的利益分享				
				13.4 暂估价
	15.4 暂列金额	13.4 暂列金额	13.4 暂列金额	13.5 暂列金额
		13.5 计日工作	13.5 计日工作	13.6 计日工
13.7 合同价格调整	16.2 法律变化引起的调整	13.6 因法律改变的调整	13.6 因法律改变的调整	13.7 法律变化引起的调整
	16.1 物价波动引起的调整(A) 16.1 物价波动引起的调整(B)	13.7 因成本改变的调整	13.7 因成本改变的调整	13.8 市场价格波动引起的调整

续表

住建部 2011 版	九部委 2012 版	FIDIC 黄皮书 2017 版	FIDIC 银皮书 2017 版	2020 版工程总承包合同
13.8 合同价格调整的争议				
第 14 条 合同总价和付款	17. 合同价格与支付	14. 合同价格和付款	14. 合同价格和付款	第 14 条 合同价格与支付
14.1 合同总价和付款	17.1 合同价格	14.1 合同价格	14.1 合同价格	14.1 合同价格形式
14.2 担保				
14.3 预付款	17.2 预付款	14.2 预付款	14.2 预付款	14.2 预付款
14.6 按月工程进度申请付款		14.3 期中付款的申请	14.3 期中付款的申请	14.3 工程进度款
14.7 按付款计划表申请付款	17.3 工程进度付款			
14.4 工程进度款		14.6 期中付款证书的签发	14.6 期中付款	
14.8 付款条件与时间安排		14.4 付款计划表	14.4 付款计划表	14.4 付款计划表
		14.5 拟用于工程的生产设备和材料	14.5 拟用于工程的生产设备和材料	
		14.7 付款	14.7 付款	
14.9 付款时间延误		14.8 延误的付款	14.8 延误的付款	
	17.5 竣工结算	14.10 竣工报表	14.10 竣工报表	14.5 竣工结算
14.12 竣工结算	17.6 最终结清	14.11 最终报表	14.11 最终报表	
		14.12 结清证明	14.12 结清证明	

续表

住建部 2011 版	九部委 2012 版	FIDIC 黄皮书 2017 版	FIDIC 银皮书 2017 版	2020 版工程总承包合同
11.2 缺陷责任保修金 14.5 缺陷责任保修金的暂扣与支付	17.4 质量保证金	14.9 保留金的发放	14.9 保留金的发放	14.6 质量保证金
		14.13 最终付款证书的签发	14.13 最终付款	14.7 最终结清
		14.14 雇主责任的中止	14.14 雇主责任的中止	
		14.15 支付的货币	14.15 支付的货币	
14.10 税务与关税				
14.11 索赔款项的支付				
第 16 条 违约、索赔和争议	22. 违约			第 15 条 违约
16.1 违约责任	22.1 承包人违约			15.1 发包人违约
	22.2 发包人违约			15.2 承包人违约
	22.3 第三人造成的违约			15.3 第三人造成的违约
第 18 条 合同解除				第 16 条 合同解除
18.1 由发包人解除合同				16.1 由发包人解除合同
18.2 由承包人解除合同				16.2 由承包人解除合同
18.3 合同解除后的事项				16.3 合同解除后的事项
		15. 由雇主终止	15. 由雇主终止	

续表

住建部 2011 版	九部委 2012 版	FIDIC 黄皮书 2017 版	FIDIC 银皮书 2017 版	2020 版工程总承包合同
		15.1 通知改正	15.1 通知改正	
		15.2 由承包商违约的终止	15.2 由承包商违约的终止	
		15.3 由承包商违约终止后的估价	15.3 由承包商违约终止后的估价	
		15.4 由承包商违约终止后的价款	15.4 由承包商违约终止后的价款	
		15.5 为雇主便利的终止	15.5 为雇主便利的终止	
		15.6 为雇主便利终止后的估价	15.6 为雇主便利终止后的估价	
		15.7 为雇主便利终止后的付款	15.7 为雇主便利终止后的付款	
		16. 由承包商暂停和终止	16. 由承包商暂停和终止	
		16.1 由承包商暂停	16.1 由承包商暂停	
		16.2 由承包商终止	16.2 由承包商终止	
		16.3 终止后承包商的义务	16.3 终止后承包商的义务	
		16.4 由承包商终止后的付款	16.4 由承包商终止后的付款	
		17. 工程照管和保障	17. 工程照管和保障	
		17.4 由承包商保障	17.4 由承包商保障	

续表

住建部 2011 版	九部委 2012 版	FIDIC 黄皮书 2017 版	FIDIC 银皮书 2017 版	2020 版工程总承包合同
		17.5 由雇主保障	17.5 由雇主保障	
		17.6 保障分担	17.6 保障分担	
第 17 条 不可抗力	21. 不可抗力	18. 例外事件	18. 例外事件	第 17 条 不可抗力
	21.1 不可抗力的确认	18.1 例外事件	18.1 例外事件	17.1 不可抗力的定义
17.1 不可抗力发生时的义务	21.2 不可抗力的通知	18.2 例外事件的通知	18.2 例外事件的通知	17.2 不可抗力的通知
		18.3 将延误减至最小的义务	18.3 将延误减至最小的义务	17.3 将损失减至最小的义务
17.2 不可抗力的后果	21.3 不可抗力后果及其处理	18.4 例外事件的后果	18.4 例外事件的后果	17.4 不可抗力后果的承担
				17.5 不可抗力影响分包人
		18.5 自主选择终止	18.5 自主选择终止	
		18.6 依法解除履约	18.6 依法解除履约	17.6 因不可抗力解除合同
第 15 条 保险	20. 保险	19. 保险	19. 保险	第 18 条 保险
15.1 承包人的投保	20.1 设计和工程保险	19.2 由承包商提供的保险	19.2 由承包商提供的保险	18.1 设计和工程保险
	20.2 工伤保险			18.2 工伤和意外伤害保险
	20.3 人身意外伤害险			
				18.3 货物保险

续表

住建部 2011 版	九部委 2012 版	FIDIC 黄皮书 2017 版	FIDIC 银皮书 2017 版	2020 版工程总承包合同
15.2 一切险和第三方责任险	20.4 其他保险			18.4 其他保险
15.3 保险的其它规定	20.5 对各项保险的一般要求	19.1 一般要求	19.1 一般要求	18.5 对各项保险的一般要求
	23. 索赔	20. 雇主和承包商的索赔	20. 雇主和承包商的索赔	第 19 条 索赔
16.2 索赔	23.1 承包人索赔的提出	20.1 索赔	20.1 索赔	19.1 索赔的提出
	23.2 承包人索赔处理程序			19.2 承包人索赔的处理程序
	23.4 发包人的索赔			19.3 发包人索赔的处理程序
	23.3 承包人提出索赔的期限			19.4 提出索赔的期限
		20.2 付款和/或竣工时间延长的索赔	20.2 付款和/或竣工时间延长的索赔	
	24. 争议的解决	21. 争端和仲裁	21. 争端和仲裁	第 20 条 争议解决
	24.1 争议的解决方式			
16.3 争议和裁决				20.1 和解
				20.2 调解
		21.1 争端避免/裁决委员会的组成	21.1 争端避免/裁决委员会的组成	
		21.2 未能任命争端避免/裁决委员会成员	21.2 未能任命争端避免/裁决委员会成员	

续表

住建部 2011 版	九部委 2012 版	FIDIC 黄皮书 2017 版	FIDIC 银皮书 2017 版	2020 版工程总承包合同
		21.3 争端避免	21.3 争端避免	
		21.4 取得争端避免/裁决委员会的决定	21.4 取得争端避免/裁决委员会的决定	
	24.3 争议评审			20.3 争议评审
	24.2 友好解决	21.5 友好解决	21.5 友好解决	
		21.6 仲裁	21.6 仲裁	20.4 仲裁或诉讼
				20.5 争议解决条款效力
		21.7 未能遵守争端避免/裁决委员会决定	21.7 未能遵守争端避免/裁决委员会决定	
		21.8 未设立争端避免/裁决委员会	21.8 未设立争端避免/裁决委员会	
第 19 条 合同生效与合同终止				
19.1 合同生效				
19.2 合同份数				
19.3 后合同义务				
第 20 条 补充条款				

第二章

建设项目工程总承包合同(示范文本)
第一部分　协议书解析

第一部分　协　议　书[①]

【解析】

与住建部 2011 版相比[②],本合同示范文本的协议书部分,存在以下变化:

1. 所依据的法律进行了修订

(1)原《合同法》已被 2021 年 1 月 1 日起施行的《民法典》所取代。

(2)删除了《招标投标法》作为制定依据。《工程总承包管理办法》第八条第一款规定:“建设单位依法采用招标或者直接发包等方式选择工程总承包单位。”再结合现行《招标投标法》《必须招标规定》《必须招标基础设施和公用事业规定》等相关规定,采用工程总承包模式的建设工程项目,未必一定要求采用招标方式。

2. 合同工期的表述更为科学

有关开工日期的表述,结合工程总承包项目的特点,区分为“计划开始工作日期”与“计划开始现场施工日期”。因为,传统施工总承包模式下,所谓的“开工”指的就是开始施工,而工程总承包模式至少包括设计与施工两阶段,“开工”

---

① 协议书全文同样不再单独罗列。

② 考虑到本合同示范文本在说明部分表示,本合同示范文本是自住建部 2011 版修订升级而来,因此,有关协议书部分的对比,仅以住建部 2011 版为参照。

的概念无法仅局限于开始施工。

3. 合同价格形式的表述更为丰富与明确

(1)住建部2011版仅笼统地规定了合同价格,而在本合同示范文本中,借鉴了住建部施工合同2017版的表述,区分了"签约合同价"与"合同价格"这两个概念。前者是基于签约这一时点而言,后者则是站在最终结算时的角度。

至于具体的签约合同价的组成,按照本合同示范文本的规定,包括了"设计费"、"设备购置费"、"建筑安装工程费"、"暂估价"、"暂列金额"与"双方约定的其他费用"等共计六个方面。①

(2)本合同示范文本对于合同价格形式,明确为"总价合同",除根据合同约定的在工程实施过程中需进行增减的款项外,合同价格不予调整。实践中,工程总承包合同的价格形式较为多样,而在本合同示范文本中仍明确表述为总价合同。这也更为符合国际上有关工程总承包模式应固定工期与固定价格,提高建设效率的特点。

4. 增加了"工程总承包项目经理"的规定

近年来,淡化建设企业资质、强化个人执业资格,是中央明确的改革方向。

住建部《推进建筑业发展改革的意见》中明确要求:"坚持淡化工程建设企业资质、强化个人执业资格的改革方向,探索从主要依靠资质管理等行政手段实施市场准入,逐步转变为充分发挥社会信用、工程担保、保险等市场机制的作用,实现市场优胜劣汰。"

国务院办公厅《促进建筑业持续健康发展的意见》中也有明确:"进一步简化工程建设企业资质类别和等级设置,减少不必要的资质认定。选择部分地区开展试点,对信用良好、具有相关专业技术能力、能够提供足额担保的企业,在其资质类别内放宽承揽业务范围限制,同时,加快完善信用体系、工程担保及个人执业资格等相关配套制度,加强事中事后监管。强化个人执业资格管理,明晰注册执业人员的权利、义务和责任,加大执业责任追究力度。"

相比住建部2011版,本合同示范文本直接在协议书部分加入了"工程总承

---

① 当前,我国尚未有关于工程总承包计量计价的标准规范规定,住建部2018年12月12日曾发布过一版《房屋建筑和市政基础设施项目工程总承包计价计量规范(征求意见稿)》,但至今尚未颁布正式稿。根据该征求意见稿的规定,工程总承包的价格组成包括了"勘察费"、"设计费"、"建筑安装工程费"、"设备购置费"、"总承包其他费"和"暂列金额"等。

包项目经理”的规定。

5. 增加了合同文件构成且有关文件内容的表述更为明晰

相比住建部2011版,本合同示范文本借鉴了住建部施工合同2017版第一部分协议书中有关合同文件构成的规定。此前,在住建部2011版中,合同文件的组成仅规定在第二部分通用条款1.2.1项中,第一部分协议书中未有体现。

此外,根据住建部2011版第二部分通用条款第1.2.1项的规定,合同文件包括:(1)本合同协议书;(2)本合同专用条款;(3)中标通知书;(4)招投标文件及其附件;(5)本合同通用条款;(6)合同附件;(7)标准、规范及有关技术文件;(8)设计文件、资料和图纸;(9)双方约定构成合同组成部分的其它文件;以及双方在履行合同过程中形成的双方授权代表签署的会议纪要、备忘录、补充文件、变更和洽商等书面形式的文件。

在本合同示范文本中,相比住建部2011版作了以下修订:

(1)因本合同示范文本的使用未必就是针对招投标项目的,因此,对于“中标通知书”与“投标函及投标函附录”来讲,注明了仅在“如果有”的情形下才会作为合同文件的构成部分。

(2)因“招标文件”在法律上属于邀约邀请,且如上所述,本合同示范文本的使用未必就是针对招投标项目的,因此本合同示范文本的合同文件构成中删除了“招标文件”。

(3)对于工程总承包项目来讲,“发包人要求”是实现项目建设目的最重要的表述依据,因此将“发包人要求”作为与专用合同条件并列的合同文件构成部分。

(4)住建部2011版中规定的“标准、规范及有关技术文件”,本质上属于发包人要求的组成部分,因此本合同示范文本的合同文件构成中删除了该项规定。

(5)同样地,就住建部2011版中规定的“设计文件、资料和图纸”来讲,要么属于工程总承包项目承包人的承包范围,尚未形成;要么在发包前期形成的部分阶段的“设计文件、资料和图纸”。例如,初步设计完成后再进行工程总承包发包的,前期初步设计文件、资料和图纸往往会被纳入发包人要求。因此本合同示范文本的合同文件构成,就该项规定进行了删除。

(6)将“承包人建议书”增加规定为工程总承包项目的合同文件构成部分。作为工程总承包项目来讲,前期设计文件的深度尚未达到施工图设计的深度,因此针对发包人要求,承包人在投标时往往会给出自身的建议,这也符合工程总承包项目的特征。

(7)将“价格清单”增加规定为工程总承包项目的合同文件构成部分。工程总承包项目在发包之时尽管尚未形成准确工程量清单,但是实践中往往会要求承包人在投标或磋商议价时也提供一份价格清单。此后,工程量可能会发生变化,但是其中的价格要素,会作为变更时的估价参照。

(8)将住建部2011版中所规定的“双方在履行合同过程中形成的双方授权代表签署的会议纪要、备忘录、补充文件、变更和洽商等书面形式的文件”,统一归入了“双方约定的其他合同文件”的范畴。

6. 增加了发承包双方的承诺表述

依据《民法典》第七百八十八条的规定,建设工程合同承包人的核心责任在于进行工程建设,发包人的核心责任在于支付工程价款。本合同示范文本借鉴了住建部施工合同2017版的规定,分别就工程总承包模式下发承包双方的核心承诺事项进行了规定。

但应注意的是,对于采取工程总承包模式的发包人而言,提高工程建设效率是其较为核心的诉求。实践中,往往会出现发包人要求有经验的承包人来直接办理各项工程项目审批手续的情形。① 为避免中文语境下的理解争议,“发包人承诺按照法律规定履行项目审批手续”仅是基于法律规定的责任主体的表述,还是有关审批手续的履行可以交由承包人予以实施完成,发承包双方应当在专用合同条件中予以更为明晰的约定。

7. 将合同成立与生效进行了区分

住建部2011版仅规定了合同生效,但在法律上,合同生效与合同成立是两个概念。《民法典》第四百九十条规定:“当事人采用合同书形式订立合同的,自当事人均签名、盖章或者按指印时合同成立。……”第五百零二条第一款规定:“依法成立的合同,自成立时生效,但是法律另有规定或者当事人另有约定的除外。”实践中,存在合同成立后双方当事人约定附生效条件的情形。因此,本合同示范文本中就此加以了区分。

---

① 对于工程总承包项目来讲,承包人介入的阶段较为早期,对项目的建设开发流程更为熟悉与了解,也往往具备这样的条件与能力。

第三章

建设项目工程总承包合同(示范文本)
第二部分　通用合同条件解析

第1条　一般约定

1.1　词语定义和解释[①]

【解析】

本款源于住建部施工合同2017版第1.1款[词语定义与解释]的规定。

体例上分为“合同”、“合同当事人及其他相关方”、“工程和设备”、“日期和期限”、“合同价格和费用”与“其他”六个部分。相较而言,住建部2011版和九部委2012版的词语定义和解释则显得相对简单,没有这样的体例编排。

而这样的体例安排实际来自FIDIC合同的规定,例如,FIDIC黄(或银)皮书1999版的定义部分就是按照“合同”、“各方和人员”、“日期、试验、期限和竣工”、“款项与付款”、“工程和货物”与“其他定义”这样的组成进行编排的。但应注意到,FIDIC黄(或银)皮书2017版却是按照英文首字母的顺序进行罗列的。

另外,因工程总承包与施工总承包的差异,部分词语定义和解释则来自九部委2012版的规定。例如:“发包人要求”、“价格清单”、“承包人建议书”与“单位/区段工程”等。

具体适用时应注意:

① 就具体的每一个词条,此处不再逐一引用。

1. 本合同示范文本中对“工程师”进行了专门定义,类似于住建部 2011 版和九部委 2012 版中的“监理人”。根据定义,“工程师”并非具体的自然人,而是法人或其他组织。

2. 本条虽然名为词语定义和解释,但实际上主要是定义,并没有解释。关于对“解释”的精准理解,可借鉴 FIDIC 黄(或银)皮书 2017 版的相关规定。在 FIDIC 合同体系下,词语定义和解释是分开的。

【关联条文】

FIDIC 黄皮书 2017 版

1.2 解释

在合同中,除上下文中另有要求外:

(a)表示一种性别的词,包括所有性别;“他”、“他的”和“他自己”应分别理解为“他/她”、“他的/她的”和“他自己/她自己”;

(b)单数形式的词,也包括复数含义,反之亦然;

(c)包括“同意(商定)”、“达成(取得)一致”,或“协议”等词的各项规定都要求用书面记载;

(d)“书面”或“以书面形式”系指手写、打字、印刷或电子制作,并形成永久性记录;

(e)“可以”系指一方(当事人)或个人有权选择是否就所述事项采取行动;

(f)“应当”系指一方(当事人)或个人根据合同规定有义务履行规定的职责;

(g)“同意”系指雇主、承包商或工程师(视情况而定)同意或准许所要求的事项;

(h)“包括……在内”、“包括”和“包含”应解释为不限于或不受后述事项的限制;

(i)表示人或当事方的词语,应解释为自然人和法人(包括公司和其他法律实体);(以及)

(j)“实施工程”或“工程实施”系指工程的设计、施工和竣工以及任何缺陷的修补。

在本条件的任何排列中,如果倒数第 2 项后为“和/以及”,或“或”,或“和/

或”,则该项之前的所有列项也应理解为“和/以及”,或“或”,或“和/或”(视情况而定)。

旁注和其他标题在本条件的解释中不应考虑。

1.2　语言文字

【原文】

合同文件以中国的汉语简体语言文字编写、解释和说明。专用术语使用外文的,应附有中文注释。合同当事人在专用合同条件约定使用两种及以上语言时,汉语为优先解释和说明合同的语言。

与合同有关的联络应使用专用合同条件约定的语言。如没有约定,则应使用中国的汉语简体语言文字。

【解析】

本款源于九部委 2012 版第 1.7 款[语言文字]与 FIDIC 黄皮书 2017 版第 1.4 款[法律和语言]的规定。

语言文字是准确理解一份合同文件精准表意的根本。实践中,对于涉外合同文本,不论是在境外签订的工程合同,或是在境内因涉外因素等签订的工程合同,都有可能使用两种以上语言文字同时表述。在这种情况下,因翻译本身的局限性,难免会出现不同语言文字之间的理解差异。因此,有必要就不同语言文字产生理解偏差时,应以何种为解释之优先顺位,进行相对明确的规定。

尤其应当注意的是,作为工程合同来讲,时常会出现一些使用外文表述的专用术语,特别是针对一些使用国外技术标准的工程项目。为此,根据本款之规定,为避免理解歧义,应附有相应的中文注释。

此外,若对比住建部 2011 版可发现,针对我国多民族的特性,住建部 2011 版还规定了,在少数民族地区,当事人可以约定使用少数民族语言编写、解释和说明本合同文件。但该项规定未能在本款中体现。当然,作为民商事主体来讲,享有充分的契约自由,若确有必要的,可通过专用合同条件予以明确。

【关联条文】

住建部 2011 版

1.3 语言文字

合同文件以中国的汉语简体语言文字编写、解释和说明。合同当事人在专用条款约定使用两种及以上语言时,汉语为优先解释和说明本合同的主导语言。

在少数民族地区,当事人可以约定使用少数民族语言编写、解释和说明本合同文件。

1.3 法　律

【原文】

合同所称法律是指中华人民共和国法律、行政法规、部门规章,以及工程所在地的地方法规、自治条例、单行条例和地方政府规章等。

合同当事人可以在专用合同条件中约定合同适用的其他规范性文件。

【解析】

本款源于住建部施工合同 2017 版第 1.3 款[法律]的规定。

相比较住建部 2011 版和九部委 2012 版而言,本款就合同所适用的"法律"的概念内涵进行了延展。

此前在住建部 2011 版和九部委 2012 版中,合同所适用的"法律"均仅局限于法律、法规和规章。但在本合同示范文本中,将其他规范性文件也纳入了合同当事人可通过专用合同条件进行约定的"法律"的范畴。这一点对于工程合同的适用来讲,非常重要。对于工程实践来讲,大量的规定在立法层级上均属于其他规范性文件,若针对合同所适用的法律采取相对狭义的解释,大量规范工程活动的其他规范性文件,均将会被排除在外。①

① 工程法律领域,较多的重要规定都来自其他规范性文件,如《施工发承包违法行为管理办法》与《工程总承包管理办法》等。

【关联条文】

《加强行政规范性文件制定和监督管理工作》

行政规范性文件是除国务院的行政法规、决定、命令以及部门规章和地方政府规章外,由行政机关或者经法律、法规授权的具有管理公共事务职能的组织依照法定权限、程序制定并公开发布,涉及公民、法人和其他组织权利义务,具有普遍约束力,在一定期限内反复适用的公文。

1.4　标准和规范

【原文】

1.4.1　适用于工程的国家标准、行业标准、工程所在地的地方性标准,以及相应的规范、规程等,合同当事人有特别要求的,应在专用合同条件中约定。

1.4.2　发包人要求使用国外标准、规范的,发包人负责提供原文版本和中文译本,并在专用合同条件中约定提供标准规范的名称、份数和时间。

1.4.3　没有相应成文规定的标准、规范时,由发包人在专用合同条件中约定的时间向承包人列明技术要求,承包人按约定的时间和技术要求提出实施方法,经发包人认可后执行。承包人需要对实施方法进行研发试验的,或须对项目人员进行特殊培训及其有特殊要求的,除签约合同价已包含此项费用外,双方应另行订立协议作为合同附件,其费用由发包人承担。

1.4.4　发包人对于工程的技术标准、功能要求高于或严于现行国家、行业或地方标准的,应当在《发包人要求》中予以明确。除专用合同条件另有约定外,应视为承包人在订立合同前已充分预见前述技术标准和功能要求的复杂程度,签约合同价中已包含由此产生的费用。

【解析】

本款源于住建部2011版第1.5款[标准、规范]与住建部施工合同2017版第1.4款[标准和规范]的规定。

具体适用时应注意:

1. 如国家的相关标准、规范没有具体的成文规定,而导致发包人要求的实现无法加以评判的,发包人应通过专用合同条件就有关的技术要求予以列明,承包人则针对性地提出相应的实施方案,并经发包人认可后执行。若为此需发生有关的研发试验或专门性的培训等要求,而导致承包人发生额外费用的,除非合同当事人提前在合同中有明确约定此等费用已经被包括在了签约合同价之内,否则应由发包人承担。

2. 根据本款的规定,发包人对于工程的技术标准、功能要求高于或严于现行国家、行业或地方标准的,应当通过《发包人要求》予以明确,即需在招标时就明确提出相应的要求。但是,本款同时规定,除专用合同条件另有约定,否则应视为承包人在订立合同前已充分预见到了该等高于或严于现行国家、行业或地方标准的技术标准、功能要求的复杂程度,并在签约合同价中已经包含由此产生的费用。

这里有一个问题是:如果发包人对于工程的技术标准、功能要求高于或严于现行国家、行业或地方标准的,未能通过《发包人要求》予以明确,而承包人在前期合同磋商过程中,也未予关注,则该如何处理?

我们倾向认为,根据本款的规定,发包人虽有义务在《发包人要求》中对于工程的技术标准、功能要求高于或严于现行国家、行业或地方标准的情况予以释明,但是这并非当然地排除了承包人自身的查核义务。通常来讲,作为有经验的工程总承包商,对于发包人在《发包人要求》中有关工程技术标准、功能要求的表述负有相应的查核义务,并进而作为自身投标或直接磋商报价的依据。因此,即便发包人未能就此予以明确,相关不利后果一般应理解为同样需由承包人予以负担。

1.5 合同文件的优先顺序

【原文】

组成合同的各项文件应互相解释,互为说明。除专用合同条件另有约定外,解释合同文件的优先顺序如下:

(1)合同协议书;

(2)中标通知书(如果有);

(3)投标函及投标函附录(如果有);

(4)专用合同条件及《发包人要求》等附件;

(5)通用合同条件;

(6)承包人建议书;

(7)价格清单;

(8)双方约定的其他合同文件。

上述各项合同文件包括合同当事人就该项合同文件所作出的补充和修改,属于同一类内容的文件,应以最新签署的为准。

在合同订立及履行过程中形成的与合同有关的文件均构成合同文件组成部分,并根据其性质确定优先解释顺序。

【解析】

本款源于九部委2012版第1.4款[合同文件的优先顺序]与住建部施工合同2017版第1.5款[合同文件的优先顺序]的规定。

本款的核心在于合同文件相互之间存在矛盾时,何者应当优先解释的问题。比对住建部2011版、九部委2012版、住建部施工合同2017版、FIDIC黄皮书2017版、FIDIC银皮书2017版与本合同示范文本的规定,就合同文件的组成及相应的解释顺序,以下问题应当引起关注:

1. 合同文件应包括哪些文件?

综观各合同示范文本,均有合同协议、专用合同条件与通用合同条件,但除此以外的其他文件资料,则在各合同示范文本中不尽相同。例如:

(1)住建部2011版中将招投标文件作为合同组成文件,而除了FIDIC银皮书2017版中又将投标书列入合同组成文件以外,其他各合同示范文本中均没有招投标文件,有的只是中标通知书和投标函。

由此引申的问题是:

第一,招标文件是否应作为合同组成文件?

对于招标文件的内容,我们可以参照九部委2012版中的解释,工程总承包招标文件通常包括:招标公告(或投标邀请书)、投标人须知、评标办法、合同条款及格式、发包人要求、发包人提供的资料、投标文件格式、投标人须知前附表规定的其他资料。

按照合同法的经典理论,招标属于要约邀请,而非要约。通常认为,要约与承诺才构成合同文件,要约邀请不是。但是中国工程法下,作为要约邀请的招标文件往往有其特殊地位。我国《招标投标法》明确规定,投标文件应当对招标文件提出的实质性要求和条件作出响应。一旦确定中标后,招标人与中标人也应当按照招标文件和投标文件签订书面合同。我国《施工合同司法解释(一)》也有明确规定,当事人签订的施工合同与招标文件、投标文件、中标通知书载明的工程范围、建设工期、工程质量、工程价款不一致,一方当事人请求将招标文件、投标文件、中标通知书作为结算工程价款的依据的,人民法院应予支持。因此我们认为,在我国如是采取招标方式的工程项目,招标文件作为明确发包人建设目的之核心文件,在已有相关法律、司法解释予以规范的情况下,有其应当作为合同组成文件的必要。

第二,投标文件是否应作为合同组成文件?

同样参照九部委2012版中的解释,工程总承包投标文件通常包括:投标函及投标函附录、法定代表人身份证明或授权委托书、联合体协议书、投标保证金、价格清单、承包人建议书、承包人实施计划、资格审查资料、其他资料。

类似地,按照合同法的经典理论,投标属于要约,通常被认为应构成合同文件,FIDIC银皮书2017版中,即将投标书(The Tender)列为合同组成文件,而FIDIC黄皮书2017版中,则因为黄皮书与银皮书的风险分配机制不同,[①]将投标书中的承包人建议书列为了合同组成文件。另外,基于前述有关法律、司法解释的分析,中国工程法下,投标文件亦有其特殊地位,如是采取招标方式的工程项目,投标文件同样有其应当作为合同组成文件的必要。

第三,若招标文件与投标文件不一致的情形下应当以何者为准?

住建部2011版中将招投标文件归到了一起,置于一个等级序列。但是招标文件与投标文件分属两个不同的文件,一个来自招标人,一个来自投标人,实践中可能会出现两者不相一致的情形。

有观点认为,投标文件的内容不会出现与招标文件的实质性内容不一致的情形,因为我国《招标投标法》明确规定,投标文件应积极响应招标文件的实质性内容。再根据我国《招标投标法实施条例》的规定,若投标文件没有实质性响应

① FIDIC银皮书对于承包人的风险分配较为严苛,其要求承包人应完全掌握各项合同基础资料与了解各项合同风险,并对发包人要求作出完全响应。而FIDIC黄皮书则不同,承包人在投标时有提出建议的权利。

的,评标委员会应做废标处理。投标文件中的非实质性内容与招标文件不一致的,则以投标文件的表述为准。

但是,法律法规规定的应然与实践中可能出现的实然未必完全吻合,不排除可能会出现评标时未发现,但合同履行或最终结算时方才发现投标文件的实质性内容与招标文件不一致的情形。此时,当作何等评判?无论《招标投标法》还是《招标投标法实施条例》中有关"中标无效"的规定,均不包括此种情形。就此,我们认为,中国法下对于投标文件未能就招标文件的实质性要求和条件进行响应的情形,可置于《民法典》更为上层的视角加以评判。《招标投标法》中有关此等要求的规定应被视为效力性强制性规定,违反该规定的民事法律行为本身就应作否定性评价。否则,如果评标时发现就做废标处理,评标未发现反而能侥幸逃脱得以被肯定,显然有违最基本的公平、诚信原则。

(2)住建部2011版中的"标准、规范及有关技术文件"与"设计文件、资料和图纸",在本合同示范文本中,则统一调整为了"发包人要求"。

因工程总承包不同于传统的施工总承包,发包阶段位于施工图设计之前,在施工总承包模式之下的有关标准、规范、技术要求以及前期阶段的设计图纸等文件,即构成发包人进行工程总承包的前提性发包要求或基础资料。例如,在住建部施工合同2017版中即将"技术标准和要求""图纸"列为了合同组成文件。但在本合同示范文本中,作为工程总承包项目来讲,有关的标准、技术、规范等,均应视为发包人要求的组成部分。

(3)FIDIC黄皮书2017版和FIDIC银皮书2017版中,都将联合体承诺书(如果承包商是联合体)列为了合同组成文件,而这在我国国内的各合同示范文本中均未有所涉及。

根据两部委《工程总承包管理办法》的规定,我国国内房屋建筑和市政基础设施领域的工程总承包项目,承包单位应当具备设计、施工双资质,这也造成当前阶段我国国内工程总承包市场中的联合体承揽现象较为普遍。因此,有如FIDIC黄皮书2017版和FIDIC银皮书2017版中的规定,在联合体承揽的情况下,工程总承包合同中包括联合体承诺书,可能亦有其必要。

2. 工程总承包合同中,发包人要求应置于何等位置?

本合同示范文本中,将专用合同条件与发包人要求归到了同一序列。住建部2011版中并没有专门的发包人要求文件的表述,而是类似传统施工合同,采用标准、规范及有关技术文件的表述,并将此等文件的解释顺序置于合同专用条款与招投标文件之后。九部委2012版中,专用合同条款与发包人要求文件是分开罗列的,其中发包人要求的解释顺序要置后于专用合同条款与通用合同条款。在FIDIC黄皮书2017版和FIDIC银皮书2017版中,发包人要求的解释顺序均置后于专用合同条件,却优先于承包商建议书(或投标书)。

由此引申的问题是:

(1)发包人要求与专用合同条件、通用合同条件的顺位到底应该哪个在先?

类似九部委2012版与FIDIC黄皮书2017版,一般来讲,将发包人要求置于专用合同条款和通用合同条款之后,其理由也较易理解,发包人要求往往仅是发包人单方提出的意见,在招投标的情况下,发包人要求属于发包人提出的要约邀请,但专用合同条款却是经过要约、承诺,进而最终由发承包双方合意形成的。显然,经过双方合意的文件的解释顺序要优于单方的表意。

但在中国法下,不论在两部委《工程总承包管理办法》中,还是在九部委2012版中,发包人要求均属于招标文件的一个组成部分。有如此前分析,基于我国《招标投标法》和《施工合同司法解释(一)》的明确规定,如经过招标投标的,签订的工程合同不得背离招标文件在内的前期招投标程序的实质性内容。因此,针对采取招标投标的工程总承包项目,将作为招标文件组成部分之一的发包人要求的解释优先顺序提前,可能也无可厚非。

另外,在工程总承包模式下,发包人要求是衡量承包人的完工情况是否达到了发包人建设目的,以及发包人合同根本目的是否实现的基本标准,似也有必要将发包人要求的合同文件解释优先顺序提前。

(2)专用合同条件是否应当与发包人要求置于同一顺位?如在同一顺序的该两类文件出现了矛盾,以何种的解释为优先?

基于本合同示范文本的逻辑,专用合同条款与发包人要求可能因为都是直接由发包人参与制作,具体体现了发包人的项目要求,包括范围、规模、功能、标准等,因此被排在了同一顺位。并且,进一步的前提假设应当是,这两类文件不应出现解释冲突,否则同一顺位的文件,无法得出孰优孰劣的评判结果。

但是,综观其他各示范合同文本,均不存在将专用合同条件与发包人要求置于同一顺位的情形。而在具体的实践中,专用合同条款与发包人要求产生冲突的情形也是可能存在的。有如前述分析,中国法下,如是采取招标投标方式进行发包的工程项目,专用合同条款与作为招标文件组成部分的发包人要求产生实质性内容冲突的,应以作为招标文件组成部分的发包人要求为准。

具体适用时应注意:

1. 投标函不同于投标文件,除投标函之外的其他投标文件,如承包人实施计划,若发承包双方另有需要作为合同组成文件的需要的,应当通过专用合同条款的方式予以特别约定。

2. 建议针对联合体承揽工程总承包项目的情形,发承包双方应在合同文件的组成中,将联合体承诺书纳入。

3. 工程总承包模式之下,评价合同目的是否实现的标准,从过去施工总承包模式下的"按图施工"向"按约施工"进行了转换。这里的"约",更为根本的应当是围绕发包人要求的根本目的能否实现。否则,工程总承包也就失去了其本身的建设目的。因此,工程总承包合同中的发包人要求,在中国法下往往具有更高的法律效力。

【关联条文】

1.《民法典》

第一百四十三条　具备下列条件的民事法律行为有效:

(一)行为人具有相应的民事行为能力;

(二)意思表示真实;

(三)不违反法律、行政法规的强制性规定,不违背公序良俗。

第四百七十二条　要约是希望与他人订立合同的意思表示,该意思表示应当符合下列条件:

(一)内容具体确定;

(二)表明经受要约人承诺,要约人即受该意思表示约束。

第四百七十三条　要约邀请是希望他人向自己发出要约的表示。拍卖公告、招标公告、招股说明书、债券募集办法、基金招募说明书、商业广告和宣传、寄送的价目表等为要约邀请。

商业广告和宣传的内容符合要约条件的,构成要约。

第四百七十九条　承诺是受要约人同意要约的意思表示。

第四百八十八条　承诺的内容应当与要约的内容一致。受要约人对要约的内容作出实质性变更的,为新要约。有关合同标的、数量、质量、价款或者报酬、履行期限、履行地点和方式、违约责任和解决争议方法等的变更,是对要约内容的实质性变更。

2.《招标投标法》

第二十七条第一款 投标人应当按照招标文件的要求编制投标文件。投标文件应当对招标文件提出的实质性要求和条件作出响应。

第四十六条第一款 招标人和中标人应当自中标通知书发出之日起三十日内,按照招标文件和中标人的投标文件订立书面合同。招标人和中标人不得再行订立背离合同实质性内容的其他协议。

3.《招标投标法实施条例》

第五十一条 有下列情形之一的,评标委员会应当否决其投标:

(一)投标文件未经投标单位盖章和单位负责人签字;

(二)投标联合体没有提交共同投标协议;

(三)投标人不符合国家或者招标文件规定的资格条件;

(四)同一投标人提交两个以上不同的投标文件或者投标报价,但招标文件要求提交备选投标的除外;

(五)投标报价低于成本或者高于招标文件设定的最高投标限价;

(六)投标文件没有对招标文件的实质性要求和条件作出响应;

(七)投标人有串通投标、弄虚作假、行贿等违法行为。

4.《工程总承包管理办法》

第九条 建设单位应当根据招标项目的特点和需要编制工程总承包项目招标文件,主要包括以下内容:

(一)投标人须知;

(二)评标办法和标准;

(三)拟签订合同的主要条款;

(四)发包人要求,列明项目的目标、范围、设计和其他技术标准,包括对项目的内容、范围、规模、标准、功能、质量、安全、节约能源、生态环境保护、工期、验收等的明确要求;

(五)建设单位提供的资料和条件,包括发包前完成的水文地质、工程地质、地形等勘察资料,以及可行性研究报告、方案设计文件或者初步设计文件等;

(六)投标文件格式;

(七)要求投标人提交的其他材料。

5.《施工合同司法解释(一)》

第二十二条 当事人签订的建设工程施工合同与招标文件、投标文件、中标通知书载明的工程范围、建设工期、工程质量、工程价款不一致,一方当事人请求将招标文件、投标文件、中标通知书作为结算工程价款的依据的,人民法院应予支持。

6. 住建部2011版

1.2.1 合同文件的组成。合同文件相互解释,互为说明。除专用条款另有约定外,组成本合同的文件及优先解释顺序如下:

(1)本合同协议书

(2)本合同专用条款

(3)中标通知书

(4)招投标文件及其附件

(5)本合同通用条款

(6)合同附件

(7)标准、规范及有关技术文件

(8)设计文件、资料和图纸

(9)双方约定构成合同组成部分的其它文件

双方在履行合同过程中形成的双方授权代表签署的会议纪要、备忘录、补充文件、变更和洽商等书面形式的文件构成本合同的组成部分。

7. 九部委2012版

1.4 合同文件的优先顺序

组成合同的各项文件应互相解释,互为说明。除专用合同条款另有约定外,解释合同文件的优先顺序如下:

(1)合同协议书;

(2)中标通知书;

(3)投标函及投标函附录;

(4)专用合同条款;

(5)通用合同条款;

(6)发包人要求;

(7)承包人建议书;

(8)价格清单;

(9)其他合同文件。

8. 住建部施工合同2017版

1.5　合同文件的优先顺序

组成合同的各项文件应互相解释,互为说明。除专用合同条款另有约定外,解释合同文件的优先顺序如下:

(1)合同协议书;

(2)中标通知书(如果有);

(3)投标函及其附录(如果有);

(4)专用合同条款及其附件;

(5)通用合同条款;

(6)技术标准和要求;

(7)图纸;

(8)已标价工程量清单或预算书;

(9)其他合同文件。

上述各项合同文件包括合同当事人就该项合同文件所作出的补充和修改,属于同一类内容的文件,应以最新签署的为准。

在合同订立及履行过程中形成的与合同有关的文件均构成合同文件组成部分,并根据其性质确定优先解释顺序。

9. FIDIC黄皮书2017版

1.5　文件优先次序

构成合同的文件应能够相互说明。如有任何冲突、歧义或不一致,文件的优先次序如下:

(a)合同协议书;

(b)中标函;

(c)投标函;

(d)专用条件A部分——合同数据;

(e)专用条件B部分——特别规定;

(f)通用条件;

(g)雇主要求;

(h)资料表;

(i)承包商建议书;

(j)联营体承诺书(如果承包商是联营体);(以及)

(k)构成合同组成部分的任何其他文件。

如一方发现文件有歧义或不一致,应立即向工程师发出通知,说明歧义或不一致之处。收到此类通知后,如工程师发现文件中的歧义或不一致之处,工程师应发出必要的澄清或指示。

10. FIDIC 银皮书 2017 版

1.5 文件优先次序

构成合同的文件应能够相互说明。如有任何冲突、歧义或不一致,文件的优先次序如下:

(a)合同协议书;

(b)专用条件 A 部分——合同数据;

(c)专用条件 B 部分——特别规定;

(d)本通用条件;

(e)雇主要求;

(f)资料表;

(g)投标书;

(h)联营体承诺书(如果承包商是联营体);(以及)

(i)构成合同组成部分的任何其他文件。

如一方发现文件有歧义或不一致,该方应立即向另一方发出通知,说明歧义或不一致之处。在发出或收到此类通知后,雇主应发出必要的澄清或指示。

1.6 文件的提供和照管

【原文】

1.6.1 发包人文件的提供

发包人应按照专用合同条件约定的期限、数量和形式向承包人免费提供前期工作相关资料、环境保护、气象水文、地质条件进行工程设计、现场施工等工程实施所需的文件。因发包人未按合同约定提供文件造成工期延误的,按照第8.7.1项[因发包人原因导致工期延误]约定办理。

1.6.2 承包人文件的提供

除专用合同条件另有约定外,承包人文件应包含下列内容,并用第1.2款[语言文字]约定的语言制作:

(1)《发包人要求》中规定的相关文件;

(2)满足工程相关行政审批手续所必须的应由承包人负责的相关文件;

(3)第5.4款[竣工文件]与第5.5款[操作和维修手册]中要求的相关文件。

承包人应按照专用合同条件约定的期限、名称、数量和形式向工程师提供应当由承包人编制的与工程设计、现场施工等工程实施有关的承包人文件。工程师对承包人文件有异议的,承包人应予以修改,并重新报送工程师。合同约定承包人文件应经审查的,工程师应在合同约定的期限内审查完毕,但工程师的审查并不减轻或免除承包人根据合同约定应当承担的责任。承包人文件的提供和审查还应遵守第5.2款[承包人文件审查]和第5.4款[竣工文件]的约定。

1.6.3 文件错误的通知

任何一方发现文件中存在明显的错误或疏忽,应及时通知另一方。

1.6.4 文件的照管

除专用合同条件另有约定外,承包人应在现场保留一份合同、《发包人要求》中列出的所有文件、承包人文件、变更以及其他根据合同收发的往来信函。发包人和工程师有权在任何合理的时间查阅和使用上述所有文件。

【解析】

本款源于九部委2012版第1.6款[文件的提供和照管]、住建部施工合同2017版第1.6款[图纸和承包人文件]与FIDIC黄(或银)皮书2017版第1.8款[文件的照管和提供]的规定。

具体适用时应注意:

1. 本款中有关发承包双方文件的提供都规定应按照专用合同条件约定的期限要求,但是,如果专用合同条件中没有约定,则该如何处理?本款中并没有规定。在住建部施工合同2017版中,针对发包人提供图纸的期限明确规定,“发包人至迟不得晚于第7.3.2项[开工通知]载明的开工日期前14天向承包人提供图纸”。除此之外的其他发包人文件和承包人文件的提供,在无专用合同条件明确约定的情况下,应当如何处理,同样并无具体规定。其背后缘由,概因发包人文件和承包人文件的具体类型所需提供的具体时间,无法通过某一条文予以明确规制,需要根据不同情况,具体问题具体分析。中国法下,合同约定不明亦有相应的解释规则。例如,我国《民法典》第五百一十一条第一款第(四)项规定:“履行期限不明确的,债务人可以随时履行,债权人也可以随时请求履行,但是应当给对方必要的准备时间。”

2. 本款规定对于承包人提供的文件,工程师负有审查义务,但是具体的审查期限,同样没有规定。就此,在住建部施工合同2017版中规定,“监理人应在收到承包人文件后7天内审查完毕”。但若在此期限内工程师并没有审查完毕的,又该如何处理,住建部施工合同2017版中也没有规定。显然在适用本合同示范文本制订具体的合同条款时,亦应当关注好以上问题。

3. 本款中规定承包人提供文件的数量和形式等,都是按照专用合同条件的约定执行。在FIDIC黄(或银)皮书2017版第1.8款中则明确规定,承包人应当提供一份纸质原件、一份电子拷贝以及其他额外数量的在“合同数据”中规定的纸质版本。

【关联条文】

1.《民法典》

第五百一十一条 当事人就有关合同内容约定不明确,依据前条规定仍不能确定的,适用下列规定:

(一)质量要求不明确的,按照强制性国家标准履行;没有强制性国家标准的,按照推荐性国家标准履行;没有推荐性国家标准的,按照行业标准履行;没有国家标准、行业标准的,按照通常标准或者符合合同目的的特定标准履行。

(二)价款或者报酬不明确的,按照订立合同时履行地的市场价格履行;依法应当执行政府定价或者政府指导价的,依照规定履行。

(三)履行地点不明确,给付货币的,在接受货币一方所在地履行;交付不动产的,在不动产所在地履行;其他标的,在履行义务一方所在地履行。

(四)履行期限不明确的,债务人可以随时履行,债权人也可以随时请求履行,但是应当给对方必要的准备时间。

(五)履行方式不明确的,按照有利于实现合同目的的方式履行。

(六)履行费用的负担不明确的,由履行义务一方负担;因债权人原因增加的履行费用,由债权人负担。

2. 住建部施工合同 2017 版

1.6　图纸和承包人文件

1.6.1　图纸的提供和交底

发包人应按照专用合同条款约定的期限、数量和内容向承包人免费提供图纸,并组织承包人、监理人和设计人进行图纸会审和设计交底。发包人至迟不得晚于第7.3.2项[开工通知]载明的开工日期前14天向承包人提供图纸。

因发包人未按合同约定提供图纸导致承包人费用增加和(或)工期延误的,按照第7.5.1项[因发包人原因导致工期延误]约定办理。

1.6.2　图纸的错误

承包人在收到发包人提供的图纸后,发现图纸存在差错、遗漏或缺陷的,应及时通知监理人。监理人接到该通知后,应附具相关意见并立即报送发包人,发包人应在收到监理人报送的通知后的合理时间内作出决定。合理时间是指发包人在收到监理人的报送通知后,尽其努力且不懈怠地完成图纸修改补充所需的时间。

1.6.3　图纸的修改和补充

图纸需要修改和补充的,应经图纸原设计人及审批部门同意,并由监理人在工程或工程相应部位施工前将修改后的图纸或补充图纸提交给承包人,承包人应按修改或补充后的图纸施工。

1.6.4　承包人文件

承包人应按照专用合同条款的约定提供应当由其编制的与工程施工有关的文件,并按照专用合同条款约定的期限、数量和形式提交监理人,并由监理人报送发包人。

除专用合同条款另有约定外,监理人应在收到承包人文件后7天内审查完毕,监理人对承包人文件有异议的,承包人应予以修改,并重新报送监理人。监理人的审查并不减轻或免除承包人根据合同约定应当承担的责任。

1.6.5　图纸和承包人文件的保管

除专用合同条款另有约定外,承包人应在施工现场另外保存一套完整的图纸和承包人文件,供发包人、监理人及有关人员进行工程检查时使用。

3. FIDIC 黄皮书 2017 版

1.8　文件的照管和提供

每份承包商文件都应由承包商保存和照管,除非并直到提交工程师为止,承包商应向工程师提供一份纸质原件、一份电子文件(按雇主要求规定的格式,或者如未规定,按工程师接受的格式),以及按合同数据规定的承包商文件的附加纸质副本(如果有)。

承包商应随时在现场保存一份:

(a)合同;

(b)第6.10款[承包商的记录]和第20.2.3项[同期记录]规定的记录;

(c)雇主要求中指定的出版物(如果有);

(d)承包商文件;

(e)合同规定的变更、通知和其他通信交流。

雇主人员有权在所有正常工作时间,或与承包商商定的其他时间,使用所有这些文件。

如果一方发现承包商(或其代表)为实施工程编制的文件中有错误或缺陷(无论是技术性的或是其他的),该方应迅速将该错误或缺陷通知另一方。而后承包商应立即纠正这些错误或缺陷,风险和费用由承包商承担。

1.7　联　　络

【原文】

1.7.1　与合同有关的通知、批准、证明、证书、指示、指令、要求、请求、同意、意见、确定和决定等,均应采用书面形式,并应在合同约定的期限内(如无约定,应在合理期限内)通过特快专递或专人、挂号信、传真或双方商定的电子传输方式送达收件地址。

1.7.2 发包人和承包人应在专用合同条件中约定各自的送达方式和收件地址。任何一方合同当事人指定的送达方式或收件地址发生变动的,应提前3天以书面形式通知对方。

1.7.3 发包人和承包人应当及时签收另一方通过约定的送达方式送达至收件地址的来往文件。拒不签收的,由此增加的费用和(或)延误的工期由拒绝接收一方承担。

1.7.4 对于工程师向承包人发出的任何通知,均应以书面形式由工程师或其代表签认后送交承包人实施,并抄送发包人;对于合同一方向另一方发出的任何通知,均应抄送工程师。对于由工程师审查后报发包人批准的事项,应由工程师向承包人出具经发包人签认的批准文件。

【解析】

本款源于住建部施工合同2017版第1.7款[联络]的规定。

相较而言:

1. 本款采用列举的方式,规定了双方之间的联络所应采取的方式。

2. 本款额外增加了第1.7.4项,着重明确了工程师在整个合同履行与管理过程中的核心角色与地位:(1)发承包双方之间的任何通知往来,均需给到工程师以抄送知会;(2)即便是由工程师审查后报发包人批准的事项,也应通过工程师向承包人出具该等批准文件,而不是由发包人直接发送。

具体适用时应注意:

1. 实践中,双方若约定电子邮件往来的联络方式,较为便捷。特别是,不用担心双方关系在产生争议的情况下,一方有可能拒收另一方的有关联络函件。我们所参与的一些诉讼或仲裁案件中,时常会有当事人反映,因为对方不接受快递,而导致当时没有留下任何联络"痕迹",进而存在举证不能的"窘境"。的确如此,如一方采用快递方式寄送,不排除对方会拒收,此种情形下,也较少有当事人能够想到通过公证的方式予以送达,且公证送达的方式在实践中花费颇高。就工程项目的履行实践来讲,双方之间的各项联络往来较为频繁,采用公证送达的方式,除了费用成本不划算以外,时间成本也较为高昂。

当然,若采用电子邮件的方式予以往来联络的,一方面也应注意将双方的电子邮箱在合同中予以明确约定;[①]另一方面也建议双方均要求对方使用带有自己企业后缀的邮箱,以便更好地固定邮件发送人的身份。

2. 若双方是采取纸质方式予以送达的,从便于对方接受的角度,除非对方愿意在该送达文件的备份资料上签字或盖章以表达接受,否则建议可采取制作专门的联络本的方式进行送达。通常来讲,接受文件的一方不太愿意直接在接受的文件资料上进行签字以确认送达,因为那样做往往可能给其带来有需要接受该文件资料所载内容的心理暗示,无形中增加收件方的送达确认压力。单独制作的联络本,则一定程度上能够较好地避免此类不必要的隔阂。

1.8 严禁贿赂

【原文】

合同当事人不得以贿赂或变相贿赂的方式,谋取非法利益或损害对方权益。因一方合同当事人的贿赂造成对方损失的,应赔偿损失,并承担相应的法律责任。

承包人不得与工程师或发包人聘请的第三方串通损害发包人利益。未经发包人书面同意,承包人不得为工程师提供合同约定以外的通讯设备、交通工具及其他任何形式的利益,不得向工程师支付报酬。

【解析】

本款源于住建部施工合同2017版第1.8款[严禁贿赂]的规定。

尽管反贿赂是各国法律均有明确规定的内容,特别在我国,严禁贿赂也是企业合规管理的重点,但为强化核心价值观的引导,本合同示范文本中仍然就此予以了明示规定。

【关联条文】

1.《建筑法》

第三十五条 工程监理单位不按照委托监理合同的约定履行监理义务,对

① 这一问题在双方采用除电子邮件以外的其他电子传输方式的情形下,同样存在。例如,使用微信、QQ、短信等其他电子传输方式的,一样需要明确该等账号与使用者之间的一一对应关系。

应当监督检查的项目不检查或者不按照规定检查,给建设单位造成损失的,应当承担相应的赔偿责任。

工程监理单位与承包单位串通,为承包单位谋取非法利益,给建设单位造成损失的,应当与承包单位承担连带赔偿责任。

2.《中央企业合规管理指引(试行)》

第十三条 加强对以下重点领域的合规管理:

(一)市场交易。完善交易管理制度,严格履行决策批准程序,建立健全自律诚信体系,突出反商业贿赂、反垄断、反不正当竞争,规范资产交易、招投标等活动;

……

1.9 化石、文物

【原文】

在施工现场发掘的所有文物、古迹以及具有地质研究或考古价值的其他遗迹、化石、钱币或物品属于国家所有。一旦发现上述文物,承包人应采取合理有效的保护措施,防止任何人员移动或损坏上述物品,并立即报告有关政府行政管理部门,同时通知工程师。

发包人、工程师和承包人应按有关政府行政管理部门要求采取妥善的保护措施,由此增加的费用和(或)延误的工期由发包人承担。

承包人发现文物后不及时报告或隐瞒不报,致使文物丢失或损坏的,应赔偿损失,并承担相应的法律责任。

【解析】

本款源于住建部施工合同2017版第1.9款[化石、文物]的规定。①

根据本款规定:

1.施工现场发掘的所有化石、文物,其所有权均归国家。

2.承包人对于化石、文物负有保护和上报政府行政管理部门和通知工程师

① 该款同时与九部委2012版第1.10款[化石、文物]的规定基本一致。

知晓的义务。承包人上报不及时或隐瞒不报,致使文物丢失或损坏的,应担责。

3. 发包人、工程师和承包人应按政府行政管理部门的要求进行妥善保护,相关费用和工期由发包人承担。

相较 FIDIC 合同来讲,本合同示范文本根据中国法律的明文规定,要求承包人在发现文物的第一时间采取合理有效的措施予以保护。而后,发包人、工程师和承包人均应按有关政府行政管理部门要求执行。但在 FIDIC 合同中,有关文物保护的第一责任主体是发包人。

【关联条文】

1.《文物保护法》

第七条　一切机关、组织和个人都有依法保护文物的义务。

第三十二条　在进行建设工程或者在农业生产中,任何单位或者个人发现文物,应当保护现场,立即报告当地文物行政部门,文物行政部门接到报告后,如无特殊情况,应当在二十四小时内赶赴现场,并在七日内提出处理意见。文物行政部门可以报请当地人民政府通知公安机关协助保护现场;发现重要文物的,应当立即上报国务院文物行政部门,国务院文物行政部门应当在接到报告后十五日内提出处理意见。

依照前款规定发现的文物属于国家所有,任何单位或者个人不得哄抢、私分、藏匿。

2. FIDIC 黄皮书 2017 版和 FIDIC 银皮书 2017 版

4.23　考古和地质发现

在现场发现的所有化石、硬币、有价值的物品或古物,以及具有地质或考古价值的结构物和其他遗迹或物品,应置于雇主的照管和权限下。承包商应采取一切合理的预防措施,防止承包商人员或其他人员移动或损坏任何此类发现物。

发现任何此类物品后,承包商应在可行的范围内尽快向工程师提交通知,以便工程师有机会在发现任何此类物品受到干扰前,及时进行检查和/或调查。该通知应说明这一发现,工程师应就处理发现的物品发出指示。

如承包商因执行工程师指示遭受延误和/或招致增加费用,承包商应有权根据第 20.2 款[付款和/或竣工时间延长的索赔]的规定,获得竣工时间的延长和/或此类费用的支付。

1.10 知识产权

【原文】

1.10.1 除专用合同条件另有约定外,由发包人(或以发包人名义)编制的《发包人要求》和其他文件,就合同当事人之间而言,其著作权和其他知识产权应归发包人所有。承包人可以为实现合同目的而复制、使用此类文件,但不能用于与合同无关的其他事项。未经发包人书面同意,承包人不得为了合同以外的目的而复制、使用上述文件或将之提供给任何第三方。

1.10.2 除专用合同条件另有约定外,由承包人(或以承包人名义)为实施工程所编制的文件、承包人完成的设计工作成果和建造完成的建筑物,就合同当事人之间而言,其著作权和其他知识产权应归承包人享有。发包人可因实施工程的运行、调试、维修、改造等目的而复制、使用此类文件,但不能用于与合同无关的其他事项。未经承包人书面同意,发包人不得为了合同以外的目的而复制、使用上述文件或将之提供给任何第三方。

1.10.3 合同当事人保证在履行合同过程中不侵犯对方及第三方的知识产权。承包人在工程设计、使用材料、施工设备、工程设备或采用施工工艺时,因侵犯他人的专利权或其他知识产权所引起的责任,由承包人承担;因发包人提供的材料、施工设备、工程设备或施工工艺导致侵权的,由发包人承担责任。

1.10.4 除专用合同条件另有约定外,承包人在投标文件中采用的专利、专有技术、商业软件、技术秘密的使用费已包含在签约合同价中。

1.10.5 合同当事人可就本合同涉及的合同一方、或合同双方(含一方或双方相关的专利商或第三方设计单位)的技术专利、建筑设计方案、专有技术、设计文件著作权等知识产权,订立知识产权及保密协议,作为本合同的组成部分。

【解析】

本款源于住建部2011版第5.5款[知识产权]、住建部施工合同2017版第1.11款[知识产权]与FIDIC黄皮书2017版第1.10款[雇主使用承包商文件]、第 1. 11 款[承包商使用雇主文件][①]的规定。

相较而言：

本款第 1. 10. 2 项规定，承包人为实施工程所形成的知识产权归属于承包人，但在住建部施工合同 2017 版中则规定“承包人为实施工程所编制的文件除署名权以外的著作权属于发包人”。其背后原因在于工程总承包不同于施工总承包，总承包单位的承包范围包括了设计，其中最重要的知识产权。例如，涉及设计成果的各项知识产权，在工程总承包模式下应归属承包人所有。

另外，对比 FIDIC 黄(或银)皮书 2017 版可发现：

1. FIDIC 合同中更明晰地规定了所谓知识产权的具体内容，包括但不限于：任何专利权、已注册的设计、版权、商标、商号、商业机密或其他知识产权等。

2. FIDIC 合同中做了双方之间知识产权成果归属与第三方知识产权侵权问题的区分。在双方之间，按照谁编写制作即归谁的原则处理。对第三方来讲，若存在侵权而导致第三方索赔的，则其中一方应在收到第三方索赔之后的 28 天内向对方同样发出有关于该索赔的通知，否则即类似 FIDIC 合同有关逾期索赔失权的规定一样，失去有关的受保障(indemnity)的权利。

3. 根据 FIDIC 合同的规定，对于第三方的知识产权侵权索赔，另一方有协助赔偿方进行抗辩的合同义务。

具体适用时应注意：

1. 本款所涉的知识产权归属问题，发承包双方可通过专用合同条件予以另行规定。

2. 针对第三方有关知识产权侵权问题的索赔，是否需要参照 FIDIC 合同的规定设置相关的索赔通知与逾期通知失权制度，同样建议由发承包双方通过专用合同条款予以明确。

【关联条文】

1. 住建部施工合同 2017 版

1. 11. 2　除专用合同条款另有约定外，承包人为实施工程所编制的文件，除署名权以外的著作权属于发包人，承包人可因实施工程的运行、调试、维修、改造

---

① FIDIC 银皮书 2017 版分别为第 1. 9 款和第 1. 10 款。

等目的而复制、使用此类文件,但不能用于与合同无关的其他事项。未经发包人书面同意,承包人不得为了合同以外的目的而复制、使用上述文件或将之提供给任何第三方。

2. FIDIC 黄皮书 2017 版

17.3　知识产权和工业产权

在本款中,"侵权"系指侵犯(或被指称侵犯)与工程有关的任何专利权、已登记的设计、版权、商标、商号、商业机密或其他知识产权或工业产权;"索赔"是指指控侵权的第三方索赔(或为第三方索赔进行的诉讼)。

当一方收到索赔但未能在收到后的 28 天内,向另一方发出关于该索赔的通知时,该方应被认为已放弃根据本款规定的任何受保障的权利。

雇主应保障并保持承包商免受因以下情况提出的指称侵权的任何索赔(包括法律费用和支出)引起的损害,该索赔是或曾经是:

(a)因承包商遵从雇主要求和/或任何变更的要求而造成的不可避免的结果;(或)

(b)因雇主为以下原因使用任何工程的结果:

(i)为了合同中指明的、或根据合同可合理推断的事项以外的目的;(或)

(ii)与非承包商提供的任何物品联合使用,除非此项使用已在基准日期前向承包商透露,或在合同中有规定。

承包商应保障并保持雇主免受由以下事项产生或与之有关的、指控侵权的任何其他索赔(包括合法费用和支出)引起的损害:

(i)承包商实施工程;(或)

(ii)使用承包商设备。

如果一方有权根据本款规定获得赔偿,赔偿方可(由其承担费用)承担协商解决索赔,和/或由此产生的任何诉讼或仲裁的全部责任。另一方应在赔偿方请求并承担费用的情况下,协助对索赔进行抗辩。另一方(及承包商人员或雇主人员,视情况而定)不应做出可能损害赔偿方的任何承认,除非在另一方提出要求后,赔偿方未能立即对任何谈判、诉讼或仲裁事宜承担全部责任。

1.11　保　　密

【原文】

合同当事人一方对在订立和履行合同过程中知悉的另一方的商业秘密、技术秘密，以及任何一方明确要求保密的其它信息，负有保密责任。

除法律规定或合同另有约定外，未经对方同意，任何一方当事人不得将对方提供的文件、技术秘密以及声明需要保密的资料信息等商业秘密泄露给第三方或者用于本合同以外的目的。

一方泄露或者在本合同以外使用该商业秘密、技术秘密等保密信息给另一方造成损失的，应承担损害赔偿责任。当事人为履行合同所需要的信息，另一方应予以提供。当事人认为必要时，可订立保密协议，作为合同附件。

【解析】

本款源于住建部 2011 版第 1.6 款[保密事项]的规定。

保守合同交易过程所掌握的相对方的商业秘密，属于我国相关法律所明文规定的法定义务。例如，《反不正当竞争法》第九条即规定，违反保密义务或者违反权利人有关保守商业秘密的要求，披露、使用或者允许他人使用其所掌握的商业秘密，构成侵权。

本款规定的主要内容，基本属于法律已有规定基础之上的义务重申。但在 FIDIC 合同中，却是采取了相反的办法，是反过来规定了应然状态之下合同一方保密义务的除外情形。

具体适用时应注意：

建议发承包双方借鉴 FIDIC 合同的规定方式，就发承包双方应当履行的保密义务的除外情形，通过专用合同条件予以约定。

【关联条文】

1.《反不正当竞争法》

第九条　经营者不得实施下列侵犯商业秘密的行为：

(一)以盗窃、贿赂、欺诈、胁迫或者其他不正当手段获取权利人的商业秘密；

(二)披露、使用或者允许他人使用以前项手段获取的权利人的商业秘密;

(三)违反保密义务或者违反权利人有关保守商业秘密的要求,披露、使用或者允许他人使用其所掌握的商业秘密;

(四)教唆、引诱、帮助他人违反保密义务或者违反权利人有关保守商业秘密的要求,获取、披露、使用或者允许他人使用权利人的商业秘密。

经营者以外的其他自然人、法人和非法人组织实施前款所列违法行为的,视为侵犯商业秘密。

第三人明知或者应知商业秘密权利人的员工、前员工或者其他单位、个人实施本条第一款所列违法行为,仍获取、披露、使用或者允许他人使用该商业秘密的,视为侵犯商业秘密。

本法所称的商业秘密,是指不为公众所知悉、具有商业价值并经权利人采取相应保密措施的技术信息、经营信息等商业信息。

2. FIDIC 黄皮书 2017 版

1.12 保密

对工程师为了证实承包商遵守合同的情况,合理需要的所有秘密和其他信息,承包商应当透露。

承包商应将构成合同的所有文件视为保密文件,但履行合同规定的承包商义务所必需的文件除外。未经雇主事先同意,承包商不应在任何行业或技术文件或其他地方发布、允许发布或透露合同的任何细节。

雇主和工程师应将承包商提供的所有标明"保密"的信息视为保密资料。雇主不应向第三方透露或允许透露任何此类信息,除根据第 15.2 款[由承包商违约的终止]的规定,雇主在履行其必要的权利时。

本款规定的一方保密义务不适用于以下情况:

(a)该方从另一方收到该方事先已拥有的,没有保密义务的;

(b)在不违反本条件的情况下,普遍向公众提供的;(或)

(c)该方从不受保密义务约束的第三方合法取得的。

1.12 《发包人要求》和基础资料中的错误

【原文】

承包人应尽早认真阅读、复核《发包人要求》以及其提供的基础资料，发现错误的，应及时书面通知发包人补正。发包人作相应修改的，按照第13条［变更与调整］的约定处理。

《发包人要求》或其提供的基础资料中的错误导致承包人增加费用和（或）工期延误的，发包人应承担由此增加的费用和（或）工期延误，并向承包人支付合理利润。

【解析】

本款源于九部委2012版第1.13款［发包人要求中的错误（A）］的规定。

根据本款规定：

1. 承包人对《发包人要求》以及其提供的基础资料有复核义务，发现错误的，应及时书面通知发包人补正。但实践中的问题在于，如果承包人没有发现错误，以及发现错误后，也没有及时书面通知发包人补正，该如何处理？就此，本合同示范文本中并未规定。

2. 在本合同示范文本的规则体系之下，《发包人要求》和基础资料中的错误所引发的风险，由发包人予以承担。这与住建部2011版、九部委2012版、FIDIC黄（或银）皮书2017版等合同示范文本的规定均不相同。

（1）住建部2011版中虽规定发包人对其提供的项目基础资料和现场障碍资料的真实性、准确性、齐全性和及时性负责，但是同时明确，承包人负有一定期限（在收到发包人提供的该等资料后15日）内进行复核并向发包人提出短缺、遗漏、错误、疑问的责任。如果逾期的，相应不利后果由承包人予以承担。

（2）九部委2012版区分了（A）（B）款，（A）款规定发包人要求的错误由发包人负责，（B）款规定承包人未发现发包人要求中存在的错误，由承包人自行承担相应责任。

（3）FIDIC黄皮书2017版首先认为，承包商负有在一定期限内对雇主要求进行审核并给予通知的义务;[①]其次,工程师在与承包商按照合同规定进行商定或确定的时候,应当考虑雇主要求中到底是否有错、作为有经验的承包商是在何时发现错误的、承包商采取了何等措施以纠正错误等因素;最后,如果有经验的承包商没有办法发现的,则因有关错误导致的承包商费用增加、工期延长,包括利润,都应当由雇主予以负责。

(4)FIDIC 银皮书 2017 版将所有此等责任风险均归为了承包商,雇主不对雇主要求可能存在的任何错误、不准确或遗漏负责,并不应被视为,对任何数据或资料给出了任何准确性或完整性的表示。

此外对于本款,有两个工程总承包模式下的重要概念仍有必要予以着重阐述:

第一,什么是工程总承包合同项下的《发包人要求》?

本合同示范文本在定义部分规定,《发包人要求》是指构成合同文件组成部分的名为《发包人要求》的文件,其中列明工程的目的、范围、设计与其他技术标准和要求,以及合同双方当事人约定对其所作的修改或补充。

需要指出的是,在过去的实践中,不少人都认为发包人要求是零散在整个合同文本中的,体现为发包人要求的所有规定。但本合同示范文本以书名号的标记方式直接明确,《发包人要求》就是一个名为《发包人要求》的独立文件。

第二,什么是工程总承包合同项下发包人应当提供的基础资料?

根据本合同示范文本通用合同条件第 2.3 款的规定,基础资料包括了施工现场及工程实施所必需的毗邻区域内的供水、排水、供电、供气、供热、通信、广播电视等地上、地下管线和设施资料,气象和水文观测资料,地质勘察资料,相邻建筑物、构筑物和地下工程等。

具体适用时应注意:

本合同示范文本虽赋予了承包人针对发包人要求和发包人提供的基础资料的审核义务,但是,一方面没有具体规定其履行审核义务的期限,以及如超过期限应当如何处理,另一方面也没有具体规定承包人审核义务的边界在哪里。所谓有经验的承包商,其采取怎样的手段(考虑成本问题),以及在怎样的期限内

---

① FIDIC 黄皮书 2017 版通用合同条件第 1.9 款[雇主要求中的错误]中规定,该等期限为开工日期开始后双方规定的时间,如未规定则为 42 天。

(考虑时间问题)来审核并发现和指出发包人要求以及发包人提供的基础资料中的错误,对于承包人的责任评判会产生怎样的不同影响?此处同样未有涉及。

相较而言,国内目前的工程实践与有关规范性文件的规定,都相对倾向于将此类风险归为发包人予以承担。我们建议发承包双方在具体的工程总承包合同中,可借鉴 FIDIC 黄皮书 2017 版的规定予以明确,避免模糊性表述带来日后双方的权利义务争议。

【关联条文】

1. 住建部 2011 版

5.2.1 发包人的义务

(1)提供项目基础资料。发包人应按合同约定、法律或行业规定,向承包人提供设计需要的项目基础资料,并对其真实性、准确性、齐全性和及时性负责。上述项目基础资料不真实、不准确或不齐全时,发包人有义务按约定的时间向承包人提供进一步补充资料。提供项目基础资料的类别、内容、份数和时间在专用条款中约定。其中,工程场地的基准坐标资料(包括基准控制点、基准控制标高和基准坐标控制线),发包人应按约定的时间,有义务配合承包人在现场的实测复验。承包人因纠正坐标资料中的错误,造成费用增加和(或)工期延误,由发包人负责其相关费用增加,竣工日期给予合理延长。

发包人提供的项目基础资料中有专利商提供的技术或工艺包,或是第三方设计单位提供的建筑造型等,发包人应组织专利商或第三方设计单位与承包人进行数据、条件和资料的交换、协调和交接。

发包人未能按约定时间提供项目基础资料及其补充资料、或提供的资料不真实、不准确、不齐全、或发包人计划变更,造成承包人设计停工、返工或修改的,发包人应按承包人额外增加的设计工作量赔偿其损失。造成工程关键路径延误的,竣工日期相应顺延。

(2)提供现场障碍资料。除专用条款另有约定外,发包人应按合同约定和适用法律规定,在设计开始前,提供与设计、施工有关的地上、地下已有的建筑物、构筑物等现场障碍资料,并对其真实性、准确性、齐全性和及时性负责。因提供的资料不真实、不准确、不齐全、不及时,造承包人的设计停工、返工和修改的,发包人应按承包人额外增加的设计工作量赔偿其损失。造成工程关键路径延误的,竣工日期相应顺延。提供项目障碍资料的类别、内容、份数和时间安排,在专用条款中约定。

(3)承包人无法核实发包人所提供的项目基础资料中的数据、条件和资料的,发包人有义务给予进一步确认。

5.2.2 承包人的义务

(1)承包人与发包人(及其专利商、第三方设计单位)应以书面形式交接发包人按5.2.1款第(1)项提供与设计有关的项目基础资料、第(2)项提供的与设计有关的现场障碍资料。对这些资料中的短缺、遗漏、错误、疑问,承包人应在收到发包人提供的上述资料后15日内向发包人提出进一步的要求。因承包人未能在上述时间内提出要求而发生的损失由承包人自行承担;由此造成工程关键路径延误的,竣工日期不予顺延。其中,对工程场地的基准坐标资料(包括基准控制点、基准控制标高和基准坐标控制线),承包人有义务约定实测复验的时间并纠正其错误(如果有),因承包人对此项工作的延误,导致的费用增加和关键路线延误,由承包人承担。

(2)承包人有义务按照发包人提供的项目基础资料、现场障碍资料和国家有关部门、行业工程建设标准规范规定的设计深度开展工程设计,并对其设计的工艺技术和(或)建筑功能,及工程的安全、环境保护、职业健康的标准,设备材料的质量、工程质量和完成时间负责。因承包人设计的原因,造成的费用增加、竣工日期延误,由承包人承担。

2. 九部委2012版

1.13 发包人要求中的错误(A)

1.13.1 承包人应认真阅读、复核发包人要求,发现错误的,应及时书面通知发包人。

1.13.2 发包人要求中的错误导致承包人增加费用和(或)工期延误的,发包人应承担由此增加的费用和(或)工期延误,并向承包人支付合理利润。

1.13 发包人要求中的错误(B)

1.13.1 承包人应认真阅读、复核发包人要求,发现错误的,应及时书面通知发包人。发包人作相应修改的,按照第15条约定处理。对确实存在的错误,发包人坚持不作修改的,应承担由此导致承包人增加的费用和(或)延误的工期。

1.13.2 承包人未发现发包人要求中存在错误的,承包人自行承担由此导致的费用增加和(或)工期延误,但专用合同条款另有约定的除外。

1.13.3 无论承包人发现与否,在任何情况下,发包人要求中的下列错误导致承包人增加的费用和(或)延误的工期,由发包人承担,并向承包人支付合理利润。

(1)发包人要求中引用的原始数据和资料;

(2)对工程或其任何部分的功能要求;

(3)对工程的工艺安排或要求;

(4)试验和检验标准;

(5)除合同另有约定外,承包人无法核实的数据和资料。

3. FIDIC 黄皮书 2017 版

1.9 雇主要求中的错误

如果承包商根据第5.1款[一般设计义务]的规定,通过审核,发现雇主要求中存在错误、过失或缺陷,承包商应在合同数据中规定的期限内(如未规定,则为42天)向工程师发出通知,自开工日期算起。

如果在此期限届满后,承包商发现雇主要求中存在错误、过失或缺陷,承包商也应向工程师发出通知,说明错误、过失或缺陷。

然后,工程师应按照第3.7款[商定或确定]的规定,商定或确定:

(a)雇主要求中是否存在错误、过失或缺陷;

(b)履行照管责任的有经验的承包商是否(考虑成本和时间)会已发现错误、过失或其他缺陷:

- 在提交投标书前检查现场和雇主要求时;(或)
- 如果承包商通知是在本款第一段规定的期限届满后发出的,则在审核第5.1款[一般设计义务]规定的雇主要求时;(以及)

(c)要求承包商采取什么措施(如果有)纠正错误、过失或缺陷(以及,就第3.7.3项[时限]而言,工程师收到承包商根据本款发出的通知的日期应为第3.7.3项规定的商定的时限开始日期)。

如果根据上述(b)段,有经验的承包商不会发现错误、过失或其他缺陷:

(i)第13.3.1项[指示变更]应适用于要求承包商采取的措施(如果有);(以及)

(ii)如果承包商因错误、过失或缺陷而遭受延误和/或招致费用,承包商应有权根据第20.2款[付款和/或竣工时间延长的索赔]的规定,获得竣工时间的延长和/或此类成本加利润的支付。

4.10 现场数据的使用

承包商应负责解释根据第2.5款[现场数据和参考事项]提供的所有数据。

在实际可行(考虑费用和时间)的范围内,承包商应被认为已取得可能对投标书或工程产生影响或作用的有关风险、偶发事件和其他情况的所有必要资料。同样,承包商应被认为在提交投标书前,已视察和检查了现场、进入现场的通道、周围环境、上述数据和其他得到的资料,并认为与实施工程相关的所有事项满足要求,包括:

(a)现场的状况和性质,包括地下条件;

(b)水文和气候条件,以及现场气候条件的影响;

(c)实施工程所需的工作和货物的范围和性质;

(d)工程所在国的法律、程序和劳务惯例;(以及)

(e)承包商对进入、食宿、设施、人员、电力、运输、水和其他公共设施或服务的要求。

4. FIDIC 银皮书 2017 版

4.10 现场数据的使用

承包商应负责验证和解释雇主根据第2.5款[现场数据和参考事项]的规定提供的所有数据。

5.1 一般设计义务

承包商应被视为,在基准日期前已仔细审查了雇主要求(包括设计标准和计算,如果有)。

除下述条款规定的情况外,承包商应实施并负责工程的设计,并对雇主要求(包括设计标准和计算)的正确性负责。

设计应由以下设计人员编制:

(a)是工程师或专业人员,在其负责的设计专业方面具有资格、经验和能力;

(b)符合雇主要求中规定的标准(如果有);(以及)

(c)根据适用法律有资格和有权利设计工程。

除下述本款情况外,雇主不应对原包括在合同内的雇主要求中的任何错误、不准确或遗漏负责,并不应被认为,对任何数据或资料给出了任何准确性或完整性的表示。承包商从雇主或其他方面收到任何数据或资料,不应免除承包商对工程施工承担的承包商职责。

但是,雇主应对雇主要求中的下列部分,以及由雇主(或其代表)提供的下列数据和资料的正确性负责:

(a)在合同中规定的由雇主负责的或不可变的部分、数据和资料;

(b)对工程或其任何部分的预期目的的说明;

(c)竣工工程的试验和性能的标准;(以及)

(d)除合同另有说明外,承包商不能核实的部分、数据和资料。

1.13　责任限制

【原文】

承包人对发包人的赔偿责任不应超过专用合同条件约定的赔偿最高限额。若专用合同条件未约定,则承包人对发包人的赔偿责任不应超过签约合同价。但对于因欺诈、犯罪、故意、重大过失、人身伤害等不当行为造成的损失,赔偿的责任限度不受上述最高限额的限制。

【解析】

本款源于 FIDIC 黄皮书 2017 版第 1.15 款[责任限度]的规定。[①]

若就国内有关工程总承包合同示范文本进行横向对比的话,住建部 2011 版中也有相似的责任限度的规定,通用条款第 10.8 款中,针对“竣工后试验”发现“丧失了生产价值和使用价值”的情形,规定发包人向承包人提出的索赔“不得将本合同以外的连带合同损失包括在未履约索赔之中”。

另可发现,FIDIC 合同的中文版中,使用的是责任限度(Limitation of Liability)的表述,[②]但本合同示范文本中讲的是责任限制。而 FIDIC 黄(或银)皮书 2017 版有关责任限度的规定,则进一步来源于 FIDIC 黄(或银)皮书 1999 版

① FIDIC 银皮书 2017 版中,责任限度规定在第 1.14 款。

② 仅就中文表意来讲,我们认为,责任限度的说法可能更优于责任限制。因为,限度有数量的概念在其中,而限制则更多地有约束的意思表示。

的规定。在 FIDIC 黄(或银)皮书 1999 版中,第 17.6 款均规定:

1. 除第 16.4 款[终止时的支付]和第 17.1 款[保障]的规定以外,任何一方对另一方面的损失或损害赔偿,不得突破至工程使用而发生的损失、利润损失、其他合同损失或者其他任何间接性的损失。

2. 除第 4.19 款[电、水和燃气]、第 4.20 款[雇主的设备和免费供应的材料]、第 17.1 款[保障]和第 17.5 款[知识产权和工业产权]的规定以外,承包人对雇主的赔偿责任,应以双方约定的合同额为限。

3. 若存在欺骗、故意违约或重大过失,则该责任限额将不再受限。

FIDIC 黄(或银)皮书 2017 版,在原先 1999 版的基础上:

1. 增加了 2017 版合同中的第 8.8 款[误期损害赔偿]、第 13.3.1 款(c)项[变更指令]、第 15.7 款[业主自便终止后的支付]与第 17.3 款[知识产权与工业产权]的规定,作为有关间接性损失赔偿限度的除外条款。

2. 通过专用合同条件编写提示的方式,具像化地假设了可就某些情境下的间接损失进行主张赔偿的可能。

(1)承包商对业主的责任限度包括:

(a)对于未能遵守第 8.2 款[竣工时间]的规定,限额应为合同数据中规定的最高延误损失赔偿费;

(b)对于以下原因造成的利润损失、任何合同损失或永久工程的任何部分的使用损失(根据合同接收后):

(i)由承包商造成的缺陷,限额应为合同数据中规定的金额 A;

(ii)由承包商对工程造成的损害,限额应为合同数据中规定的金额 B;

(iii)由承包商对工程以外的雇主财产造成的损害,限额应为合同数据中规定的金额 B 的百分之五十(50%);(以及)

(iv)由承包商造成的任何其他事项,限额应为合同数据中规定的金额 A 的百分之五十(50%);

(c)由承包商对工程造成的损害,限额应为第 19.2.1 项[工程]规定投保的保额;

(d)由承包商对工程以外的雇主财产造成的损害,限额应为第 19.2.4 项[人员伤害和财产损害]规定投保的保额;

(e)由承包商造成雇主人员或工程师人员的死亡或伤害,限额应为第 19.2.5

项[雇员的人身伤害]规定投保的保额;

(f)对于第17.4款[由承包商保障]第1段规定的承包商对雇主的第三方赔偿要求,应无限额;(以及)

(g)对于第17.4款[由承包商保障]第2段规定的承包商对雇主的赔偿,限额应为第19.2.3项[违反职业职责的责任]规定投保的保额;

(h)对于除上述(b)至(g)段所述的,以及第17.3款[知识产权和工业产权]所述外的所有事项,限额应为合同数据中规定的金额C。

(2)业主对承包商的责任限度包括:

(a)对于因第15.5款[为雇主便利的终止]和第16.2款[由承包商终止]导致的合同终止而造成的利润损失、任何合同损失或任何其他直接损失,限额应为中标合同金额的百分之二十(20%);

(b)对于雇主或雇主人员对永久工程以外的临时工程或生产设备和材料造成的损害,限额应为第19.2.1项[工程]规定的保额价值的百分之三十(30%);

(c)对于雇主或雇主人员对承包商的设备、材料、生产设备和/或临时工程造成的损害,限额应为第19.2.2项[货物]规定的保额价值;

(d)对于雇主对承包商人员造成的死亡或伤害,限额应为第19.2.5项[雇员的人身伤害]规定的保额;

(e)对于第17.5款[由雇主保障]规定的雇主对承包商第三方索赔的赔偿,应没有限额;(以及)

(f)除上述第(a)至(e)段所述的事项以及第17.3款[知识产权和工业产权]规定以外的所有事项,限额应符合第14.14款[雇主责任的中止]的规定,可以根据第21.4款[取得争端避免/裁决委员会的决定]、第21.5款[友好解决]或第21.6款[仲裁]的规定进行修改。

具体适用时应注意:

1.适用责任限制的主体,是仅针对发包人向承包人索赔的情形,还是双向的。

2.适用责任限制的情形,是仅针对明确约定的几种具体场景,还是任何情形下都应适用。

3.适用责任限制的范围,是无论何种情形下都不应超过合同约定的限额,还是可以就某些具体情形约定适度的调整范围。

这些都建议发承包双方通过专用合同条款予以明晰。

【关联条文】

1. 住建部 2011 版

10.8　丧失了生产价值和使用价值

因承包人的原因,工程和(或)单项工程未能通过竣工后试验,并使整个工程丧失了生产价值或使用价值时,发包人有权提出未能履约的索赔,并扣罚已提交的履约保函。但发包人不得将本合同以外的连带合同损失包括在未履约索赔之中。

连带合同损失指市场销售合同损失、市场预计盈利、生产流动资金贷款利息、竣工后试验及试运行考核周期以外所签订的原材料、辅助材料、电力、水、燃料等供应合同损失,以及运输合同等损失,适用法律另有规定时除外。

2. FIDIC 黄皮书 2017 版

1.15　责任限度

任一方均不对另一方根据本合同可能遭受的任何工程的使用损失、利润损失、任何合同的损失,或任何间接的或引起严重后果的损失或损害承担责任,除以下规定外:

(a)第 8.8 款[误期损害赔偿费];

(b)第 13.3.1 项[指示变更](c)段;

(c)第 15.7 款[为雇主便利终止后的付款];

(d)第 16.4 款[由承包商终止后的付款];

(e)第 17.3 款[知识产权和工业产权];

(f)第 17.4 款[由承包商保障]第一段;(以及)

(g)第 17.5 款[由雇主保障]。

以下规定以外的,承包商根据本合同或与本合同有关的规定对雇主的全部责任,包括:

(i)第 2.6 款[雇主提供的材料和雇主设备]规定的;

(ii)第 4.19 款[临时公用设施]规定的;

(iii)第 17.3 款[知识产权和工业产权]规定的;(以及)

(iv)第 17.4 款[由承包商保障]第一段规定的,均不应超过合同数据中规定的金额或(如果没有规定的金额)中标合同金额。

本款不应限制违约方在任何欺骗、重大过失、故意违约或轻率不当行为情况下的责任。

17.6 保障分担

按照第17.4款[由承包商保障]和/或第17.3款[知识产权和工业产权]的规定,如果第17.2款[工程照管的责任](a)至(f)段所述的任何事件可能是造成上述损害、损失或伤害的原因,则承包商对雇主的赔偿责任应按比例减少。

同样,按照第17.5款[由雇主保障]和/或第17.3款[知识产权和工业产权]规定,如果承包商应根据第17.1款[工程照管的职责]的规定负责的任何事件可能是造成上述损害、损失或伤害的原因,则雇主对承包商的赔偿责任应按比例减少。

1.14 建筑信息模型技术的应用

【原文】

如果项目中拟采用建筑信息模型技术,合同双方应遵守国家现行相关标准的规定,并符合项目所在地的相关地方标准或指南。合同双方应在专用合同条件中就建筑信息模型的开发、使用、存储、传输、交付及费用等相关内容进行约定。除专用合同条件另有约定外,承包人应负责与本项目中其他使用方协商。

【解析】

本款为本合同示范文本所独有。

建筑信息模型技术,即BIM技术,目前国家及地方政府均有在建设工程领域大力发展。基于其可能给建筑业带来的重大变革性影响,[①]FIDIC合同条件在2017版中甚至直接添加了“项目使用建筑信息模型系统的FIDIC合同用户的建议说明”一节,就使用BIM技术的FIDIC合同条件的编写予以建议。与此同时,

① 例如,使用BIM技术可能导致工程变更的情形减少,因为利用BIM技术可以进一步明确有关工程量,减少设计瑕疵,从而合同总价也将更易固定。此外,使用BIM技术以后,工程师的参与环境将完全不同于一般的工程项目。

FIDIC 也预告其未来将出版专门的“技术指南”和“BIM 专用范围指南定义”,给予进一步的规范。

目前,我国国内各地有关工程总承包发展的指导文件中,多有涉及 BIM 技术的相关规定,但大多较为原则。未来,具体的工程总承包项目使用 BIM 技术可能会给总承包合同的签订带来怎样的影响,还有待实践的进一步检验。

【关联条文】

1.《促进建筑业持续健康发展的意见》

(十六)加强技术研发应用。加快先进建造设备、智能设备的研发、制造和推广应用,提升各类施工机具的性能和效率,提高机械化施工程度。限制和淘汰落后、危险工艺工法,保障生产施工安全。积极支持建筑业科研工作,大幅提高技术创新对产业发展的贡献率。加快推进建筑信息模型(BIM)技术在规划、勘察、设计、施工和运营维护全过程的集成应用,实现工程建设项目全生命周期数据共享和信息化管理,为项目方案优化和科学决策提供依据,促进建筑业提质增效。

2.《江苏推进房建市政基础设施项目工程总承包发展的实施意见》

七、推广建筑信息模型(BIM)技术应用。推进工程总承包项目积极应用 BIM 技术,鼓励装配式建筑工程总承包项目率先应用 BIM 技术。鼓励有条件的单位加大研发投入,建立与 BIM 技术应用相适应的信息管理平台,推进 BIM 技术在勘察、设计、施工和运营维护等全过程的集成应用,实现工程建设项目全生命周期各参与方在同一多维建筑信息模型基础上的数据共享和信息化管理。推动实现与项目设计、生产、施工、设备供应、专业分包、项目管理等单位的无缝对接,优化项目实施方案,合理协调各阶段工作,缩短工期、节约成本,提高效率。建设单位可在工程总承包招标文件中对 BIM 技术应用提出明确要求,鼓励在评标办法中予以评审和加分,并合理安排专项实施费用。

3.《浙江进一步推进房建市政基础设施项目工程总承包发展的实施意见》

(三十)加快推广 BIM 等信息化、数字化技术应用,鼓励有条件的单位加大研发投入,推进 BIM 等信息化、数字化技术在勘察、设计、施工和运营维护等全过程的集成应用。鼓励建设单位对采用 BIM 等信息化、数字化技术的业绩设置加分,或在技术评审中对拟采用的 BIM 等信息化、数字化技术方案进行评分。

4.《上海工程总承包管理办法》

第三条　……推行工程总承包模式的项目,应当率先在规划、设计、施工等阶段全过程应用 BIM 技术。

第2条　发　包　人

2.1　遵守法律

【原文】

发包人在履行合同过程中应遵守法律,并承担因发包人违反法律给承包人造成的任何费用和损失。发包人不得以任何理由,要求承包人在工程实施过程中违反法律、行政法规以及建设工程质量、安全、环保标准,任意压缩合理工期或者降低工程质量。

【解析】

本款源于九部委 2012 版第 2.1 款[遵守法律]的规定。

相较而言:

1. 本款进一步明确,因发包人违法而导致的承包人费用和损失,应由发包人承担。

2. 着重申明,发包人不得以任何理由要求承包人不合理压缩工期和降低工程质量。

3. 明确将环保标准纳入与质量、安全同一序列的规范标准要求。

具体适用时应注意:

对于质量、安全、环保标准,实践中通常较为明确,但是何为“合理工期”,①无论传统施工总承包,还是工程总承包,均尚无明确的法律规定。

【关联条文】

《工程总承包管理办法》

第二十二条　建设单位不得迫使工程总承包单位以低于成本的价格竞标,不

① 有关何为“合理工期”的论述,具体详见本书关于第 8.8 款[工期提前]部分的解析。

得明示或者暗示工程总承包单位违反工程建设强制性标准、降低建设工程质量,不得明示或者暗示工程总承包单位使用不合格的建筑材料、建筑构配件和设备。

工程总承包单位应当对其承包的全部建设工程质量负责,分包单位对其分包工程的质量负责,分包不免除工程总承包单位对其承包的全部建设工程所负的质量责任。

工程总承包单位、工程总承包项目经理依法承担质量终身责任。

第二十三条 建设单位不得对工程总承包单位提出不符合建设工程安全生产法律、法规和强制性标准规定的要求,不得明示或者暗示工程总承包单位购买、租赁、使用不符合安全施工要求的安全防护用具、机械设备、施工机具及配件、消防设施和器材。

工程总承包单位对承包范围内工程的安全生产负总责。分包单位应当服从工程总承包单位的安全生产管理,分包单位不服从管理导致生产安全事故的,由分包单位承担主要责任,分包不免除工程总承包单位的安全责任。

第二十四条 建设单位不得设置不合理工期,不得任意压缩合理工期。

工程总承包单位应当依据合同对工期全面负责,对项目总进度和各阶段的进度进行控制管理,确保工程按期竣工。

2.2 提供施工现场和工作条件

【原文】

2.2.1 提供施工现场

发包人应按专用合同条件约定向承包人移交施工现场,给承包人进入和占用施工现场各部分的权利,并明确与承包人的交接界面,上述进入和占用权可不为承包人独享。如专用合同条件没有约定移交时间的,则发包人应最迟于计划开始现场施工日期7天前向承包人移交施工现场,但承包人未能按照第4.2款[履约担保]提供履约担保的除外。

【解析】

本项源于FIDIC黄(或银)皮书2017版第2.1款[现场进入权]与住建部施

工合同2017版第2.4.1项[提供施工现场]的规定。

具体适用时应注意：

按照本项规定，发包人向承包人提供施工现场的期限是一个绝对时间，即不得晚于计划开始现场施工日期7天前。这意味着，在此日期之前，发包人应向承包人提供所有的施工现场。

若仔细比较FIDIC黄(或银)皮书2017版可发现，在FIDIC合同体系下，FIDIC银皮书2017版由于固定工期的原因，明确规定应当自开工之日(Commencement Date)起，发包人提供承包人予以现场进入的权利。FIDIC黄皮书2017版则说的是要求发包人按照承包人的进度计划(Programme)予以提供，并非说是在开始日期前"一揽子"提供，即发包人可以按照承包人的进度计划安排陆续提供。

【关联条文】

1.住建部施工合同2017版

2.4.1 提供施工现场

除专用合同条款另有约定外，发包人应最迟于开工日期7天前向承包人移交施工现场。

2.FIDIC黄皮书2017版

2.1 现场进入权

雇主应在合同数据中规定的时间(或几个时间)内，给予承包商进入和占用现场各部分的权利。此项进入和占用权可不为承包商独享。如果根据合同，要求雇主(向承包商)提供任何基础、结构、生产设备的占用权或进场方法，雇主应按雇主要求规定的时间和方式提供。但是，雇主在收到履约担保前，可保留上述任何进入或占用权，暂不给予。

如果合同数据中没有规定上述时间，雇主应在要求的时间内，给予承包商进入和占用部分现场的权利，使承包商能够按照进度计划进行施工，或如果当时没有进度计划，按第8.3款[进度计划]的规定提交的初步进度计划进行。

如果雇主未能及时给予承包商上述进入和占用的权利，使承包商遭受延误和/或招致增加费用，承包商应有权根据第20.2款[付款和/或竣工时间延长的索赔]的规定，获得竣工时间的延长和/或此类成本加利润的支付。

但是，如果雇主的违约是由于承包商的任何错误或延误，包括在任何可适用的承包商文件中的错误或提交延误造成的情况,承包商应无权获得此类竣工时间的延长和/或成本加利润。

如果根据合同规定,雇主必须按照承包商文件向承包商提供任何基础、结构、生产设备的占用权或进入方式,承包商应按雇主要求所规定的时间和方式向工程师提交承包商文件。

3. FIDIC 银皮书 2017 版

2.1 现场进入权

雇主应在合同数据中规定的时间(或几个时间)内,给予承包商进入和占用现场各部分的权利。此项进入和占用权可不为承包商独享。如果根据合同,要求雇主(向承包商)提供任何基础、结构、生产设备的占用权或进场方法,雇主应按雇主要求规定的时间和方式提供。但是,雇主在收到履约担保前,可保留上述任何进入或占用权,暂不给予。

如果合同数据中没有规定上述时间,雇主应自开工日期起,给承包商进入和占用部分现场的权利。

如果雇主未能及时给予承包商上述进入和占用的权利,使承包商遭受延误和/或招致增加费用,承包商应有权根据第 20.2 款[付款和/或竣工时间延长的索赔]的规定,获得竣工时间的延长和/或此类成本加利润的支付。

但是,如果雇主的违约是由于承包商的任何错误或延误,包括在任何可适用的承包商文件中的错误或提交延误造成的情况,承包商应无权获得此类竣工时间的延长和/或成本加利润。

如果根据合同规定,要求雇主按照承包商文件向承包商提供任何基础、结构、生产设备的占用权或进场方式,承包商应按雇主要求所规定的时间和方式向雇主提交承包商文件。

2.2.2 提供工作条件

【原文】

发包人应按专用合同条件约定向承包人提供工作条件。专用合同条件对此没有约定的,发包人应负责提供开展本合同相关工作所需要的条件,包括:

(1)将施工用水、电力、通讯线路等施工所必需的条件接至施工现场内;

(2)保证向承包人提供正常施工所需要的进入施工现场的交通条件;

(3)协调处理施工现场周围地下管线和邻近建筑物、构筑物、古树名木、文物、化石及坟墓等的保护工作,并承担相关费用;

(4)对工程现场临近发包人正在使用、运行、或由发包人用于生产的建筑物、构筑物、生产装置、设施、设备等,设置隔离设施,竖立禁止入内、禁止动火的明显标志,并以书面形式通知承包人须遵守的安全规定和位置范围;

(5)按照专用合同条件约定应提供的其他设施和条件。

【解析】

本项源于住建部施工合同 2017 版第 2.4.2 项[提供施工条件]的规定。

相比 FIDIC 合同而言,本项规定在 FIDIC 黄(或银)皮书 2017 版中,是被归为承包人的责任范畴。例如,FIDIC 黄(或银)皮书 2017 版第 4.13 款[道路通行权和设施]和第 4.15 款[进场道路],以及 FIDIC 黄(或银)皮书 2017 版第 4.19 款[临时公用设施]等。

【关联条文】

1. FIDIC 黄(或银)皮书 2017 版

4.13　道路通行权和设施

承包商应为工程目的所需的专用和/或临时道路通行权,包括进入现场,承担全部费用和开支。

承包商还应自担风险和费用,取得为工程目的可能需要的现场以外的任何附加设施。

4.15　进场道路

承包商应被认为已对在基准日期现场的进入通路的适宜性和可用性感到满意。承包商应采取一切必要的措施,防止任何道路或桥梁因承包商的通行或承包商人员受到损坏。这些措施应包括正确使用适宜的车辆(符合法定的负载和宽度限制,如果有,以及任何其他限制)和通路。

除本条件另有规定外:

(a)承包商应(就双方而言)负责维修对进场通路造成的任何损害,并维护其使用的进场通路;

(b)承包商应提供进场通路所有必需的标识或方向指示,还应为其使用这些

通路、标识和方向指示,取得必要的有关部门的任何许可或许可证;

(c)雇主不应对因承包商使用或以其他方式使用进场通路而引起的任何第三方索赔负责;

(d)雇主不保证特定进场通路的适宜性和可用性;(以及)

(e)因承包商需要使用进场通路而产生的不适宜性或不可用性的所有应付费用均应由承包商承担。

如果因雇主或第三方在基准日期后更改通路而导致进场通路不适宜或不可用,而承包商因此遭受延误和/或招致增加费用,承包商应有权根据第 20.2 款[付款和/或竣工时间延长的索赔]的规定,获得竣工时间的延长和/或此类费用的支付。

2. FIDIC 银皮书 2017 版

4.19 临时公用设施

除下述情况外,承包商应负责提供所有临时公用设施,包括所有电、天然气、电信、水和承包商实施工程可能需要的其他服务。

本款的下列规定仅适用于雇主要求中规定的雇主提供承包商使用的公用设施的情况。承包商应有权因工程的目的使用现场公用设施,其详细规定和价格见雇主要求。承包商应自担风险和费用,提供其使用这些服务及计最所需要的任何仪器。用于测量消耗数晕的设备应征得雇主的同意。在合同数据中规定的每个付款期间(如未规定,按每个月)的消耗数量(如果有)应由承包商测量,承包商为此类数量支付的金额(按雇主要求中规定的价格)应包含在相关报表中。

2.2.3 逾期提供的责任

【原文】

因发包人原因未能按合同约定及时向承包人提供施工现场和施工条件的,由发包人承担由此增加的费用和(或)延误的工期。

【解析】

本项源于住建部施工合同 2017 版第 2.4.4 项[逾期提供的责任]的规定。

本合同示范文本中,对于发包人逾期提供现场和施工条件与逾期提供基础资料进行了区分。

具体适用时应注意:

根据本项规定,发包人逾期提供施工现场和施工条件的责任,限于工期顺延和费用增加索赔,而不包括利润。但在 FIDIC 黄(或银)皮书 2017 版中,均规定承包商的索赔可包括利润。① 因此,承包人在制订具体的合同文本时,若对利润索赔有所期待的,应通过专用合同条件予以修订调整。

【关联条文】

住建部施工合同 2017 版

2.4.4 逾期提供的责任

因发包人原因未能按合同约定及时向承包人提供施工现场、施工条件、基础资料的,由发包人承担由此增加的费用和(或)延误的工期。

2.3 提供基础资料

【原文】

发包人应按专用合同条件和《发包人要求》中的约定向承包人提供施工现场及工程实施所必需的毗邻区域内的供水、排水、供电、供气、供热、通信、广播电视等地上、地下管线和设施资料,气象和水文观测资料,地质勘察资料,相邻建筑物、构筑物和地下工程等有关基础资料,并根据第 1.12 款[《发包人要求》和基础资料中的错误]承担基础资料错误造成的责任。按照法律规定确需在开工后方能提供的基础资料,发包人应尽其努力及时地在相应工程实施前的合理期限内提供,合理期限应以不影响承包人的正常履约为限。因发包人原因未能在合理期限内提供相应基础资料的,由发包人承担由此增加的费用和延误的工期。

【解析】

本款源于住建部施工合同 2017 版第 2.4.3 项[提供基础资料]的规定。

如对比 FIDIC 合同可发现,本合同示范文本中并没有具体明确地指出发包

① 具体可见前述已经援引的 FIDIC 黄皮书 2017 版和 FIDIC 银皮书 2017 版第 2.1 款[现场进入权]的规定。

人提供基础资料的时间点,只是说应按专用合同条件和《发包人要求》中的约定提供;在住建部施工合同 2017 版中规定的是发包人应当在移交施工现场前提供;在 FIDIC 黄(或银)皮书 2017 版中,第 2.5 款[现场数据和参考事项]均规定的是应当在基准日期前提供。

具体适用时应注意:

本款之下,因发包人原因未能在合理期限内提供相应基础资料的,由发包人承担由此增加的费用和延误的工期,并不包括利润。但是,本款同时规定,发包人提供基础资料错误的,根据第 1.12 款[《发包人要求》和基础资料中的错误]承担基础资料错误造成的责任。而在第 1.12 款[《发包人要求》和基础资料中的错误]中,规定《发包人要求》或其提供的基础资料中的错误,承包人可得主张的索赔包括了工期、费用和合理利润。就此,承包人在制订具体的合同文本时,若对此种情形下的利润索赔有所期待的,也应通过专用合同条件予以修订调整。

【关联条文】

1. FIDIC 黄皮书 2017 版

2.5 现场数据和参考事项

雇主应在基准日期前,向承包商提供其拥有的现场地形和地下、水文、气候及环境条件方面的所有相关数据,供承包商参考。雇主应立即向承包商提供在基准日期后其拥有的所有此类数据。

原始测量控制点、基准线和基准标高(本条件中的"参考事项")应在雇主要求中规定,或由工程师向承包商发出通知。

2. FIDIC 银皮书 2017 版

2.5 现场数据和参考事项

雇主应在基准日期前,向承包商提供其拥有的现场地形和地下、水文、气候及现场环境条件方面的所有相关数据,供承包商参考。雇主应立即向承包商提供在基准日期后其拥有的所有此类数据。

原始测量控制点、基准线和基准标高(本条件中的"参考事项")应在雇主要求中规定。

除第 5.1 款[一般设计义务]规定外,雇主对此类数据和/或参考事项的准确性、充分性或完整性不承担任何责任。

2.4　办理许可和批准

【原文】

2.4.1　发包人在履行合同过程中应遵守法律,并办理法律规定或合同约定由其办理的许可、批准或备案,包括但不限于建设用地规划许可证、建设工程规划许可证、建设工程施工许可证等许可和批准。对于法律规定或合同约定由承包人负责的有关设计、施工证件、批件或备案,发包人应给予必要的协助。

2.4.2　因发包人原因未能及时办理完毕前述许可、批准或备案,由发包人承担由此增加的费用和(或)延误的工期,并支付承包人合理的利润。

【解析】

本款源于住建部施工合同2017版第2.1款[许可或批准]的规定。

相较而言:

本合同示范文本将施工所需临时用水、临时用电、中断道路交通、临时占用土地等许可和批准,从发包人应负责办理的许可和批准情形中进行了调整。

如同前述对于协议书第七条有关发包人承诺事项的解析一样,此处有关发包人办理许可和批准的责任规定,不代表发包人不可以委托承包人办理该等许可和批准的程序性事务,而是这些许可和批准的法定责任主体在于发包人。

实践中,有关程序性事务的办理,发包人与承包人仍可以通过专用合同条件予以专门约定。

【关联条文】

住建部施工合同2017版

2.1　许可或批准

发包人应遵守法律,并办理法律规定由其办理的许可、批准或备案,包括但不限于建设用地规划许可证、建设工程规划许可证、建设工程施工许可证、施工所需临时用水、临时用电、中断道路交通、临时占用土地等许可和批准。发包人应协助承包人办理法律规定的有关施工证件和批件。

因发包人原因未能及时办理完毕前述许可、批准或备案,由发包人承担由此增加的费用和(或)延误的工期,并支付承包人合理的利润。

2.5 支付合同价款

【原文】

2.5.1 发包人应按合同约定向承包人及时支付合同价款。

2.5.2 发包人应当制定资金安排计划,除专用合同条件另有约定外,如发包人拟对资金安排做任何重要变更,应将变更的详细情况通知承包人。如发生承包人收到价格大于签约合同价 10% 的变更指示或累计变更的总价超过签约合同价 30%;或承包人未能根据第 14 条[合同价格与支付]收到付款,或承包人得知发包人的资金安排发生重要变更但并未收到发包人上述重要变更通知的情况,则承包人可随时要求发包人在 28 天内补充提供能够按照合同约定支付合同价款的相应资金来源证明。

2.5.3 发包人应当向承包人提供支付担保。支付担保可以采用银行保函或担保公司担保等形式,具体由合同当事人在专用合同条件中约定。

【解析】

本款源于 FIDIC 黄(或银)皮书 2017 版第 2.4 款[雇主的资金安排]与住建部施工合同 2017 版第 2.5 款[资金来源证明及支付担保]、第 2.6 款[支付合同价款]的规定。

相较而言:

1. 借鉴 FIDIC 合同的规定,本合同示范文本就承包人可得要求发包人提供资金来源证明的情形进行了细化,包括以下情形:

(1)承包人收到价格大于签约合同价 10% 的变更指示或累计变更的总价超过签约合同价 30%;

(2)承包人未能根据第 14 条[合同价格与支付]收到付款;

(3)承包人得知发包人的资金安排发生重要变更但并未收到发包人发出的重要变更通知。

2. 发包人向承包人提供支付担保并不以发包人同时要求承包人提供履约担保为前提。

具体在适用时应注意:

依据本款规定,发包人提供资金来源证明虽是其合同义务,但是若发包人在发生资金变化的情况下,既不主动向承包人披露,也不根据承包人的要求在28天内给予反馈,会导致怎样的后果。就此,本合同示范文本并没有进一步的规定,将有赖于发承包双方通过专用合同条件予以明确。例如,承包人是否可得因此而获得停工权。

【关联条文】

FIDIC 银皮书 2017 版①

2.4 雇主的资金安排

合同数据中应详细说明雇主为履行合同义务所提供的资金安排。

如果雇主拟对这些资金安排做任何重要变更(影响雇主支付雇主当时估算还需支付的部分合同价格的能力),或由于雇主的资金状况发生变化而必须这样做,雇主应立刻向承包商发出通知,并提供详细的证明资料。

如果承包商:

(a)接到指示,执行价格超过合同协议书中规定的合同价格10%的变更,或累计变更总额超过合同协议书中规定的合同价格30%的变更;

(b)未收到按照第14.7款[付款]规定的付款;(或)

(c)知道雇主的资金安排发生重大变化,而承包商还未收到本款规定的通知。

承包商可提出要求,雇主应在收到承包商的要求后28天内,提供其已做并将维持的资金安排的合理证据,说明雇主能够支付当时还需支付的(雇主估算的)部分合同价格。

2.6 现场管理配合

【原文】

发包人应负责保证在现场或现场附近的发包人人员和发包人的其他承包人

---

① 就本款而言,FIDIC 黄皮书与银皮书的区别在于:第一,黄皮书中有工程师,因此承包商的部分事项是基于工程师的判断。第二,银皮书是固定总价,因此使用的是合同价格(Contract Price)的概念,而 FIDIC 黄皮书因为合同价格并非完全固定,因此讲的是中标合同价(Accepted Contract Amount)。其余部分,在本款中并没有区别,因此不再重复引用。

(如有):

(1)根据第7.3款[现场合作]的约定,与承包人进行合作;

(2)遵守第7.5款[现场劳动用工]、第7.6款[安全文明施工]、第7.7款[职业健康]和第7.8款[环境保护]的相关约定。

发包人应与承包人、由发包人直接发包的其他承包人(如有)订立施工现场统一管理协议,明确各方的权利义务。

【解析】

本款源于FIDIC黄(或银)皮书2017版第2.3款[雇主人员和其他承包商]与住建部施工合同2017版第2.8款[现场统一管理协议]的规定。

相较而言:

在FIDIC合同中,专门明确了如果承包商发现并有合理的证据证实,雇主人员或雇主的其他承包商人员,有参与腐败、欺诈、串通或胁迫行为的,可向雇主提出要求撤换的请求。

具体适用时应注意:

本款规定是针对发包人的义务所提出的要求,系指发包人人员和发包人的其他承包人(如有),均应服从承包人在工程现场的统一管理,并遵照承包人在现场有关劳动用工、安全文明施工与环境保护的诸多规定执行。

根据本款规定,发包人应与承包人以及发包人直接发包的其他承包人(如有)订立施工现场统一管理协议。实践中,此类协议都会涉及承包人总包服务费,①包括相关管理费、配合费等费用的收取。需要发包人、承包人与发包人直接发包的其他承包人(如有),各方之间进行协商确定。作为承包人来讲,一方面,需要明晰此类管理协议的签订主体,避免仅与发包人两方之间约定涉他义务的

---

① 需注意当前一般的工程总承包计价规则中涉及的"总承包管理费"与传统施工总承包模式下"总承包服务费"中涉及的管理费之间的概念差异。例如:住建部《房建市政工程总承包计价计量规范(征求意见稿)》第2.0.9项[总承包管理费]的定义为:"发包人按照合同约定支付给承包人用于项目建设期间发生的管理性质的费用。包括:工作人员工资及相关费用、办公费、办公场地租用费、差旅交通费、劳动保护费、工具用具使用费、固定资产使用费、招募生产工人费、技术图书资料费(含软件)、业务招待费、施工现场津贴、竣工验收费和其他管理性质的费用。"《13清单计价规范》第2.0.21项[总承包服务费]的定义为:"总承包人为配合协调发包人进行的专业工程分包,发包人自行采购的设备、材料等进行保管以及施工现场管理、竣工资料汇总整理等服务所需的费用。"

协议;另一方面,需要落实相关费用的支付责任主体,避免届时各方之间的相互扯皮。

2.7　其他义务

【原文】

发包人应履行合同约定的其他义务,双方可在专用合同条件内对发包人应履行的其他义务进行补充约定。

【解析】

本款源于九部委2012版第2.7款[其他义务]的规定。

本款作为兜底条款,若比较本合同示范文本第4条的规定,会发现在"承包人"之下并无此等兜底条款的规定。实际中,如确实存在不限于通用条件所述的事项,发承包双方通常都会在专用合同条件中予以约定。

此外,若比较FIDIC黄(或银)皮书2017版中有关"雇主"的规定,可发现除本合同示范文本中所列事项之外,FIDIC合同针对"雇主"还规定了有关的甲供材与甲供设备的问题。

【关联条文】

FIDIC黄(或银)皮书2017版

2.6　雇主提供的材料和雇主设备

如果雇主要求中列出了雇主提供的材料和/或雇主设备,供承包商在工程实施中使用,雇主应按照雇主要求中规定的细节、时间、安排费率和价格向承包商提供此类材料和/或可用设备。

当任何承包商人员操作、驾驶、指挥、使用或控制每项雇主设备时,承包商应对其负责。

第3条 发包人的管理

3.1 发包人代表

【原文】

发包人应任命发包人代表,并在专用合同条件中明确发包人代表的姓名、职务、联系方式及授权范围等事项。发包人代表应在发包人的授权范围内,负责处理合同履行过程中与发包人有关的具体事宜。发包人代表在授权范围内的行为由发包人承担法律责任。

除非发包人另行通知承包人,发包人代表应被授予并且被认为具有发包人在授权范围内享有的相应权利,涉及第 16.1 款[由发包人解除合同]的权利除外。

发包人代表(或者在其为法人的情况下,被任命代表其行事的自然人)应:

(1)履行指派给其的职责,行使发包人托付给的权利;

(2)具备履行这些职责、行使这些权利的能力;

(3)作为熟练的专业人员行事。

如果发包人代表为法人且在签订本合同时未能确定授权代表的,发包人代表应在本合同签订之日起 3 日内向双方发出书面通知,告知被任命和授权的自然人以及任何替代人员。此授权在双方收到本通知后生效。发包人代表撤销该授权或者变更授权代表时也应同样发出该通知。

发包人更换发包人代表的,应提前 14 天将更换人的姓名、地址、任务和权利,以及任命的日期书面通知承包人。发包人不得将发包人代表更换为承包人根据本款发出通知提出合理反对意见的人员,不论是法人还是自然人。

发包人代表不能按照合同约定履行其职责及义务,并导致合同无法继续正常履行的,承包人可以要求发包人撤换发包人代表。

【解析】

本款源于 FIDIC 银皮书 2017 版第 3.1 款[雇主代表]的规定。

相较住建部 2011 版和九部委 2012 版而言,本合同示范文本突出了更多的管理属性。即本合同示范文本并非纯粹法律意义上的权利义务“宣言书”,其更为注重顺畅的工程管理理念,力图通过完善的工程管理程序,来消弭发承包双方在合同履约过程中可能存在的争议与矛盾。

具体适用时应注意:

1. 发包人代表在主体身份上,有可能是自然人或法人。当是法人的情况下,该发包人代表应进一步明确具体可代表其行使发包人代表各项权利并履行义务的自然人。

2. 本款规定,发包人代表的授权范围应在专用合同条件中明确。但是按照FIDIC银皮书2017版的规定,除非合同条款中另外有明确,否则发包人代表就自然被视为基于合同而享有代表发包人的权利。当然,进行合同解除的权利除外。

3. 本款规定,如果发包人代表为法人且在签订本合同时未能确定授权代表的,发包人代表应在本合同签订之日起3日内向双方发出书面通知。在FIDIC银皮书2017版中并没有此等3日的期限规定。实践中,如果此种情形下的发包人代表怠于履行发包人代表的自然人授权代表明确义务,进而导致发承包双方的合同履行陷入障碍,并可能导致承包人损失的,应当如何处理,建议发承包双方可以提前在专用合同条件中予以约定。

【流程图】

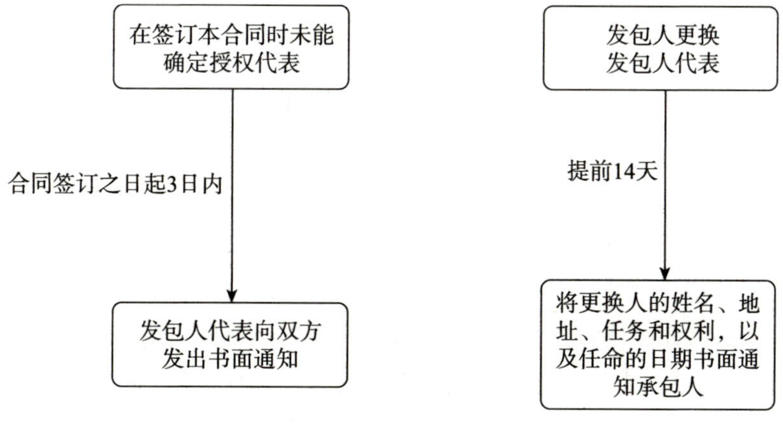

【关联条文】

FIDIC 银皮书 2017 版

3.1　雇主代表

雇主应任命雇主代表,除本条件另有规定外,否则雇主代表应被认为代表雇主履行合同义务。

雇主代表应被授予,并(除非和直到雇主另行通知承包商)应被认为具有根据合同规定的雇主全部权利,涉及第 15 条[由雇主终止]规定的权利除外。

雇主代表(或如果是法人实体,则为其任命代表其行使权利的自然人)应:

(a)履行雇主赋予其的任务,行使雇主授予的权利;

(b)有能力履行这些任务并行使权利;

(c)担任专业技术人员;(以及)

(d)熟练使用第 1.4 款[法律和语言]中规定的主导语言。

如果雇主代表是法人实体,雇主代表应向被任命和授权代表其行事的自然人(或任何替代人员)的双方发出通知。在双方收到本通知前,授权不得生效。雇主代表应同样发出撤销此类授权的通知。

如果雇主希望替换已被任命为雇主代表的任何人,雇主应在拟替换日期前不少于 14 天将替换人的姓名、地址、任务和权利,以及任命的日期通知承包商。

雇主不得用承包商已根据本款发出通知,提出合理反对的人(无论是法人实体还是自然人)替代雇主代表。

3.2　发包人人员

【原文】

发包人人员包括发包人代表、工程师及其他由发包人派驻施工现场的人员,发包人可以在专用合同条件中明确发包人人员的姓名、职务及职责等事项。发包人或发包人代表可随时对一些助手指派和托付一定的任务和权利,也可撤销这些指派和托付。这些助手可包括驻地工程师或担任检验、试验各项工程设备和材料的独立检查员。这些助手应具有适当的资质、履行其任务和权利的能力。以上指派、托付或撤销,在承包人收到通知后生效。承包人对于可能影响正常履约或工程安全质量的发包人人员保有随时提出沟通的权利。

发包人应要求在施工现场的发包人人员遵守法律及有关安全、质量、环境保护、文明施工等规定,因发包人人员未遵守上述要求给承包人造成的损失和责任由发包人承担。

【解析】

本款源于 FIDIC 银皮书 2017 版第 3. 2 款[其他雇主人员]的规定。

相较而言:

1. FIDIC 合同中指的是相对于雇主代表的其他雇主人员,按照解释,通常系由雇主或雇主代表指派的辅助人员。本款中,则是笼统地将发包人代表、工程师及其他由发包人派驻施工现场的人员都纳入了发包人人员的范畴。

2. 本款赋予了承包人可对发包人人员提出异议的权利。但若发包人不接受承包人所提出的异议,则该如何处理? 本款并没有进一步规定。

3. 本款要求发包人人员遵守法律及有关安全、质量、环境保护、文明施工等规定,这一点类似于本合同示范文本第 2. 1 款对于发包人应遵守法律的规定。

具体适用时应注意:

1. FIDIC 银皮书 2017 版第 3. 2 款同时规定,雇主人员的受托权限不涉及第 3. 5 款[商定或决定](Agreement or Determination)和第 15. 1 款[更正通知]的内容,即此等事项仍均应由雇主直接履行。

因此,国内工程总承包合同在具体制订时,发包人人员的具体受托权限范畴,是否有相应的边界,仍建议通过专用合同条件予以明确约定。

2. FIDIC 银皮书 2017 版第 3. 3 款专门针对雇主代表和其他雇主人员的受托权限进行了进一步的规定,明确了以下几方面。

(1)雇主代表和其他雇主人员接受委托而作出的行为,并不减免承包人基于合同所应承担的义务。

(2)如果承包商对于雇主代表和其他雇主人员接受委托而作出的行为提出异议的,承包商可向雇主发出通知。雇主在收到承包商发出的通知后,如果 7 天内没有回复的,应被视为已经确认雇主代表和其他雇主人员接受委托而作出的行为。

同样地,国内工程总承包合同在具体制订时,也可借鉴于此,规定承包人针对发包人人员和其他发包人人员基于发包人授权而作出行为的异议处理机制,从而使合同的履行更为流畅。

【关联条文】

FIDIC 银皮书 2017 版

3.2 其他雇主人员

雇主或雇主代表可随时对一些助手指派和付托一定的任务和权利,并也可通过向承包商发出通知,说明该助手的姓名、指派的任务和付托的权利,而且可撤销这些指派或付托。指派、付托或撤销应在承包商收到通知后生效。

但是,雇主代表不得付托权利给:

(a)根据第 3.5 款[商定或确定]的规定行事;(和/或)

(b)根据第 15.1 款[通知改正]的规定签发通知改正。

助手应为具有适当资质的人员,具备履行这些任务,行使这些权利的能力,并能流利地使用第 1.4 款[法律和语言]规定的交流语言。

3.3 受托人员

所有这些人员包括根据第 3.1 款[雇主代表]或第 3.2 款[其他雇主人员]的规定发出付托通知的,已被指派任务或付托权利的雇主代表和助手,应只根据规定的范围,被授权在付托通知规定的范围内向承包商发布指示和通信交流和/或发出通知。由受托人员根据付托通知做出的任何接受、商定、批准、校核、证明、评论、同意、不认可、检查、检验、指示、通知、不反对、会议记录、许可、建议、记录、答复、报告、请求、审核、试验、估价,或类似行动(包括没有任何此类行动),应如同雇主采取的一样有效。

但是:

(a)除非在受托人员关于上述行动的信函中另有说明,该行动不得免除承包商根据合同规定或与合同相关的应承担的任何任务、义务或职责;(以及)

(b)如果承包商对受托人员的指示、通信或通知提出质疑,承包商可通过发出通知将此事项提交给雇主。如果雇主在收到承包商通知后的 7 天内没有答复、撤销或更改受托人员的指示、通信或通知,雇主应被认为已确认了该指示、通信或通知。

3.3 工　程　师

【原文】

3.3.1　发包人需对承包人的设计、采购、施工、服务等工作过程或过程节点实施监督管理的,有权委任工程师。工程师的名称、监督管理范围、内容和权限在专用合同条件中写明。根据国家相关法律法规规定,如本合同工程属于强制监理项目的,由工程师履行法定的监理相关职责,但发包人另行授权第三方进行监理的除外。

3.3.2　工程师按发包人委托的范围、内容、职权和权限,代表发包人对承包人实施监督管理。若承包人认为工程师行使的职权不在发包人委托的授权范围之内的,则其有权拒绝执行工程师的相关指示,同时应及时通知发包人,发包人书面确认工程师相关指示的,承包人应遵照执行。

3.3.3　在发包人和承包人之间提供证明、行使决定权或处理权时,工程师应作为独立专业的第三方,根据自己的专业技能和判断进行工作。但工程师或其人员均无权修改合同,且无权减轻或免除合同当事人的任何责任与义务。

3.3.4　通用合同条件中约定由工程师行使的职权如不在发包人对工程师的授权范围内的,则视为没有取得授权,该职权应由发包人或发包人指定的其他人员行使。若承包人认为工程师的职权与发包人(包括其人员)的职权相重叠或不明确时,应及时通知发包人,由发包人予以协调和明确并以书面形式通知承包人。

【解析】

本款源于住建部2011版第2.3.1项、第2.3.2项与FIDIC黄皮书2017版第3.2款[工程师的任务和权利]的规定。

相较本合同示范文本第3条之下的其他款项,本款的情况相对较为特殊。有如前述,整个第3条有关发包人的规定,大部分来源于FIDIC银皮书2017版的相关规定。但是本款有关[工程师]的规定,却是来源于FIDIC黄皮书2017版。在FIDIC合同中,银皮书未设置有[工程师]一职,直接规定的是[发包人代表],而在黄皮书中则规定有[工程师],与银皮书中[发包人代表]相对。但是在本合同示范文本中,同时规定了[发包人代表]和[工程师]。

具体适用时应注意:

1. 根据本款规定,工程师的职权来自发包人的明确授权,即便是在本合同示范文本中规定本应由工程师行使的职权,如若不在发包人的明确授权范围内,则视为没有授权。这既与 FIDIC 黄皮书 2017 版的规定不同,也与本合同示范文本中发包人对发包人代表的授权意思表示相异。

(1) FIDIC 黄皮书 2017 版第 3. 2 款规定,工程师的行为应被视为有权代表发包人。特别是工程师在行使其有关商定与决定的相关权利时,发包人不得设置额外的限制。

(2) 前述第 3. 1 款[发包人代表]中规定,除合同解除权以外,若非发包人另行通知,否则发包人代表应被视为可代表发包人。

2. 根据本款规定,承包人如认为工程师行使的职权不在发包人委托的授权范围之内的,则其有权拒绝执行工程师的相关指示,并在通知发包人之后要求发包人予以书面确认。但在实践中,若因发包人的迟延确认,该如何处理? 本款并未进一步予以明确规定。就此,建议发承包双方在专用合同条件中予以关注。

【关联条文】

1.《建筑法》

第三十条 国家推行建筑工程监理制度。

国务院可以规定实行强制监理的建筑工程的范围。

2.《建设工程质量管理条例》

第十二条 实行监理的建设工程,建设单位应当委托具有相应资质等级的工程监理单位进行监理,也可以委托具有工程监理相应资质等级并与被监理工程的施工承包单位没有隶属关系或者其他利害关系的该工程的设计单位进行监理。

下列建设工程必须实行监理:

(一)国家重点建设工程;

(二)大中型公用事业工程;

(三)成片开发建设的住宅小区工程;

(四)利用外国政府或者国际组织贷款、援助资金的工程;

(五)国家规定必须实行监理的其他工程。

3.《推进全过程工程咨询服务发展的指导意见》

(三)促进工程建设全过程咨询服务发展。全过程咨询单位提供勘察、设计、监理或造价咨询服务时,应当具有与工程规模及委托内容相适应的资质条件。全过程咨询服务单位应当自行完成自有资质证书许可范围内的业务,在保证整个工程项目完整性的前提下,按照合同约定或经建设单位同意,可将自有资质证书许可范围外的咨询业务依法依规择优委托给具有相应资质或能力的单位,全过程咨询服务单位应对被委托单位的委托业务负总责。建设单位选择具有相应工程勘察、设计、监理或造价咨询资质的单位开展全过程咨询服务的,除法律法规另有规定外,可不再另行委托勘察、设计、监理或造价咨询单位。

4. FIDIC 黄皮书 2017 版

3.2 工程师的任务和权利

除本条件中另有说明外,每当工程师履行或行使合同规定或隐含的任务或权利时,应作为熟练的专业人员和视为代表雇主执行。

除本条件中另有说明外,工程师无权修改合同,或解除合同规定的或与合同有关的任一方的任何任务、义务或职责。

工程师可行使合同中规定或必然隐含的应属于工程师的权利。如果要求工程师在行使规定权利前须取得雇主同意,这些要求应在专用条件中写明。在工程师根据第 3.7 款[商定或确定]的规定行使权利前,不要求取得雇主的同意。雇主将不对工程师的权利作进一步的限制。

但是,每当工程师行使需由雇主同意的规定权利时,则(就本合同而言)应视为雇主已予同意。

工程师、工程师代表或任何助手的任何接收、协议、批准、校核、证明、评论、同意、不批准、检查、检验、指示、通知、不满意、会议记录、许可、建议、记录、答复、报告、要求、审核、试验、评估或类似行动(包括无任何此类行动),不应解除承包商根据合同有关规定应承担的任何任务、义务或职责。

3.4 任命和授权

【原文】

3.4.1 发包人应在发出开始工作通知前将工程师的任命通知承包人。更换工程师的,发包人应提前7天以书面形式通知承包人,并在通知中写明替换者的姓名、职务、职权、权限和任命时间。工程师超过2天不能履行职责的,应委派代表代行其职责,并通知承包人。

3.4.2 工程师可以授权其他人员负责执行其指派的一项或多项工作,但第3.6款[商定或确定]下的权利除外。工程师应将被授权人员的姓名及其授权范围通知承包人。被授权的人员在授权范围内发出的指示视为已得到工程师的同意,与工程师发出的指示具有同等效力。工程师撤销某项授权时,应将撤销授权的决定及时通知承包人。

【解析】

本款源于住建部2011版第2.3.4项与FIDIC黄皮书2017版第3.3款[工程师代表]、第3.4款[由工程师付托]的规定。

具体适用时应注意:

1. 本款不同于前述第3.1款[发包人代表]的相关规定,本款中的工程师代表可行使的权利,借鉴FIDIC黄皮书2017版第3.4款的规定,排除了[商定或确定]下的权利。

2. 虽然本款规定工程师超过2天不能履行职责的,应委派代表代行其职责,并通知承包人,但是结合第1.1.2.6目的规定,本合同示范文本中的工程师系法人或其他组织,因此,一般不会存在所谓法人或其他组织超过2天不能履行职责的情况。本款中所谓的工程师,其本义应为"工程师代表"。

另外,当出现工程师代表(如总监理工程师)无法在工程现场履职的情形时,一般也都应即刻或先行计划作出更换其他工程师代表的安排。

3.5 指 示

【原文】

3.5.1 工程师应按照发包人的授权发出指示。工程师的指示应采用书面形式，盖有工程师授权的项目管理机构章，并由工程师的授权人员签字。在紧急情况下，工程师的授权人员可以口头形式发出指示或当场签发临时书面指示，承包人应遵照执行。工程师应在授权人员发出口头指示或临时书面指示后24小时内发出书面确认函，在24小时内未发出书面确认函的，该口头指示或临时书面指示应被视为工程师的正式指示。

3.5.2 承包人收到工程师作出的指示后应遵照执行。如果任何此类指示构成一项变更时，应按照第13条[变更与调整]的约定办理。

3.5.3 由于工程师未能按合同约定发出指示、指示延误或指示错误而导致承包人费用增加和(或)工期延误的，发包人应承担由此增加的费用和(或)工期延误，并向承包人支付合理利润。

【解析】

本款源于九部委2012版第3.4款[监理人的指示]与住建部施工合同2017版第4.3款[监理人的指示]，以及FIDIC黄皮书2017版第3.5款[工程师的指示]的规定。

具体适用时应注意：

1. 本款基于发包人管理而发出的指示是指工程师按照发包人的授权所发出的指示，未涉及发包人代表自身发出的指示。而在FIDIC合同中，则一分为二，银皮书体系下是针对发包人代表，黄皮书体系下则是针对工程师。

2. 工程师所发出的指示应采用书面形式，且需同时加盖有工程师授权的项目管理机构章，并由工程师的授权人员签字，二者缺一不可。实践中经常存在，只有盖章没有签字，或只有签字没有盖章的情形。就此，应当如何认定其法律效力，发承包双方应注意通过专用合同条件予以明确规定。

3. 临时书面指示逾期未转成正式的书面确认视为默认或可理解，但是对于口头指示来讲，实践中基于工程项目的长周期特点，往往事过之后无从对证，就此需要发承包双方审慎对待,特别是对于承包人而言,应注重通过反向通知往来函件的形式,要求工程师就有关的口头指示予以书面化,并注意通过监理日志、项目例会等形式,要求予以多形式书面记载,以避免后期的矛盾争议。

4. 一般情况下,承包人固然应当遵照工程师的指示执行,但是这也不是绝对的。如果承包人认为工程师的指示存在问题,应有权提出异议。就此,本合同示范文本中未加以进一步的规定。在具体的工程总承包项目合同制订时,发承包双方可借鉴住建部施工合同 2017 版第 4. 3 款[监理人的指示]或 FIDIC 黄皮书 2017 版第 3. 5 款[工程师的指示]的规定。只不过应同时予以注意的是,住建部施工合同 2017 版第 4. 3 款中规定的监理人针对承包人异议的答复期是 48 小时,而 FIDIC 黄皮书 2017 版第 3. 5 款中规定的工程师针对承包商异议的答复期是 7 天。

【关联条文】

1. 九部委 2012 版

3. 4　监理人的指示

3. 4. 1　监理人应按第 3. 1 款的约定向承包人发出指示,监理人的指示应盖有监理人授权的项目管理机构章,并由总监理工程师或总监理工程师约定授权的监理人员签字。

3. 4. 2　承包人收到监理人作出的指示后应遵照执行。指示构成变更的,应按第 15 条执行。

3. 4. 3　在紧急情况下,总监理工程师或其授权的监理人员可以当场签发临时书面指示,承包人应遵照执行。监理应在临时书面指示发出后 24 小时内发出书面确认函,监理人在 24 小时内未发出书面确认函的,该临时书面指示应被视为监理人的正式指示。

3. 4. 4　除合同另有约定外,承包人只从总监理工程师或按第 3. 3. 1 项被授权的监理人员处取得指示。

3. 4. 5　由于监理人未能按合同约定发出指示、指示延误或指示错误而导致承包人费用增加和(或)工期延误的,发包人应承担由此增加的费用和(或)工期延误,并向承包人支付合理利润。

2. 住建部施工合同 2017 版

4.3　监理人的指示

监理人应按照发包人的授权发出监理指示。监理人的指示应采用书面形式,并经其授权的监理人员签字。紧急情况下,为了保证施工人员的安全或避免工程受损,监理人员可以口头形式发出指示,该指示与书面形式的指示具有同等法律效力,但必须在发出口头指示后 24 小时内补发书面监理指示,补发的书面监理指示应与口头指示一致。

监理人发出的指示应送达承包人项目经理或经项目经理授权接收的人员。因监理人未能按合同约定发出指示、指示延误或发出了错误指示而导致承包人费用增加和(或)工期延误的,由发包人承担相应责任。除专用合同条款另有约定外,总监理工程师不应将第 4.4 款[商定或确定]约定应由总监理工程师作出确定的权力授权或委托给其他监理人员。

承包人对监理人发出的指示有疑问的,应向监理人提出书面异议,监理人应在 48 小时内对该指示予以确认、更改或撤销,监理人逾期未回复的,承包人有权拒绝执行上述指示。

监理人对承包人的任何工作、工程或其采用的材料和工程设备未在约定的或合理期限内提出意见的,视为批准,但不免除或减轻承包人对该工作、工程、材料、工程设备等应承担的责任和义务。

3. FIDIC 黄皮书 2017 版

3.5　工程师的指示

工程师可(在任何时候)按照合同规定向承包商发出实施工程可能需要的指示。承包商仅应接受工程师或工程师代表(如有指定),或根据第 3.4 款[由工程师付托]的规定被付托适当权利的助手的指示。

在符合本款下列规定的情况下,承包商应遵守工程师或工程师代表(如有指定)或付托助手对合同有关的任何事项发出的指示。

如指示说明构成一项变更,则第 13.3.1 项[指示变更]应适用。

如未说明,承包商则认为该指示:

(a)构成一项变更(或已成为现有变更一部分的工作);(或)

(b)不符合适用的法律或将降低工程的安全性或技术上不可行。

承包商应在开始与本指示有关的任何工作之前,立即向工程师发出说明原因的通知。如工程师在收到通知后 7 天内未能作出答复,发出确认、取消或变更该指示的通知,工程师应被视为取消了该项指示。否则,承包商应遵守工程师的答复条件并受其约束。

3.6 商定或确定

【原文】

3.6.1 合同约定工程师应按照本款对任何事项进行商定或确定时,工程师应及时与合同当事人协商,尽量达成一致。工程师应将商定的结果以书面形式通知发包人和承包人,并由双方签署确认。

3.6.2 除专用合同条件另有约定外,商定的期限应为工程师收到任何一方就商定事由发出的通知后 42 天内或工程师提出并经双方同意的其他期限。未能在该期限内达成一致的,由工程师按照合同约定审慎做出公正的确定。确定的期限应为商定的期限届满后 42 天内或工程师提出并经双方同意的其他期限。工程师应将确定的结果以书面形式通知发包人和承包人,并附详细依据。

3.6.3 任何一方对工程师的确定有异议的,应在收到确定的结果后 28 天内向另一方发出书面异议通知并抄送工程师。除第 19.2 款[承包人索赔的处理程序]另有约定外,工程师未能在确定的期限内发出确定的结果通知的,或者任何一方发出对确定的结果有异议的通知的,则构成争议并应按照第 20 条[争议解决]的约定处理。如未在 28 天内发出上述通知的,工程师的确定应被视为已被双方接受并对双方具有约束力,但专用合同条件另有约定的除外。

3.6.4 在该争议解决前,双方应暂按工程师的确定执行。按照第 20 条[争议解决]的约定对工程师的确定作出修改的,按修改后的结果执行,由此导致承包人增加的费用和延误的工期由责任方承担。

【解析】

本款源于九部委 2012 版第 3.5 款[商定或确定]、住建部施工合同 2017 版第 4.4 款[商定或确定],以及 FIDIC 黄皮书 2017 版第 3.7 款[商定或确定]和 FIDIC 银皮书 2017 版第 3.5 款[商定或确定]的相关规定。

相较而言:[①]

1. FIDIC 合同就商定的期限起算,在合同双方有所约定的情况下,进行了更为细化的区分:

(1)对于非索赔事件的,按照合同约定的起始期限。

(2)对于 FIDIC 合同第 20.1 款[索赔]所规定的(c)项,从工程师收到索赔方提出的索赔通知开始起算。

(3)对于 FIDIC 合同第 20.1 款[索赔]所规定的(a)或(b)项,从工程师收到索赔方基于第 20.2.4 项[充分详细索赔]所提出的索赔开始起算,或从工程师收到索赔方基于 20.2.6 项[持续性索赔]临时或最终充分完整提出的索赔开始起算(具体视情况而定)。

2. FIDIC 合同明确规定,如果工程师未能按照期限限制,发出商定或确定的通知:

(1)对于索赔来讲,视为拒绝索赔。

(2)对于其他商定或确定事项来讲,应被视为需基于第 21.4 款[获取 DAAB 的决定]的规定,提请 DAAB 进行争议解决处理,而无须再行发出不满意通知。FIDIC 合同第 3.7.5 项[不满工程师的决定]与第 21.4.1 项[提请 DAAB 解决]的(c)目,均不再适用。

3. FIDIC 合同还规定了商定或确定存在文字印刷、文书或计算方面错误的修订机制。

4. 尤为重要的是,FIDIC 黄皮书 2017 版中明确指出了工程师的商定或确定应是中立的;FIDIC 银皮书 2017 版中针对发包人代表,当作出商定或确定时,也应是中立的。

具体适用时应注意:

1. 建议借鉴上述 FIDIC 合同中所规定的事项,针对具体情形进行补充。

2. 重视本款中规定的逾期视为默认条款。特别是承包人一方,如果不按规定在确定的期限内作出回复,则会被视为对工程师确定的认可。

---

① 此处仅以 FIDIC 黄皮书 2017 版为例。

【流程图】

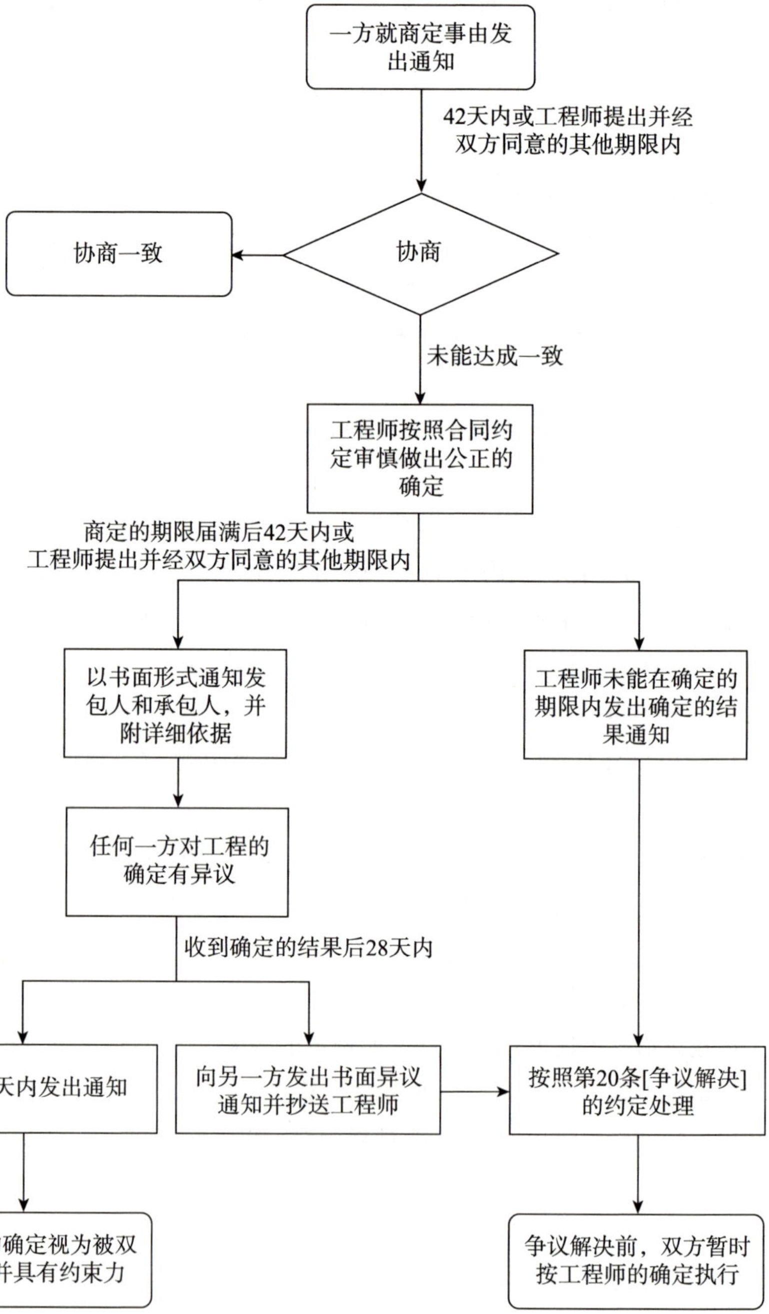
一方就商定事由发出通知
42天内或工程师提出并经双方同意的其他期限内
协商
协商一致
未能达成一致
工程师按照合同约定审慎做出公正的确定
商定的期限届满后42天内或工程师提出并经双方同意的其他期限内
以书面形式通知发包人和承包人，并附详细依据
工程师未能在确定的期限内发出确定的结果通知
任何一方对工程的确定有异议
收到确定的结果后28天内
未在28天内发出通知
向另一方发出书面异议通知并抄送工程师
按照第20条[争议解决]的约定处理
工程师的确定视为被双方接受并具有约束力
争议解决前，双方暂时按工程师的确定执行

【关联条文】

FIDIC 黄皮书 2017 版

3.7　商定或确定

在履行本款规定的职责时,工程师应在双方之间保持中立,不应被视为代表雇主行事。

本条件规定工程师应按照本款对任何事项或索赔进行商定或确定时,以下程序应适用:

3.7.1　协商达成协议

工程师应与双方共同和/或单独协商,并鼓励双方进行讨论,尽量达成协议。工程师应立即开始此类协商,以便有足够时间遵守根据第 3.7.3 项[时限]商定的时限。除非工程师另有提议并经双方商定,工程师应向双方提供协商会议记录。

如果在第 3.7.3 项[时限]规定的商定期限内达成协议,工程师应将协议通知双方,由双方签署该协议。应说明该通知是一份“双方商定的通知”,并应包括一份副本。

如果:

(a)在第 3.7.3 项[时限]规定的商定时限内未能达成协议;(或)

(b)双方告知工程师未能在此时限内达成协议。

以较早的时限为准,工程师应相应地通知双方,并应立即按照第 3.7.2 项[工程师的确定]的规定执行。

3.7.2　工程师的确定

工程师应根据合同,在适当考虑所有相关情况下,对此事项或索赔作出公正的确定。

在第 3.7.3 项[时限]规定的确定时限内,工程师应将其确定通知双方,该通知应说明是“工程师确定的通知”,详细说明确定的理由并附详细证明资料。

3.7.3　时限

如果达成协议,工程师应在 42 天内或由工程师提议并经双方商定的其他时限(本条件中的“商定时限”)内,在下列时间之后发出商定通知:

(a)如为待商定或确定的事项(不是索赔),本条件适用条款中规定的商定时限的开始日期;

(b)如为第20.1款[索赔](c)段规定的某项索赔,工程师收到第20.1款规定的索赔方通知的日期;(或)

(c)如为第20.1款[索赔](a)或(b)段规定的某项索赔,工程师收到(下述索赔)的日期;

(i)第20.2.4项[充分详细的索赔]规定的充分详细的索赔;(或)

(ii)第20.2.6项[具有持续影响的索赔]规定的索赔,临时或最终充分详细的索赔(视情况而定)。

工程师应在42天内或由工程师提议并经双方商定的其他时限(本条件中的"确定时限")内发出其确定通知,在其根据第3.7.1项[协商达成协议]最后一段规定的履行其义务的相应日期之后。

如果工程师不能在相关时限内发出商定或确定通知,则:

(i)在索赔的情况下,工程师应被视为已作出拒绝该项索赔的确定;(或)

(ii)在待商定或确定的事项的情况下,该事项应视为是一项争端,任一方均可根据第21.4款[取得争端避免/裁决委员会的决定]的规定,将该争端提交争端避免/裁决委员会作出决定,而不必发出不满意通知(第3.7.5项[对工程师的确定不满意]和第21.4.1项[将争端提交争端避免/裁决委员会](a)段将不适用)。

3.7.4 商定或确定的效力

每项商定或确定对双方均具有约束力(工程师应遵守),除非并直到根据本款进行了改正,或在某项确定的情况下,根据第21条[争端和仲裁]的规定作出了修改。

如果某项商定或确定涉及一方向另一方支付一笔金额,承包商应将此金额列入下一份报表,工程师应随该报表将此项金额列入付款证书在发出或收到工程师商定或确定的通知后14天内,如发现有任何印刷,或文书,或算数性的错误:

(a)如由工程师发现:则由其立即通知双方;(或)

(b)如由某一方发现:则该方应根据第3.7.4项的规定向工程师发出通知,并明确指出错误之处。如果工程师不同意有错误,其应视情立即通知双方。

工程师应在发现错误7天内,或收到上述(b)段(视情况而定)规定的通知后,向双方发出改正后的商定或确定通知。此后,此改正后的商定或确定应视为本条件的商定或确定。

3.7.5　对工程师的确定不满意

如果任一方对工程师的确定不满意:

(a)不满意的一方可向另一方发出不满意通知,并抄送工程师;

(b)此份不满意通知应说明是“对工程师的确定不满意的通知”,并应阐述不满意的理由;

(c)此份不满意通知,应在收到工程师根据第3.7.2项[工程师的确定]的规定作出的确定通知后28天内发出,或如适用,在工程师根据第3.7.4项[商定或确定的效力]的规定发出的改正通知(或如被视为拒绝索赔的确定,在根据第3.7.3项[时限]的规定作出确定的时限期满后28天内);(以及)

(d)此后,任一方均可根据第21.4款[取得争端避免/裁决委员会的决定]的规定执行。

如果任一方在上述(c)段所规定的28天内未能发出不满意通知,工程师的确定应被视为已由双方接受的最终确定,并对双方均具有约束力。

如果不满意的一方仅对工程师的部分确定不满意:

(i)该部分应在不满意通知中明确说明;

(ii)该部分以及受该部分影响或依赖其完整性的确定的任何其他部分,应视为与确定的剩余部分可分割;(以及)

(iii)确定的剩余部分应成为双方最终的并具有约束力的确定,如同未发出不满意通知。

如果一方未能遵守双方根据第3.7款达成的商定,或工程师作出的最终和具有约束力的确定,另一方可在不损害其可能拥有的任何其他权利的情况下,根据第21.6款[仲裁]的规定将不遵守的事项直接提交仲裁。在这种情况下,第21.7款[未能遵守争端避免/裁决委员会的决定]的第1段和第3段应适用于此类提交,提交方式与这些段落适用于争端避免/裁决委员会的最终和具有约束力的决定相同。

3.7 会　　议

【原文】

3.7.1　除专用合同条件另有约定外,任何一方可向另一方发出通知,要求另一方出席会议,讨论工程的实施安排或与本合同履行有关的其他事项。发包人的其他承包人、承包人的分包人和其他第三方可应任何一方的请求出席任何此类会议。

3.7.2　除专用合同条件另有约定外,发包人应保存每次会议参加人签名的记录,并将会议纪要提供给出席会议的人员。任何根据此类会议以及会议纪要采取的行动应符合本合同的约定。

【解析】

本款源于 FIDIC 黄皮书 2017 版第 3.8 款[会议]的规定。①

FIDIC 黄皮书 2017 版中规定,有关的会议纪要由工程师进行保管。

具体适用时应注意:

工程实践中,工程现场需要召开大量的工程会议,如业主方或监理单位组织的现场例会。这些会议所作的纪要,未来极有可能构成发承包双方通过司法途径主张自身权益的重要依据。基于我们的经验:

1. 会议纪要的签署应有讲究。例如,(1)参会人员是否有相应授权,这直接关系到会议纪要的法律效力。(2)参会人员的签字是每一页都签,还是签在最前面、最后面,或单独的一页签字页,以及是否有监理单位的骑缝章等?未来都将可能引发对于会议纪要真实性、内容效力的争议。

2. 会议纪要的发放、保管应有讲究。例如,会议纪要是现场形成后,复印一式多份,并将复印件给到承包人,还是事后重新加工形成后,通过电子邮件送达等?这些也都关系到会议纪要的真实性、内容效力等。

简言之,发承包双方形成的会议纪要,应确保各自手中都留有相应的不可更改的原件。如是多页的,应确保每页的真实性不可随意更改(如加盖骑缝章)。

---

① FIDIC 银皮书 2017 版为第 3.6 款。

第4条　承　包　人

4.1　承包人的一般义务

【原文】

除专用合同条件另有约定外,承包人在履行合同过程中应遵守法律和工程建设标准规范,并履行以下义务:

(1)办理法律规定和合同约定由承包人办理的许可和批准,将办理结果书面报送发包人留存,并承担因承包人违反法律或合同约定给发包人造成的任何费用和损失;

(2)按合同约定完成全部工作并在缺陷责任期和保修期内承担缺陷保证责任和保修义务,对工作中的任何缺陷进行整改、完善和修补,使其满足合同约定的目的;

(3)提供合同约定的工程设备和承包人文件,以及为完成合同工作所需的劳务、材料、施工设备和其他物品,并按合同约定负责临时设施的设计、施工、运行、维护、管理和拆除;

(4)按合同约定的工作内容和进度要求,编制设计、施工的组织和实施计划,保证项目进度计划的实现,并对所有设计、施工作业和施工方法,以及全部工程的完备性和安全可靠性负责;

(5)按法律规定和合同约定采取安全文明施工、职业健康和环境保护措施,办理员工工伤保险等相关保险,确保工程及人员、材料、设备和设施的安全,防止因工程实施造成的人身伤害和财产损失;

(6)将发包人按合同约定支付的各项价款专用于合同工程,且应及时支付其雇用人员(包括建筑工人)工资,并及时向分包人支付合同价款;

(7)在进行合同约定的各项工作时,不得侵害发包人与他人使用公用道路、水源、市政管网等公共设施的权利,避免对邻近的公共设施产生干扰。

【解析】

本款源于九部委2012版第4.1款[承包人的一般义务]与住建部施工合同

2017 版第 3.1 款[承包人的一般义务]的规定。

本款所罗列的,是基于中国法下,承包人一般而言应当履行的义务,包括但不限于:办理有关的许可与批准、承担缺陷责任与保修义务、提供约定的工程设备和承包人文件、编制工程组织与实施计划、确保工程建设的安全文明与环境保护、专款专用与及时对外付款、避免侵害他人等。

若比较 FIDIC 合同可发现,在 FIDIC 黄(或银)皮书 2017 版中,均使用了较为宽泛性的承包人一般义务的表述,主要是指承包人的履约应当符合合同目的、提供有关设备与文件并确保工作的完整性以及对工程建设的适当性、稳定性、安全性等负责。至于本款中所列的诸多事项,均在后续的诸多具体条款中予以了明细化规定。

具体适用时应注意:

1. 本款采用列举式规定了工程总承包合同中承包人的一般义务,但本款未规定有兜底式条款。在实践中,显然,此等列举式规定并不能完全涵盖,或者说无法穷尽承包人的一般义务。

另外,我国国内的诸多合同文本,相对较为习惯沿着合同缔结方之间相互的权利义务为主线展开,通过集中归纳列举的方式进行约定;而综观 FIDIC 或其他境外的有关工程合同文本,大多是沿着工程建设的线路予以展开,再针对某一具体建设环节约定各自的权利义务。

2. 相较住建部施工合同 2017 版的规定来讲,本款中规定,合同可以约定应由承包人办理有关的许可和批准。此处指的是,即便有关的许可和批准的法定申办主体是发包人,但是在工程总承包合同中,发承包双方仍可通过合同约定,将此项许可和批准申办的有关程序性事务分配给承包人承担。

对于工程总承包项目来讲,因承包人较早介入,其作为有经验的承包商,可能更为熟悉有关的许可和批准的申办流程。因此,将有关的程序性事务的办理义务分配给承包人亦无可厚非。只是,实践中往往较为容易产生矛盾的是,发包人一方会以此等约定为由,要求承包人负担有关许可和批准申办不能的法律风险;而承包人一方则会以自身仅为程序性事务代办,具体的许可和批准的申办主体仍为发包人为由进行对抗。就此,建议发承包双方提前通过专用合同条件明确规定好各自的权利义务边界,尽量避免履约纷争。

【关联条文】

FIDIC 黄皮书 2017 版

4.1　承包商的一般义务

承包商应按照合同实施工程。竣工时,工程(或分项工程或生产设备的主要部件,如果有)应达到雇主要求中规定和阐明的预期目的(或在未规定和阐明的情况下,则应达到一般目的)。

承包商应提供雇主要求中规定的生产设备(以及备件,如果有)和承包商文件,以及履行合同规定的承包商义务所需的所有临时性或永久性的承包商人员、货物、消耗品及其他物品和服务。

工程应包括满足雇主要求和资料表所需的任何工作,或合同隐含的工作,以及(尽管合同中未提及)为工程的稳定性或竣工,或安全和有效运行所需的所有工作。

承包商应对所有承包商作业和活动、所有施工方法和所有工程的完备性、稳定性和安全性承担责任。

当工程师提出要求时,承包商应提交其拟采用的详细工程施工安排和方法。事先在未向雇主提交此类变更之前,不得对这些安排和方法进行重要改变。

4.2　履约担保

【原文】

发包人需要承包人提供履约担保的,由合同当事人在专用合同条件中约定履约担保的方式、金额及提交的时间等,并应符合第2.5款[支付合同价款]的规定。履约担保可以采用银行保函或担保公司担保等形式,承包人为联合体的,其履约担保由联合体各方或者联合体中牵头人的名义代表联合体提交,具体由合同当事人在专用合同条件中约定。

承包人应保证其履约担保在发包人竣工验收前一直有效,发包人应在竣工验收合格后7天内将履约担保款项退还给承包人或者解除履约担保。

因承包人原因导致工期延长的,继续提供履约担保所增加的费用由承包人承担;非因承包人原因导致工期延长的,继续提供履约担保所增加的费用由发包人承担。

【解析】

本款源于九部委2012版第4.2款[履约担保]与住建部施工合同2017版第3.7款[履约担保]的规定。

根据本款规定:

1. 承包人向发包人提供的履约担保,应按照专用合同条件的约定,满足发包人有关担保的方式、金额及提交时间等方面的要求。

2. 履约担保除现金形式以外,还可采取银行保函或担保公司担保等形式。

3. 工程总承包项目采取联合体模式的,履约担保既可由联合体各方分别提交,也可由联合体中的牵头人提交。

4. 承包人应确保其提交的履约担保直至竣工验收前一直有效,且发包人应在竣工验收合格后的7天内返还履约担保款项或者解除履约担保。

5. 发承包双方应就各自的过错承担履约担保延期而导致的工期和费用损失。

具体适用时应注意:

1. 除合同约定以外,我国法律法规对履约担保有一定的强制性规定,违反此等规定,可能导致相关的不利后果。例如,中标后不签合同的,履约保证金不予退还;国有资金占控股或者主导地位的必招项目,中标人不按照招标文件要求提交履约保证金的,招标人可以另选或重新招标;履约保证金的比例不应超过中标合同金额的10%。

2. 本款虽规定发承包双方应通过专用合同条件就履约担保的提交时间进行明确,但若双方未能就此予以约定的情况下,该如何处理?就此,FIDIC合同中有相关规定,或可借鉴。

3. 本款未规定工程项目在履行过程中发生变更的情况下,履约担保的金额是否需要调整的问题。例如,工程变更超过原合同金额一定比例的情况下,包括增加和减少,则履约担保的金额是否应作出相应的调整。就此,也可借鉴FIDIC合同中的相关规定。

4. 本款未规定哪些情形下,发包人可提出相关的索赔,该等情形同样需要发承包双方在专用合同条件中予以约定。我国在2016年由最高人民法院颁布司法解释[①]的方式明确了独立保函制度。因该制度较为严格,作为开具保函的一方

① 具体内容请详阅最高人民法院《关于审理独立保函纠纷案件若干问题的规定》。

负有较大的保函被随意兑付的经济风险,因此,如选择此类独立保函作为履约担保的具体方式,更应注意严格约定清楚有关索赔的前提条件。与此相关,同样可借鉴 FIDIC 合同中的有关规定。

【关联条文】

1.《招标投标法》

第四十六条第二款 招标文件要求中标人提交履约保证金的,中标人应当提交。

第六十条第一款 中标人不履行与招标人订立的合同的,履约保证金不予退还,给招标人造成的损失超过履约保证金数额的,还应当对超过部分予以赔偿;没有提交履约保证金的,应当对招标人的损失承担赔偿责任。

2.《招标投标法实施条例》

第五十五条 国有资金占控股或者主导地位的依法必须进行招标的项目,招标人应当确定排名第一的中标候选人为中标人。排名第一的中标候选人放弃中标、因不可抗力不能履行合同、不按照招标文件要求提交履约保证金,或者被查实存在影响中标结果的违法行为等情形,不符合中标条件的,招标人可以按照评标委员会提出的中标候选人名单排序依次确定其他中标候选人为中标人,也可以重新招标。

第五十八条 招标文件要求中标人提交履约保证金的,中标人应当按照招标文件的要求提交。履约保证金不得超过中标合同金额的 10%。

第七十四条 中标人无正当理由不与招标人订立合同,在签订合同时向招标人提出附加条件,或者不按照招标文件要求提交履约保证金的,取消其中标资格,投标保证金不予退还。对依法必须进行招标的项目的中标人,由有关行政监督部门责令改正,可以处中标项目金额 10‰以下的罚款。

3. FIDIC 黄皮书 2017 版

4.2 履约担保

承包商应(承包商承担费用)取得履约担保以确保承包商恰当履行合同,保证金额和币种应符合合同数据中的规定。如合同数据中未明确保证金额,本款应不适用。

4.2.1　承包商的义务

承包商应在收到中标函后 28 天内向雇主提交履约担保,并向工程师送份副本,履约担保应由主同意的国家(或其他司法管辖区)内的实体提供,并采用专用条件所附格式或雇主同意的其他格式(但这种同意和或商定不应解除承包商根据本款承担的任何义务)。

承包商应在其履约证书签发和承包商履行了第 11.11 款[现场清理]规定前,确保履约担保保持有效和可执行。如果在履约担保的条款中规定了其期满日期,而承包商在该期满日期前 28 天尚无权拿到履约证书,承包商应将履约担保的有效期延长至履约证书签发和承包商按照第 11.11 款[现场清理]的规定完成清理时为止。

根据第 13 条[变更和调整]的规定,当变更和/或调整导致合同价格累计增加或减少超过中标合同金额的 20% 时:

(a)在此类增加的情况下,应雇主的要求,承包商应立即按累计增加额的百分比,增加该货币的履约担保金额。如果承包商因雇主的要求而招致增加费用,则第 13.3.1 项[指示变更]应适用,如同增加费用是工程师指示的;(或)

(b)在此类减少的情况下,经雇主事先同意,承包商可按累计减少额的百分比,减少该货币的履约担保金额。

4.2.2　根据履约担保的索赔

除以下雇主根据合同规定有权获得的金额情况外,雇主不应根据履约担保提出索赔:

(a)承包商未能按本款所述的要求延长履约担保的有效期,这时雇主可以索赔履约担保的全部金额(或在先前减少的情况下,全部余额);

(b)承包商未能在商定(或确定),或决定或仲裁裁决后(视情况而定)42 天内,按照第 3.7 款[商定或确定]或第 21 条[争端和仲裁]规定的商定或确定,向雇主支付应付金额;

(c)承包商未能在收到根据第 15.1 款[通知改正]的规定发出的通知后 42 天内,或通知中规定的其他时间(如果有)内纠正违约;

(d)雇主有权根据第 15.2 款[由承包商违约的终止]的规定,无论是否已发出终止通知都应终止合同的情况;(或)

(e)如果根据第 11.5 款[现场外缺陷工程的修补]的规定,承包商将任何有缺陷或损害的生产设备移出现场,如承包商未能修复此项设备,则将其退回现场重新安装,并在承包商通知中规定的相关期满日期(或雇主同意的其他日期)前重新试验。

雇主应保障和保持使承包商免受因雇主无权提出索赔的履约担保规定的索赔,而产生的所有损害赔偿费、损失和开支(包括法律费用和开支)的损害。

根据履约担保的规定,雇主收到的任何款项,应考虑:

(i)第 14.13 款[最终付款证书的签发]规定的最终付款证书;(或)

(ii)如果合同终止,则第 15.4 款[由承包商违约终止后的付款]、第 15.7 款[为雇主便利终止后的付款]、第 16.4 款[由承包商终止后的付款]、第 18.5 款[自主选择终止]或第 18.6 款[依法解除舰约](视情况而定)规定的,应向承包商支付的应付款项。

4.2.3 履约担保的退还

雇主应(译注:在下述时间)将履约担保退还承包商:

(a)履约证书签发后 21 天内,及承包商已遵守第 11.11 款[现场清理]的规定;(或)

(b)如根据第 15.5 款[为雇主便利的终止]、第 16.2 款[由承包商终止]、第 18.5 款[自主选择终止]或第 18.6 款[依法解除质约]的规定终止合同,则在合同终止日期后。

4.3 工程总承包项目经理

【原文】

4.3.1 工程总承包项目经理应为合同当事人所确认的人选,并在专用合同条件中明确工程总承包项目经理的姓名、注册执业资格或职称、联系方式及授权范围等事项。工程总承包项目经理应具备履行其职责所需的资格、经验和能力,并为承包人正式聘用的员工,承包人应向发包人提交工程总承包项目经理与承包人之间的劳动合同,以及承包人为工程总承包项目经理缴纳社会保险的有效证明。承包人不提交上述文件的,工程总承包项目经理无权履行职责,发包人有权要求更换工程总承包项目经理,由此增加的费用和(或)延误的工期由承包人承担。同时,发包人有权根据专用合同条件约定要求承包人承担违约责任。

4.3.2　承包人应按合同协议书的约定指派工程总承包项目经理，并在约定的期限内到职。工程总承包项目经理不得同时担任其他工程项目的工程总承包项目经理或施工工程总承包项目经理(含施工总承包工程、专业承包工程)。工程在现场实施的全部时间内，工程总承包项目经理每月在施工现场时间不得少于专用合同条件约定的天数。工程总承包项目经理确需离开施工现场时，应事先通知工程师，并取得发包人的书面同意。工程总承包项目经理未经批准擅自离开施工现场的，承包人应按照专用合同条件的约定承担违约责任。工程总承包项目经理的通知中应当载明临时代行其职责的人员的注册执业资格、管理经验等资料，该人员应具备履行相应职责的资格、经验和能力。

4.3.3　承包人应根据本合同的约定授予工程总承包项目经理代表承包人履行合同所需的权利，工程总承包项目经理权限以专用合同条件中约定的权限为准。经承包人授权后，工程总承包项目经理应按合同约定以及工程师按第3.5款[指示]作出的指示，代表承包人负责组织合同的实施。在紧急情况下，且无法与发包人和工程师取得联系时，工程总承包项目经理有权采取必要的措施保证人身、工程和财产的安全，但须在事后48小时内向工程师送交书面报告。

4.3.4　承包人需要更换工程总承包项目经理的，应提前14天书面通知发包人并抄送工程师，征得发包人书面同意。通知中应当载明继任工程总承包项目经理的注册执业资格、管理经验等资料，继任工程总承包项目经理继续履行本合同约定的职责。未经发包人书面同意，承包人不得擅自更换工程总承包项目经理，在发包人未予以书面回复期间内，工程总承包项目经理将继续履行其职责。工程总承包项目经理突发丧失履行职务能力的，承包人应当及时委派一位具有相应资格能力的人员担任临时工程总承包项目经理，履行工程总承包项目经理的职责，临时工程总承包项目经理将履行职责直至发包人同意新的工程总承包项目经理的任命之日止。承包人擅自更换工程总承包项目经理的，应按照专用合同条件的约定承担违约责任。

4.3.5　发包人有权书面通知承包人要求更换其认为不称职的工程总承包项目经理，通知中应当载明要求更换的理由。承包人应在接到更换通知后14天内向发包人提出书面的改进报告。如承包人没有提出改进报告，应在收到更换通知后28天内更换项目经理。发包人收到改进报告后仍要求更换的，承包人应在接到第二次更换通知的28天内进行更换，并将新任命的工程总承包项目经理的注册执业资格、管理经验等资料书面通知发包人。继任工程总承包项目经理继续履行本合同约定的职责。承包人无正当理由拒绝更换工程总承包项目经理的,应按照专用合同条件的约定承担违约责任。

4.3.6 工程总承包项目经理因特殊情况授权其下属人员履行其某项工作职责的,该下属人员应具备履行相应职责的能力,并应事先将上述人员的姓名、注册执业资格、管理经验等信息和授权范围书面通知发包人并抄送工程师,征得发包人书面同意。

【解析】

本款源于住建部施工合同2017版第3.2款[项目经理]的规定。

根据本款规定:

1. 工程总承包项目经理应具备相应的资格能力,并且是与承包人签订劳动合同、有社保关系的员工。

2. 工程总承包项目经理应真实地在场负责。

3. 工程总承包项目经理应按照承包人的授权行事。

4. 发承包双方要求更换工程总承包项目经理的,均应遵守一定的程序规制。

5. 特殊情形下,工程总承包项目经理可转授他人履职,但应征得发包人同意。

具体适用时应注意:

1. 工程总承包项目经理应与承包人签订劳动合同,建立劳动关系,不仅是合同要求,更是当前有关行政部门查处建筑企业是否存在转包、违法分包或挂靠等违法行为的规范要求。

2. 因工程总承包项目经理未能按照本款规定履职而产生违约责任追究的,例如,工程总承包项目经理未能按照合同约定的期限要求在现场履职,则发包人可依约提出有关的违约金主张。针对此类情形,建议"一事一议",即每次该等行为有发生的,发承包双方都应及时沟通,通过往来函件的形式明确有关的违约责任主张,特别是有关的违约金扣除结算,避免等到最终整体工程价款结算之时再来纠结此等问题,而引发双方纷争。

3. 根据本款规定,发包人要求更换工程总承包项目经理并非可随意为之,需经正当的合同程序。例如,本款规定,发包人首先应发出更换通知,承包人在收到通知后 14 天内向发包人提出改进报告,如承包人没有提出改进报告的,则应在收到更换通知的 28 天内更换,如承包人提出改进报告,而后发包人仍坚持要求更换的,则承包人应在第二次收到更换的通知后的 28 天内完成更换。

4. 工程总承包项目经理根据本款规定享有代表承包人履行合同的各项权利,但是该等权利是否有相应的边界,本款中未有规定。对比 FIDIC 合同来讲,FIDIC 黄皮书 2017 版第 4.3 款[承包商代表]规定,承包商代表享有履行合同的各项权利,但更换自己的权利除外。

5. 工程总承包项目经理可授权其下属人员履行其某项工作职责,但是该等授权是否同样存在边界,本款中一样未有规定。对比 FIDIC 合同来讲,FIDIC 黄皮书 2017 版第 4.3 款[承包商代表]规定,除 FIDIC 黄皮书 2017 版第 1.3 款[通知和其他通信交流]与第 3.5 款[工程师的指示]的规定之外,承包商代表可将授权随时再托付给适格的其他人员。

【流程图】

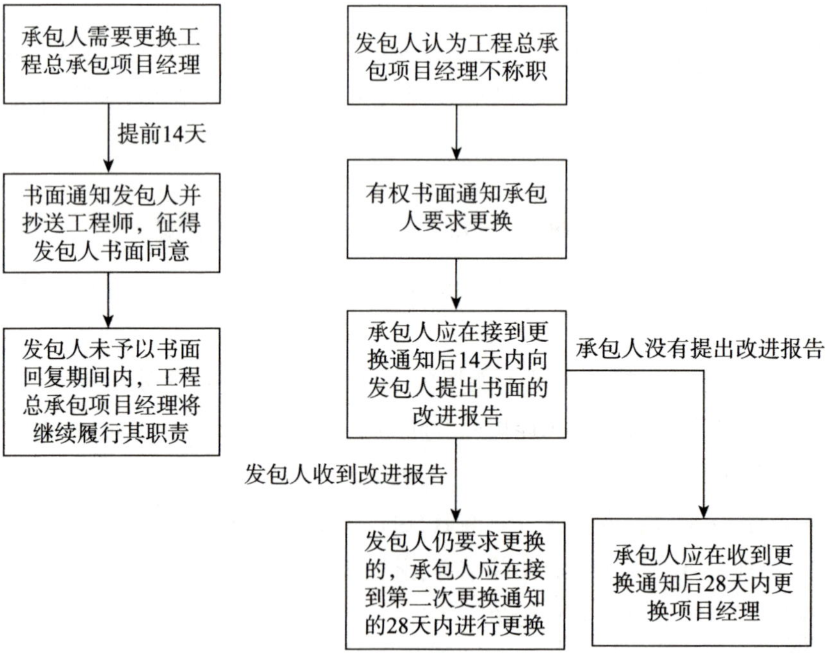

【关联条文】

1.《工程总承包管理办法》

第二十条　工程总承包项目经理应当具备下列条件：

(一)取得相应工程建设类注册执业资格，包括注册建筑师、勘察设计注册工程师、注册建造师或者注册监理工程师等；未实施注册执业资格的，取得高级专业技术职称；

(二)担任过与拟建项目相类似的工程总承包项目经理、设计项目负责人、施工项目负责人或者项目总监理工程师；

(三)熟悉工程技术和工程总承包项目管理知识以及相关法律法规、标准规范；

(四)具有较强的组织协调能力和良好的职业道德。

工程总承包项目经理不得同时在两个或者两个以上工程项目担任工程总承包项目经理、施工项目负责人。

2.《施工发承包违法行为管理办法》

第八条　存在下列情形之一的，应当认定为转包，但有证据证明属于挂靠或者其他违法行为的除外：

……

(三)施工总承包单位或专业承包单位未派驻项目负责人、技术负责人、质量管理负责人、安全管理负责人等主要管理人员，或派驻的项目负责人、技术负责人、质量管理负责人、安全管理负责人中一人及以上与施工单位没有订立劳动合同且没有建立劳动工资和社会养老保险关系，或派驻的项目负责人未对该工程的施工活动进行组织管理，又不能进行合理解释并提供相应证明的；

……

3. FIDIC 黄皮书 2017 版

4.3　承包商代表

承包商应任命承包商代表，并授予其代表承包商根据合同采取行动所需的全部权力，但替代承包商代表除外。

承包商代表应具备适用于本工程的主要工程专业的资格、经验和能力，并能流利使用第 1.4 款[法律和语言]规定的交流语言。

除非合同中已写明了承包商代表的姓名，承包商应在开工日期前，将其拟任命为承包商代表的人员姓名和详细资料提交工程师取得同意。

如未获得同意,或随后撤销了同意,或任命的人员不能担任承包商代表,承包商应同样提交另外适合人选的姓名、详细资料,以取得该项任命。如果工程师在收到此项提交后28天内,未能向承包商发出对拟推荐人选和替代人员的反对通知,工程师应被视为已同意。

未经工程师事先同意,承包商不应撤销承包商代表的任命,或任命替代人员(除非承包商代表因死亡、疾病、残疾或辞职无法行事,在这种情况下,其任命应视为已被立即撤销,以及该替代人员的任命应视为临时任命,直到工程师同意或根据本款的规定任命另一名替代人员)。

承包商代表应将其全部时间用于指导承包商履行合同。承包商代表应在履行合同期间始终代表承包商行事,包括根据第1.3款[通知和其他通信交流]的规定签发和接收所有通知和其他通信交流,并根据第3.5款[工程师的指示]的规定接收指示。

承包商代表应在整个工程施工期间常驻现场。如果承包商代表在工程施工期间临时离开现场,应事先征得工程师的同意,临时指定一名合适替代人员。

除以下情况外,承包商代表可将付托任何职权、任务和权利:

(a)根据第1.3款[通知和其他通信交流]的规定签发和接收通知和其他通信交流的权利;(以及)

(b)根据第3.5款[工程师的指示]接收指示的权利,给有适当能力和经验的人员,并可随时撤销付托。任何付托或撤销应在工程师收到承包商代表发出的通知后生效,指明人员,并明确付托或撤销的职权、职能和权利。

所有这些人员应能流利地使用第1.4款[法律和语言]规定的交流。

4.4 承包人人员

【原文】

4.4.1 人员安排

承包人人员的资质、数量、配置和管理应能满足工程实施的需要。除专用合同条件另有约定外,承包人应在接到开始工作通知之日起14天内,向工程师提交承包人的项目管理机构以及人员安排的报告,其内容应包括管理机构的设置、各主要岗位的关键人员名单及注册执业资格等证明其具备担任关键人员能力的相关文件,以及设计人员和各工种技术负责人的安排状况。

关键人员是发包人及承包人一致认为对工程建设起重要作用的承包人主要管理人员或技术人员。关键人员的具体范围由发包人及承包人在附件5[承包人主要管理人员表]中另行约定。

4.4.2　关键人员更换

承包人派驻到施工现场的关键人员应相对稳定。承包人更换关键人员时,应提前14天将继任关键人员信息及相关证明文件提交给工程师,并由工程师报发包人征求同意。在发包人未予以书面回复期间内,关键人员将继续履行其职务。关键人员突发丧失履行职务能力的,承包人应当及时委派一位具有相应资格能力的人员临时继任该关键人员职位,履行该关键人员职责,临时继任关键人员将履行职责直至发包人同意新的关键人员任命之日止。承包人擅自更换关键人员,应按照专用合同条件约定承担违约责任。

工程师对于承包人关键人员的资格或能力有异议的,承包人应提供资料证明被质疑人员有能力完成其岗位工作或不存在工程师所质疑的情形。工程师指示撤换不能按照合同约定履行职责及义务的主要施工管理人员的,承包人应当撤换。承包人无正当理由拒绝撤换的,应按照专用合同条件的约定承担违约责任。

4.4.3　现场管理关键人员在岗要求

除专用合同条件另有约定外,承包人的现场管理关键人员离开施工现场每月累计不超过7天的,应报工程师同意;离开施工现场每月累计超过7天的,应书面通知发包人并抄送工程师,征得发包人书面同意。现场管理关键人员因故离开施工现场的,可授权有经验的人员临时代行其职责,但承包人应将被授权人员信息及授权范围书面通知发包人并取得其同意。现场管理关键人员未经工程师或发包人同意擅自离开施工现场的,应按照专用合同条件约定承担违约责任。

【解析】

本款源于九部委2012版第4.6款[承包人人员的管理]与住建部施工合同2017版第3.3款[承包人人员]的规定。

根据本款规定:

1. 工程总承包单位应在合同中明确列其具体负责的相关关键人员。

2. 针对工程总承包单位的人员,工程师有权提出能力、资格等方面的异议并要求承包人进行更换,而承包人主动进行更换的,应提前通过工程师征得发包人的同意。若出现突发情况导致承包人关键人员无法继续履职的,承包人关键人员的更换与安排也应遵照合同约定的程序进行。

3. 工程总承包单位的现场管理关键人员有明确的在岗期限要求,不得擅离职守。

具体适用时应注意:

1. 何为承包人人员中的关键人员,本款未有明确。就此,FIDIC黄皮书2017版第1.1.48项规定,“关键人员”系指雇主要求中规定的除承包商代表外的承包商人员的职位(如果有)。在九部委2012版中使用了主要管理人员的表述,并在该版合同文件的第4.6.2项有所罗列。发承包双方在制订具体的工程总承包合同时,或可借鉴。

2. 如何评判承包人人员的履职能力、资格是否合格,除需取得国家认可的资格证书以外,应当如何予以考评,本款同样未有明确。就此,FIDIC合同中的有关表述,可资借鉴。例如,FIDIC黄皮书2017版第6.9款中罗列了六种情形。

3. 本合同示范文本中规定,关键人员如出现承包人要求更换的情形,承包人应提前14天上报工程师并由工程师报发包人同意。发包人如在该期限内不作回复的,则视为拒绝,有关的关键人员应当继续履职。但是,FIDIC合同中的规定则正好相反。例如:FIDIC黄皮书2017版第6.12款中规定,如果工程师在收到承包商要求更换关键人员的申请后,未能在14内作出答复以及发出通知提出有关的反对意见的,则应视为工程师已经同意了该项更换申请。就此,我国国内的工程总承包合同如在制订具体的专用合同条款中,发承包双方另有特别约定的,也应注意加以明确。

4. 除合同约定以外,我国各地相关建设行政管理部门对于工程现场管理人员的在岗情形,都有相对明确的政策规定要求。

【关联条文】

1. 九部委 2012 版

4.6.2　承包人安排的主要管理人员包括项目经理、设计负责人、施工负责人、采购负责人以及专职质量、安全生产管理人员等;技术人员包括设计师、建筑师、土木工程师、设备工程师、建造师等。

2. FIDIC 黄皮书 2017 版

6.9　承包商人员

承包商人员(包括关键人员,如果有)都应是在他们各自工种或职业内,具有相应资质、技能、经验和能力的人员。

工程师可要求承包商撤换(或敦促撤换)受雇于现场或工程的、有下列行为的任何人员,也包括承包商代表和关键人员(如果有):

(a)经常行为不当,或工作漫不经心;

(b)无能力履行义务或玩忽职守;

(c)不遵守合同的任何规定;

(d)坚持任何有损安全、健康,或有损环境保护的行为;

(e)根据合理证据被认定从事腐败、欺诈、串通或胁迫行为;(或)

(f)违反第 6.3 款[招聘人员]的规定从雇主人员中招聘员工。

如果适宜,承包商随后应立即指派(或敦促指派)合适的替代人员。如果替代承包商代表,第 4.3 款[承包商代表]应适用。如果替代关键人员(如果有),第 6.12 款[关键人员]应适用。

6.12　关键人员

如果雇主要求中未规定关键人员,本款应不适用。

承包商应任命投标书中提名的自然人担任关键人员。如未提名,或如果任命的人员未能担任关键人员的相关职位,承包商应向工程师提交其拟任命担任该职位的另一人员的姓名和详细资料,以征得其同意。如果拒绝同意或随后撤销同意,承包商应同样地提交该职位的合适替代人员的姓名和详细资料。

如果工程师在收到任何此类提交后 14 天内未作出答复,发出通知说明其对该人员(或替代人员)的反对意见,并附说明理由,则应视为工程师已同意。

未经工程师事先同意,承包商不得撤销任何关键人员的任命,或任命替代人员(除非该人员因死亡、疾病、残疾或辞职无法工作,在这种情况下,该任命应被视为立即撤销并无效,在工程师同意或根据本款的规定任命另一名替代人员之前,该替代人员的任命应视为临时任命)。

所有关键人员应在整个工程施工期间常驻现场(或在施工现场以外的地方,驻扎在工程所在地)。如果任何关键人员在工程施工期间临时离开现场,应事先征得工程师的同意,临时指定一名合适的替代人员。

所有关键人员应能流利地使用第 1.4 款[法律和语言]规定的交流。

4.5 分　　包

【原文】

4.5.1 一般约定

承包人不得将其承包的全部工程转包给第三人,或将其承包的全部工程支解后以分包的名义转包给第三人。承包人不得将法律或专用合同条件中禁止分包的工作事项分包给第三人,不得以劳务分包的名义转包或违法分包工程。

4.5.2 分包的确定

承包人应按照专用合同条件约定对工作事项进行分包,确定分包人。

专用合同条件未列出的分包事项,承包人可在工程实施阶段分批分期就分包事项向发包人提交申请,发包人在接到分包事项申请后的 14 天内,予以批准或提出意见。未经发包人同意,承包人不得将提出的拟分包事项对外分包。发包人未能在 14 天内批准亦未提出意见的,承包人有权将提出的拟分包事项对外分包,但应在分包人确定后通知发包人。

4.5.3 分包人资质

分包人应符合国家法律规定的资质等级,否则不能作为分包人。承包人有义务对分包人的资质进行审查。

4.5.4 分包管理

承包人应当对分包人的工作进行必要的协调与管理,确保分包人严格执行国家有关分包事项的管理规定。承包人应向工程师提交分包人的主要管理人员表,并对分包人的工作人员进行实名制管理,包括但不限于进出场管理、登记造册以及各种证照的办理。

4.5.5 分包合同价款支付

(1)除本项第(2)目约定的情况或专用合同条件另有约定外,分包合同价款由承包人与分包人结算,未经承包人同意,发包人不得向分包人支付分包合同价款;

(2)生效法律文书要求发包人向分包人支付分包合同价款的,发包人有权从应付承包人工程款中扣除该部分款项,将扣款直接支付给分包人,并书面通知承包人。

4.5.6 责任承担

承包人对分包人的行为向发包人负责,承包人和分包人就分包工作向发包人承担连带责任。

【解析】

本款源于住建部施工合同 2017 版第 3.5 款[分包]与 FIDIC 黄(或银)皮书 2017 版第 4.4 款[分包商]的规定。

本款分别从一般约定、分包的确定、分包人资质、分包管理、分包合同价款支付和责任承担六个方面,对于工程总承包合同项下的分包进行了规定。在我国,工程建设活动中的分包,除当事人双方意思自治以外,还须受到行政、司法等方面的法律监管。例如,我国《建筑法》《建设工程质量管理条例》等法律法规中都有较为全面的有关违法分包的行政法管制;我国《施工合同司法解释(一)》也明确规定了违法分包情形下实际施工人的工程价款可得直接向发包人进行主张的权利。对此,发承包双方均应给予高度重视。

具体适用时应注意:

1. 对于发包人来讲,应清楚地知晓工程建设不能完全"一包了之",而须进行必要的工程管理,了解工程现场的各承揽单位的实际情况,监督好承包人,避免出现违法分包的情形,在日后导致发包人存在可能遭受不确定的第三方(实际施工人)的诉讼影响。同时,对于承包人来讲,也应清楚地明白,中国法不同于有关的境外法。中国法下,工程建设的分包活动受到我国行政法律法规的强监管,如存在违法行为,可能遭受行政处罚的不利后果。

2. 未经发包人同意的分包是否还是违法分包?

本款规定,若承包人已经向发包人发出其将进行分包的通知,但发包人在接受申请后 14 天内未批准也未提出意见的情形,默示推定为发包人已经同意,而后承包人有权据此进行分包。这一情形相对我国《建筑法》的规定有所不同。《建筑法》第二十九条规定,除总承包合同中约定的分包外,分包单位必须经建设单位认可。一般认为这种认可属于积极意义上的认可,即应当得到建设单位正面、肯定性的确认。但根据本款规定,即便建设单位未予正面、肯定性的确认,但在收到承包人要求分包的通知后一定期限内未予回复的,也将视为认可。

由此,进一步引发出未经发包人同意的分包到底是否还属于违法分包的问题。基于行政管理的视角我们可以发现,相较 2014 年的《施工转包分包违法行为管理办法》来讲,2019 年修订后的《施工发承包违法行为管理办法》中,已经将未经建设单位同意进行的分包从违法分包的情形中进行了删除。就此,《建筑工程施工发包与承包违法行为认定查处管理办法适用指南》认为,"即使施工合同约定了承包人分包必须经建设单位认可,承包人未遵守该约定进行分包,也仅仅是违约行为,应属于建设单位与承包人意思自治调整的范畴,若直接认定该分包合同无效明显有侵害当事人意思自治之嫌"。① 根据该适用指南的解释,未经发包人同意的分包属于违约分包,而不再构成违法分包。

针对于此,建设工程总承包合同的发承包双方在制订具体工程项目的合同时,对于承包人来讲,建议向当地的建设行政主管部门咨询清楚,避免各地行政执法口径不一所可能给自身带来的行政法律后果的不利影响。

3. 虽然工程总承包管理办法规定,我国工程总承包项目的承建单位应当具有设计与施工双资质。但是在实践中,房建与市政基础设施项目之外的工程总承包建设是否应当参照适用?有些地方如仍允许单一资质的又该如何看待?尚无定论。例如,中国煤炭建设协会曾在 2021 年 4 月 7 日发布《关于对设计资质

① 朱树英主编:《建筑工程施工发包与承包违法行为认定查处管理办法适用指南》,法律出版社 2020 年版,第 112 页。

承揽相应工程总承包业务政策说明的复函》提出,《工程总承包管理办法》并不适用于煤炭行业工程总承包活动。吉林省住建厅曾在 2020 年 4 月 14 日发布的《吉林规范工程总承包管理》中指出,在 2023 年 6 月 30 日之前仍允许单一资质承揽。在单一资质承揽工程总承包项目的情况下,将设计或施工的某一部分整体对外进行分包将较为常见。对于此种情形,是否属于涉嫌将主体、关键部分对外进行了违法分包。可能在实践中也容易引发争议。当前形势下,我们建议发承包双方能够审慎采取单一资质对外进行工程总承包项目的发承包。如确需进行的,则应尽量提前与行业和地方的相关建设行政主管部门咨询沟通清楚,避免不利的行政监管负担。

4. 指定分包在中国法下仍属于法律所禁止的行为,而这与 FIDIC 合同的规定是不同的。FIDIC 黄(或银)皮书 2017 版第 4.5 款均明确规定了[指定分包商],即在 FIDIC 合同体系之下并不禁止业主方指定分包。

【关联条文】

1.《建筑法》

第二十八条　禁止承包单位将其承包的全部建筑工程转包给他人,禁止承包单位将其承包的全部建筑工程肢解以后以分包的名义分别转包给他人。

第二十九条　建筑工程总承包单位可以将承包工程中的部分工程发包给具有相应资质条件的分包单位;但是,除总承包合同中约定的分包外,必须经建设单位认可。施工总承包的,建筑工程主体结构的施工必须由总承包单位自行完成。

建筑工程总承包单位按照总承包合同的约定对建设单位负责;分包单位按照分包合同的约定对总承包单位负责。总承包单位和分包单位就分包工程对建设单位承担连带责任。

禁止总承包单位将工程分包给不具备相应资质条件的单位。禁止分包单位将其承包的工程再分包。

第四十五条　施工现场安全由建筑施工企业负责。实行施工总承包的,由总承包单位负责。分包单位向总承包单位负责,服从总承包单位对施工现场的安全生产管理。

第五十五条　建筑工程实行总承包的,工程质量由工程总承包单位负责,总承包单位将建筑工程分包给其他单位的,应当对分包工程的质量与分包单位承担连带责任。分包单位应当接受总承包单位的质量管理。

第六十七条 承包单位将承包的工程转包的,或者违反本法规定进行分包的,责令改正,没收违法所得,并处罚款,可以责令停业整顿,降低资质等级;情节严重的,吊销资质证书。

承包单位有前款规定的违法行为的,对因转包工程或者违法分包的工程不符合规定的质量标准造成的损失,与接受转包或者分包的单位承担连带赔偿责任。

2.《招标投标法》

第四十八条 中标人应当按照合同约定履行义务,完成中标项目。中标人不得向他人转让中标项目,也不得将中标项目肢解后分别向他人转让。

中标人按照合同约定或者经招标人同意,可以将中标项目的部分非主体、非关键性工作分包给他人完成。接受分包的人应当具备相应的资格条件,并不得再次分包。

中标人应当就分包项目向招标人负责,接受分包的人就分包项目承担连带责任。

3.《建设工程质量管理条例》

第二十七条 总承包单位依法将建设工程分包给其他单位的,分包单位应当按照分包合同的约定对其分包工程的质量向总承包单位负责,总承包单位与分包单位对分包工程的质量承担连带责任。

第七十八条第二款 本条例所称违法分包,是指下列行为:

(一)总承包单位将建设工程分包给不具备相应资质条件的单位的;

(二)建设工程总承包合同中未有约定,又未经建设单位认可,承包单位将其承包的部分建设工程交由其他单位完成的;

(三)施工总承包单位将建设工程主体结构的施工分包给其他单位的;

(四)分包单位将其承包的建设工程再分包的。

4.《施工转包分包违法行为管理办法》

第九条 存在下列情形之一的,属于违法分包:

(一)施工单位将工程分包给个人的;

(二)施工单位将工程分包给不具备相应资质或安全生产许可的单位的;

(三)施工合同中没有约定,又未经建设单位认可,施工单位将其承包的部分工程交由其他单位施工的;

(四)施工总承包单位将房屋建筑工程的主体结构的施工分包给其他单位的,钢结构工程除外;

(五)专业分包单位将其承包的专业工程中非劳务作业部分再分包的;

(六)劳务分包单位将其承包的劳务再分包的;

(七)劳务分包单位除计取劳务作业费用外,还计取主要建筑材料款、周转材料款和大中型施工机械设备费用的;

(八)法律法规规定的其他违法分包行为。

5.《施工发承包违法行为管理办法》

第十二条　存在下列情形之一的,属于违法分包:

(一)承包单位将其承包的工程分包给个人的;

(二)施工总承包单位或专业承包单位将工程分包给不具备相应资质单位的;

(三)施工总承包单位将施工总承包合同范围内工程主体结构的施工分包给其他单位的,钢结构工程除外;

(四)专业分包单位将其承包的专业工程中非劳务作业部分再分包的;

(五)专业作业承包人将其承包的劳务再分包的;

(六)专业作业承包人除计取劳务作业费用外,还计取主要建筑材料款和大中型施工机械设备、主要周转材料费用的。

6.《房建市政施工分包管理办法》

第七条　建设单位不得直接指定分包工程承包人。任何单位和个人不得对依法实施的分包活动进行干预。

7.《工程建设项目施工招标投标办法》

第六十六条　招标人不得直接指定分包人。

8.《施工合同司法解释(一)》

第十三条第一款　发包人具有下列情形之一,造成建设工程质量缺陷,应当承担过错责任:

(一)提供的设计有缺陷;

(二)提供或者指定购买的建筑材料、建筑构配件、设备不符合强制性标准;

(三)直接指定分包人分包专业工程。

第四十三条　实际施工人以转包人、违法分包人为被告起诉的,人民法院应当依法受理。

实际施工人以发包人为被告主张权利的,人民法院应当追加转包人或者违法分包人为本案第三人,在查明发包人欠付转包人或者违法分包人建设工程价款的数额后,判决发包人在欠付建设工程价款范围内对实际施工人承担责任。

9. FIDIC 黄皮书 2017 版

4.5 指定分包商

在本款中,"指定分包商"系指在雇主要求中指定的分包商,或工程师根据第13.4款[暂列金额]的规定指示承包商雇用的分包商。

4.5.1 反对指定

承包商不应有任何义务雇用工程师指示的指定分包商,承包商应在收到工程师指示后14天内,向工程师发出附有详细证明资料的通知,提出合理的反对意见。(其中)任何以下事项引起的反对,应被认为是合理的,除非雇主同意保障承包商免受这些事项的影响:

(a)有理由相信,指定的分包商没有足够的能力、资源或财力;

(b)分包合同未明确规定,指定分包商应保障承包商不承担指定分包商及其代理和雇员的任何疏忽而误用货物的责任;(或)

(c)对分包的工作(包括设计,如果有),分包合同未明确规定指定分包商应:

(i)为承包商承担此项义务和责任,使承包商能履行其合同规定的相应义务和责任;(以及)

(ii)保障承包商免除其合同规定的或与合同有关的所有义务和责任,以及因分包商未能履行这些义务或责任的影响而产生的义务和责任。

4.5.2 给指定分包商付款

承包商应按照分包合同规定的应付金额给指定分包商付款。除了第4.5.3项[付款证据]中所述的情况外,这些金额连同其他费用,应按照第13.4款[暂列金额]的规定,计入合同价格。

4.5.3 付款证据

在签发包含应付给指定分包商金额的付款证书前,工程师可要求承包商提供合理的证据,证明指定分包商已收到按照此前付款证书应付的、减去合理的保留金或其他扣除后的所有金额。除非承包商:

(a)向工程师提交此项合理证据;(或)

(b)(i)提出使工程师满意的,承包商合理有权暂扣或拒付该金额的书面说明;(以及)

(ii)向工程师提交合理证据,证明指定分包商已被告知承包商的授权。然后,雇主可(雇主自行决定)直接向指定分包商支付部分或全部以前已证明应付的金额(减去合理的扣减额),以及承包商未能提交上述(a)或(b)段所述证据的部分或全部金额。

此后,工程师应向承包商发出通知,说明雇主直接支付指定分包商的金额,并在该通知后的下一次期中付款证书中包含第14.6.1项[期中付款证书](b)段规定的扣减额。

4.6 联合体

【原文】

4.6.1　经发包人同意,以联合体方式承包工程的,联合体各方应共同与发包人订立合同协议书。联合体各方应为履行合同向发包人承担连带责任。

4.6.2　承包人应在专用合同条件中明确联合体各成员的分工、费用收取、发票开具等事项。联合体各成员分工承担的工作内容必须与适用法律规定的该成员的资质资格相适应,并应具有相应的项目管理体系和项目管理能力,且不应根据其就承包工作的分工而减免对发包人的任何合同责任。

4.6.3　联合体协议经发包人确认后作为合同附件。在履行合同过程中,未经发包人同意,不得变更联合体成员和其负责的工作范围,或者修改联合体协议中与本合同履行相关的内容。

【解析】

本款源于住建部施工合同2017版第3.8款[联合体]的规定。[①]

相较而言:

住建部施工合同2017版中规定,联合体牵头人负责具体的项目组织实施以及与发包人之间的联系工作,并由其负责组织联合体各成员的合同履行,而本款

① 该规定与九部委2012版第4.4款[联合体]的规定也基本一致。

并未如此规定。此外,本款中还增加规定了联合体成员之间的分工、费用收取和发票开取等事宜。

在《工程总承包管理办法》实施以前,对于工程总承包单位是否必须是双资质单位或者联合体,若设计单位或施工单位一家作为工程总承包单位进行承揽是否可行的问题,并无强制性规定。但是从《工程总承包管理办法》开始,因针对房屋建筑和市政基础设施项目已明确要求具备设计和施工的双资质,因此可以预见在此后的相当长一段时期内,联合体承揽工程总承包将会较为普遍。

具体适用时应注意:

1. 本款规定,联合体各方应共同与发包人订立合同协议书。但实践中仍存在联合体一方直接与发包人签订合同,而另一方未参与的情形。这将给另一方后续的权利主张带来操作障碍,甚至不排除在司法程序中,遭受否定,被认为不具有可直接向发包人提出权利主张的主体资格。因此,若采用本合同示范文本的联合体,应注意共同与发包人签订合同。

2. 本款规定,联合体各方应为履行合同向发包人承担连带责任。但在当前的司法审判实践中,仍不排除联合体各方可能需要往下向联合一方的分包商、供应商,包括往下的实际施工人承担连带责任的可能。因为我国《建筑法》第二十七条第一款的规定,并未作连带责任的"上下"对象之分。甚至,当前有些地区(如浙江省)还专门规定,要求联合体各方往下共同与分包单位签订分包合同,就分包工程承担连带责任。

就此,如联合体一方不想遭受联合体另一方往下分包、采购等行为的无端连带责任之约束的,建议联合体各方在联合体协议以及共同与发包人签订的合同条款中,都应注意各自主体资格独立性的表述约定,以此尽最大可能地防范第三方掌握有关的联合体协议或联合体与发包人的合同条款约定之后,以有权代表或表见代理等为由,要求联合体各方向其承担连带责任。

另外,联合绝不能联而不合,完全各自为政。特别是设计单位牵头的工程总承包项目,基于我国国内的具体工程实践,尤其应关注好联合体中的施工单位一方是否存在往下转包、违法分包或出借资质等行为,避免自身无端遭受实际施工人的诉讼或仲裁,从而导致自身经济利益的无端损失(如遭受随意性的诉讼或仲裁财产保全)。

3. 本款规定,联合体内部的分工、费用收取、发票开具等,联合体各方在整体上作为工程总承包单位应当通过专用合同条件与发包人约定清楚。因为,这些不仅涉及联合体各方的内部问题,更涉及发包人在合同履行过程中明确自身的义务相对方。

但应注意的是:

(1)关于联合体内部的分工。无论联合体内部如何分工,在各自分工范围之下,其均应自行完成有关的主体、关键部分工作,而不能再行联合体内部转分包,或对外转分包。与此同时,工程总承包联合体内部的分工,特别是有关核心管理人员的安排,各地均有一些差异化的具体规定,发承包双方在地方的具体实践中,均应给予关注。例如,上海规定,以联合体形式承接的工程总承包单位,工程总承包项目经理应由联合体牵头单位派员担任,满足相应条件的可以兼任其承接业务的设计负责人或施工负责人。浙江则规定,工程总承包项目经理、造价负责人宜由联合体牵头人的人员担任。

(2)关于费用收取。当前并无具有效力性强制性的法律、法规,明确规定发包人面向联合体的工程款支付要求,但不排除有些行业或地方的政策规定中,对此有一定的限制。例如,原铁道部颁布的《铁路建设项目工程总承包办法》中规定,采用联合体方式的,建设单位只对联合体的牵头人验工计价。《浙江进一步推进房建市政基础设施项目工程总承包发展的实施意见》中则规定,鼓励建设单位按照合同约定将工程款拨付给联合体牵头人。

(3)关于发票开具。不同的开票方式,一方面可能造成发承包方式的性质变化。例如,由发包人统一向联合体牵头人付款,并由联合体牵头人统一向发包人开具发票,而后再由联合体牵头人与成员方之间另行签订有关的合同,完成联合体牵头人向成员方的付款,以及成员方向联合体牵头人的开票。此种操作甚或还会带来建设行政主管部门的转包、违法分包监管。另一方面带来税收负担的差异。根据现行增值税的相关规定,包含在工程总承包合同中的设计与施工,所对应的税率不同。

4. 本款规定,联合体协议应经发包人确认,并作为附件附在工程总承包合同后面。但是,本合同示范文本后附的六个附件①却并不包括联合体协议范本。目

① 六个附件分别为:附件1《发包人要求》、附件2 发包人供应材料设备一览表、附件3 工程质量保修书、附件4 主要建设工程文件目录、附件5 承包人主要管理人员表、附件6 价格指数权重表。

前可资借鉴的是九部委2012版中的联合体协议书范本,但是该范本内容较为简单,在具体适用时还需发承包双方根据具体项目情况与不同的联合模式予以细化、深化。通常来讲,一份好的联合体协议应涉及:联合体的组成、联合体的分工、联合体的组织与决策机制、联合体的合作原则、双方责任、期限与终止、财务安排、争议解决以及担保、保险、税务处理等问题。①

5. 本款规定,未经发包人同意,不得变更联合体成员和其负责的工作范围。但应注意,在中国法下,对于后者联合体之间工作范围的调整,在合规性的问题上或许可行,而对于前者联合体成员的变更来讲,即便发包人同意,是否也可无合规障碍地进行变动,则值得探讨。

当前的工程总承包项目以政府投资居多,且大多属于法定必须招标范畴。在此情形下,即便经发包人同意,是否联合体一方的变化即意味着联合体整体的主体资格变化,而需重新安排招标,否则,是否会存在变相转分包的可能。例如,A公司与B公司组成联合体投标,中标后B公司退出转为C公司,即便经发包人同意,是否可能完全就是A公司、B公司与C公司事先串通,以优秀业绩的B公司去投标,中标后再转为C公司。此种情形或还值得深思。②

【关联条文】

1.《建筑法》

第二十七条第一款 大型建筑工程或者结构复杂的建筑工程,可以由两个以上的承包单位联合共同承包。共同承包的各方对承包合同的履行承担连带责任。

2.《工程总承包管理办法》

第十条 工程总承包单位应当同时具有与工程规模相适应的工程设计资质

---

① 感兴趣的读者可参阅国际商会(ICC)的联合体协议范本(Model Consortium Agreement)。

② 联合体一方的退出,在实践中将构成有关联合体承揽工程总承包情形下的疑难法律问题。撇开所谓的有关方之间的相互串通不讲,当出现某种情形,如联合体一方破产、中途被吊销资质或降低资质等级,从而不满足继续履约资格的,势必会出现联合体一方不得不退出的问题。我国大陆现行法规背景之下,面临《招标投标法》《政府采购法》等之限制,在联合体一方退出的情形下,整个工程总承包合同是否应予解除,而无法继续履行,存有较大争议。发承包双方应提前给予重视。我国台湾地区"共同投标办法"第十条第六款规定:"成员有破产或其他重大的情事,致无法继续共同履约者,同意将其契约之一切权利义务由其他成员另觅之厂商或其他成员继受。"此等规定,未来或可作为有关联合体承揽的立法借鉴。

和施工资质,或者由具有相应资质的设计单位和施工单位组成联合体。工程总承包单位应当具有相应的项目管理体系和项目管理能力、财务和风险承担能力,以及与发包工程相类似的设计、施工或者工程总承包业绩。

设计单位和施工单位组成联合体的,应当根据项目的特点和复杂程度,合理确定牵头单位,并在联合体协议中明确联合体成员单位的责任和权利。联合体各方应当共同与建设单位签订工程总承包合同,就工程总承包项目承担连带责任。

3.《铁路建设项目工程总承包办法》

第三十四条　建设项目由联合体中标的,建设单位只对联合体的牵头人验工计价。

4.《上海工程总承包管理办法》

第九条[项目经理资格]　工程总承包项目经理应当具备下列条件:

……

(四)具有较强的组织协调能力和良好的职业道德。

工程总承包项目中标后,工程总承包项目经理不得同时在其他项目上担任任何职务。以设计和施工双资质承接的工程总承包单位,工程总承包项目经理满足相应条件的可以兼任本项目设计负责人或施工负责人;以联合体形式承接的工程总承包单位,工程总承包项目经理应由联合体牵头单位派员担任,满足相应条件的可以兼任其承接业务的设计负责人或施工负责人。

5.《浙江进一步推进房建市政基础设施项目工程总承包发展的实施意见》

(二十四)联合体各方应当共同与建设单位签订工程总承包合同,就工程总承包项目承担连带责任。涉及项目分包的,联合体各方应当共同与分包单位签订分包合同,就分包工程承担连带责任。

(二十五)联合体各方应当根据联合体协议共同组建项目管理机构,其中工程总承包项目经理、造价负责人宜由联合体牵头人的人员担任。

(二十六)联合体各方应当按照联合体协议分别自行完成主体工程的施工图设计和施工业务。

(二十七)工程总承包单位为联合体的,鼓励建设单位按照合同约定将工程款拨付给联合体牵头人。鼓励由联合体牵头人开设农民工工资专用账户,专项用于支付该工程建设项目农民工工资。

4.7 承包人现场查勘

【原文】

4.7.1 除专用合同条件另有约定外,承包人应对基于发包人提交的基础资料所做出的解释和推断负责,因基础资料存在错误、遗漏导致承包人解释或推断失实的,按照第2.3项[提供基础资料]的规定承担责任。承包人发现基础资料中存在明显错误或疏忽的,应及时书面通知发包人。

4.7.2 承包人应对现场和工程实施条件进行查勘,并充分了解工程所在地的气象条件、交通条件、风俗习惯以及其他与完成合同工作有关的其他资料。承包人提交投标文件,视为承包人已对施工现场及周围环境进行了踏勘,并已充分了解评估施工现场及周围环境对工程可能产生的影响,自愿承担相应风险与责任。在全部合同工作中,视为承包人已充分估计了应承担的责任和风险,但属于4.8款[不可预见的困难]约定的情形除外。

【解析】

本款源于九部委2012版第4.10款[承包人现场查勘]与住建部施工合同2017版第3.4款[承包人现场查勘]的规定。

同此前对于本合同示范文本第1.12款[《发包人要求》和基础资料中的错误]以及第2.3款[提供基础资料]的解析。本合同示范文本体系下,提供基础资料以及对基础资料的错误负责的主体是发包人。但是,一方面,承包人应自行负责对发包人提供的基础资料所进行的解释和推断;另一方面,承包人负有法定的合同协助义务,应及时地发现错误,并指出发包人提供的基础资料中所存在的错误。

另外,本款规定了承包人现场查勘的两种"默示"情形。其一,承包人提交投标文件,即视为也进行了现场查勘;其二,对于全部的合同工作,视为承包人已充分预估了应承担的责任和风险。

具体适用时应注意:

1. 承包人未能妥善地尽到自身的合同协助义务的情形下该如何处理?特别是作为有经验的承包商,对于一些显而易见能够凭借自身的工程总承包专业经验而发现的错误未能及时发现,进而引起费用增加、工期延长的,应当由谁来承担相应的损失？本款同样未作规定。建议发承包双方通过专用合同条件予以明确。

2. 对于承包人“默示”情形,往往是推导出对承包人不利的法律后果。基于本款的“默示”情形,即便承包人未能真实地现场查勘,但在提交投标文件之后,一般也不得以此作为抗辩,且承包人应当认识到,基于工程总承包合同,其投标报价的合同价格囊括了通常的各类责任和风险,而无法随意“打开”合同。

3. 本款规定承包人应充分了解工程所在地的气象条件、交通条件、风俗习惯以及其他与完成合同工作有关的其他资料,但该等资料的具体范围如何理解,本合同示范文本未给出解释。就此,或可借鉴 FIDIC 黄皮书 2017 版第 4.10 款[现场数据的使用]中的规定。

【关联条文】

1.《民法典》

第五百零九条 当事人应当按照约定全面履行自己的义务。

当事人应当遵循诚信原则,根据合同的性质、目的和交易习惯履行通知、协助、保密等义务。

当事人在履行合同过程中,应当避免浪费资源、污染环境和破坏生态。

2. FIDIC 黄皮书 2017 版

4.10 现场数据的使用

承包商应负责解释根据第 2.5 款[现场数据和参考事项]提供的所有数据。

在实际可行(考虑费用和时间)的范围内,承包商应被认为已取得可能对投标书或工程产生影响或作用的有关风险、偶发事件和其他情况的所有必要资料。同样,承包商应被认为在提交投标书前,已视察和检查了现场、进入现场的通道、周围环境、上述数据和其他得到的资料,并认为与实施工程相关的所有事项满足要求,包括:

(a)现场的状况和性质,包括地下条件;

(b)水文和气候条件,以及现场气候条件的影响;

(c)实施工程所需的工作和货物的范围和性质;

(d)工程所在国的法律、程序和劳务惯例;(以及)

(e)承包商对进入、食宿、设施、人员、电力、运输、水和其他公共设施或服务的要求。

4.8　不可预见的困难

【原文】

不可预见的困难是指有经验的承包人在施工现场遇到的不可预见的自然物质条件、非自然的物质障碍和污染物,包括地表以下物质条件和水文条件以及专用合同条件约定的其他情形,但不包括气候条件。

承包人遇到不可预见的困难时,应采取克服不可预见的困难的合理措施继续施工,并及时通知工程师并抄送发包人。通知应载明不可预见的困难的内容、承包人认为不可预见的理由以及承包人制定的处理方案。工程师应当及时发出指示,指示构成变更的,按第 13 条[变更与调整]约定执行。承包人因采取合理措施而增加的费用和(或)延误的工期由发包人承担。

【解析】

本款源于住建部施工合同 2017 版第 7.6 款[不利物质条件]的规定。

相较而言:

1. 本款的名称为"不可预见的困难"而非"不可预见的物质条件"。其实,这两个概念均来自 FIDIC 的合同规定。例如,在 FIDIC 黄皮书 2017 版中,第 4.12 款使用的是"不可预见的物质条件"的表述;在 FIDIC 银皮书 2017 版中,第 4.12 款使用的是"不可预见的困难"的表述。比较两个概念的理解来讲,"不可预见的困难"的范畴要大于"不可预见的物质条件",后者并不包括现场的气候条件以及这些气候条件的影响,而前者是个更为宽泛的概念,任何可能导致项目履行困难的因素都在其中。

2. 本款规定,承包人遇到不可预见的困难时,除了应向工程师和发包人发出通知,详细表述不可预见的困难的内容、承包人认为不可预见的理由,还应提出自身的处理方案,而非完全等待工程师的指示。

具体适用时应注意:

1. 鉴于"不可预见的困难"与"不可预见的物质条件"在 FIDIC 语境下已经

有相对约定俗成的概念理解,[①]当采用本合同示范文本用于某些涉外项目时,应注意避免此等名称表述的混淆。

2. 在 FIDIC 黄皮书 2017 版中,承包人所发出的通知中还应包括不可预见的物质条件对工程施工进度的不利影响和/或增加成本的方式,这一点在本款中未有规定。同样地,承包人发出通知后,工程师在多久的期限之内应予回复,本款也没有规定。建议发承包双方通过专用合同条件予以明确,进而便于双方的合同履行。

3. 不可预见的物质条件在实践中既包括不可预见的不利物质条件,也可能包括不可预见的有利物质条件,后者可能导致出现施工费用减少的情形。就此,建议发承包双方予以事先约定,避免此后争议。具体可参考 FIDIC 黄皮书 2017 版第 4.12.5 项[延误和/或费用的商定或确定]的规定。

【关联条文】

FIDIC 黄皮书 2017 版

4.12 不可预见的物质条件

本款中的"物质条件"系指承包商在现场施工期间遇到的自然物质条件及物质障碍(自然的或人为的)和污染物,包括地下和水文条件,但不包括现场的气候条件以及这些气候条件的影响。

如果承包商遇到其认为不可预见的,并将对工程进度有不利影响和/或增加工程实施费用的物质条件,以下程序应适用:

4.12.1 承包商通知

发现此类物质条件后,承包商应通知工程师,工程师应:

(a)在实际可行的情况下,适时给工程师机会在物质条件被干扰前进行适当检查和调查;

(b)描述物质条件,以便工程师及时进行检查和/或调查;

(c)提出承包商认为物质条件是不可预见的理由;(以及)

(d)说明物质条件对工程施工进度的不利影响和/或增加成本的方式。

---

① 其实在九部委 2012 版和住建部施工合同 2017 版中,也都使用了与 FIDIC 合同一致的名称表述。

4.12.2　工程师检查和调查

工程师应在收到承包商通知后7日内,或与承包商商定的更长时间内,对物质条件进行检查和调查。

承包商应采取与物质条件相适应的适当、合理的措施继续施工,并使工程师能够检查和调查。

4.12.3　工程师的指示

承包商应遵守工程师为应对物质条件而发出的任何指示,如果这种指示构成变更,第13.3.1项[指示变更]应适用。

4.12.4　延误和/或费用

如果承包商在遵守上述第4.12.1项至第4.12.3项的规定后,因这些物质条件而遭受延误和/或招致增加费用,承包商应有权根据第20.2款[付款和/或竣工时间延长的索赔]的规定,获得竣工时间的延长和/或此类费用的支付。

4.12.5　延误和/或费用的商定或确定

根据第20.2.5项[索赔的商定或确定]和第4.12.4项[延误和/或费用]的规定,对任何索赔的商定或确定,应包括考虑物质条件是否不可预见,以及(如果是)此类物质条件不可预见的程度。

工程师还可审核工程的类似部分中(如果有)其他物质条件是否比基准日期前能合理预见的更为有利。如果并在一定程度上遇到这些更为有利的条件,工程师在计算根据本第4.12.5项商定或确定额外费用时,可考虑由于这些条件而引起的费用减少额。但是,根据本第4.12.5项规定的所有增加和减少额的净作用,不应造成合同价格净减少的结果。

工程师可以考虑承包商在基准日期前所预见的任何物质条件的证据,承包商根据第20.2.4项[充分详细的索赔]的规定,可以在索赔的证明资料中包括这些证据,但不应受任何此类证据的约束。

4.9　工程质量管理

【原文】

4.9.1　承包人应按合同约定的质量标准规范,建立有效的质量管理系统,确保设计、采购、加工制造、施工、竣工试验等各项工作的质量,并按照国家有关规定,通过质量保修责任书的形式约定保修范围、保修期限和保修责任。

4.9.2　承包人按照第8.4款[项目进度计划]约定向工程师提交工程质量保证体系及措施文件,建立完善的质量检查制度,并提交相应的工程质量文件。对于发包人和工程师违反法律规定和合同约定的错误指示,承包人有权拒绝实施。

4.9.3　承包人应对其人员进行质量教育和技术培训,定期考核人员的劳动技能,严格执行相关规范和操作规程。

4.9.4　承包人应按照法律规定和合同约定,对设计、材料、工程设备以及全部工程内容及其施工工艺进行全过程的质量检查和检验,并作详细记录,编制工程质量报表,报送工程师审查。此外,承包人还应按照法律规定和合同约定,进行施工现场取样试验、工程复核测量和设备性能检测,提供试验样品、提交试验报告和测量成果以及其他工作。

【解析】

本款源于住建部2011版第3.3款[工程质量保证]与住建部施工合同2017版第5.2.2项[承包人的质量管理]的规定。

整体上来讲,本款的内容相对宽泛,概因中国法下已有相应的强制性工程质量管理法规进行规制,如《建设工程质量管理条例》。

若对比FIDIC合同来讲,FIDIC基于国际工程的特点,规定了更为详细的质量管理和合规验证体系。例如,要求承包商在工程开工之日起的28天内提交根据工程量身定制的质量管理体系,工程师则应在收到后的21天内提出审核修改意见;承包商自身应定期进行内部审计"自检",以及可能安排外部审计进行第三方独立审查。这对于我国的国内工程实践来讲,或许还有较大实现难度。

【关联条文】

1.《建设工程质量管理条例》

第二十九条　施工单位必须按照工程设计要求、施工技术标准和合同约定,对建筑材料、建筑构配件、设备和商品混凝土进行检验,检验应当有书面记录和专人签字;未经检验或者检验不合格的,不得使用。

第三十条　施工单位必须建立、健全施工质量的检验制度,严格工序管理,作好隐蔽工程的质量检查和记录。隐蔽工程在隐蔽前,施工单位应当通知建设单位和建设工程质量监督机构。

第三十一条 施工人员对涉及结构安全的试块、试件以及有关材料,应当在建设单位或者工程监理单位监督下现场取样,并送具有相应资质等级的质量检测单位进行检测。

第三十二条 施工单位对施工中出现质量问题的建设工程或者竣工验收不合格的建设工程,应当负责返修。

第三十三条 施工单位应当建立、健全教育培训制度,加强对职工的教育培训;未经教育培训或者考核不合格的人员,不得上岗作业。

2. FIDIC 黄皮书 2017 版

4.9 质量管理和合规验证体系

4.9.1 质量管理体系

承包商应制定和实施质量管理体系,以证明其符合合同要求。质量管理体系应为工程量身定制,并应在工程开工之日起 28 天内提交给工程师。此后,无论何时更新或修订质量管理体系,应立即向工程师提交一份副本。

质量管理体系应符合雇主要求(如果有)的详细规定,并应包括承包商的程序:

(a)确保根据第 1.3 款[通知和其他通信交流]规定发出的所有通知和通信交流、承包商文件、竣工记录、质量管理体系手册和同期记录均能完全确定地追溯到与其相关的工程、货物、工作、工艺或试验;

(b)确保工程实施阶段之间以及分包商之间衔接的适当协调和管理;(以及)

(c)将承包商文件提交给工程师审核。

工程师可审核质量管理体系并可向承包商发出通知,说明其不符合合同规定的程度。承包商应在收到通知后 14 天内,修改质量管理体系以纠正此类不合规情况。如果工程师未在质量管理体系提交之日起 21 天内发出此类通知,工程师应被视为已发出不反对通知。

工程师可随时向承包商发出通知,说明承包商未能按照合同的规定在承包商的活动中正确实施质量管理体系的程度。收到该通知后,承包商应立即改正此类问题。承包商应定期进行质量管理体系的内部审计,至少每 6 个月进行一次。

承包商应在审计结束后7天内向工程师提交一份审计报告,列出每次内部审计的结果。适当时,每份报告均应包括在改进和/或纠正质量管理体系和/或其实施方面拟采取的措施。

如果承包商质量保证证书要求承包商接受外部审计,承包商应立即向工程师发出通知,说明在任何外部审计中发现的任何问题。如果承包商是联营体,则该义务应适用于联营体的每个成员。

4.9.2 合规验证体系

承包商应制定并实施合规验证体系,以证明设计、材料、雇主提供的材料(如果有)、生产设备、工作和工艺在所有方面均符合合同要求。

合规验证体系应符合雇主要求(如果有)的详细规定,并应包括承包商进行的所有检测和试验结果的报告方法。如果任何检测或试验发现合同要求的不符合项,则第7.5款[缺陷和拒收]应适用。

承包商应编写并向工程师提交一套完整的工程或分项工程(视情况而定)的合规验证文件,并按雇主要求规定的方式进行充分汇总和整理,如未规定,则按工程师可接受的方式进行。

4.9.3 一般规定

遵守质量管理体系和/或合规验证体系,不应免除合同规定的或与合同有关的承包商的任何任务、义务或职责。

第5条 设 计

5.1 承包人的设计义务

【原文】

5.1.1 设计义务的一般要求

承包人应当按照法律规定,国家、行业和地方的规范和标准,以及《发包人要求》和合同约定完成设计工作和设计相关的其他服务,并对工程的设计负责。承包人应根据工程实施的需要及时向发包人和工程师说明设计文件的意图,解释设计文件。

【解析】

本项源于九部委2012版第5.1.1项[设计义务的一般要求]的规定。

对照FIDIC合同来讲,FIDIC黄(或银)皮书2017版第5.1款[一般设计义务]中,都规定了发包人要求和基础材料的完整、准确性的责任承担问题。在本项中,仅仅只是宽泛性地规定了承包人的设计一般义务,包括:

1.遵守法律、规范和标准的规定,以及《发包人要求》和合同约定中关于设计工作的相关规定。

2.承包人对工程的设计负责。

3.承包人负有针对发包人和工程师的设计解释义务。

此外,本项并未规定承包人完成设计工作,遇到发包人要求和基础材料的完整、准确性瑕疵所应承担的责任问题。①

【关联条文】

1. FIDIC黄皮书2017版

5.1　一般设计义务

承包商应进行工程的设计并对其负责。设计应由以下设计人员编制:

(a)是工程师或其他专业人员,在其负责的设计专业方面具有资格、经验和能力;

(b)符合雇主要求中规定的标准(如果有);(以及)

(c)根据适用法律有资格和有权利设计工程。

除非雇主要求中另有规定,承包商应将拟雇用的每位设计人员和设计分包商的名称、地址及详细情况,提交工程师,取得其同意。

承包商应保证其自身、其设计人员和设计分包商具备从事设计所必需的经验、能力和技能。承包商承诺其设计人员和设计分包商在一切理时间内(现场或场外),能参加与工程师和/或雇主的讨论,直到签发履约证书为止。

在收到根据第8.1款[工程的开工]的规定发出的通知后,承包商应仔细检查雇主要求(包括设计标准和计算书,如果有)。如果承包商发现雇主要求中的任何错误、失误或其他缺陷,第1.9款[雇主要求中的错误]的规定应适用(除非是雇主

① 就此,本合同示范文本中规定在了第1.12款。

要求中规定的参考事项中的错误,在这种情况下,第4.7款[放线]应适用)。

2. FIDIC 银皮书 2017 版

5.1　一般设计义务

承包商应被视为,在基准日期前已仔细审查了雇主要求(包括设计标准和计算,如果有)。

除下述条款规定的情况外,承包商应实施并负责工程的设计,并对雇主要求(包括设计标准和计算)的正确性负责。

设计应由以下设计人员编制:

(a)是工程师或专业人员,在其负责的设计专业方面具有资格、经验和能力;

(b)符合雇主要求中规定的标准(如果有);(以及)

(c)根据适用法律有资格和有权利设计工程。

除下述本款情况外,雇主不应对原包括在合同内的雇主要求中的任何错误、不准确或遗漏负责,并不应被认为,对任何数据或资料给出了任何准确性或完整性的表示。承包商从雇主或其他方面收到任何数据或资料,不应免除承包商对工程施工承担的承包商职责。

但是,雇主应对雇主要求中的下列部分,以及由雇主(或其代表)提供的下列数据和资料的正确性负责:

(a)在合同中规定的由雇主负责的或不可变的部分、数据和资料;

(b)对工程或其任何部分的预期目的的说明;

(c)竣工工程的试验和性能的标准;(以及)

(d)除合同另有说明外,承包商不能核实的部分、数据和资料。

5.1.2　对设计人员的要求

【原文】

承包人应保证其或其设计分包人的设计资质在合同有效期内满足法律法规、行业标准或合同约定的相关要求,并指派符合法律法规、行业标准或合同约定的资质要求并具有从事设计所必需的经验与能力的设计人员完成设计工作。承包人应保证其设计人员(包括分包人的设计人员)在合同期限内,都能按时参加发包人或工程师组织的工作会议。

【解析】

本项源于 FIDIC 黄皮书 2017 版第 5.1 款[一般设计义务]的规定。

不同于境外,中国法下对于承包人的设计资质,以及承包人的设计人员的执业资格,都有较为明确的法律规定。因此,根据本项规定:

1. 承包人(包括其设计分包人)应具有相应的设计资质。

2. 承包人的设计人员应具有相应的执业资格。

3. 承包人的设计人员(包括其分包人的设计人员)应能够在合同期限内,按照要求参加有关的工作会议。

具体适用时应注意:

FIDIC 合同中要求设计人员参与有关工作会议的期限截至雇主签发履约证书为止,而本项中规定为合同期限内。显然,合同期限要长于雇主签发履约证书之日。例如,履约证书颁发之后的保修期也应属于合同期限。因此,为避免履约过程中不必要的争议,如对该期限的解释存有不同理解的,建议通过专用合同条件予以明确。

【关联条文】

《建设工程勘察设计管理条例》

第七条 国家对从事建设工程勘察、设计活动的单位,实行资质管理制度。具体办法由国务院建设行政主管部门商国务院有关部门制定。

第八条 建设工程勘察、设计单位应当在其资质等级许可的范围内承揽建设工程勘察、设计业务。

禁止建设工程勘察、设计单位超越其资质等级许可的范围或者以其他建设工程勘察、设计单位的名义承揽建设工程勘察、设计业务。禁止建设工程勘察、设计单位允许其他单位或者个人以本单位的名义承揽建设工程勘察、设计业务。

第九条 国家对从事建设工程勘察、设计活动的专业技术人员,实行执业资格注册管理制度。

未经注册的建设工程勘察、设计人员,不得以注册执业人员的名义从事建设工程勘察、设计活动。

5.1.3 法律和标准的变化

【原文】

除合同另有约定外,承包人完成设计工作所应遵守的法律规定,以及国家、行业和地方的规范和标准,均应视为在基准日期适用的版本。基准日期之后,前述版本发生重大变化,或者有新的法律,以及国家、行业和地方的规范和标准实施的,承包人应向工程师提出遵守新规定的建议。发包人或其委托的工程师应在收到建议后7天内发出是否遵守新规定的指示。如果该项建议构成变更的,按照第13.2款[承包人的合理化建议]的约定执行。

在基准日期之后,因国家颁布新的强制性规范、标准导致承包人的费用变化的,发包人应合理调整合同价格;导致工期延误的,发包人应合理延长工期。

【解析】

本项源于九部委2012版第5.1.2项[法律和标准的变化]的规定。

准确理解本项应关注以下三个方面的问题:

1. 什么是“基准日期”?

根据本合同示范文本中的定义,“基准日期”是指:“招标发包的工程以投标截止日前28天的日期为基准日期,直接发包的工程以合同订立日前28天的日期为基准日期。”对比住建部2011版可以发现:第一,基准日期所采用的天数数字从30天改为了28天,即取了7的整数倍数;第二,区分了招标发包的工程与直接发包的工程,而非住建部2011版中仅规定了投标的工程项目。实际上,这一表述与当前的住建部施工合同2017版的规定基本一致。

2. 为什么要规定“基准日期”?

工程合同有其特殊性,工程量大、签约磋商时间长,往往不具有合意的即时性。承包人报价时的法律和标准条件,在报出去的那一刻,与此后签约时和履约时的情况都有可能发生较大的变化。这种情况下,如果一概不允许就此等变化进行调整,对于发承包双方来讲可能带来不公平。

3. 本项规定针对“基准日期”作出了两层意思表示。

(1)第一段专门针对设计工作作出规定。除合同另有约定,否则承包人适用“基准日期”之前的相关法律规定与国家、行业和地方的规范和标准。若是在“基准日期"之后颁布的且具有重大变化的,或者出台了新的相关法律以及国家、行业和地方的规范和标准,承包人首先应当向工程师提出是否应当遵守新规定的建议,此时交由发包人一方予以确定,发包人自身或者其委托的工程师应在收到承包人提交的建议之后的7天内发出是否遵照新规定执行的指示。如果需要的,再看承包人提出的有关建议是否满足构成变更的条件。如满足的,则按照本合同示范文本第13.2款[承包人的合理化建议]的相关规定执行。

(2)第二段专门针对"基准日期"之后,因国家颁布的新的强制性规范、标准导致承包人的费用与工期变化的问题,进行了规定。

【关联条文】

住建部2011版

1.1.32　基准日期,指递交投标文件截止日期之前30日的日期。

5.2　承包人文件审查

【原文】

5.2.1　根据《发包人要求》应当通过工程师报发包人审查同意的承包人文件,承包人应当按照《发包人要求》约定的范围和内容及时报送审查。

除专用合同条件另有约定外,自工程师收到承包人文件以及承包人的通知之日起,发包人对承包人文件审查期不超过21天。承包人的设计文件对于合同约定有偏离的,应在通知中说明。承包人需要修改已提交的承包人文件的,应立即通知工程师,并向工程师提交修改后的承包人文件,审查期重新起算。

发包人同意承包人文件的,应及时通知承包人,发包人不同意承包人文件的,应在审查期限内通过工程师以书面形式通知承包人,并说明不同意的具体内容和理由。

承包人对发包人的意见按以下方式处理:

(1)发包人的意见构成变更的,承包人应在7天内通知发包人按照第13条[变更与调整]中关于发包人指示变更的约定执行,双方对是否构成变更无法达成一致的,按照第20条[争议解决]的约定执行;

(2)因承包人原因导致无法通过审查的,承包人应根据发包人的书面说明,对承包人文件进行修改后重新报送发包人审查,审查期重新起算。因此引起的工期延长和必要的工程费用增加,由承包人负责。

合同约定的审查期满,发包人没有做出审查结论也没有提出异议的,视为承包人文件已获发包人同意。

发包人对承包人文件的审查和同意不得被理解为对合同的修改或改变,也并不减轻或免除承包人任何的责任和义务。

【解析】

本项源于九部委2012版第5.3.1项与FIDIC黄皮书2017版第5.2款[承包商文件]的规定。

根据本项规定:

1.承包人文件应当报发包人进行审查,审查的期间若未在专用合同条件中约定,则为工程师收到承包人文件以及承包人的通知之日起21天。发包人逾期未作出审查结论也没有提出异议的,视为已经认可了承包人文件。

2.承包人对自身的承包人文件进行修改的,有关审查期将重新起算。

3.发包人的审查若构成变更的,按照变更流程执行。

4.发包人对承包人文件的审查,不代表可以减轻或免除承包人的任何责任和义务。

具体适用时应注意:

1.何为承包人文件,仍应回到本合同示范文本第1.6.2项的规定。若是仅仅基于定义部分第1.1.6.2目的解释,可能仍是不甚了了。在第1.6.2项中明确规定,《发包人要求》中规定的文件、满足工程相关行政审批手续所必须的应由承包人负责的相关文件,以及竣工文件、操作和维修手册中要求的相关文件,共同构成承包人文件。

2.本项规定,承包人文件应随同承包人的通知一并提交,可是,承包人的通知应当包括哪些内容或者应当怎样来写,本项未有释明。就此,可参考FIDIC黄皮书2017版第5.2.2项的规定,其中,针对承包人的通知,专做说明,应表述:(1)基于本项应提交发包人审查的承包人文件已做准备;(2)承包人文件符合发包人要求和专用合同条件的约定;(3)如有偏差的,也已经作出说明。

3.本项同时规定了发包人的审查意见构成变更的,承包人在收到发包人审查意见后的7天内通知发包人按照变更流程执行。而在FIDIC黄皮书2017版中,并无此项规定,所谓的变更应专属合同变更条款予以规制,而无须在此承包人文件审查项下予以规定。尤其应当注意的是,在本合同示范文本中,也并无专门的针对承包人文件审查所引起的变更的特殊规定。仅就本项中规定的承包人应在7天内通知发包人按照变更流程执行来讲,如若承包人逾期以及发包人此后再无进一步的反馈,又该如何处理,本项中并无进一步的规定。此点,也应当引起发承包双方的关注。建议在专用合同条件中,就此规定一并更为妥当地归置到变更条款中予以相对明确的期限和权利义务的规定。

4. FIDIC黄皮书2017版中针对发包人就承包人文件进行审批作为可得进入下一步工作的前提条件,进行了较为明确的规定。在本合同示范文本中,并无此等相对明确的规范。

【关联条文】

FIDIC黄皮书2017版

5.2 承包商文件

承包商文件应包括:

(a)雇主要求中规定的;

(b)第1.13款[遵守法律]规定的,承包商应负责地为满足所有许可证、准许、执照和其他监管批准所需要的;(以及)

(c)第5.6款[竣工记录]和第5.7款[操作和维护手册]中所述的。

5.2.1 由承包商编制

除非雇主要求中另有说明,承包商文件应使用第1.4款[法律和语言]中规定的交流语言编制。

承包商应编制所有承包商文件以及实施工程期间完成和实施设计以及指导承包商人员所需要的任何其他文件。无论在哪里编制,雇主人员均应有权对所有此类文件的编制工作进行检查(包括任何调查、建模和测试)。

5.2.2 由工程师审核

在第5.2.2项中:

“审核期”系指不超过21天的期限,或雇主要求中另有规定的期限,从雇主收到承包商文件和承包商通知的日期起计算;

“承包商文件”不包括雇主要求或本条件中未规定要求提交审核的任何承包商文件,但包括规定的承包商文件的完整性所依赖的所有文件;(以及)

“承包商通知”系指应说明承包商认为相关承包商文件已可按照第5.2.2项的规定进行审核和使用,且符合雇主要求和本条件的规定,或在哪些方面不符合的通知。

如果雇主要求或本条件规定承包商文件需提交工程师审核,则应将其连同承包商通知一并提交。

工程师应在审核期内向承包商发出通知:

(a)不反对(可能包括不会对工程造成实际性影响的小事项的意见);(或)

(b)承包商文件未能(在规定的范围内)符合雇主要求和/或合同要求,并附理由。

如果工程师在审核期内未发出通知,工程师应被视为已发出对承包商文件的不反对通知[如果承包商文件完整性所依赖的所有其他承包商文件(如果有)已发出或被视为已发出不反对通知]。

如果工程师指示,合理要求更多承包商文件以证明承包商的设计符合合同要求,承包商应立即编制并提交给雇主,费用由承包商承担。

如果工程师根据上述(b)段的规定发出通知,承包商应:

(i)修订承包商文件

(ii)根据第5.2.2项的规定重新提交供工程师审核,审核期应从工程师收到文件的日期起计算;(以及)

(iii)无权因任何此类修订和重新提交和/或工程师随后的审核而导致的任何延误获得工程时间的延长。

如果雇主因重新提交和随后的审核招致增加额外费用,雇主应有权根据第20.2款[付款和(或)竣工时间延长的索赔]的规定,要求承包商支付合理增加的费用。

5.2.3 施工

除根据第5.6款[竣工记录]和第5.7款[操作和维护手册]规定的承包商文件外,对于要求提交承包商文件供审核的工程的每一部分来说:

(a)在工程师对与设计和实施相关的所有承包商文件发出(或被认为已发出)不反对通知之前,该部分的施工不得开始;

(b)该部分的施工应按照这些承包商文件的要求进行;(以及)

(c)承包商可向工程师发出附有理由的通知,对已提交审核的设计或承包商文件进行修改。如果承包商已开始与此类设计或承包商文件相关的工程部分的施工,则:

(i)该部分的工作应暂停;

(ii)第5.2.2项[由工程师审核]的规定应适用,如同工程师已根据第5.2.2项(b)段的规定就承包商文件发出通知;(以及)

(iii)在工程师对修改后的文件发出(或被视为已发出)不反对通知之前,不得恢复该部分工程的工作。

【原文】

5.2.2 承包人文件不需要政府有关部门或专用合同条件约定的第三方审查单位审查或批准的,承包人应当严格按照经发包人审查同意的承包人文件设计和实施工程。

发包人需要组织审查会议对承包人文件进行审查的,审查会议的审查形式、时间安排、费用承担,在专用合同条件中约定。发包人负责组织承包人文件审查会议,承包人有义务参加发包人组织的审查会议,向审查者介绍、解答、解释承包人文件,并提供有关补充资料。

发包人有义务向承包人提供审查会议的批准文件和纪要。承包人有义务按照相关审查会议批准的文件和纪要,并依据合同约定及相关技术标准,对承包人文件进行修改、补充和完善。

【解析】

本项源于住建部2011版第5.3款[设计阶段审查]与九部委2012版第5.3.2项的规定。

本项规定的核心意思是就承包人文件审查不需要政府有关部门或专用合同条件约定的其他第三方审查单位审查或批准,可能由发包人自行组织审查的情形进行了规范。

具体适用时应注意:

1. 审查会议的审查形式、时间安排、费用承担,在专用合同条件中若没有约定,该如何处理?本项中并未规定,其中又以审查费用的承担所可能引发的争议最为突出。相比住建部2011版第5.3.1款直接规定该等费用由发包人承担,我们建议发承包双方在制订具体项目的专用合同条件时予以关注和明确约定。

2.发包人自行组织审查后,提出修改、补充和完善建议的,承包人是否应当在进行相关的修改、补充和完善后,重新提交发包人进行审查,本项中也未明确。为避免争议,同样建议发承包双方在专用合同条件中予以明确。

【关联条文】

住建部2011版

5.3　设计阶段审查

5.3.1　本工程的设计阶段、设计阶段审查会议的组织和时间安排,在专用条款约定。发包人负责组织设计阶段审查会议,并承担会议费用及发包人的上级单位、政府有关部门参加审查会议的费用。

5.3.2　承包人应根据5.3.1款的约定,向发包人提交相关设计审查阶段的设计文件,设计文件应符合国家有关部门、行业工程建设标准规范对相关设计阶段的设计文件、图纸和资料的深度规定。承包人有义务自费参加发包人组织的设计审查会议、向审查者介绍、解答、解释其设计文件,并自费提供审查过程中需提供的补充资料。

5.3.3　发包人有义务向承包人提供设计审查会议的批准文件和纪要。承包人有义务按相关设计审查阶段批准的文件和纪要,并依据合同约定及相关设计规定,对相关设计进行修改、补充和完善。

5.3.4　因承包人原因,未能按5.2.5款约定的时间,向发包人提交相关设计审查阶段的完整设计文件、图纸和资料,致使相关设计审查阶段的会议无法进行或无法按期进行,造成的竣工日期延误、窝工损失,及发包人增加的组织会议费用,由承包人承担。

5.3.5　发包人有权在5.3.1款约定的各设计审查阶段之前,对相关设计阶段的设计文件、图纸和资料提出建议、进行预审和确认,发包人的任何建议、预审和确认,并不能减轻或免除承包人的合同责任和义务。

【原文】

5.2.3 承包人文件需政府有关部门或专用合同条件约定的第三方审查单位审查或批准的,发包人应在发包人审查同意承包人文件后7天内,向政府有关部门或第三方报送承包人文件,承包人应予以协助。

对于政府有关部门或第三方审查单位的审查意见,不需要修改《发包人要求》的,承包人需按该审查意见修改承包人的设计文件;需要修改《发包人要求》的,承包人应按第13.2款[承包人的合理化建议]的约定执行。上述情形还应适用第5.1款[承包人的设计义务]和第13条[变更与调整]的有关约定。

政府有关部门或第三方审查单位审查批准后,承包人应当严格按照批准后的承包人文件实施工程。政府有关部门或第三方审查单位批准时间较合同约定时间延长的,竣工日期相应顺延。因此给双方带来的费用增加,由双方在负责的范围内各自承担。

【解析】

本项源于九部委2012版第5.3.3项的规定。

我国目前,虽然国务院办公厅曾在2019年3月发布《全面开展工程建设项目审批制度改革的实施意见》,明确提出要求"加快探索取消施工图审查(或缩小审查范围)",而且近两年来不少地方也都发布了取消有关设计文件强制审查的相关规定,但是在上位法未作正式修改之前,可能还需要按此执行。

具体适用时应注意:

1. 发包人若未能按照期限要求,在审查同意承包人文件后7天内向政府有关部门或第三方报送承包人文件,则该如何处理?本项未作规定。正常来讲,因发包人原因所引发的损失,应由发包人予以承担。

2. 作为承包人来讲,特别应当关注到,因政府有关部门或第三方审查单位的原因导致的审查迟延而产生的费用增加,是规定由双方各自承担。

3. 若政府有关部门或第三方审查单位的审查错误所可能带来的风险与损失,又应当如何分配?本项同样未作规定。实践中,建议发承包双方可以就此约定,是参照不可抗力情形下的风险各担来予以处理,还是因不可归责于承包人而将此等风险分配给发包人。

【关联条文】

1.《建设工程勘察设计管理条例》

第三十三条　施工图设计文件审查机构应当对房屋建筑工程、市政基础设施工程施工图设计文件中涉及公共利益、公众安全、工程建设强制性标准的内容进行审查。县级以上人民政府交通运输等有关部门应当按照职责对施工图设计文件中涉及公共利益、公众安全、工程建设强制性标准的内容进行审查。

施工图设计文件未经审查批准的,不得使用。

2.《房建市政工程施工图审查管理办法》

第三条　国家实施施工图设计文件(含勘察文件,以下简称施工图)审查制度。

本办法所称施工图审查,是指施工图审查机构(以下简称审查机构)按照有关法律、法规,对施工图涉及公共利益、公众安全和工程建设强制性标准的内容进行的审查。施工图审查应当坚持先勘察、后设计的原则。

施工图未经审查合格的,不得使用。从事房屋建筑工程、市政基础设施工程施工、监理等活动,以及实施对房屋建筑和市政基础设施工程质量安全监督管理,应当以审查合格的施工图为依据。

5.3　培　　训

【原文】

承包人应按照《发包人要求》,对发包人的雇员或其它发包人指定的人员进行工程操作、维修或其它合同中约定的培训。合同约定接收之前进行培训的,应在第10.1款[竣工验收]约定的竣工验收前或试运行结束前完成培训。

培训的时长应由双方在专用合同条件中约定,承包人应为培训提供有经验的人员、设施和其它必要条件。

【解析】

本款源于九部委2012版第5.4款[培训]与FIDIC黄皮书2017版第5.5款[培训]的规定。

不同于住建部2011版中将操作维修人员的培训纳入发承包双方另行所需

签约的范畴,本款中是将培训工作直接归置到了承包人的合同义务项下。就此,FIDIC 黄皮书 2017 版中更是直接规定,如果雇主要求中明确应当在接收前完成培训义务的,则在没有完成的情况下,不得视为合同规定的项目已经竣工。

此外,根据本款规定,如合同约定接收之前进行培训的,应在竣工验收前或试运行结束前完成培训。但应注意,在本合同示范文本体系之下,试运行程序是属于竣工试验的一个阶段,完成之后才是竣工验收。

【关联条文】

1. 住建部 2011 版

5.4　操作维修人员的培训

发包人委托承包人对发包人的操作维修人员进行培训的,另行签订培训委托合同,作为本合同的附件。

2. FIDIC 黄皮书 2017 版

5.5　培训

承包商应按照雇主要求中规定的范围,对雇主的雇员(和/或雇主要求中确定的其他人员)进行工程操作和维护以及工程任何其他方面的培训。

如果雇主要求规定了工程接收前要进行培训,在按照雇主要求的规定完成培训之前,就按照第 10.1 款[工程和分项工程的接收]规定的接收而言,工程不应被认为已竣工。

培训时间应如雇主要求中的规定(如未规定,按雇主可接受的)。承包商应提供合格和有经验的培训人员、培训设施和/或雇主要求中规定的所有必要的培训教材。

5.4　竣工文件

【原文】

5.4.1　承包人应编制并及时更新反映工程实施结果的竣工记录,如实记载竣工工程的确切位置、尺寸和已实施工作的详细说明。竣工文件的形式、技术标准以及其它相关内容应按照相关法律法规、行业标准与《发包人要求》执行。竣工记录应保存在施工现场,并在竣工试验开始前,按照专用合同条件约定的份数提交给工程师。

5.4.2 在颁发工程接收证书之前,承包人应按照《发包人要求》的份数和形式向工程师提交相应竣工图纸,并取得工程师对尺寸、参照系统及其他有关细节的认可。工程师应按照第5.2款[承包人文件审查]的约定进行审查。

5.4.3 除专用合同条件另有约定外,在工程师收到本款下的文件前,不应认为工程已根据第10.1款[竣工验收]和第10.2款[单位/区段工程的验收]的约定完成验收。

【解析】

本款源于九部委2012版第5.5款[竣工文件]与FIDIC黄皮书2017版第5.6款[竣工记录]的规定。

根据本款规定:

1. 承包人应编制竣工记录、提交竣工文件和竣工图纸等文件资料给发包人,如实记载竣工工程的相关信息。

2. 在颁发工程接收证书前,承包人应提供竣工图纸,工程师对此进行审查。

3. 承包人未提交相关竣工文件之前,不应认为工程已经通过竣工验收。

具体适用时应注意:

1. 本款相较九部委2012版第5.5款,多出了有关竣工文件的形式、技术标准以及其他相关内容应按照相关法律法规、行业标准与《发包人要求》执行的内容表述。实践中,发承包双方往往会就承包人应当提交的竣工文件应该具体包括哪些内容产生争议,甚至引发结算纠纷。特别是在发承包双方约定送审价结算的情况下,发包人以承包人提交的竣工结算资料中所包括的竣工文件不完备,并据此提出结算异议的情形较为常见。

2. 从条文内在流畅性的角度来看,FIDIC黄皮书2017版进行了更好的规定,其将承包人提交竣工文件的程序进行了区分,包括竣工试验开始前、竣工试验过程中、竣工试验完成后接收证书颁发前、接收证书颁发后履约证书颁发前等。发承包双方在制订具体的专用合同条件时也可予以借鉴。

【关联条文】

FIDIC 黄皮书 2017 版

5.6 竣工记录

承包商应编制并随时更新一套完整的工程施工"竣工"记录,如实记载竣工的准确位置、尺寸和承包商已实施工作的详细说明。竣工记录的格式、参考系统、电子存储系统和其他相关细节应按雇主要求中的规定(如未规定,按雇主所接受的)。这些记录应保存在现场,并仅限用于本款需要。

承包商应根据第 5.2.2 项[由工程师审核]的规定,向工程师提交:

(a)竣工试验开始前工程或分项工程(视情况而定)的竣工记录;(以及)

(b)更新由承包商实施的任何工作的竣工记录:

(i)竣工试验期间和/或之后,在根据第 10.1 款[工程和分项工程的接收]的规定签发任何接收证书之前;(以及)

(ii)根据第 10.1 款[工程和分项工程的接收]的规定接收后,在签发履约证书之前。

承包商根据本款规定提交竣工记录副本的数量应符合第 1.8 款[文件的照管和提供]的要求。

5.5 操作和维修手册

【原文】

5.5.1 在竣工试验开始前,承包人应向工程师提交暂行的操作和维修手册并负责及时更新,该手册应足够详细,以便发包人能够对工程设备进行操作、维修、拆卸、重新安装、调整及修理,以及实现《发包人要求》。同时,手册还应包含发包人未来可能需要的备品备件清单。

5.5.2 工程师收到承包人提交的文件后,应依据第 5.2 款[承包人文件审查]的约定对操作和维修手册进行审查,竣工试验工程中,承包人应为任何因操作和维修手册错误或遗漏引起的风险或损失承担责任。

5.5.3 除专用合同条件另有约定外,承包人应提交足够详细的最终操作和维修手册,以及在《发包人要求》中明确的相关操作和维修手册。除专用合同条件另有约定外,在工程师收到上述文件前,不应认为工程已根据第 10.1 款[竣工验收]和第 10.2 款[单位/区段工程的验收]的约定完成验收。

【解析】

本款源于九部委 2012 版第 5.6 款[操作和维修手册]与 FIDIC 黄皮书 2017 版第 5.7 款[操作和维护手册]的规定。

根据本款规定:

1. 竣工试验开始前,承包人应向工程师提交暂行的操作和维修手册。

2. 操作和维修手册应当满足一定的内容条件,尤其是应当符合《发包人要求》的规定。

3. 竣工试验过程中,因操作和维修手册错误而导致的风险或损失由承包人承担。

4. 承包人最终还应当提交最终的操作和维修手册,且在工程师收到该等最终文件之前,不认为已经完成竣工验收或单位/区段工程的验收工作。

具体适用时应注意:

1. 本款未规定最终操作和维修手册的提交时间,而 FIDIC 黄皮书 2017 版第 5.7 款中规定为接收证书颁发之前。

2. 本款未规定最终操作和维修手册同样应当经过发包人审查。

建议发承包双方在制订具体的工程总承包合同时就此等事项予以明确。

【关联条文】

FIDIC 黄皮书 2017 版

5.7　操作和维护手册

承包商应为工程编制并保持一套最新的完整的操作和维护手册(本条件中的"质量管理手册")。

质量管理手册的格式和其他相关细节应如雇主要求所规定的,在任何情况下,这些手册应:

(a)足够详细,以便雇主:

(i)操作、维护和调整工程,以确保工程、分项工程和/或生产设备(视情况而定)的性能持续符合雇主要求和性能保证资料表中规定的性能标准;(和)

(ii)操作、维修、拆卸、重新组装、调整和修复生产设备;(以及)

(b)包括雇主未来操作和维护生产设备所需的备件清单。

在竣工试验开始前,承包商应根据第5.2.2项[由工程师审核]的规定,向工程师提供暂行的质量管理手册。

如果在竣工试验期间,发现暂行的质量管理手册中有任何错误或缺陷,承包商应立即纠正错误或缺陷,风险和费用由承包商承担。

在根据第10.1款[工程和分项工程的接收]的规定签发任何接收证书之前,应根据第5.2.2项[由工程师审核]的规定,向工程师提供最终质量管理手册。

5.6 承包人文件错误

【原文】

承包人文件存在错误、遗漏、含混、矛盾、不充分之处或其他缺陷,无论承包人是否根据本款获得了同意,承包人均应自费对前述问题带来的缺陷和工程问题进行改正,并按照第5.2款[承包人文件审查]的要求,重新送工程师审查,审查日期从工程师收到文件开始重新计算。因此款原因重新提交审查文件导致的工程延误和必要费用增加由承包人承担。《发包人要求》的错误导致承包人文件错误、遗漏、含混、矛盾、不充分或其他缺陷的除外。

【解析】

本款源于九部委2012版第5.7款[承包人文件错误]与FIDIC黄皮书2017版第5.8款[设计错误]的规定。

根据本款规定:

1. 承包人负有对承包人文件中所存在错误的改正义务,而不论发包人是否已经批准了承包人文件。

2. 承包人对承包人文件中的错误进行改正以后,仍然要执行第5条规定的审查程序,由此导致工程可能发生延误和费用增加情形的,应由承包人承担相应的责任。

3. 因《发包人要求》的错误导致的承包人文件错误,不可归责于承包人。

第6条　材料、工程设备

6.1　实施方法

【原文】

承包人应按以下方法进行材料的加工、工程设备的采购、制造和安装、以及工程的所有其他实施作业：

(1)按照法律规定和合同约定的方法；

(2)按照公认的良好行业习惯，使用恰当、审慎、先进的方法；

(3)除专用合同条件另有规定外，应使用适当配备的实施方法、设备、设施和无危险的材料。

【解析】

本款源于FIDIC黄(或银)皮书2017版第7.1款[实施方法]的规定。

本款规定系针对承包人所投入工程建设的材料、工程设备的基本要求。此前在住建部2011版、住建部施工合同2017版中均无相关规定，只在九部委2012版第6.4款中有一个更为笼统的原则性规定。本合同示范文本借鉴FIDIC合同的规定进行了一定程度的完善。

6.2　材料和工程设备

【原文】

6.2.1　发包人提供的材料和工程设备

发包人自行供应材料、工程设备的，应在订立合同时在专用合同条件的附件《发包人供应材料设备一览表》中明确材料、工程设备的品种、规格、型号、主要参数、数量、单价、质量等级和交接地点等。

承包人应根据项目进度计划的安排，提前28天以书面形式通知工程师供应材料与工程设备的进场计划。承包人按照第8.4款[项目进度计划]约定修订项目进度计划时,需同时提交经修订后的发包人供应材料与工程设备的进场计划。发包人应按照上述进场计划,向承包人提交材料和工程设备。

发包人应在材料和工程设备到货7天前通知承包人,承包人应会同工程师在约定的时间内,赴交货地点共同进行验收。除专用合同条件另有约定外,发包人提供的材料和工程设备验收后,由承包人负责接收、运输和保管。

发包人需要对进场计划进行变更的,承包人不得拒绝,应根据第13条[变更与调整]的规定执行,并由发包人承担承包人由此增加的费用,以及引起的工期延误。承包人需要对进场计划进行变更的,应事先报请工程师批准,由此增加的费用和(或)工期延误由承包人承担。

发包人提供的材料和工程设备的规格、数量或质量不符合合同要求,或由于发包人原因发生交货日期延误及交货地点变更等情况的,发包人应承担由此增加的费用和(或)工期延误,并向承包人支付合理利润。

【解析】

本项源于九部委2012版第6.2款[发包人提供的材料和工程设备(A)]的规定。

根据本项规定:

1. 发包人自行供应材料、工程设备情形下应在签订工程总承包合同时,与承包人共同明确与材料、设备有关的相关基础信息的范围。

2. 承包人根据项目进度计划的安排,不晚于材料与工程设备进场之前的28天,向工程师上报进场计划。

3. 发包人不晚于材料与工程设备到货前的7天通知承包人,承包人收到通知后应会同工程师一道,在约定的时间至交货地点共同进行验收。

4. 除另有约定以外,验收后由承包人负责接收、运输和保管。

5. 发包人可按照第13条[变更与调整]的规定,变更进场计划,由此增加的费用和延长的工期由发包人负责;反之,若是因承包人引起的变更,则由承包人负担有关的费用和工期责任。

6. 因发包人过错导致其所提供的材料和工程设备存在瑕疵,或者因发包人原因导致的交货日期延误、地点变更等引起的承包人费用、工期和利润损失,均由发包人承担。

具体适用时应注意：

1. 住建部 2011 版通用条款第 6. 1. 1. (1) 目规定，发包人提供的工程物资由发包人负责运抵现场。本项中规定，如交货地点不在工程现场的，由承包人会同工程师至交货地点进行验收，并从交货地点至工程现场的运输由承包人负责。

因发包人提供的材料和工程设备，对外的采购合同均是由发包人直接签订，有关的交货地点不取决于承包人，这显然给承包人带来了较大的不确定风险。极端情形下，若发包人提供的材料和工程设备，有关的交货地点被发包人和供应商约定在了供应商处，则势必会增加承包人的成本和保管风险。

2. 发包人变更进场计划导致的费用增加与工期延长由发包人负责，此时并不涉及利润损失，但是，因发包人原因导致的交货日期延误、地点变更等情形，则除费用与工期以外，相关的利润损失还需发包人承担。此等规定，存在一定程度的模糊，因为发包人变更进场计划也会导致交货日期延误、地点变更。

就此，建议发承包双方在制订具体的专用合同条件时予以关注。

【关联条文】

住建部 2011 版

6. 1. 1　发包人提供的工程物资

(1) 发包人应依据 5. 2. 3 款第(3)项设计文件规定的技术参数、技术条件、性能要求、使用要求和数量，负责组织工程物资(包括其备品备件、专用工具及厂商提交的技术文件)的采购，负责运抵现场，并对其需用量、质量检查结果和性能负责。

由发包人负责提供的工程物资的类别、数量，在专用条款中列出。

(2) 因发包人采购提供的工程物资(包括建筑构件等)不符合国家强制性标准、规范的规定，存在质量缺陷、延误抵达现场，给承包人造成窝工、停工、或导致关键路径延误的，按 13 条变更和合同价调整的约定执行。

在履行合同过程中，由于国家新颁布的强制性标准、规范，造成发包人负责提供的工程物资(包括建筑构件等)不符合新颁布的强制性标准时，由发包人负责修复或重新订货。如委托承包人修复，作为变更处理。

(3) 发包人请承包人参加境外采购工作时，所发生的费用由发包人承担。

6.2.2 承包人提供的材料和工程设备

【原文】

承包人应按照专用合同条件的约定,将各项材料和工程设备的供货人及品种、技术要求、规格、数量和供货时间等报送工程师批准。承包人应向工程师提交其负责提供的材料和工程设备的质量证明文件,并根据合同约定的质量标准,对材料、工程设备质量负责。

承包人应按照已被批准的第8.4款[项目进度计划]规定的数量要求及时间要求,负责组织材料和工程设备采购(包括备品备件、专用工具及厂商提供的技术文件),负责运抵现场。合同约定由承包人采购的材料、工程设备,除专用合同条件另有约定外,发包人不得指定生产厂家或供应商,发包人违反本款约定指定生产厂家或供应商的,承包人有权拒绝,并由发包人承担相应责任。

对承包人提供的材料和工程设备,承包人应会同工程师进行检验和交货验收,查验材料合格证明和产品合格证书,并按合同约定和工程师指示,进行材料的抽样检验和工程设备的检验测试,检验和测试结果应提交工程师,所需费用由承包人承担。

因承包人提供的材料和工程设备不符合国家强制性标准、规范的规定或合同约定的标准、规范,所造成的质量缺陷,由承包人自费修复,竣工日期不予延长。在履行合同过程中,由于国家新颁布的强制性标准、规范,造成承包人负责提供的材料和工程设备,虽符合合同约定的标准,但不符合新颁布的强制性标准时,由承包人负责修复或重新订货,相关费用支出及导致的工期延长由发包人负责。

【解析】

本项源于住建部2011版第6.1.2项[承包人提供的工程物资]与九部委2012版第6.1款[承包人提供的材料和工程设备]的规定。

根据本项规定:

1.承包人就其提供的材料和工程设备应向工程师提交完整的信息,提供相关的质量证明文件,并自行负责将相关材料和工程设备运抵工程现场。

2.对于由承包人负责提供的材料和工程设备,发包人不得指定生产厂家或供应商。

3. 对于由承包人负责提供的材料和工程设备,承包人应会同工程师一道进行检验和验收,相应的费用由承包人负担。

4. 因承包人负责提供的材料和工程设备导致的工程质量瑕疵由承包人负责,但是若因工程建设过程中国家新颁布的强制性标准、规范而引起的重新采购和工程修复,与此相关的费用与工期责任归属于发包人。

具体适用时应注意:

因工程建设过程中国家新颁布的强制性标准、规范而引起的重新采购,根据本款规定,只是相关费用支出由发包人负责,而实践中可能会遇到的问题是,因为国家新颁布强制性标准、规范,可能导致承包人需解除原采购合同,进而遭受供应商就尚未运抵现场的原采购货物部分的索赔。就此等费用,可能存在发包人无法掌控的对外支出费用的模糊地带,极易在发承包双方之间引发争议。一方面,建议就此等情形下的损失负担,发承包双方进行明确的约定;另一方面,就此等情形发生后的应对处置程序,特别是双方均负有减少损失扩大化的义务,进行相关程序规制的明确约定。例如,发包人应要求承包人在此等情形发生后,立即书面通知供应商,并应积极组织与供应商的商谈以减少损失等。

此外,若比对第 6.2.1 项的规定可发现,针对发包人提供材料和工程设备的情形,本合同示范文本中并未涉及国家新颁布的强制性标准、规范的变化而导致的修复或重新订货问题,但第 6.2.2 项却针对承包人提供材料和工程设备的情形作出了规定。显然,在发包人提供材料和工程设备的情形下,这种情况也一样会发生,也有必要予以规定。

就此,建议发承包双方在专用合同条件中予以明确。

【关联条文】

1.《建筑法》

第二十五条 按照合同约定,建筑材料、建筑构配件和设备由工程承包单位采购的,发包单位不得指定承包单位购入用于工程的建筑材料、建筑构配件和设备或者指定生产厂、供应商。

2.《施工合同司法解释(一)》

第十三条 发包人具有下列情形之一,造成建设工程质量缺陷,应当承担过

错责任:

(一)提供的设计有缺陷;

(二)提供或者指定购买的建筑材料、建筑构配件、设备不符合强制性标准;

(三)直接指定分包人分包专业工程。

承包人有过错的,也应当承担相应的过错责任。

6.2.3 材料和工程设备的保管

【原文】

(1)发包人供应材料与工程设备的保管与使用

发包人供应的材料和工程设备,承包人清点并接收后由承包人妥善保管,保管费用由承包人承担,但专用合同条件另有约定除外。因承包人原因发生丢失毁损的,由承包人负责赔偿。

发包人供应的材料和工程设备使用前,由承包人负责必要的检验,检验费用由发包人承担,不合格的不得使用。

(2)承包人采购材料与工程设备的保管与使用

承包人采购的材料和工程设备由承包人妥善保管,保管费用由承包人承担。合同约定或法律规定材料和工程设备使用前必须进行检验或试验的,承包人应按工程师的指示进行检验或试验,检验或试验费用由承包人承担,不合格的不得使用。

工程师发现承包人使用不符合设计或有关标准要求的材料和工程设备时,有权要求承包人进行修复、拆除或重新采购,由此增加的费用和(或)延误的工期,由承包人承担。

【解析】

本项源于住建部施工合同 2017 版第 8.4 款[材料与工程设备的保管与使用]的规定。

相较而言:

1. 对于发包人供应材料与工程设备的保管与使用,住建部施工合同 2017 版规定保管费用由发包人承担,而本合同示范文本中规定的是由承包人承担。

2. 对于发包人供应材料与工程设备的保管与使用,住建部施工合同 2017 版同时还规定,监理人未通知承包人清点的,承包人不负责材料和工程设备的保管,由此导致丢失毁损的由发包人负责。本合同示范文本中并无此等规定,而是直接明确,承包人清点并接收后由承包人妥善保管。承包人的责任承担与工程师是否通知清点无关。

具体适用时应注意:

哪些属于承包人负责的必要的检验,取决于法律法规、标准规范、《发包人要求》和合同约定等的规定。在我国,因材料和工程设备同时涉及工程质量与安全问题,须接受较为严格的行政监管。

【关联条文】

1.《建筑法》

第五十九条 建筑施工企业必须按照工程设计要求、施工技术标准和合同的约定,对建筑材料、建筑构配件和设备进行检验,不合格的不得使用。

2.《建设工程质量管理条例》

第二十九条 施工单位必须按照工程设计要求、施工技术标准和合同约定,对建筑材料、建筑构配件、设备和商品混凝土进行检验,检验应当有书面记录和专人签字;未经检验或者检验不合格的,不得使用。

第三十一条 施工人员对涉及结构安全的试块、试件以及有关材料,应当在建设单位或者工程监理单位监督下现场取样,并送具有相应资质等级的质量检测单位进行检测。

第六十五条 违反本条例规定,施工单位未对建筑材料、建筑构配件、设备和商品混凝土进行检验,或者未对涉及结构安全的试块、试件以及有关材料取样检测的,责令改正,处10万元以上20万元以下的罚款;情节严重的,责令停业整顿,降低资质等级或者吊销资质证书;造成损失的,依法承担赔偿责任。

3.《建设工程安全生产管理条例》

第三十五条 施工单位在使用施工起重机械和整体提升脚手架、模板等自升式架设设施前,应当组织有关单位进行验收,也可以委托具有相应资质的检验检测机构进行验收;使用承租的机械设备和施工机具及配件的,由施工总承包单位、分包单位、出租单位和安装单位共同进行验收。验收合格的方可使用。

《特种设备安全监察条例》规定的施工起重机械,在验收前应当经有相应资质的检验检测机构监督检验合格。

施工单位应当自施工起重机械和整体提升脚手架、模板等自升式架设设施验收合格之日起30日内,向建设行政主管部门或者其他有关部门登记。登记标志应当置于或者附着于该设备的显著位置。

4. 住建部施工合同2017版

8.4.1 发包人供应材料与工程设备的保管与使用

发包人供应的材料和工程设备,承包人清点后由承包人妥善保管,保管费用由发包人承担,但已标价工程量清单或预算书已经列支或专用合同条款另有约定除外。因承包人原因发生丢失毁损的,由承包人负责赔偿;监理人未通知承包人清点的,承包人不负责材料和工程设备的保管,由此导致丢失毁损的由发包人负责。

发包人供应的材料和工程设备使用前,由承包人负责检验,检验费用由发包人承担,不合格的不得使用。

6.2.4 材料和工程设备的所有权

【原文】

除本合同另有约定外,承包人根据第6.2.2项[承包人提供的材料和工程设备]约定提供的材料和工程设备后,材料及工程设备的价款应列入第14.3.1项第(2)目的进度款金额中,发包人支付当期进度款之后,其所有权转为发包人所有(周转性材料除外);在发包人接收工程前,承包人有义务对材料和工程设备进行保管、维护和保养,未经发包人批准不得运出现场。

承包人按第6.2.2项提供的材料和工程设备,承包人应确保发包人取得无权利负担的材料及工程设备所有权,因承包人与第三人的物权争议导致的增加的费用和(或)延误的工期,由承包人承担。

【解析】

本项源于FIDIC黄(或银)皮书2017版第7.7款[生产设备和材料的所有权]的规定。

根据本项规定:

1. 除周转性材料以外,承包人提供的材料和工程设备的所有权,在发包人支付当期工程进度款之后从承包人转移为发包人。

2. 在发包人接受工程前,承包人负有相关材料和工程设备的保管、维护和保养的义务,并且未经发包人批准,不得将已经运入工程现场的材料和工程设备再运出现场。

3. 承包人应确保由其提供的材料和工程设备不存在权属瑕疵,并排除发包人因此而遭受不当的利益侵害。

具体适用时应注意:

1. 本项中提到的周转性材料,[①]并不构成工程实体,更多的是从建筑材料本身的理解角度出发而言。另外,本项规定结合 FIDIC 合同的内容来讲,其实更多的是从生产型设备(Plant)的角度来解释的,即规定的是动产的所有权保留。因此,须注意到本项中所涉的周转性材料以外的材料,并非指构成我们通常理解意义上的工程实体的建筑材料如混凝土、钢筋等。此类建筑材料一旦投入建设并形成工程实体后,即不再存有所谓的所有权保留一说。

2. 本项对于承包人提供的材料和工程设备的所有权保留,规定了一个相对明确而具体的期限——至发包人支付当期进度款之后。如此规定是为了促使发包人及时支付工程进度款,避免承包人垫资,并最大限度地避免债务纠纷的连锁反应。但是一方面,发包人当期进度款的支付与否往往存在较大的不确定性;另一方面,发包人当期进度款的支付比例既不可能百分之百,实践中也存在较大的可多可少的不同空间,并不统一。

3. 既然承包人有权进行所有权保留,则在发包人未能支付工程进度款,有关所有权仍归属于承包人的情况下,再限制承包人的处分权(运出工程现场),则可能其内在逻辑本身就存在冲突。

因此,对于承包人提供的材料和工程设备所有权保留的问题,从平衡发承包双方利益的角度出发,或许可以参考 FIDIC 黄皮书 2017 版第 7.7 款中的规定,区分不同情形加以明确。就此,发承包双方可通过专用合同条件予以调整。

---

① 在建设工程项目中,所谓周转性材料通常是指在工程施工过程中,能多次使用、反复周转的工具性材料、配件和用具等,如挡土板、模板和脚手架等。

【关联条文】

1.《民法典》

第三百五十二条 建设用地使用权人建造的建筑物、构筑物及其附属设施的所有权属于建设用地使用权人,但是有相反证据证明的除外。

2. FIDIC 黄(或银)皮书 2017 版

7.7 生产设备和材料的所有权

从下列较早者的时间起,在符合工程所在国法律的强制性要求规定的范围内,每项生产设备和材料都应无抵押权和其他阻碍地成为雇主的财产:

(a)当上述生产设备和材料运至现场时;

(b)当根据第 8.11 款[雇主暂停后对生产设备和材料的付款]的规定,承包商得到按生产设备和材料价值的付款时;(或)

(c)当根据第 14.5 款[拟用于工程的生产设备和材料]的规定,承包商得到生产设备和材料的确定金额的付款时。

6.3 样　　品

【原文】

6.3.1 样品的报送与封存

需要承包人报送样品的材料或工程设备,样品的种类、名称、规格、数量等要求均应在专用合同条件中约定。样品的报送程序如下:

(1)承包人应在计划采购前 28 天向工程师报送样品。承包人报送的样品均应来自供应材料的实际生产地,且提供的样品的规格、数量足以表明材料或工程设备的质量、型号、颜色、表面处理、质地、误差和其他要求的特征。

(2)承包人每次报送样品时应随附申报单,申报单应载明报送样品的相关数据和资料,并标明每件样品对应的图纸号,预留工程师审批意见栏。工程师应在收到承包人报送的样品后 7 天向承包人回复经发包人签认的样品审批意见。

(3)经工程师审批确认的样品应按约定的方法封样,封存的样品作为检验工程相关部分的标准之一。承包人在施工过程中不得使用与样品不符的材料或工程设备。

(4)工程师对样品的审批确认仅为确认相关材料或工程设备的特征或用途,

不得被理解为对合同的修改或改变，也并不减轻或免除承包人任何的责任和义务。如果封存的样品修改或改变了合同约定，合同当事人应当以书面协议予以确认。

6.3.2　样品的保管

经批准的样品应由工程师负责封存于现场，承包人应在现场为保存样品提供适当和固定的场所并保持适当和良好的存储环境条件。

【解析】

本款源于住建部施工合同2017版第8.6款[样品]的规定。

本款规定针对工程实践中需要由承包人提供有关材料和工程设备样品的情形进行了明确，涉及样品的报送、审批程序、样品的封存和保管等。

具体适用时应注意：

1. 承包人未按期报送样品会导致怎样的后果？或者，承包人应报送样品而未报送又会怎样？

2. 工程师收到承包人报送的样品后未按期回复审批意见，或者根本就是不予回复，该如何处理？

3. 样品提供的成本由谁负担？

4. 样品保管的直接责任到底在谁？

上述问题，在本合同示范文本通用合同条件中均未有明确规定，需要发承包双方在专用合同条件中予以关注。例如，承包人未按期报送样品，导致发包人审批迟延进而引起工期延误的相关责任由承包人予以承担；工程师收到承包人报送的样品后未按期回复视为认可，但发包人的认可并不免除承包人的任何工程责任；样品提供的成本由承包人承担；样品保管的场地虽然由承包人提供，但直接的保管责任在于发包人等。

另外实践中还应当注意：

1. 有些材料具有较为明显的时效性，并非每时每刻生产的材料均完全同质，很多时候，对于样品的保存，需要的是当期用于现场建设之需的产品，而非承包人计划采购前28天报送的产品。例如，我们参与的某高速公路工程材料质量纠纷案件，事后需要检验的即是当期用于工程建设的同批次沥青的品质，而非数十天之前生产的材料。因此,有关样品提供的日期需要根据具体情况予以区别对待。

2. 实践中,经封存后的样品保管地不应仅局限于工程现场。根据本款规定,样品封存后保管的场所和存储条件是由承包人提供,而日后如产生质量争议,则需从此场地和存储条件下调出有关的样品进行检验。这样的操作,本身就对承包人内在的守约精神提出了较高的道德要求。就此而言,建议发承包双方通过专用合同条件予以明确,就封存后的样品可多份分别保管于多地。

【流程图】

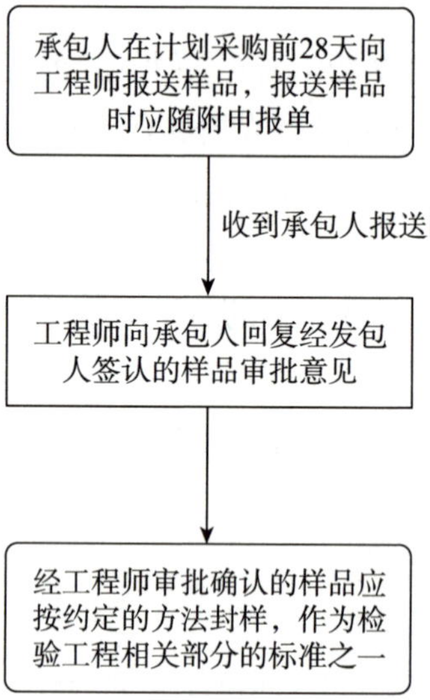

6.4 质量检查

【原文】

6.4.1 工程质量要求

工程质量标准必须符合现行国家有关工程施工质量验收规范和标准的要求。有关工程质量的特殊标准或要求由合同当事人在专用合同条件中约定。

因承包人原因造成工程质量未达到合同约定标准的,发包人有权要求承包人返工直至工程质量达到合同约定的标准为止,并由承包人承担由此增加的费用和(或)延误的工期。因发包人原因造成工程质量未达到合同约定标准的,由发包人承担由此增加的费用和(或)延误的工期,并支付承包人合理的利润。

【解析】

本项源于住建部施工合同 2017 版第 5.1 款[质量要求]的规定。

本项规定系从整体上,对工程质量应当符合标准、规范的规定和合同的约定,提出了概述性的要求。若对比 FIDIC 黄皮书 2017 版可发现,在 FIDIC 合同中并无此等概述性的要求,而是具体规制于每一个具体事项中。例如,FIDIC 黄皮书 2017 版第 7.5 款规定了检验不合格的拒收程序,第 9.3 款规定了未能通过竣工试验的重新试验程序等。

具体适用时应注意:

1. 本项从具体表述上来看,仍是直接对于施工质量的要求,而未涉及勘察(如有)、设计成果的质量问题。

2. 包括本项在内的整款关于质量检查的规定,与本条整体上的主旨未必有直接的关联。若具体项目中,发承包双方需基于本合同示范文本的规定,进行适合企业自身的标准合同文件的制订,则可在体例上作相应修订与调整。例如,可借鉴 FIDIC 合同规定,将有关质量检查的规定具体规制到每一相关的程序流程之中,而非专设一款进行概述。

6.4.2 质量检查

【原文】

发包人有权通过工程师或自行对全部工程内容及其施工工艺、材料和工程设备进行检查和检验。承包人应为工程师或发包人的检查和检验提供方便,包括到施工现场,或制造、加工地点,或专用合同条件约定的其他地方进行察看和查阅施工原始记录。承包人还应按工程师或发包人指示,进行施工现场的取样试验,工程复核测量和设备性能检测,提供试验样品、提交试验报告和测量成果以及工程师或发包人指示进行的其他工作。工程师或发包人的检查和检验,不免除承包人按合同约定应负的责任。

【解析】

本项源于九部委 2012 版第 13.3 款[监理人的质量检查]的规定。

相较而言:

九部委 2012 版中对于质量检查区分了承包人的质量检查和监理人的质量检查,而本合同示范文本中还规定了发包人(或委托工程师)的质量检查权。

仅就本项规定的内容本身来讲,明确了发包人一方的工程质量检查权和承包人应为发包人检查提供便利与相关协助的义务。

6.4.3 隐蔽工程检查

【原文】

除专用合同条件另有约定外,工程隐蔽部位经承包人自检确认具备覆盖条件的,承包人应书面通知工程师在约定的期限内检查,通知中应载明隐蔽检查的内容、时间和地点,并应附有自检记录和必要的检查资料。

工程师应按时到场并对隐蔽工程及其施工工艺、材料和工程设备进行检查。经工程师检查确认质量符合隐蔽要求,并在验收记录上签字后,承包人才能进行覆盖。经工程师检查质量不合格的,承包人应在工程师指示的时间内完成修复,并由工程师重新检查,由此增加的费用和(或)延误的工期由承包人承担。

除专用合同条件另有约定外,工程师不能按时进行检查的,应提前向承包人提交书面延期要求,顺延时间不得超过 48 小时,由此导致工期延误的,工期应予以顺延,顺延超过 48 小时的,由此导致的工期延误及费用增加由发包人承担。工程师未按时进行检查,也未提出延期要求的,视为隐蔽工程检查合格,承包人可自行完成覆盖工作,并作相应记录报送工程师,工程师应签字确认。工程师事后对检查记录有疑问的,可按下列约定重新检查。

承包人覆盖工程隐蔽部位后,工程师对质量有疑问的,可要求承包人对已覆盖的部位进行钻孔探测或揭开重新检查,承包人应遵照执行,并在检查后重新覆盖恢复原状。经检查证明工程质量符合合同要求的,由发包人承担由此增加的费用和(或)延误的工期,并支付承包人合理的利润;经检查证明工程质量不符合合同要求的,由此增加的费用和(或)延误的工期由承包人承担。

承包人未通知工程师到场检查,私自将工程隐蔽部位覆盖的,工程师有权指示承包人钻孔探测或揭开检查,无论工程隐蔽部位质量是否合格,由此增加的费用和(或)延误的工期均由承包人承担。

【解析】

本项源于九部委2012版第13.4款[工程隐蔽部位覆盖前的检查]的规定。

根据本项规定:

1. 隐蔽工程的覆盖,除了承包人自检以外,还应以工程师的确认为前提。如未经工程师确认,承包人私自覆盖的,由此导致的后果均由承包人承担。

2. 工程师应按约及时进行隐蔽工程的检查确认,如若无法按约及时进行检查的,可予延期,但延期不得超过48小时。如工程师既未按时检查,也未提出延期要求的,视为隐蔽工程检查合格。但这并不排除发包人后续的再次复检权。

3. 承包人覆盖隐蔽工程后,发包人仍具有再次复检权,如果复检合格的,有关的费用、工期和利润责任均由发包人承担;如果复检不合格的,则有关的费用和工期责任由承包人承担。

具体适用时应注意:

1. 与九部委2012版相比,本合同示范文本中明确要求发承包双方就隐蔽工程的相关通知均应以书面形式提交。显然,书面形式更能固定有关行为的发生证明,而非随意性的口头通知。

2. 本合同示范文本中赋予了工程师不能按时进行检查的48小时缓冲期,在此期间,只延工期不增加费用,如超出48小时,则由此导致的工期与费用责任均由发包人予以承担。实践中的问题在于,若发包人提出了超出48小时的延期申请,承包人是否有权拒绝?本合同示范文本中没有明确规定。建议发承包双方可通过专用合同条件加以明确。例如,发包人提交书面延期要求顺延48小时以上的,承包人有权拒绝并自行完成覆盖工作;但是,工程师仍有权提出重新检查并按照视为隐蔽工程检查合格的情形予以处理。

6.5 由承包人试验和检验

【原文】

6.5.1 试验设备与试验人员

(1)承包人根据合同约定或工程师指示进行的现场材料试验,应由承包人提供试验场所、试验人员、试验设备以及其他必要的试验条件。工程师在必要时可以使用承包人提供的试验场所、试验设备以及其他试验条件,进行以工程质量检查为目的的材料复核试验,承包人应予以协助。

(2)承包人应按专用合同条件约定的试验内容、时间和地点提供试验设备、取样装置、试验场所和试验条件,并向工程师提交相应进场计划表。

承包人配置的试验设备要符合相应试验规程的要求并经过具有资质的检测单位检测,且在正式使用该试验设备前,需要经过工程师与承包人共同校定。

(3)承包人应向工程师提交试验人员的名单及其岗位、资格等证明资料,试验人员必须能够熟练进行相应的检测试验,承包人对试验人员的试验程序和试验结果的正确性负责。

6.5.2 取　　样

试验属于自检性质的,承包人可以单独取样。试验属于工程师抽检性质的,可由工程师取样,也可由承包人的试验人员在工程师的监督下取样。

6.5.3 材料、工程设备和工程的试验和检验

(1)承包人应按合同约定进行材料和工程设备的试验和检验,并为工程师对上述材料、工程设备和工程的质量检查提供必要的试验资料和原始记录。按合同约定应由工程师与承包人共同进行试验和检验的,由承包人负责提供必要的试验资料和原始记录。

(2)试验属于自检性质的,承包人可以单独进行试验。试验属于工程师抽检性质的,工程师可以单独进行试验,也可由承包人与工程师共同进行。承包人对由工程师单独进行的试验结果有异议的,可以申请重新共同进行试验。约定共

同进行试验的,工程师未按照约定参加试验的,承包人可自行试验,并将试验结果报送工程师,工程师应承认该试验结果。

(3)工程师对承包人的试验和检验结果有异议的,或为查清承包人试验和检验成果的可靠性要求承包人重新试验和检验的,可由工程师与承包人共同进行。重新试验和检验的结果证明该项材料、工程设备或工程的质量不符合合同要求的,由此增加的费用和(或)延误的工期由承包人承担;重新试验和检验结果证明该项材料、工程设备和工程符合合同要求的,由此增加的费用和(或)延误的工期由发包人承担。

6.5.4 现场工艺试验

承包人应按合同约定进行现场工艺试验。对大型的现场工艺试验,发包人认为必要时,承包人应根据发包人提出的工艺试验要求,编制工艺试验措施计划,报送发包人审查。

【解析】

本款源于住建部施工合同2017版第9条[试验与检验]的规定。

与FIDIC合同相比:①

1. FIDIC合同是将发包人进行的检验(Inspection)与承包人进行的试验(Test by the Contractor)进行了区分。本合同示范文本中,试验和检验均属于承包人的权限之下,对于发包人来讲则是检查。

2. FIDIC合同规定了工程师应至少提前72小时通知承包人,其可能参加承包人进行的试验。此举是为了便于承包人就工程师一并参加的试验工作提前做好相关准备。本合同示范文本中,就此未提出明确要求。

3. FIDIC合同的规定是建立在工程师一般均会参与承包人试验的假设基础上的,而本合同示范文本中区分了承包人自检与工程师抽检这两者不同的类型,前者,承包人可以单独进行;后者,工程师可以单独进行,也可以与承包人共同进行。

4. 本合同示范文本中区分了“材料、设备和工程的试验”与“现场工艺试验”这两种不同的试验情形,而在FIDIC中并未作此等区分。

---

① 以FIDIC黄(或银)皮书2017版为例。

5. FIDIC 黄皮书 2017 版中规定,由承包商试验的规定,适用于竣工后试验(如果有)以外的合同规定的所有试验;FIDIC 银皮书 2017 版中规定,除非第 12 条[竣工后试验]另有规定,本款适用于合同规定的所有试验。本合同示范文本有关竣工后试验的规定,类似 FIDIC 黄皮书 2017 版的规定,但是在本款中并未就竣工后试验(如果有)程序进行排除。如比较本合同示范文本第 6.5 款由承包人试验和检验与第 12 条竣工后试验的规定,可发现,两者所规定的主体责任范畴是不一样的。例如,竣工后试验中,由发包人提供全部电力、水、污水处理、燃料、消耗品和材料,以及全部其他仪器、协助、文件或其他信息、设备、工具、劳力,启动工程设备,并组织安排有适当资质、经验和能力的工作人员实施竣工后试验。

具体适用时应注意:

1. 承包人进行相关的试验程序,应遵照合同约定或工程师指示进行,如果工程师指示构成变更的,可按照合同约定的变更流程进行。

2. 本合同示范文本第 6.5.3 项第(3)目中规定,工程师针对承包人的试验和检验结果有异议而重新进行试验和检验,但结果证明符合合同要求的,由此增加的费用和工期由发包人负责。此处未规定承包人可主张重新进行试验和检验工作的利润。

【关联条文】

FIDIC 黄皮书 2017 版

7.4 由承包商试验

本款适用于竣工后试验(如果有)以外的合同规定的所有试验。

为有效和适当地进行规定的试验,承包商应提供所需的所有仪器、协助、文件和其他资料、临时供电和水、装备、燃料、消耗品、仪表、劳力、材料,以及具有适当资质、经验和胜任的工作人员。所有仪器、设备和仪表应按照雇主要求中规定或适用法律规定的标准进行校准。如果工程师要求,承包商应在进行试验前提交校准证书。

……

6.6 缺陷和修补

【原文】

6.6.1 发包人可在颁发接收证书前随时指示承包人:

(1)对不符合合同要求的任何工程设备或材料进行修补,或者将其移出现场并进行更换;

(2)对不符合合同的其他工作进行修补,或者将其去除并重新实施;

(3)实施因意外、不可预见的事件或其他原因引起的、为工程的安全迫切需要的任何修补工作。

6.6.2 承包人应遵守第6.6.1项下指示,并在合理可行的情况下,根据上述指示中规定的时间完成修补工作。除因下列原因引起的第6.6.1项第(3)目下的情形外,承包人应承担所有修补工作的费用:

(1)因发包人或其人员的任何行为导致的情形,且在此情况下发包人应承担因此引起的工期延误和承包人费用损失,并向承包人支付合理的利润。

(2)第17.4款[不可抗力后果的承担]中适用的不可抗力事件的情形。

6.6.3 如果承包人未能遵守发包人的指示,发包人可以自行决定请第三方完成上述修补工作,并有权要求承包人支付因未履行指示而产生的所有费用,但承包人根据第6.6.2项有权就修补工作获得支付的情况除外。

【解析】

本款源于FIDIC银皮书2017版第7.6款[修补工作]的规定。

需指出的是,就本款规定的名称而言,包括了缺陷和修补,但就内容来看,仅涉及了FIDIC银皮书2017版第7.6款[修补工作],而未涉及FIDIC银皮书2017版第7.5款[缺陷和拒收]的相关规定。

本合同示范文本体系之下,第11条规定有明确的缺陷责任,但相较而言,本款所对应的缺陷和修补,系指发生在竣工接收之前的阶段因试验和检验程序而发现的缺陷和修补工作,而非竣工接收之后。

【关联条文】

FIDIC银皮书2017版

7.6　修补工作

除雇主先前的任何检查、检验、测量或试验,或试验证书或不反对通知外,在签发工程接收证书之前的任何时候,雇主可指示承包商进行以下工作:

(a)修理或修补(如有必要,在现场外)或从现场移除并更换不符合合同要求的任何生产设备或材料;

(b)修理或修补,或移除并重新实施不符合合同规定的任何其他工作;(以及)

(c)实施因意外、不可预见的事件或其他原因引起的、工程安全迫切需要的任何修补工作。

承包商应尽快在切实可行且不迟于指示中找定的时间(如果有)内执行该指示,或在上述(c)段规定的紧急情况下立即实施。

承包商应承担本款规定的所有修补工作的费用,上述(c)段规定的任何工作由以下原因造成的除外:

(i)雇主或雇主人员的任何行为。如果承包商在进行此类工作中遭受延误和/或招致增加费用,承包商应有权按照第20.2款[付款和/或竣工时间延长的索赔]的规定,获得竣工时间的延长和/或成本加利润的支付;(或)

(ii)例外事件,在这种情况下,第18.4款[例外事件的后果]应适用。

如果承包商未能遵从雇主指示,雇主可(雇主自行决定)雇用并付款给他人从事该工作。除承包商原有权根据本款规定从该工作所得付款外,雇主应有权按照第20.2款[付款和/或竣工时间延长的索赔]的规定,要求由承包商支付因其未履行指示招致的所有费用。该权利不应损害雇主根据合同或其他规定可能享有的任何其他权利。

第7条　施　工

7.1　交通运输

【原文】

7.1.1　出入现场的权利

除专用合同条件另有约定外,发包人应根据工程实施需要,负责取得出入施工现场所需的批准手续和全部权利,以及取得因工程实施所需修建道路、桥梁以及其他基础设施的权利,并承担相关手续费用和建设费用。承包人应协助发包人办理修建场内外道路、桥梁以及其他基础设施的手续。

【解析】

本项源于九部委2012版第8.1款[道路通行权和场外设施]的规定。

相较而言:

本项规定了发包人负有确保承包人出入现场的义务,有关的手续由发包人办理,费用由发包人承担,承包人仅是负责协助办理有关的手续。在九部委2012版中,就此是分别作了发包人承担或承包人承担的区分的。

具体适用时应注意:

1. 在本合同示范文本中,与工程建设相关的行政手续的办理义务,原则上也都是规定为由发包人予以承担。具体可查阅协议书部分第7条第1款的规定,"发包人承诺按照法律规定履行项目审批手续、筹集工程建设资金并按照合同约定的期限和方式支付合同价款。"

2. 实践中,除行政审批事项的办理,法律有相应的责任主体的明确规定,其他有关手续的办理并无特别规制。发承包双方完全可以通过合同来进行有关责任主体和费用承担的约定。例如,FIDIC黄(或银)皮书2017版第4.13款,就将相应的责任与费用均归为了承包商。

【关联条文】

1. 九部委 2012 版

8.1　道路通行权和场外设施(A)

发包人应根据工程的施工需要,负责办理取得出入施工场地的专用和临时道路的通行权,以及取得为工程建设所需修建场外设施的权利,并承担有关费用。承包人应协助发包人办理上述手续。

8.1　道路通行权和场外设施(B)

承包人应根据工程的施工需要,负责办理取得出入施工场地的专用和临时道路的通行权,以及取得为工程建设所需修建场外设施的权利,并承担有关费用。发包人应协助承包人办理上述手续。

2. FIDIC 黄(或银)皮书 2017 版

4.13　道路通行权和设施

承包商应为工程目的所需的专用和/或临时道路,包括进场道路的通行权,承担全部费用和开支。

承包商还应自担风险和费用,取得为工程目的可能需要的现场以外的任何附加设施。

7.1.2　场外交通

【原文】

除专用合同条件另有约定外,发包人应提供场外交通设施的技术参数和具体条件,场外交通设施无法满足工程施工需要的,由发包人负责承担由此产生的相关费用。承包人应遵守有关交通法规,严格按照道路和桥梁的限制荷载行驶,执行有关道路限速、限行、禁止超载的规定,并配合交通管理部门的监督和检查。承包人车辆外出行驶所需的场外公共道路的通行费、养路费和税款等由承包人承担。

【解析】

本项源于九部委 2012 版第 8.3 款[场外交通]的规定。

相较而言:

沿袭前述第 7.1.1 项[出入现场的权利]的规定,本项中增加了有关场外交通设施的技术参数和具体条件同样应由发包人提供的规定。其背后逻辑仍在于,本合同示范文本体系之下,工程承包范围之外的相关作业条件的满足应由发包人负责。

具体适用时应注意:

该项规定所涉及的事宜,同样可由发承包双方通过专用合同条件加以调整。例如在 FIDIC 黄(或银)皮书 2017 版中,进场道路的相应责任承担是分配给承包商的。

【关联条文】

FIDIC 黄(或银)皮书 2017 版

4.15　进场道路

承包商应被认为已对在基准日期现场的进入通路的适宜性和可用性感到满意。承包商应采取一切必要的措施,防止任何道路或桥梁因承包商的通行或承包商人员受到损坏。这些措施应包括正确使用适宜的车辆[符合法定的负载和宽度限制(如果有)以及任何其他限制]和通路。

除本条件另有规定外:

(a)承包商应(就双方而言)负责维修对进场通路造成的损害,并维护承包商使用的进场通路;

(b)承包商应提供进场通路所有必需的标识或方向指示,还应为其使用这些通路、标识和方向指示,取得必要的有关部门的任何许可或许可证;

(c)雇主不应对因承包商使用或以其他方式使用进场通路而引起的任何第三方索赔负责;

(d)雇主不保证特定进场通路的适宜性和可用性;(以及)

(e)因承包商需要使用进场通路而产生的不适宜性和不可用性的所有费用均应由承包商承担。

如果因雇主或第三方在基准日期后更改通路而导致进场通路不适宜或不可用,而承包商因此遭受延误和/或招致增加费用,承包商应有权根据第 20.2 款[付款和/或竣工时间延长的索赔]的规定,获得竣工时间的延长和/或此类费用的支付。

7.1.3 场内交通

【原文】

除专用合同条件另有约定外,承包人应负责修建、维修、养护和管理施工所需的临时道路和交通设施,包括维修、养护和管理发包人提供的道路和交通设施,并承担相应费用。承包人修建的临时道路和交通设施应免费提供发包人和工程师为实现合同目的使用。场内交通与场外交通的边界由合同当事人在专用合同条件中约定。

【解析】

本项源于九部委2012版第8.2款[场内施工道路]的规定。

有如前述,本合同示范文本体系之下,发承包双方的责任分配是以承包范围作为边界进行区分的,场内作为承包人承包范围之内的部分由承包人负责。

具体适用时应注意:

承包范围的地理边界的划分,在实践中往往因合同签订时不够清晰,而导致发承包双方在项目建设过程中产生纠纷争议。因此,本项规定又特别指出,场内交通与场外交通的边界由合同当事人在专用合同条件中约定。就此,发承包双方应给予高度关注。

7.1.4 超大件和超重件的运输

【原文】

由承包人负责运输的超大件或超重件,应由承包人负责向交通管理部门办理申请手续,发包人给予协助。运输超大件或超重件所需的道路和桥梁临时加固改造费用和其他有关费用,由承包人承担,但专用合同条件另有约定的除外。

7.1.5 道路和桥梁的损坏责任

【原文】

因承包人运输造成施工现场内外公共道路和桥梁损坏的,由承包人承担修复损坏的全部费用和可能引起的赔偿。

7.1.6　水路和航空运输

【原文】

本条上述各款的内容适用于水路运输和航空运输,其中“道路”一词的含义包括河道、航线、船闸、机场、码头、堤防以及水路或航空运输中其他相似结构物;“车辆”一词的含义包括船舶和飞机等。

【解析】

本三项源于九部委 2012 版第 8.4 款[超大件和超重件的运输]、第 8.5 款[道路和桥梁的损坏责任]与第 8.6 款[水路和航空运输]的规定。

这三项具体内容,涉及货物运输所产生的费用和不利后果负担问题,以及就运输的具体工具进行了包括陆路、水路与航空方式的统一规制。

具体适用时应注意:

针对交通运输可能涉及的期限、包装、装卸、存储和保护,以及有关交通运输可能引发的包括发包人、承包人自身以及其他第三人的损失,在本合同示范文本中未有进一步的明确规定。就此,或可借鉴 FIDIC 黄(或银)皮书第 4.16 款[货物运输]的规定。

【关联条文】

FIDIC 黄(或银)皮书 2017 版

4.16　货物运输

承包商应:

(a)在不少于 21 天前,将任何生产设备或每项其他主要货物(如雇主要求所述)将运到现场的日期,通知工程师;

(b)负责工程需要的所有货物和其他物品的包装、装货、运输、接收、卸货、存储和保护;

(c)负责所有货物的进口、运输和办理有关的通关、许可证、费用和杂费,并承担将货物交付到现场所需的所有义务;(以及)

(d)保障并保持雇主免受因进口、运输和装卸所有货物引起的所有损害赔偿费、损失和开支(包括法律费用和开支),并应协商和支付由于货物进口、运输和装卸而引起的所有第三方索赔。

7.2 施工设备和临时设施

【原文】

7.2.1 承包人提供的施工设备和临时设施

承包人应按项目进度计划的要求,及时配置施工设备和修建临时设施。进入施工现场的承包人提供的施工设备需经工程师核查后才能投入使用。承包人更换合同约定由承包人提供的施工设备的,应报工程师批准。

除专用合同条件另有约定外,承包人应自行承担修建临时设施的费用,需要临时占地的,应由发包人办理申请手续并承担相应费用。承包人应在专用合同条件7.2款约定的时间内向发包人提交临时占地资料,因承包人未能按时提交资料,导致工期延误的,由此增加的费用和(或)竣工日期延误,由承包人负责。

7.2.2 发包人提供的施工设备和临时设施

发包人提供的施工设备或临时设施在专用合同条件中约定。

7.2.3 要求承包人增加或更换施工设备

承包人使用的施工设备不能满足项目进度计划和(或)质量要求时,工程师有权要求承包人增加或更换施工设备,承包人应及时增加或更换,由此增加的费用和(或)延误的工期由承包人承担。

7.2.4 施工设备和临时设施专用于合同工程

承包人运入施工现场的施工设备以及在施工现场建设的临时设施必须专用于工程。未经发包人批准,承包人不得运出施工现场或挪作他用;经发包人批准,承包人可以根据施工进度计划撤走闲置的施工设备和其他物品。

【解析】

本款源于九部委2012版第7条[施工设备和临时设施]与住建部施工合同2017版第8.8款[施工设备和临时设施]的规定。

相较而言:

针对可能需要临时占地的情形,本合同示范文本进一步明确了如果是由于承包人的原因而导致未能按时提交临时占地资料,则导致的费用和工期责任应由承包人自行承担。

具体适用时应注意:

1. 根据本项规定,进入施工现场的承包人施工设备需要经过工程师核查后方能使用,且如果要更换的,也应提前征得工程师的批准。此等举措是为了防止承包人使用不合格的施工设备,以及随意更换施工设备。但是实践中,不排除有些施工设备是承包人租用,当承包人与出租人发生纠纷争议时将不得不更换施工设备的情形。对此,FIDIC 合同中有较为细致的规定。例如,FIDIC 黄(或银)皮书第 4.17 款都规定了,承包人负有向发包人披露有关施工设备的出租人是谁的合同义务。此等举措能在一定程度上提前给到发包人以事先准备。

2. 本款规定中涉及发包人提供施工设备和临时设施的情况,只是规定由发承包双方在专用合同条件中明确。但是,实践中围绕于此的矛盾纠纷是时有发生的。有些情况下,发承包双方会对发包人提供的施工设备和临时设施是否应当计价取费,以及如何计价取费产生争议;有些情况下,因为发包人可能还存在其他平行发包但是各承包人使用同一发包人提供的施工设备和临时设施,而产生无法分割或分割不公的问题。这些都应当引起发承包双方的关注,并尽量针对不同具体情形,在专用合同条件中加以明确。

3. 本款中虽然规定发包人有权要求承包人增加或更换施工设备,但是这种情况在实践中的适用效果也往往并不太好。双方会就为什么要增加或更换,如何评判应当增加或更换而产生争议。就此,我们认为发包人可以不必强求。因为承包人因施工设备的问题而导致施工质量瑕疵或拖延工期,承包人自然需按照合同约定承担相应的违约责任。发包人主动提前干预往往较难,且极易相互扯皮。当然,如在最初签约时就是这么磋商的,双方也可通过尽量细化的约定加以明确。例如,构成何种情形之时,发包人有权要求承包人增加或更换设备。

【关联条文】

FIDIC 黄(或银)皮书

4.17 承包商设备

承包商应负责所有承包商设备。承包商设备运到现场后,应被视作准备为工程施工专用。未经工程师同意,承包商不得从现场运走任何主要承包商设备。但运送货物或承包商人员离开现场的车辆,无须经过同意。

除了根据第 4. 16 款[货物运输]的规定发出的任何通知外,承包商还应向工程师发出通知,说明承包商设备的任何主要部件已交付到现场的日期。本通知应在交货日期后 7 天内发出,应确定承包商设备部件是否归承包商或分包商或其他人所有,如果是租用或租赁的,应明确租用或租赁实体。

4. 19　临时公用设施

除下述情况外,承包商应负责提供所有临时公用设施,包括所有电、天然气、电信、水和承包商施工可能需要的其他服务。

本款的下列规定仅适用于雇主要求中规定的雇主提供承包商使用的公用设施的情况。承包商应有权因工程的需要使用现场公用设施,其详细规定和价格见雇主要求。承包商应自担风险和费用,提其使用这些服务及计量所需要的任何仪器。用于测量消耗数量的设备应征得工程师的同意。在合同数据中规定的每个付款期间(如未规定,按每个月)的消耗数量(如果有)应由承包商测量,承包商为此类数量支付的金额(按雇主要求中规定的价格)应包含在相关报表中。

7.3　现场合作

【原文】

承包人应按合同约定或发包人的指示,与发包人人员、发包人的其他承包人等人员就在现场或附近实施与工程有关的各项工作进行合作并提供适当条件,包括使用承包人设备、临时工程或进入现场等。

承包人应对其在现场的施工活动负责,并应尽合理努力按合同约定或发包人的指示,协调自身与发包人人员、发包人的其他承包人等人员的活动。

除专用合同条件另有约定外,如果承包人提供上述合作、条件或协调在考虑到《发包人要求》所列内容的情况下是不可预见的,则承包人有权就额外费用和合理利润从发包人处获得支付,且因此延误的工期应相应顺延。

【解析】

本款源于 FIDIC 黄(或银)皮书第 4. 6 款[合作]的规定。

相较而言:

FIDIC合同中规定,此类现场合作的要求,是来自雇主要求或工程师指示。本款中规定的是合同约定或发包人的指示。

具体适用时应注意:

根据本款规定,承包人可获得工期、费用和利润索赔的前提,应建立在其针对《发包人要求》所列内容的情况在最初投标承揽之时是不可预见的。反之,作为有经验的承包商来讲,若最初此等现场合作义务就是其在承揽该工程项目时应予以关注的,则其应在投标报价时予以考量,而非等到现场发生后再进行索赔。

7.4　测量放线

【原文】

7.4.1　除专用合同条件另有约定外,承包人应根据国家测绘基准、测绘系统和工程测量技术规范,按基准点(线)以及合同工程精度要求,测设施工控制网,并在专用合同条件约定的期限内,将施工控制网资料报送工程师。

7.4.2　承包人应负责管理施工控制网点。施工控制网点丢失或损坏的,承包人应及时修复。承包人应承担施工控制网点的管理与修复费用,并在工程竣工后将施工控制网点移交发包人。承包人负责对工程、单位/区段工程、施工部位放线,并对放线的准确性负责。

7.4.3　承包人负责施工过程中的全部施工测量放线工作,并配置具有相应资质的人员、合格的仪器、设备和其他物品。承包人应矫正工程的位置、标高、尺寸或基准线中出现的任何差错,并对工程各部分的定位负责。施工过程中对施工现场内水准点等测量标志物的保护工作由承包人负责。

【解析】

本款源于住建部2011版第7.2.1项[放线]、九部委2012版第9条[测量放线]与住建部施工合同2017版第7.4款[测量放线]的规定。

根据本款规定:

1. 承包人负责测设和管理施工控制网。施工控制网点丢失或损坏的,亦由承包人负责及时修复。

2. 承包人对测量放线工作的准确性负责,并负有相关错误的矫正义务。

3. 承包人在施工过程中负责测量标志物的保护工作。

具体适用时应注意:

测量放线所需的前期基础性资料,是由发包人提供。承包人对测量放线本身的准确性负责,并不意味着承包人对于发包人提供的有关前期基础性资料的准确性负有完全的审核义务。就此,在本合同示范文本体系之下,[①]仍是由发包人负责。

但是,作为有经验的承包人,是否仍负有一定程度的审核义务,却又是一个完全值得探讨的问题。FIDIC 银皮书体系之下,该等审核义务完全在于承包人。FIDIC 黄皮书体系之下,则规定承包商负有复核义务,且作为有经验的承包商理应在合理期限内予以指出。

就此,国内工程总承包合同在具体制订时,或也可参考 FIDIC 黄皮书的规定予以进一步明晰,避免双方不必要的纷争。

【关联条文】

1. FIDIC 黄皮书 2017 版

4.7 放线

承包商应按照第 2.5 款[现场数据和参考事项]的规定对与参考事项有关的工程放线。

4.7.1 准确性

承包商应当:

(a)在工程使用前,核实所有这些参考事项的准确性;

(b)及时将核实的每项结果送交工程师;

(c)纠正在工程的位置、标高、尺寸或定线中的任何错误;(以及)

(d)负责对工程的所有部分正确定位。

4.7.2 错误

如果承包商在任何参考事项中发现错误,承包商应向工程师发出通知,按以

① 具体详见本合同示范文本第 1.12 款[《发包人要求》和基础资料中的错误]的规定。

下要求对错误进行说明：

(a)如果在雇主要求中规定了参考事项，从开工日期算起的、合同数据中规定的期限内(如未规定，则为28天)；(或)

(b)如果参考事项是由工程师根据第2.5款[现场数据和参考事项]的规定签发的，在可行的范围内收到参考事项后。

4.7.3　对整改措施、延误和/或成本的商定或确定

在收到承包商根据第4.7.2项[错误]规定发出的通知后，工程师应根据第3.7款[商定或确定]的规定就以下事项作出商定或确定：

(a)参考事项中是否有错误；

(b)谨慎行事、经验丰富的承包商是否会(考虑到成本和时间)发现这样的错误

· 在提交投标书前，对现场和雇主要求进行审核时；(或)

· 根据第5.1款[一般设计义务]审查雇主要求时，如果雇主要求中规定了参考事项，且承包商的通知是在第4.7.2项(a)段规定的期限届满后发出的；(以及)

(c)承包商需要采取什么措施(如果有)改正错误。

(以及，就第3.7.3项[时限]而言，工程师根据第4.7.2项[错误]的规定，收到承包商通知的日期应是第3.7.3项规定的商定时限的开始日期)。

根据以上(b)段所述，如果经验丰富的承包商不能发现错误：

(i)第13.3.1项[指示变更]的规定应适用于要求承包商采取的措施(如果有)；(以及)

(ii)如果承包商因错误而遭受延误和/或招致增加费用，承包商应根据第20.2款[付款和/或竣工时间延长的索赔]的规定，有权获得竣工时间的延长和/或此类成本加利润的支付。

2. FIDIC 银皮书 2017 版

4.7　放线

承包商应按照第2.5款[现场数据和参考事项]的规定对与参考事项有关的工程放线。

承包商应：

(a)在工程使用前，核实所有这些参考事项的准确性；

(b)纠正在参考项目中的工程的位置、标高、尺寸或定线中的任何错误;(以及)

(c)负责对工程的所有部分正确定位。

7.5 现场劳动用工

【原文】

7.5.1 承包人及其分包人招用建筑工人的,应当依法与所招用的建筑工人订立劳动合同,实行建筑工人劳动用工实名制管理,承包人应当按照有关规定开设建筑工人工资专用账户、存储工资保证金,专项用于支付和保障该工程建设项目建筑工人工资。

7.5.2 承包人应当在工程项目部配备劳资专管员,对分包单位劳动用工及工资发放实施监督管理。承包人拖欠建筑工人工资的,应当依法予以清偿。分包人拖欠建筑工人工资的,由承包人先行清偿,再依法进行追偿。因发包人未按照合同约定及时拨付工程款导致建筑工人工资拖欠的,发包人应当以未结清的工程款为限先行垫付被拖欠的建筑工人工资。合同当事人可在专用合同条件中约定具体的清偿事宜和违约责任。

7.5.3 承包人应当按照相关法律法规的要求,进行劳动用工管理和建筑工人工资支付。

【解析】

本款源于我国《保障农民工工资支付条例》的相关规定。

本款规定就工程总承包活动下的建筑工人劳动用工实名制管理、建筑工人工资专用账户的开立和工资保证金的存储等进行了明确。

具体适用时应注意:

虽然两部委工程总承包管理办法提出了双资质或联合体承揽的要求,但是目前实践中仍然存在不少单资质,特别是设计资质企业承揽工程总承包项目后,将其中的施工部分整体分包的情形。实践中,就此情形下的农民工工资专用账户的开立和工资保证金的缴纳主体等,各地方还存在不同的规定。我们的工程总承包企业在各地承揽工程总承包项目应关注各地方的具体规定。

例如,《浙江进一步推进房建市政基础设施项目工程总承包发展的实施意见》中规定:“工程总承包单位为联合体的,鼓励建设单位按照合同约定将工程款拨付给联合体牵头人。鼓励由联合体牵头人开设农民工工资专用账户,专项用于支付该工程建设项目农民工工资。”

【关联条文】

《保障农民工工资支付条例》

第六条 用人单位实行农民工劳动用工实名制管理,与招用的农民工书面约定或者通过依法制定的规章制度规定工资支付标准、支付时间、支付方式等内容。

第二十六条第一款 施工总承包单位应当按照有关规定开设农民工工资专用账户,专项用于支付该工程建设项目农民工工资。

第二十八条第二款 施工总承包单位应当在工程项目部配备劳资专管员,对分包单位劳动用工实施监督管理,掌握施工现场用工、考勤、工资支付等情况,审核分包单位编制的农民工工资支付表,分包单位应当予以配合。

第二十九条第二款 因建设单位未按照合同约定及时拨付工程款导致农民工工资拖欠的,建设单位应当以未结清的工程款为限先行垫付被拖欠的农民工工资。

第三十条第三款 分包单位拖欠农民工工资的,由施工总承包单位先行清偿,再依法进行追偿。

第三十二条第一款 施工总承包单位应当按照有关规定存储工资保证金,专项用于支付为所承包工程提供劳动的农民工被拖欠的工资。

7.6 安全文明施工

【原文】

7.6.1 安全生产要求

合同履行期间,合同当事人均应当遵守国家和工程所在地有关安全生产的要求,合同当事人有特别要求的,应在专用合同条件中明确安全生产标准化目标及相应事项。承包人有权拒绝发包人及工程师强令承包人违章作业、冒险施工的任何指示。

在工程实施过程中,如遇到突发的地质变动、事先未知的地下施工障碍等影响施工安全的紧急情况,承包人应及时报告工程师和发包人,发包人应当及时下令停工并采取应急措施,按照相关法律法规的要求需上报政府有关行政管理部门的,应依法上报。

因安全生产需要暂停施工的,按照第8.9款[暂停工作]的约定执行。

【解析】

本项源于住建部施工合同2017版第6.1.1项[安全生产要求]的规定。

具体适用时应注意:

对于突发的地质变动(如火山、地震、泥石流等地质灾害引起的变动)与事先未知的地下施工障碍(如地下管道、电缆电线、文物等)对施工安全构成紧急影响,则在承包人及时上报工程师和发包人后,发包人应当及时下令停工并采取应急措施。与此相关的是,随之发生的有关工期、费用与利润等损失,应当如何处理?

本项规定是按照第8.9款[暂停工作]的约定执行,而第8.9款[暂停工作]的约定既包括了第8.9.1项[由发包人暂停工作],也包括了第8.9.2项[由承包人暂停工作],两者所对应的背后责任承担是不同的。实践中,具体还要区分该等情形是属于不可抗力还是不利物质条件等,根据本合同示范文本中的不同规定予以适用。

7.6.2 安全生产保证措施

【原文】

承包人应当按照法律、法规和工程建设强制性标准进行设计、在设计文件中注明涉及施工安全的重点部位和环节,提出保障施工作业人员和预防安全事故的措施建议,防止因设计不合理导致生产安全事故的发生。

承包人应当按照有关规定编制安全技术措施或者专项施工方案,建立安全生产责任制度、治安保卫制度及安全生产教育培训制度,并按安全生产法律规定及合同约定履行安全职责,如实编制工程安全生产的有关记录,接受发包人、工程师及政府安全监督部门的检查与监督。

承包人应按照法律规定进行施工,开工前做好安全技术交底工作,施工过程中做好各项安全防护措施。承包人为实施合同而雇用的特殊工种的人员应受过专门的培训并已取得政府有关管理机构颁发的上岗证书。承包人应加强施工作业安全管理,特别应加强对于易燃、易爆材料、火工器材、有毒与腐蚀性材料和其他危险品的管理,以及对爆破作业和地下工程施工等危险作业的管理。

【解析】

本项源于九部委2012版第10.2.3项、第10.2.4项与住建部施工合同2017版第6.1.2项[安全生产保证措施]、第6.1.3项[特别安全生产事项]的规定。

相较而言:

住建部施工合同2017版第6.1.3项[特别安全生产事项]中,针对承包人在动力设备、输电线路、地下管道、密封防震车间、易燃易爆地段以及临街交通要道附近施工,和承包人实施爆破作业,在放射、毒害性环境中施工(含存储、运输、使用)及使用毒害性、腐蚀性物品施工,与需单独编制危险性较大分部分项专项工程施工方案的,以及要求进行专家论证的超过一定规模的危险性较大分部分项工程,进行了更为专门性的规定。

具体适用时应注意:

安全生产是我国工程建设行政监管的"红线"。除双方合同约定以外,我国诸多行政监管法律、法规、规章的规定中都有较为严格的规制要求。发承包双方在实践中应同时注重工程建设活动的合规管理。

【关联条文】

1.《建设工程安全生产管理条例》

第二十六条 施工单位应当在施工组织设计中编制安全技术措施和施工现场临时用电方案,对下列达到一定规模的危险性较大的分部分项工程编制专项施工方案,并附具安全验算结果,经施工单位技术负责人、总监理工程师签字后实施,由专职安全生产管理人员进行现场监督:

(一)基坑支护与降水工程;

(二)土方开挖工程;

(三)模板工程;

(四)起重吊装工程;

(五)脚手架工程;

(六)拆除、爆破工程;

(七)国务院建设行政主管部门或者其他有关部门规定的其他危险性较大的工程。

对前款所列工程中涉及深基坑、地下暗挖工程、高大模板工程的专项施工方案,施工单位还应当组织专家进行论证、审查。

本条第一款规定的达到一定规模的危险性较大工程的标准,由国务院建设行政主管部门会同国务院其他有关部门制定。

2.《危险性较大的分部分项工程安全管理规定》

第十一条第一款 专项施工方案应当由施工单位技术负责人审核签字、加盖单位公章,并由总监理工程师审查签字、加盖执业印章后方可实施。

第十二条第一款 对于超过一定规模的危大工程,施工单位应当组织召开专家论证会对专项施工方案进行论证。实行施工总承包的,由施工总承包单位组织召开专家论证会。专家论证前专项施工方案应当通过施工单位审核和总监理工程师审查。

7.6.3 文明施工

【原文】

承包人在工程施工期间,应当采取措施保持施工现场平整,物料堆放整齐。工程所在地有关政府行政管理部门有特殊要求的,按照其要求执行。合同当事人对文明施工有其他要求的,可以在专用合同条件中明确。

在工程移交之前,承包人应当从施工现场清除承包人的全部工程设备、多余材料、垃圾和各种临时工程,并保持施工现场清洁整齐。经发包人书面同意,承包人可在发包人指定的地点保留承包人履行保修期内的各项义务所需要的材料、施工设备和临时工程。

【解析】

本项源于住建部施工合同2017版第6.1.5项[文明施工]的规定。

文明施工与安全施工相对应,实践中包括安全警示标志牌、现场围挡、五板一图、企业标志、场容场貌、材料堆放、现场防火、垃圾清运等。

具体适用时应注意:

根据本项规定,工程移交前承包人负有相应的场地清理整洁的义务。实践中则时有发生工程竣工验收移交之前,承包人在现场仍有遗留物品,甚至包括临时设施不予完全拆除,滞留现场并与发包人产生冲突的情形。就此,建议发承包双方提前进行明确约定,就双方各自的权利义务进行明确约定。例如,工程移交前承包人应负责清场,若有遗留的视为承包人的遗弃物,发包人可得自由处置,处置费用高于所得对价的,相应差额由承包人予以承担。

【关联条文】

FIDIC 黄(或银)皮书 2017 版

11.11　现场清理

签发履约证书后,承包商应立即:

(a)从现场撤走任何剩余的承包商设备、多余材料、残余物、垃圾和临时工程等;

(b)恢复在施工期间受承包商活动影响和不被永久工程占用的现场所有部分;(以及)

(c)让现场和工程保持在雇主要求规定的状态(如未规定,保持在整洁和安全的状态下)。

如果承包商未能在履约证书签发后 28 天内,遵守上述(a)、(b)和/或(c)段的规定,雇主可(在适用法律允许的范围内)出售或另行处理任何这些剩余物品,和/或可恢复和清理现场(视需要而定),费用由承包商承担。

雇主应有权根据第 20.2 款[付款和/或竣工时间延长的索赔]的规定,要求承包商支付与此类有关出售、处理、恢复和/或清理现场所发生的合理费用,减去销售所得的金额(如果有)。

7.6.4　事故处理

【原文】

工程实施过程中发生事故的,承包人应立即通知工程师。发包人和承包人应立即组织人员和设备进行紧急抢救和抢修,减少人员伤亡和财产损失,防止事故扩大,并保护事故现场。需要移动现场物品时,应作出标记和书面记录,妥善保管有关证据。发包人和承包人应按国家有关规定,及时如实地向有关部门报告事故发生的情况,以及正在采取的紧急措施等。

在工程实施期间或缺陷责任期内发生危及工程安全的事件,工程师通知承包人进行抢救和抢修,承包人声明无能力或不愿立即执行的,发包人有权雇佣其他人员进行抢救和抢修。此类抢救和抢修按合同约定属于承包人义务的,由此增加的费用和(或)延误的工期由承包人承担。

【解析】

本项源于住建部施工合同2017版第6.1.7项[紧急情况处理]、第6.1.8项[事故处理]的规定。①

具体适用时应注意:

1. 有如前述,在我国,安全生产是工程建设活动的"底线""红线"。一旦发生安全事故,将立即触发诸多强制监管。除了双方合同约定以外,发承包双方均应严格遵照相应法律法规办事,避免违法。

2. 发生紧急事故,承包人存在履行不能的,为避免损失扩大,本合同示范文本赋予了发包人相应的介入权,可得安排他人进行抢救和抢修,与此相关的费用和工期由事故引发的责任方承担。在实践中为避免责任追究时的相互扯皮,发承包双方均应做好相互之间书面、口头通知的证据保留工作。

【关联条文】

1.《安全生产法》

第八十三条 生产经营单位发生生产安全事故后,事故现场有关人员应当立即报告本单位负责人。

单位负责人接到事故报告后,应当迅速采取有效措施,组织抢救,防止事故扩大,减少人员伤亡和财产损失,并按照国家有关规定立即如实报告当地负有安

① 与九部委2012版第10.5款[事故处理]、第22.1.6项[紧急情况下无能力或不愿进行抢救]的相关规定也基本一致。

全生产监督管理职责的部门,不得隐瞒不报、谎报或者迟报,不得故意破坏事故现场、毁灭有关证据。

2.《生产安全事故报告和调查处理条例》

第九条　事故发生后,事故现场有关人员应当立即向本单位负责人报告;单位负责人接到报告后,应当于1小时内向事故发生地县级以上人民政府安全生产监督管理部门和负有安全生产监督管理职责的有关部门报告。

情况紧急时,事故现场有关人员可以直接向事故发生地县级以上人民政府安全生产监督管理部门和负有安全生产监督管理职责的有关部门报告。

第十一条　安全生产监督管理部门和负有安全生产监督管理职责的有关部门逐级上报事故情况,每级上报的时间不得超过2小时。

第十三条　事故报告后出现新情况的,应当及时补报。

自事故发生之日起30日内,事故造成的伤亡人数发生变化的,应当及时补报。道路交通事故、火灾事故自发生之日起7日内,事故造成的伤亡人数发生变化的,应当及时补报。

3.《建设工程安全生产管理条例》

第五十一条　发生生产安全事故后,施工单位应当采取措施防止事故扩大,保护事故现场。需要移动现场物品时,应当做出标记和书面记录,妥善保管有关证物。

7.6.5　安全生产责任

【原文】

发包人应负责赔偿以下各种情况造成的损失:

(1)工程或工程的任何部分对土地的占用所造成的第三者财产损失;

(2)由于发包人原因在施工现场及其毗邻地带、履行合同工作中造成的第三者人身伤亡和财产损失;

(3)由于发包人原因对发包人自身、承包人、工程师造成的人身伤害和财产损失。

承包人应负责赔偿由于承包人原因在施工现场及其毗邻地带、履行合同工作中造成的第三者人身伤亡和财产损失。

如果上述损失是由于发包人和承包人共同原因导致的,则双方应根据过错情况按比例承担。

【解析】

本项源于住建部施工合同2017版第6.1.9项[安全生产责任]的规定。①

本项规定本身相对较为原则,其核心意思在于,发承包双方应为其各自过错导致的相应安全生产责任负责。实践中的难点在于本项规定的第三段,当出现发承包双方混合过错的情形该如何处理?虽说按比例承担,但是这个比例该如何确定,往往将构成发承包双方相互争议的难点。

7.7 职业健康

【原文】

承包人应遵守适用的职业健康的法律和合同约定(包括对雇用、职业健康、安全、福利等方面的规定),负责现场实施过程中其人员的职业健康和保护,包括:

(1)承包人应遵守适用的劳动法规,保护承包人员工及承包人聘用的第三方人员的合法休假权等合法权益,按照法律规定安排现场施工人员的劳动和休息时间,保障劳动者的休息时间,并支付合理的报酬和费用。因工程施工的特殊需要占用休假日或延长工作时间的,应不超过法律规定的限度,并按法律规定给予补休或酬劳。

(2)承包人应依法为承包人员工及承包人聘用的第三方人员办理必要的证件、许可、保险和注册等,承包人应督促其分包人为分包人员工及分包人聘用的第三方人员办理必要的证件、许可、保险和注册等。承包人应为其履行合同所雇用的人员提供必要的膳宿条件和生活环境,必要的现场食宿条件。

(3)承包人应对其施工人员进行相关作业的职业健康知识培训、危险及危害因素交底、安全操作规程交底、采取有效措施,按有关规定为其现场人员提供劳动保护用品、防护器具、防暑降温用品和安全生产设施。采取有效的防止粉尘、

① 九部委2012版中也有相关规定,但相对较为零散,分别规定在第10.1.2项、第10.1.3项、第10.2.8项、第10.2.9项等。

降低噪声、控制有害气体和保障高温、高寒、高空作业安全等劳动保护措施。

(4)承包人应在有毒有害作业区域设置警示标志和说明,对有毒有害岗位进行防治检查,对不合格的防护设施、器具、搭设等及时整改,消除危害职业健康的隐患。发包人人员和工程师人员未经承包人允许、未配备相关保护器具,进入该作业区域所造成的伤害,由发包人承担责任和费用。

(5)承包人应采取有效措施预防传染病,保持食堂的饮食卫生,保证施工人员的健康,并定期对施工现场、施工人员生活基地和工程进行防疫和卫生的专业检查和处理,在远离城镇的施工现场,还应配备必要的伤病防治和急救的医务人员与医疗设施。承包人雇佣人员在施工中受到伤害的,承包人应立即采取有效措施进行抢救和治疗。

【解析】

本款源于住建部 2011 版第 7.8.2 项[现场职业健康管理]与住建部施工合同 2017 版第 6.2 款[职业健康]的规定。

有关职业健康的问题,在我国也有大量相关的法律、法规和规章予以规制。本款的规定相对来讲较为原则性。

具体适用时应注意:

1. 有关职业健康的具体要求,除了法律、法规和规章的规定以外,实践中通常是在发包人要求中基于发包人角度予以明确。例如,无论在九部委 2012 版还是本合同示范文本中都是作为发包人要求的具体内容。

2. 住建部 2011 版规定,承包人应在现场开工前或约定的其它时间内,将职业健康、安全、环境保护管理实施计划提交给发包人。FIDIC 黄皮书 2017 版规定,在开工日期后 21 天内,现场开始任何施工前,承包商应向工程师提交一份专门为工程和承包商拟实施工程的现场和其他地方(如果有)编写的健康和安全手册。本合同示范文本中未就承包人提交职业健康、安全、环境保护文件的时间予以明确规定。就此,为便于工程建设管理的顺利履行,同样建议发承双方可以在专用合同条件中明确约定,以作为履约管控的依据。

【关联条文】

1. 住建部 2011 版

7.8.1 职业健康、安全、环境保护管理

(2)职业健康、安全、环境保护管理实施计划。承包人应在现场开工前或约定的其它时间内,将职业健康、安全、环境保护管理实施计划提交给发包人。该计划的管理、实施费用包括在合同价格中。发包人应在收到该计划后 15 日内提出建议,并予以确认。承包人应根据发包人的建议自费修正。职业健康、安全、环境保护管理实施计划的提交份数和提交时间,在专用条款中约定。

2. FIDIC 黄皮书 2017 版

4.8 健康和安全义务

……

在开工日期后 21 天内,现场开始任何施工前,承包商应向工程师提交一份专门为工程和承包商拟实施工程的现场和其他地方(如果有)编写的健康和安全手册,以供参考。该手册应是对适用的健康和安全规则和法律所要求的任何其他类似文件的补充。

……

7.8 环境保护

【原文】

7.8.1 承包人负责在现场施工过程中对现场周围的建筑物、构筑物、文物建筑、古树、名木,及地下管线、线缆、构筑物、文物、化石和坟墓等进行保护。因承包人未能通知发包人,并在未能得到发包人进一步指示的情况下,所造成的损害、损失、赔偿等费用增加,和(或)竣工日期延误,由承包人负责。如承包人已及时通知发包人,发包人未能及时作出指示的,所造成的损害、损失、赔偿等费用增加,和(或)竣工日期延误,由发包人负责。

7.8.2 承包人应采取措施,并负责控制和(或)处理现场的粉尘、废气、废水、固体废物和噪声对环境的污染和危害。因此发生的伤害、赔偿、罚款等费用增加,和(或)竣工日期延误,由承包人负责。

7.8.3 承包人及时或定期将施工现场残留、废弃的垃圾分类后运到发包人

或当地有关行政部门指定的地点,防止对周围环境的污染及对作业的影响。承包人应当承担因其原因引起的环境污染侵权损害赔偿责任,因违反上述约定导致当地行政部门的罚款、赔偿等增加的费用,由承包人承担;因上述环境污染引起纠纷而导致暂停施工的,由此增加的费用和(或)延误的工期由承包人承担。

【解析】

本款源于住建部2011版第7.8.4项[现场的环境保护管理]与住建部施工合同2017版第6.3款[环境保护]的规定。

本款一方面增加了有关发包人指示拖延而导致的损失赔偿责任;另一方面引入了最新的有关垃圾分类的规定。

具体适用时应注意:

1. 本款具体所指涉的有关环境保护的内容,与本合同示范文本第1.9款[化石、文物]的规定存在交叉与可能的矛盾。一方面,有关化石、文物的规定在两款规定中都有涉及;另一方面,在第1.9款[化石、文物]的规定中,承包人采取保护措施的费用是由发包人承担,而本款中首先是规定由承包人负责。因此,在制订具体的工程总承包合同时建议加以区分。

2. 根据我国法律规定,因环境污染所导致的侵权责任是无过错责任,即不以侵权人的过错为前提。就此,应当引起承包人的高度重视,特别是在有关环境污染事件发生在发包人亦有过错的情况下,承包人不应误以为自身一定程度还可免责。

【关联条文】

1.《建筑法》

第三十九条第二款　施工现场对毗邻的建筑物、构筑物和特殊作业环境可能造成损害的,建筑施工企业应当采取安全防护措施。

第四十一条　建筑施工企业应当遵守有关环境保护和安全生产的法律、法规的规定,采取控制和处理施工现场的各种粉尘、废气、废水、固体废物以及噪声、振动对环境的污染和危害的措施。

2.《环境保护法》

第六十四条　因污染环境和破坏生态造成损害的,应当依照《中华人民共和国侵权责任法》的有关规定承担侵权责任。

3.《环境侵权责任司法解释》

第一条 因污染环境、破坏生态造成他人损害,不论侵权人有无过错,侵权人应当承担侵权责任。

侵权人以排污符合国家或者地方污染物排放标准为由主张不承担责任的,人民法院不予支持。

侵权人不承担责任或者减轻责任的情形,适用海洋环境保护法、水污染防治法、大气污染防治法等环境保护单行法的规定;相关环境保护单行法没有规定的,适用民法典的规定。

7.9 临时性公用设施

【原文】

7.9.1 提供临时用水、用电等和节点铺设

除专用合同条件另有约定外,发包人应在承包人进场前将施工临时用水、用电等接至约定的节点位置,并保证其需要。上述临时使用的水、电等的类别、取费单价在专用合同条件中约定,发包人按实际计量结果收费。发包人无法提供的水、电等在专用合同条件中约定,相关费用由承包人纳入报价并承担相关责任。

发包人未能按约定的类别和时间完成节点铺设,使开工时间延误,竣工日期相应顺延。未能按约定的品质、数量和时间提供水、电等,给承包人造成的损失由发包人承担,导致工程关键路径延误的,竣工日期相应顺延。

7.9.2 临时用水、用电等

承包人应在计划开始现场施工日期28天前或双方约定的其它时间,按专用合同条件中约定的发包人能够提供的临时用水、用电等类别,向发包人提交施工(含工程物资保管)所需的临时用水、用电等的品质、正常用量、高峰用量、使用时间和节点位置等资料。承包人自费负责计量仪器的购买、安装和维护,并依据专用合同条件中约定的单价向发包人交费,合同当事人另有约定时除外。

因承包人未能按合同约定提交上述资料,造成发包人费用增加和竣工日期

延误时,由承包人负责。

【解析】

本款源于住建部 2011 版 7.1.4 项[提供临时用水、用电等和节点铺设]、第 7.2.4 项[临时用水、用电]的规定。

根据本款规定,施工所需的临时用水、用电等临时设施,应由发包人予以提供。这也符合我国国内的工程实践之习惯。在 FIDIC 黄皮书 2017 版的规定中,此项临时公用设施,包括所有电、天然气、电信、水和承包商施工可能需要的其他服务,均是由承包商自行负责提供。

具体适用时应注意:

1. 根据本款规定,因发包人提供临时用水、用电等迟延而导致的工期和费用损失由发包人承担,但未涉及承包人现场等工而发生的利润诉求。这一点有待发承包双方在专用合同条件中加以明确。

2. 实践中,若发承包双方在合同中约定了有关临时用水、用电等的计量与计价,且工程现场也安装了独立的计量仪器,则纠纷相对较少,完全可以依据现场实际用量以及合同中约定的价格要素进行结算。但实际上,不少工程项目时常会出现承包人并未安装独立的计量仪器,且在合同中也未约定有专门的价格表。这种情况下,双方往往容易对于如何结算有关临时水、电等的费用而产生争议。大多数情况下,会采取按照施工当时有效定额中的取费规则予以计价,而这种"一刀切"的方式往往也不一定绝对公平。为避免争议,特别是对于大体量的工程总承包项目,发承包双方同样应就此问题予以重视,尽量通过专用合同条件予以明确约定,避免不必要的纠纷争议。

【关联条文】

FIDIC 黄皮书 2017 版

4.19　临时公用设施

除下述情况外,承包商应负责提供所有临时公用设施,包括所有电、天然气、电信、水和承包商施工可能需要的其他服务。

本款的下列规定仅适用于雇主要求中规定的雇主提供承包商使用的公用设施的情况。承包商应有权因工程的需要使用现场公用设施,其详细规定和价格见雇主要求。承包商应自担风险和费用,提供其使用这些服务及计量所需要的任何仪器。用于测量消耗数量的设备应征得工程师的同意。在合同数据中规定的每个付款期间(如未规定,按每个月)的消耗数量(如果有)应由承包商测量,承包商为此类数量支付的金额(按雇主要求中规定的价格)应包含在相关报表中。

7.10 现场安保

【原文】

承包人承担自发包人向其移交施工现场、进入占有施工现场至发包人接收单位/区段工程或(和)工程之前的现场安保责任,并负责编制相关的安保制度、责任制度和报告制度,提交给发包人。除专用合同条件另有约定外,承包人的该等义务不因其与他人共同合法占有施工现场而减免。承包人有权要求发包人负责协调他人就共同合法占有现场的安保事宜接受承包人的管理。

承包人应将其作业限制在现场区域、合同约定的区域或为履行合同所需的区域内。承包人应采取一切必要的预防措施,以保持承包人的设备和人员处于现场区域内,避免其进入邻近地区。

承包人为履行合同义务而占用的其他场所(如预制加工场所、办公及生活营区)的安保适用本款前述关于现场安保的规定。

【解析】

本款源于住建部 2011 版第 3.7 款[现场保安]与 FIDIC 黄皮书第 4.22 款[承包商的现场作业]第一段的规定。

现场安保责任依法由承包人承担,而因施工作业的危险性,承包人在施工时也应控制在固定的施工范围之内。

【关联条文】

1.《建筑法》

第三十九条第一款 建筑施工企业应当在施工现场采取维护安全、防范危险、预防火灾等措施;有条件的,应当对施工现场实行封闭管理。

2.《工程总承包管理办法》

第二十三条第二款 工程总承包单位对承包范围内工程的安全生产负总责。分包单位应当服从工程总承包单位的安全生产管理,分包单位不服从管理导致生产安全事故的,由分包单位承担主要责任,分包不免除工程总承包单位的安全责任。

3. FIDIC 黄皮书 2017 版

4.22 承包商的现场作业

承包商应将其作业范围限制在现场,以及承包商可得到并经工程师认可作为工作场地的任何其他区域内。承包商应采取一切必要的预防措施,以保持承包商设备和承包商人员处在现场和此类其他区域内,避免其进入邻近区域。

在任何时间,承包商应保持现场没有一切不必要的障碍物,并应妥善存放和移除承包商设备(按照第 4.17 款[承包商设备])和/或剩余的材料。承包商应立即从现场清除并运走任何残物、垃圾、危险废物和不再需要的临时工程。

在签发一项接收证书后,承包商应立即从接收证书涉及的现场和工程部分,清除并运走所有承包商设备、剩余材料、残物、垃圾、危险废物和临时工程。承包商应使该部分现场和工程处于清洁和安全的状态。但是,在缺陷通知期限内,承包商可在与工程师商定的现场位置保留其按照合同完成规定义务所需要的此类货物。

7.11 工程照管

【原文】

自开始现场施工日期起至发包人应当接收工程之日止,承包人应承担工程现场、材料、设备及承包人文件的照管和维护工作。

如部分工程于竣工验收前提前交付发包人的,则自交付之日起,该部分工程照管及维护职责由发包人承担。

如发包人及承包人进行竣工验收时尚有部分未竣工工程的,承包人应负责该未竣工工程的照管和维护工作,直至竣工后移交给发包人。

如合同解除或终止的,承包人自合同解除或终止之日起不再对工程承担照管和维护义务。

【解析】

本款源于住建部 2011 版第 7. 2. 11 项[工程的保护与维护]、第 9. 3. 2 项[照管责任]、九部委 2012 版第 4. 1. 9 项[工程的维护和照管]与 FIDIC 黄(或银)皮书 2017 版第 17. 1 款[工程照管的职责]的规定。

相较而言:

本款规定更多的是关于工程照管的职责(Responsibility),而未涉及责任人本身的赔偿责任(Liability)。这一点如发承包双方在制订正式的合同条款时有所需求的,可借鉴 FIDIC 黄皮书 2017 版第 17. 2 款[工程照管的责任]中的相关规定。根据 FIDIC 合同中的规定,承包商有关工程照管的责任存有相应的边界,有六种情形可予免责,且若存在混合过错的,承包商也有权利获得一定比例的工期、费用和利润的补偿。

具体适用时应注意:

根据本款规定,如合同解除或终止的,有关的工程照管和维护义务将即刻转移给发包人。对此需引起重视的是,我国《民法典》规定,合同自解除通知到达对方时解除。如果工程总承包合同约定的承包人解除条件成就的话,自承包人发出的解除通知到达发包人之时,工程总承包合同即行解除。若此时的工程照管和维护义务即刻转移给发包人,则意味着承包人可以立即撤场而不用承担任何后续的工程照管和维护义务。

若仅依据法理,本款规定无可厚非,但工程实践,特别是重大的工程总承包项目往往会存在工程本身的特殊性。无论是工程正常履行后的终止,还是一方原因导致的解除,承包人在合同解除或终止后,应尽到自身合理、谨慎的协助义务。

基于此,建议发承包双方在专用合同条件中约定合同解除或终止情形下,承包人就工程照管与维护在合理范围内的进一步协助义务。当然,有关的费用若是因发包人原因而导致的合同解除或终止,则应当由发包人予以承担。例如,如合同因发包人原因而导致解除或终止的,承包人应在合理期限内①向发包人移交工程现场、材料、设备及承包人文件,该合理期限内产生的承包人照管和维护费用由发包人予以承担;如合同因承包人原因而导致解除或终止的,承包人同样应

① 具体期限可由发承包双方根据不同的项目,予以不同的约定。

在合理期限内向发包人移交工程现场、材料、设备及承包人文件,该合理期限内产生的承包人照管和维护费用由承包人自行承担。

【关联条文】

1.《民法典》

第五百零九条第二款　当事人应当遵循诚信原则,根据合同的性质、目的和交易习惯履行通知、协助、保密等义务。

第五百六十五条第一款　当事人一方依法主张解除合同的,应当通知对方。合同自通知到达对方时解除;通知载明债务人在一定期限内不履行债务则合同自动解除,债务人在该期限内未履行债务的,合同自通知载明的期限届满时解除。对方对解除合同有异议的,任何一方当事人均可以请求人民法院或者仲裁机构确认解除行为的效力。

2. FIDIC 黄皮书 2017 版

17.2　工程照管的责任

签发接收证书后,承包商应对其工程、货物或承包商文件造成的任何损失或损害承担责任。对于签发接收证书后发生的,以及在签发接收证书之前发生的、承包商应承担责任的事件而引起的任何损失或损害,承包商也应承担责任。

对于因以下任何事件造成的工程、货物或承包商文件的损失或损害,承包商概不承担赔偿或其他有关的责任(除非此类工程、货物或承包商文件已经在以下任何事件发生之前,被工程师根据第 7.5 款[缺陷和拒收]的规定已经拒收):

(a)对任何通行权、采光、空气、水或其他地役权(承包商施工方法所致除外)的临时或永久干预,并且是根据合同实施工程建设所无法避免的结果;

(b)雇主使用或占用永久工程的任何部分,但合同另有规定的情况除外;

(c)雇主负责工程设计的要素或可能包含在雇主要求中的过失、错误、缺陷或遗漏(以及在提交投标书之前检查现场和雇主要求时,有经验的承包商在实施应有的照管时不会发现),但不是承包商按照合同规定的义务所进行的设计;

(d)不可预见的或有经验的承包商无法合理预期,并采取充分预防措施应对的任何自然力的作用(而不是合同数据分配给承包商的);

(e)第 18.1 款[例外事件](a)至(f)段所列的任何事件或情况;(和/或)

(f)雇主人员或雇主的其他承包商的任何作为或不作为。

第8条　工期和进度

8.1　开始工作

【原文】

8.1.1　开始工作准备

合同当事人应按专用合同条件约定完成开始工作准备工作。

8.1.2　开始工作通知

经发包人同意后,工程师应提前7天向承包人发出经发包人签认的开始工作通知,工期自开始工作通知中载明的开始工作日期起算。

除专用合同条件另有约定外,因发包人原因造成实际开始现场施工日期迟于计划开始现场施工日期后第84天的,承包人有权提出价格调整要求,或者解除合同。发包人应当承担由此增加的费用和(或)延误的工期,并向承包人支付合理利润。

【解析】

本款源于九部委2012版第11.1款[开始工作]的规定。

相较而言:

九部委2012版规定,承包人有权提出价格调整要求,或者解除合同的前提条件是,因发包人原因造成监理人未能在合同签订之日起90天内发出开始工作通知,其参照的时间是自合同签订之日起计算。而本款规定,承包人有权提出价格调整要求,或者解除合同的前提条件是,因发包人原因造成实际开始现场施工日期迟于计划开始现场施工日期后第84天,其参照的时间是自实际开始现场施工日期迟于计划开始现场施工日期之日起计算。

显然,一方面,两者的参照系不同,九部委2012版对应的是合同签订之日,本款对应的是实际开始现场施工之日;另一方面,基于不同的参照系两者的具体起算要求也不相同,九部委2012版规定的是未能在合同签订之日起90天内发出开始工作通知,[①]本款是实际开始现场施工日期迟于计划开始现场施工日期后第84天。对比来看,发出开始工作通知所对应的时间还不是一个十分清楚明确的时间,因为从发出开始工作通知到实际真正开始工作还是有一个时间差的,而实际开始现场施工日期迟于计划开始现场施工日期却是一个固定的时间概念。

具体适用时应注意:

1. 本款直接规定的是发包人一方的开工准许,未具体规定承包人一方的开工报审。[②] 这个涉及,发包人一方发出开工通知,是否应以承包人一方的报审为前提;如果发包人发出开工通知,但是实际上现场并不具备开工条件的应当如何处理;以及,如果因为承包人一方的原因导致实际开工日期晚于计划开工日期的,又应当如何处理的问题。

2. 本款规定的发包人提前通知的期限(7天),比FIDIC黄(或)银皮书2017版中相对应的规定(14天)少了一半;但是逾期通知的期限(84天),却比FIDIC的黄(或)银皮书2017版中相对应的规定(42天)多了一倍。

以上几项都建议发承包双方在制订具体的专用合同条款时,根据具体情况具体约定。

【关联条文】

1.《施工合同司法解释(一)》

第八条　当事人对建设工程开工日期有争议的,人民法院应当分别按照以下情形予以认定:

(一)开工日期为发包人或者监理人发出的开工通知载明的开工日期;开工通知发出后,尚不具备开工条件的,以开工条件具备的时间为开工日期;因承包人原因导致开工时间推迟的,以开工通知载明的时间为开工日期。

(二)承包人经发包人同意已经实际进场施工的,以实际进场施工时间为开工日期。

---

① 住建部施工合同2017版第7.3.2项[开工通知]中规定,因发包人原因造成监理人未能在计划开工日期之日起90天内发出开工通知。

② 住建部施工合同2017版第7.3.1项[开工准备]中规定,在发包人发出开工通知之前,承包人首先应当依照施工组织设计约定的期限,向监理人提交工程开工报审表,详细说明按施工进度计划正常施工所需要的各项前提条件的落实情况。

(三)发包人或者监理人未发出开工通知,亦无相关证据证明实际开工日期的,应当综合考虑开工报告、合同、施工许可证、竣工验收报告或者竣工验收备案表等载明的时间,并结合是否具备开工条件的事实,认定开工日期。

2. 九部委 2012 版

11.1　开始工作

符合专用合同条款约定的开始工作的条件的,监理人应提前 7 天向承包人发出开始工作通知。监理人在发出开始工作通知前应获得发包人同意。工期自开始工作通知中载明的开始工作日期起计算。除专用合同条款另有约定外,因发包人原因造成监理人未能在合同签订之日起 90 天内发出开始工作通知的,承包人有权提出价格调整要求,或者解除合同。发包人应当承担由此增加的费用和(或)工期延误,并向承包人支付合理利润。

3. 住建部施工合同 2017 版

7.3　开工

7.3.1　开工准备

除专用合同条款另有约定外,承包人应按照第 7.1 款[施工组织设计]约定的期限,向监理人提交工程开工报审表,经监理人报发包人批准后执行。开工报审表应详细说明按施工进度计划正常施工所需的施工道路、临时设施、材料、工程设备、施工设备、施工人员等落实情况以及工程的进度安排。

除专用合同条款另有约定外,合同当事人应按约定完成开工准备工作。

7.3.2　开工通知

发包人应按照法律规定获得工程施工所需的许可。经发包人同意后,监理人发出的开工通知应符合法律规定。监理人应在计划开工日期 7 天前向承包人发出开工通知,工期自开工通知中载明的开工日期起算。

除专用合同条款另有约定外,因发包人原因造成监理人未能在计划开工日期之日起 90 天内发出开工通知的,承包人有权提出价格调整要求,或者解除合同。发包人应当承担由此增加的费用和(或)延误的工期,并向承包人支付合理利润。

4. FIDIC 黄皮书 2017 版

8.1　工程的开工

工程师应在不少于 14 天前向承包商发出开工日期的通知。除非专用条件另有说明,开工日期应在承包商收到中标函后 42 天内。

承包商应在开工日期或开工日期后,在合理可能的情况下尽早开始工程的实施,随后应以适当速度,不拖延地进行工程。

5. FIDIC 银皮书 2017 版

8.1　工程的开工

除非合同协议书中规定了开工日期,否则雇主应在不少于 14 天前向承包商发出开工日期的通知。

除非专用条件中另有规定,开工日期应是根据第 1.6 款[合同协议书]的规定合同生效和实施日期后的 42 天内的日期。

承包商应在开工日期或开工日期后,在合理可能的情况下尽早开始工程的实施,随后应以适当速度,不拖延地进行工程。

8.2　竣工日期

【原文】

承包人应在合同协议书约定的工期内完成合同工作。除专用合同条件另有约定外,工程的竣工日期以第 10.1 条[竣工验收]的约定为准,并在工程接收证书中写明。

因发包人原因,在工程师收到承包人竣工验收申请报告 42 天后未进行验收的,视为验收合格,实际竣工日期以提交竣工验收申请报告的日期为准,但发包人由于不可抗力不能进行验收的除外。

【解析】

本款源于九部委 2012 版第 11.2 款[竣工]、第 18.3 款[竣工验收]中的第 18.3.6 项与住建部施工合同 2017 版第 13.2.3 项[竣工日期]的规定。

实践中,有关竣工日期的认定较为复杂。中国法下,既涉及事实认定,也涉及法律推定的问题。本款中只是相对原则地进行了规定,且更多的是要通过本合同示范文本第 10.1 款有关竣工验收程序的规定方可予以认定。

具体适用时应注意:

本款相关内容本身与本合同示范文本第 10.1.2 项[竣工验收程序]中的规

定有交叉。因此,在制订具体的专用合同条件时,应注意避免前后矛盾。

8.3 项目实施计划

【原文】

8.3.1 项目实施计划的内容

项目实施计划是依据合同和经批准的项目管理计划进行编制并用于对项目实施进行管理和控制的文件,应包含概述、总体实施方案、项目实施要点、项目初步进度计划以及合同当事人在专用合同条件中约定的其他内容。

8.3.2 项目实施计划的提交和修改

除专用合同条件另有约定外,承包人应在合同订立后14天内,向工程师提交项目实施计划,工程师应在收到项目实施计划后21天内确认或提出修改意见。对工程师提出的合理意见和要求,承包人应自费修改完善。根据工程实施的实际情况需要修改项目实施计划的,承包人应向工程师提交修改后的项目实施计划。

项目进度计划的编制和修改按照第8.4款[项目进度计划]执行。

【解析】

本款源于九部委2012版的相关内容。①

1. 综观各合同示范文本,项目实施计划的概念主要是在九部委2012版中,该文本规定了承包人负有提出项目实施计划的义务。②

2. 九部委2012版将该实施计划列为了承包人投标时应提交的投标文件之一,具体应当包括的内容涉及"概述"、"总体实施方案"、"项目实施要点"和"项目管理要点"等。本款就此予以了借鉴规定。

3. 本款进一步明细了承包人提交项目实施计划的时间(合同订立后14天

---

① 主要在九部委2012版投标文件中的承包人实施计划表中,并非单独的合同条件。

② 九部委2012版第4.1.4项[对设计、施工作业和施工方法,以及工程的完备性负责]规定:"承包人应按合同约定的工作内容和进度要求,编制设计、施工的组织和实施计划,并对所有设计、施工作业和施工方法,以及全部工程的完备性和安全可靠性负责。"

内),与工程师收到承包人提交的项目实施计划后的确认或修改时间(收到项目实施计划后21天内),以及将项目初步进度计划也纳入了项目实施计划的内容。

具体适用时应注意:

1. 九部委2012版中专门就承包人实施计划的内容,是否应当列入承包人建议书作出了说明,指出如果发包人认为上述内容应列入承包人建议书的,应在"投标文件格式"中"承包人建议书"中载明。考虑到是否构成合同文件,以及合同文件适用顺序对于发承包双方的权利义务均有影响,建议发承包双方就此问题予以关注,并作适合具体项目的具体安排。

2. 本款中未规定承包人或工程师逾期情形下的责任,如承包人未能在合同订立后14天内提交项目实施计划,以及工程师未能在承包人提交项目实施计划后21天内给予确认或提出修改意见,则应当如何处理?如造成另一方发生损失,该如何赔偿?这些都有待于发承包双方通过专用合同条件予以明确。

【关联条文】

九部委2012版

七、承包人实施计划

(一)概述

1. 项目简要介绍。

2. 项目范围。

3. 项目特点。

(二)总体实施方案

1. 项目目标(质量、工期、造价)。

2. 项目实施组织形式。

3. 项目阶段划分。

4. 项目工作分解结构。

5. 对项目各阶段工作及文件的要求。

6. 项目分包和采购计划。

7. 项目沟通与协调程序。

(三)项目实施要点

1. 勘察设计实施要点。

2. 采购实施要点。

3. 施工实施要点。

4. 试运行实施要点。

(四)项目管理要点

1. 合同管理要点。

2. 资源管理要点。

3. 质量控制要点。

4. 进度控制要点。

5. 费用估算及控制要点。

6. 安全管理要点。

7. 职业健康管理要点。

8. 环境管理要点。

9. 沟通和协调管理要点。

10. 财务管理要点。

11. 风险管理要点。

12. 文件及信息管理要点。

13. 报告制度。

说明:发包人认为上述内容应列入承包人建议书的,应在“投标文件格式”中“承包人建议书”中载明。

8.4 项目进度计划

【原文】

8.4.1 项目进度计划的提交和修改

承包人应按照第8.3款[项目实施计划]约定编制并向工程师提交项目初步进度计划,经工程师批准后实施。除专用合同条件另有约定外,工程师应在21天内批复或提出修改意见,否则该项目初步进度计划视为已得到批准。对工程师提出的合理意见和要求,承包人应自费修改完善。

经工程师批准的项目初步进度计划称为项目进度计划,是控制合同工程进度的依据,工程师有权按照进度计划检查工程进度情况。承包人还应根据项目进度计划,编制更为详细的分阶段或分项的进度计划,由工程师批准。

8.4.2　项目进度计划的内容

项目进度计划应当包括设计、承包人文件提交、采购、制造、检验、运达现场、施工、安装、试验的各个阶段的预期时间以及设计和施工组织方案说明等,其编制应当符合国家法律规定和一般工程实践惯例。项目进度计划的具体要求、关键路径及关键路径变化的确定原则、承包人提交的份数和时间等,在专用合同条件约定。

8.4.3　项目进度计划的修订

项目进度计划不符合合同要求或与工程的实际进度不一致的,承包人应向工程师提交修订的项目进度计划,并附具有关措施和相关资料。工程师也可以直接向承包人发出修订项目进度计划的通知,承包人如接受,应按该通知修订项目进度计划,报工程师批准。承包人如不接受,应当在 14 天内答复,如未按时答复视作已接受修订项目进度计划通知中的内容。

除专用合同条件另有约定外,工程师应在收到修订的项目进度计划后 14 天内完成审批或提出修改意见,如未按时答复视作已批准承包人修订后的项目进度计划。工程师对承包人提交的项目进度计划的确认,不能减轻或免除承包人根据法律规定和合同约定应承担的任何责任或义务。

除合同当事人另有约定外,项目进度计划的修订并不能减轻或者免除双方按第 8.7 款[工期延误]、第 8.8 款[工期提前]、第 8.9 款[暂停工作]应承担的合同责任。

【解析】

本款源于住建部 2011 版第 4.1 款[项目进度计划]、九部委 2012 版第 4.12 款[进度计划]与 FIDIC 黄皮书 2017 版第 8.3 款[进度计划]的规定。

相较而言:

1. 无论针对项目进度计划的提交和修改,还是针对项目进度计划的修订,本款都借鉴了 FIDIC 合同的规定,设置了相应的逾期默示制度。

2. 针对项目进度计划的修订与确认并不能减免承包人的工期责任问题,本款同样借鉴了 FIDIC 合同的规定进行了明确。[①]

3. FIDIC 合同中,对于承包商提交进度计划的形式(纸质或电子)、份数,乃至应当使用何种软件进行编制,都进行了明确。在本款中,尚未有如此细化的规定。

4. 对于进度计划所应包括的具体内容,对比 FIDIC 合同的规定,本款同样有进一步细化的空间。

具体适用时应注意:

1. 进度计划直接与工期责任(索赔)相关联,履约过程中也是发包人的一项重要抓手。为将当事人双方未来可能产生的争议纠纷降低至最小化,前述提及本款规定中相比 FIDIC 合同规定未有明确的事项,包括进度计划的形式与内容,均建议发承包双方通过专用合同条件予以明确。

2. 实践中经常存在,在实际项目进度计划与预期项目进度计划发生变化时,承包人进行调整并报发包人批准后,按照新的项目进度计划予以实施的情形。就此,也时常会对发包人的确认行为所代表的含义产生争议。本款明确,除非合同当事人另有约定,否则发包人的确认并不当然地减免承包人的工期责任。因此,承包人应当引起高度关注,在履约过程中即应注意就某些逾期事项的责任予以澄清,而不能想当然地认为进度计划进行了调整,发包人也已经确认了,就等于免除了自身的工期责任。

【关联条文】

FIDIC 黄皮书 2017 版

8.3　进度计划

承包商应在收到根据第 8.1 款[工程的开工]规定发出的通知后 28 天内,向工程师提交一份实施工程的初步进度计划。该进度计划应使用雇主要求中规定的编程软件编制(如未规定,使用工程师可接受的编程软件)。如果进度计划不能反映实际进度,或与承包商义务不相符,承包商还应提交一份准确反映工程实际进度的修订计划。

---

① 发包人确认不视为免责,在住建部 2011 版第 4.1 款[项目进度计划]中也有规定,但是本款进一步予以了细化。

初步进度计划和每份修订的进度计划,应按合同数据中规定的一份纸质副本、一份电子副本和附加纸质副本(如果有),提交工程师,并应包括:

(a)工程和各竣工时间的延长(如果有)的开工日期和竣工日期;

(b)根据合同数据规定的时间(或时间段),给予承包商现场(各部分)进入和占有权的日期。如果没有这样的规定,则为承包商要求雇主给予进入和占有现场(各部分)权的日期;

(c)承包商计划实施工程的工作顺序,包括设计、承包商文件的编制和提交、采购、制造、检测、交付到现场、施工、安装、由(第4.5款[指定分包商]规定的)任何指定分包商承担的工作、试验、调试和试运行等每个阶段的预期时间安排;

(d)第5.2.2项[由工程师审核]规定的审核期,以及雇主要求中规定的或本条件要求的任何其他提交文件的审核期;

(e)合同中规定或要求的各项检验和试验的顺序和时间安排;

(f)对修订的进度计划:工程师根据第7.5款[缺陷和拒收]的规定,发出不反对通知的修补工作(如果有),和/或第7.6款[修补工作]指示的修补工作(如果有)的顺序和时间安排;

(g)所有活动(达到雇主要求中规定的详细程度),在逻辑上衔接并显示每项活动的最早和最晚开始和结束日期、浮动时间(如果有)和关键路径;

(h)所有当地公认的休息日和假期的日期(如果有);

(i)生产设备和材料所有关键交货日期;

(j)对修订的进度计划和每项活动:迄今为止的实际进度情况、此类进度的任何延误以及延误对其他活动(如果有)的影响;(以及)

(k)一份支持报告,内容包括:

(i)对工程实施所有主要阶段的描述;

(ii)承包商在工程施工中拟采用的方法的一般描述;

(iii)承包商对工程实施各主要阶段现场所需各级承包商人员和各类承包商设备合理估计数量的详细情况;

(iv)如果是修订的进度计划,说明与承包商以前提交的进度计划相比所做的任何重大变化;(以及)

(v)承包商关于克服任何延误对工程进度影响的建议。

工程师应审核承包商提交的初步进度计划和每个修订的进度计划,并可向

承包商发出通知,指出其中不符合合同要求或不能反映实际进度或与承包商义务不一致的部分。如果工程师没有发出此类通知:

在收到初步进度计划后 21 天内;(或)

在收到修订的进度计划后 14 天内。

工程师应被视为已发出不反对通知,初步进度计划或修订的进度计划(视情况而定)应为进度计划。

承包商应按照进度计划进行工作,并应遵守合同规定的承包商其他义务。雇主人员应有权依照进度计划安排他们的活动。

任何进度计划的内容、进度计划或任何支持报告均不得视为合同规定的通知,或免除承包商履行根据合同的规定发出通知的任何义务。

如果任何时候工程师向承包商发出通知,指出进度计划(在规定的范围内)不符合合同要求,或不能反映实际进度或与承包商的义务不一致时,承包商应在收到该通知后 14 天内,按照本款的规定向工程师提交一份修订的进度计划。

8.5 进度报告

【原文】

项目实施过程中,承包人应进行实际进度记录,并根据工程师的要求编制月进度报告,并提交给工程师。进度报告应包含以下主要内容:

(1)工程设计、采购、施工等各个工作内容的进展报告;

(2)工程施工方法的一般说明;

(3)当月工程实施介入的项目人员、设备和材料的预估明细报告;

(4)当月实际进度与进度计划对比分析,以及提出未来可能引起工期延误的情形,同时提出应对措施;需要修订项目进度计划的,应对项目进度计划的修订部分进行说明;

(5)承包人对于解决工期延误所提出的建议;

(6)其他与工程有关的重大事项。

进度报告的具体要求等,在专用合同条件约定。

【解析】

本款源于 FIDIC 黄皮书 2017 版第 4.20 款[进度报告]的规定。

相较而言:

1. 针对进度报告的提交形式(纸质或电子)、份数以及期限等,FIDIC 合同中的规定更为细化。

2. 针对进度报告的提交内容,FIDIC 合同中的规定也更为全面些。例如,FIDIC 黄皮书 2017 版第 4.20 款中还规定了与质量和健康、安全相关的文件。

具体适用时应注意:

1. 进度报告因为是每月都会形成,且涉及内容往往较多,建议发承包双方除纸质资料以外,可考虑通过固定电子送达的方式予以电子送达。这样也尽量避免未来产生纠纷争议时,其中一方对进度报告的真实性与是否送达产生争议。

2. 发包人对承包人在过程中提出的进度报告有细化要求的,或者承包人自身认为应当予以细化,避免未来结算时无法争辩的矛盾发生,则发承包双方可借鉴 FIDIC 合同的规定,在制订专用合同条件时予以明确。

【关联条文】

FIDIC 黄皮书 2017 版

4.20 进度报告

承包商应按照雇主要求中规定的格式(如未规定,按照工程师可接受的格式)编制月度进度报告,并提交给工程师。每份进度报告应按照合同数据的规定,提交一份纸质原件、一份电子副本和附加纸质副本(如果有)。第一次报告所包含的时间段,应自开工日期起至当月月底止。此后,应每月提交一次报告,在每次报告月最后一天后 7 日内报出。

报告应持续到工程竣工的日期,或如果工程接收证书中列出了未完成扫尾工作,报告应持续到此类扫尾工作完成为止。除非雇主要求中另有规定,每份进度报告应包括:

(a)图表、示意图和详细进度说明,包括(承包商设计,如果有)承包商文件、采购、制造、货物送达现场、施工、安装、试验的每个阶段;

(b)反映制造和现场内外进展情况的照片和/或录像;

(c)关于每项主要生产设备和材料的制造、制造商的名称、制造地点、进度百

分比,以及下列事项的实际或预计日期:

(i)开始制造,

(ii)承包商检验,

(iii)试验,(以及)

(iv)发货和运抵现场;

(d)第6.10款[承包商的记录]中所述的细节;

(e)质量管理文件、检测报告、试验结果及合规验证文件(包括材料证书)的副本;

(f)变更清单,以及(由任一方)根据第20.2.1项[索赔通知]的规定发出的任何通知;

(g)健康和安全统计,包括对环境方面和公共关系有危害的任何事件和活动的详细情况;(以及)

(h)实际进度与计划进度的对比,包括可能影响按照计划和竣工时间完成工程的任何不利事件或情况的详情,以及为消除延误正在(或准备)采取的措施。

但是,任何进度报告中的任何内容都不应构成本条件条款的通知。

6.10 承包的商记录

除非承包商另有提议并经工程师同意,否则在根据第4.20款[进度报告]规定的每份进度报告中,承包商应包括以下记录:

(a)各类承包商人员的职业和实际工作时间;

(b)各项承包商设备的类型和实际工作时间;

(c)所使用的临时工程的类型;

(d)永久工程中安装生产设备的类型;(以及)

(e)所用材料的数量和类型。对进度计划中所示的每项工作活动、在每个工作地点和每天的工作。

8.6 提前预警

【原文】

任何一方应当在下列情形发生时尽快书面通知另一方:

(1)该情形可能对合同的履行或实现合同目的产生不利影响;

(2)该情形可能对工程完成后的使用产生不利影响;

(3)该情形可能导致合同价款增加;

(4)该情形可能导致整个工程或单位/区段工程的工期延长。

发包人有权要求承包人根据第 13.2 款[承包人的合理化建议]的约定提交变更建议,采取措施尽量避免或最小化上述情形的发生或影响。

【解析】

本款源于 FIDIC 黄皮书 2017 版第 8.4 款[预先警示]的规定。

1. 本款要求的是合同一方给到相对方的通知与协作义务。工程总承包合同不同于一般性的民商事合同,往往标的额巨大,具有一定的社会影响性。因此,发承包双方基于诚实守信的基本履约原则,负有相互的协作通知义务。

2. 对比 FIDIC 黄皮书,除发承包双方的互相预先警示义务以外,还规定了作为中间独立方的工程师的告知义务。

【关联条文】

1.《民法典》

第五百零九条第二款　当事人应当遵循诚信原则,根据合同的性质、目的和交易习惯履行通知、协助、保密等义务。

2. FIDIC 黄皮书 2017 版

8.4　预先警示

在任何已知的或可能将要发生的未来事件或情况之前,一方应告知另一方和工程师,工程师应告知双方以下事项:

(a)对承包商人员的工作产生不利影响的;

(b)竣工后对工程的性能产生不利影响的;

(c)提高合同价格的;(和/或)

(d)延误工程和分项工程(如果有)施工的。

工程师可要求承包商根据第 13.3.2 项[建议书要求的变更]的规定提交建议书,以避免或尽量减少此类事件或情况的影响。

8.7 工期延误

8.7.1 因发包人原因导致工期延误

【原文】

在合同履行过程中,因下列情况导致工期延误和(或)费用增加的,由发包人承担由此延误的工期和(或)增加的费用,且发包人应支付承包人合理的利润:

(1)根据第13条[变更与调整]的约定构成一项变更的;

(2)发包人违反本合同约定,导致工期延误和(或)费用增加的;

(3)发包人、发包人代表、工程师或发包人聘请的任意第三方造成或引起的任何延误、妨碍和阻碍;

(4)发包人未能依据第6.2.1项[发包人提供的材料和工程设备]的约定提供材料和工程设备导致工期延误和(或)费用增加的;

(5)因发包人原因导致的暂停施工;

(6)发包人未及时履行相关合同义务,造成工期延误的其他原因。

【解析】

本项源于FIDIC黄皮书2017版第8.5款[竣工时间的延长]的规定。

相较而言:

1. 本项将发包人的原因也归属为属于工期延误的一种前提,但是FIDIC合同更为中性地表达成了竣工时间的延长(Extention of Time for Completion)。显然,"延误"与"延长"两个词,在中文语境下具有不同的责任含义。如果是发包人方面的原因造成的,则使用"延长"一词,可能更为合适。

2. FIDIC合同针对发包人原因与承包人原因混合存在的情形下,有关竣工时间的延长问题进行了专门的规定,要求应当专门按照特别规定中规定的规则和程度进行评估,如没有规定的,应适当考虑所有相关情况。就此,本项中未有涉及。

具体适用时应注意:

1. 本项规定本身,其有关责任表述的类型罗列,存在一定程度的重合。例如,第(4)目发包人未能提供供材、第(5)目因发包人原因以及第(6)目发包人未及时履行相关合同义务,本身即存在一定程度的表意重合,然后再与第(2)目发包人违反本合同约定的情形存在交叉。因此,发承包双方在制订专用合同条件时,可重新予以梳理、归类,以确保逻辑表达得通畅无碍。

2. 实践中混合过错的情形较为常见,工期延长,往往不可简单地完全归责为其中一方。此时,对于混合过错情形下的工期延长处理,特别是责任承担问题,为避免事后的争议,建议发承包双方提前通过专用合同条件予以明晰。

【关联条文】

FIDIC 黄皮书 2017 版

8.5　竣工时间的延长

如果由于下列任何原因,致使第 10.1 款[工程和分项工程的接收]要求的竣工受到或将受到延误,承包商应有权按照第 20.2 款[付款和/或竣工时间延长的索赔]的规定获得竣工时间的延长:

(a)变更(但不要求遵守第 20.2 款[付款和/或竣工时间延长的索赔]的规定);

(b)根据本条件某款,有权获得竣工时间的延长的原因;

(c)异常不利的气候条件,就本条件而言,应指雇主根据第 2.5 款[现场数据和参考事项]提供的气候数据和/或现场地理位置所在国公布的气候数据、不可预见的现场不利气候条件;

(d)由于流行病或政府行为造成可用的人员或货物(或雇主提供的材料,如果有)的不可预见的短缺;(或)

(e)由雇主、雇主人员,或在现场的雇主的其他承包商造成或引起的任何延误、妨碍或阻碍。

工程师每次按照第 20.2 款[付款和/或竣工时间延长的索赔]的规定确定竣工时间的延长时,应对以前根据第 3.7 款[商定或确定]所作的确定进行审核,可以增加,但不得减少总的竣工时间的延长。

如果由雇主责任引起的延误和由承包商责任引起的延误同时发生,应按照特别规定中规定的规则和程序,评估承包商获得竣工时间的延长的权利(如未规定,应适当考虑所有相关情况)。

8.7.2　因承包人原因导致工期延误

【原文】

由于承包人的原因,未能按项目进度计划完成工作,承包人应采取措施加快进度,并承担加快进度所增加的费用。

由于承包人原因造成工期延误并导致逾期竣工的,承包人应支付逾期竣工违约金。逾期竣工违约金的计算方法和最高限额在专用合同条件中约定。承包人支付逾期竣工违约金,不免除承包人完成工作及修补缺陷的义务,且发包人有权从工程进度款、竣工结算款或约定提交的履约担保中扣除相当于逾期竣工违约金的金额。

【解析】

本项源于九部委 2012 版第 11.5 款[承包人引起的工期延误]的规定。

相较而言:

1. 由于承包人原因未能按时完工,应是一个客观事实评判。相比较九部委 2012 版而言,本项删除了受监理人主观的认知就需要承包人进行赶工的规定。

2. 本项增加规定进而明确,就承包人原因导致的逾期竣工违约金,发包人有权从工程进度款、竣工结算款或约定提交的履约担保中直接进行扣除。

具体适用时应注意:

1. 本项第一段指出的承包人应采取赶工措施而导致的费用增加,实践中既可能涉及承包人自身需为此付出的费用,也可能涉及发包人在承包人赶工的情况下而额外需支出的费用。

2. 现行实践中,除约定逾期竣工的违约责任以外,通常还会就节点工期的违反约定有关的违约责任。一方面,节点工期的违约责任与最终逾期竣工的违约责任可否同时主张,应当在专用合同条件中明确约定。另一方面,约定节点工期违约责任的情形下,双方如出现提前解除合同的情形,则此时节点工期的延误是否未来一定会导致最终竣工日期的延误,可能较难直接证明。对于此种情形,也建议发承包双方事先通过专用合同条件加以明确责任追究机制。

3. 对于承包人为联合体的情形,有关工期延误的责任主要在于其中一方的情况下,是否应当由联合体双方共同承担,也建议在专用合同条件中明确约定,避免实际履行时产生争议。

4. 有关违约金的承担,如在最终结算时一并主张,实践中时常会发生最终结算时双方因该违约金的金额较为高昂而产生争议。对于发包人一方来讲,建议注重过程结算。

8.7.3　行政审批迟延

【原文】

合同约定范围内的工作需国家有关部门审批的,发包人和(或)承包人应按照专用合同条件约定的职责分工完成行政审批报送。因国家有关部门审批迟延造成工期延误的,竣工日期相应顺延。造成费用增加的,由双方在负责的范围内各自承担。

【解析】

本项源于九部委2012版第11.7款[行政审批迟延]的规定。

相较而言:

本项针对有关的责任承担作了相关调整。根据九部委2012版的规定,因行政审批迟延造成的费用增加和(或)工期延误的,均由发包人承担。但在本项中,作了进一步的细分。首先,因行政审批迟延造成工期延误的,竣工日期予以顺延。其次,因行政审批迟延引起费用增加的,由发承包双方按照各自负责的责任范畴进行承担。

一方面,工程总承包模式下,发承包双方均有负责有关行政审批事宜的责任。例如,本合同示范文本协议书第7条第1款规定:"发包人承诺按照法律规定履行项目审批手续、筹集工程建设资金并按照合同约定的期限和方式支付合同价款。"本合同示范文本通用合同条件第1.6.2项第(2)目规定,承包人负有提交"满足工程相关行政审批手续所必须的应由承包人负责的相关文件"的责任。

另一方面,行政审批迟延不可归责于发承包双方任何一方,由此引发的费用增加,则由双方在各自负责的责任范畴内进行承担。例如,如因行政审批迟延,导致承包人需重复递交有关资料文件的,与此相关的费用增加则由承包人自行承担。

具体适用时应注意:

若因行政审批迟延,导致承包人在工程现场发生与其合同约定的行政审批职责不相干的损失的,该如何承担相应责任?例如,因住建部门施工许可证审批发放迟延,导致承包人在施工现场产生停窝工损失的,应由谁予以承担?如仅依据本款的字面意思,可能会产生应由承包人在其负责的施工责任范畴内予以承担的结论。就此,我们认为:本项所谓的由双方在负责的范围内各自承担,是相对于行政审批这一事项相关的费用增加而言的,超出这一事项,非承包人引起的费用增加,如现场停窝工损失,仍应由发包人予以承担。

【关联条文】

九部委 2012 版

11.7　行政审批迟延

合同约定范围内的工作需国家有关部门审批的,发包人和(或)承包人应按照合同约定的职责分工完成行政审批报送。因国家有关部门审批迟延造成费用增加和(或)工期延误的,由发包人承担。

8.7.4　异常恶劣的气候条件

【原文】

异常恶劣的气候条件是指在施工过程中遇到的,有经验的承包人在订立合同时不可预见的,对合同履行造成实质性影响的,但尚未构成不可抗力事件的恶劣气候条件。合同当事人可以在专用合同条件中约定异常恶劣的气候条件的具体情形。

承包人应采取克服异常恶劣的气候条件的合理措施继续施工,并及时通知工程师。工程师应当及时发出指示,指示构成变更的,按第 13 条[变更与调整]约定办理。承包人因采取合理措施而延误的工期由发包人承担。

【解析】

本项源于住建部施工合同 2017 版第 7.7 款[异常恶劣的气候条件]的规定。

根据本项规定:

1. 所谓“异常恶劣的气候条件”需满足以下三个方面的要件:

(1)有经验的承包人在订立合同时不可预见。

何为有经验的承包人,本书下篇进行了专题解析,在此不再赘述。所谓订立合同时不可预见,也应具象化到某一具体的工程项目来看。例如,在南方常见的连续降雨,或者某一沿海地区的海洋性气候条件(类似台风)等,就无法认为有经验的承包人在订立合同时是不可预见的。

(2)对合同履行造成实质性影响。

通常来讲,气候条件的变化会对工程建设产生影响。例如:气温的寒热变化、降雨、降雪等情形,均会对施工带来不便,并有可能对现场物料的工程产品转化(诸如混凝土的凝固)造成障碍。但是一方面,一般性的气候条件,均可认为是承包人在订立合同时可预见的,且对合同的履行不会造成实质性影响。另一方面,即便是出现某种极端气候条件,也可能对工程建设的关键路线不产生影响,此时承包人可通过调整自身的施工组织安排,来灵活地予以应对。例如:出现某种极端气候条件之时,室外工作可调整为室内。那么在这种情况下,此类极端气候条件就不应被解读为本合同示范文本语境下的异常恶劣的气候条件。

(3)尚未构成不可抗力事件。

气候条件不论是否异常,均属于自然力[①]的因素。异常恶劣的气候条件,当达至某一影响时即可能构成不可抗力事件。不可抗力事件的发生,则应遵循不可抗力条款的规定予以执行,包括一方对于不可抗力事件的通知义务、将损失降到最小的义务,并进而进行有关损失后果的分担。

2. 明确了承包人有义务采取合理措施克服异常恶劣的气候条件并继续施工,且应及时知会工程师,工程师发出相关指示并促发变更的,则按本合同示范文本第13条有关变更与调整的规则办理。相较住建部施工合同2017版来讲,本项规定赋予了工程师直接的“指示”权利,而无须再先行征得发包人同意。

另外,实践中并非出现异常恶劣的气候条件就一定会导致工程建设完全停滞。一方面,承包人有义务在有条件的情况下,采取合理措施克服异常恶劣的气候条件继续施工;另一方面,在此情形下,考虑到异常恶劣的气候条件属于不可预见的自然力,不可归责于承包人,若发包人为了工程建设的进度需要作出变更指示的,则后续可按照本合同示范文本第13条有关[变更与调整]的约定办理。

3. 不同于住建部施工合同2017版第7.7款将异常恶劣的气候条件下的工期与费用责任都分配给发包人,本项规定参照FIDIC黄皮书2017版第8.5(c)项的

---

① FIDIC黄皮书2017版第17.2(h)项有“the force of nature”的表述。

规定,仅规定与此相关的工期延误由发包人承担,而有关的费用和利润风险仍由承包人自行承担。

另外,需特别指出的是,在FIDIC银皮书的规则之下,是将异常恶劣的气候条件所引发的工期、费用、利润的风险都分配给了承包人。① 这也是与本合同示范文本极为不同的地方。

8.8 工期提前

【原文】

8.8.1 发包人指示承包人提前竣工且被承包人接受的,应与承包人共同协商采取加快工程进度的措施和修订项目进度计划。发包人应承担承包人由此增加的费用,增加的费用按第13条[变更与调整]的约定执行;发包人不得以任何理由要求承包人超过合理限度压缩工期。承包人有权不接受提前竣工的指示,工期按照合同约定执行。

8.8.2 承包人提出提前竣工的建议且发包人接受的,应与发包人共同协商采取加快工程进度的措施和修订项目进度计划。发包人应承担承包人由此增加的费用,增加的费用按第13条[变更与调整]的约定执行,并向承包人支付专用合同条件约定的相应奖励金。

【解析】

本款源于九部委2012版第11.6款[工期提前]与住建部施工合同2017版第7.9款[提前竣工]的规定。

相较而言:

九部委2012版只是笼统地规定,无论是发包人提出的要求承包人提前竣工的指示,还是承包人自身提出能够给发包人带来效益的提前竣工建议,均由发包人承担承包人可能由此增加的费用并支付双方约定的奖金。

---

① FIDIC银皮书2017版专用条件编写指南第8.5款的第一句话即明确指出:"应当注意到,本款有关工期延长的规定并不适用于异常不利气候条件。"It shoud be noted that this Sub-Clause does not entitle the Contractor to any extension of the Time for Completion for adverse climatic conditions.

本款则就此进行了区分,如是发包人提出的提前竣工指示且被承包人接受的,有关费用增加按照第 13 条[变更与调整]的约定执行。这里只涉及费用增加,而不涉及提前竣工奖。如是承包人提出的提前竣工建议且被发包人接受的,除有关费用增加按照第 13 条[变更与调整]的约定执行以外,承包人还有权按照专用合同条件的约定,主张相应的提前竣工奖。

具体适用时应注意:

1. 根据本款规定,承包人有权不接受发包人的提前竣工指示,本款规定赋予了承包人针对发包人要求提前竣工的拒绝权,这一点在实践中需格外引起发包人的关注。工程总承包合同从根本性质上来讲,仍属于承揽合同。《民法典》第七百七十条规定:"承揽合同是承揽人按照定作人的要求完成工作,交付工作成果,定作人支付报酬的合同。"一般来讲,针对发包人的合理要求,如要求提前竣工且不存在超过合理限度压缩工期的,则承包人应按照发包人的要求予以完成。本款规定则直接赋予了承包人针对发包人提前竣工要求的拒绝权。

因此,实践中若发包人存在提前竣工需求的,应在制订工程总承包合同时,通过专用条款的设置来作出符合自身要求的合理安排。具体来讲,可参考住建部施工合同 2017 版第 7.9 款的规定,赋予承包人认为提前竣工指示无法执行的,有权向发包人提出书面异议的权利,发包人则应在收到异议后的一定期限内予以答复。

2. 不得超过合理限度压缩工期。对于工程建设活动来讲,工期始终是确保工程质量安全的"红线"与"底线"。2016 年震惊国内,夺走 73 位农民工兄弟生命的江西丰城发电厂"11・24"冷却塔施工平台坍塌特别重大事故的根本原因,根据国务院调查组的报告显示,即是发包人不合理地要求承包人赶工所致。

基于此,相关法律法规政策文件中,对于不合理工期问题的规制均较为明确。例如,《建设工程质量管理条例》第十条第一款规定:"建设工程发包单位不得迫使承包方以低于成本价格竞标,不得任意压缩合理工期。"《政府投资条例》第二十四条规定:"政府投资项目应当按照国家有关规定合理确定并严格执行建设工期,任何单位和个人不得非法干预。"《工程总承包管理办法》第二十四条第一款规定:"建设单位不得设置不合理工期,不得任意压缩合理工期。"

但是何为不合理工期,实践中仍存在一定程度的理解差异。实践中,对于工程总承包项目来讲,参照施工总承包模式下的相关规定,仅就施工环节来讲,可从有关法规的释义文件与各地的相关政策文件规范中,形成一定的认知。

例如,按照国务院法制办农林资源环保司、原建设部政策法规司等编著的《建设工程质量管理条例释义》中的阐释:“合理工期是指在正常建设条件下,采取科学合理的施工工艺和管理方法,以现行的建设行政主管部门颁布的工期定额为基础,结合项目建设的具体情况而确定的使投资方、各参加单位均获得满意的经济效益的工期。”

《北京规范建筑市场秩序的通知》规定:“建设单位不得任意压缩合理工期。确需压缩施工工期的,建设单位应当按照规定先组织专家进行论证,在通过专家论证,并采取保证建设工程质量和施工安全的措施后,方可组织施工。因压缩工期所增加的费用由建设单位承担,并随工程进度款一并支付。压缩的工期天数不得超过定额工期的30%。超过30%,视为任意压缩合理工期,依照《建设工程质量管理条例》处理。”

《河北加强建设工程工期管理有关工作的通知》规定:“拟定的招标工期可以小于定额工期,但不得小于定额工期的70%,否则视为任意压缩合理工期。招标工期小于定额工期时,应按有关规定计算压缩工期所增加的费用,小于定额工期的85%时,应组织专家论证。”

《深圳建设工程工期管理办法》规定:“招标人确定的招标工期不宜低于定额工期的80%,低于定额工期80%的,建设单位应当组织专家论证,并采取相应的技术经济措施。”

《济南加强建筑安装工程工期管理》规定:“招标工期和投标工期不得低于定额工期的70%,低于70%的,视为任意压缩合理工期。”

《青岛加强建筑安装工程工期管理的通知》规定:“招标工期不得小于定额工期的70%(不含)。招标工期小于定额工期的70%(不含),视为发包人任意压缩合理工期。”

就此,发承包双方在制订工程总承包合同时,可以予以参照。①

---

① 至于何为任意压缩合理工期,具体的标准界限到底是多少?有如此处援引的诸多地方规定,实务中各地并不完全一致。除这里出现的70%、80%这两个常见比例以外,已经失效的淄博市《关于加强建筑安装工程工期管理的通知》(淄建发〔2013〕125号)中曾规定,“压缩的工期天数在定额工期的35%(含)以内,为合理工期;超过者,为任意压缩合理工期”。显然,实践中并不能得出一个绝对的所谓合理压缩的具体比例。基于不同的工程项目建设类型,结合中国幅员辽阔,各地地理、气候条件的实际情况,对于合理工期的判定无法“一刀切”,需具体问题具体分析。

【关联条文】

1. 九部委 2012 版

11.6　工期提前

发包人要求承包人提前竣工,或承包人提出提前竣工的建议能够给发包人带来效益的,应由监理人与承包人共同协商采取加快工程进度的措施和修订合同进度计划。发包人应承担承包人由此增加的费用,并向承包人支付专用合同条款约定的相应奖金。

2. 住建部施工合同 2017 版

7.9　提前竣工

7.9.1　发包人要求承包人提前竣工的,发包人应通过监理人向承包人下达提前竣工指示,承包人应向发包人和监理人提交提前竣工建议书,提前竣工建议书应包括实施的方案、缩短的时间、增加的合同价格等内容。发包人接受该提前竣工建议书的,监理人应与发包人和承包人协商采取加快工程进度的措施,并修订施工进度计划,由此增加的费用由发包人承担。承包人认为提前竣工指示无法执行的,应向监理人和发包人提出书面异议,发包人和监理人应在收到异议后 7 天内予以答复。任何情况下,发包人不得压缩合理工期。

7.9.2　发包人要求承包人提前竣工,或承包人提出提前竣工的建议能够给发包人带来效益的,合同当事人可以在专用合同条款中约定提前竣工的奖励。

8.9　暂停工作

【原文】

8.9.1　由发包人暂停工作

发包人认为必要时,可通过工程师向承包人发出经发包人签认的暂停工作通知,应列明暂停原因、暂停的日期及预计暂停的期限。承包人应按该通知暂停工作。

承包人因执行暂停工作通知而造成费用的增加和(或)工期延误由发包人承担,并有权要求发包人支付合理利润,但由于承包人原因造成发包人暂停工作的除外。

【解析】

本项源于九部委 2012 版第 12.1 款[由发包人暂停工作]的规定。

根据本项规定:

1. 发包人认为需要暂停工作时,是通过监理人来发出暂停工作的通知,且该暂停工作的通知应列明暂停原因、暂停的日期及预计暂停的期限。承包人收到该暂停通知后应无条件执行而不享有异议的权利。[①]

2. 因发包人的原因而导致暂停工作的,承包人有权获得工期、费用及利润的补偿。

具体适用时应注意:

1. 虽然本项中未规定发包人没有列明暂停原因、日期、预计期限的情形应当如何处理,但是在具体的操作过程中,如果发包人一方未给出明确通知指令的,承包人一方也有义务予以催问,并就自身的合理暂停期限与相应暂停期限的工作安排予以预估反馈。这样将有利于过程中相关损失的固定与后续合理索赔的实现。

2. 九部委 2012 版和住建部施工合同 2017 版都规定了紧急情况下的暂停施工问题,前者规定在第 12.2 款[由承包人暂停工作]中,后者规定在第 7.8.1 项[发包人原因引起的暂停施工]中。但在本合同示范文本中未有相关规定。所谓紧急情况基本上是针对出现不利物质条件、异常恶劣的气候条件和不可抗力等危及工程质量和安全的紧急情形。[②] 显然,这些情形也均非发承包任何一方的原因所致。[③]

不过,根据九部委 2012 版和住建部施工合同 2017 版中针对紧急情况下暂停施工的相关规定,值得引起发承包双方注意的是,如果工程建设过程中一方给到另一方的指令、通知等是口头而非书面形式的,则另一方面应注重及时给予反向的要求确认的书面通知,尽量避免工程项目现场的口头指令、通知等在日后根本无法确认,造成双方索赔纠纷的尴尬局面。

---

① 在 FIDIC 黄(或银)皮书 2017 版第 8.9 款[雇主暂停]的规定中,都明确工程师可随时指示承包商暂停工程某一部分或全部的施工进度。

② 本书编委会:《建设工程施工合同(示范文本)(GF-2013-0201)使用指南》,中国建筑工业出版社 2013 年版,第 139 页。

③ 本合同示范文本中,紧急情况下造成暂停施工的,可归属到第 8.9.3 项的规定。

【关联条文】

1. 九部委 2012 版

12.2.2 由于发包人的原因发生暂停施工的紧急情况,且监理人未及时下达暂停工作指示的,承包人可先暂停施工,并及时向监理人提出暂停工作的书面请求。监理人应在收到书面请求后的 24 小时内予以答复,逾期未答复的,视为同意承包人的暂停工作请求。

2. 住建部施工合同 2017 版

7.8.1 发包人原因引起的暂停施工

因发包人原因引起暂停施工的,监理人经发包人同意后,应及时下达暂停施工指示。情况紧急且监理人未及时下达暂停施工指示的,按照第 7.8.4 项[紧急情况下的暂停施工]执行。

因发包人原因引起的暂停施工,发包人应承担由此增加的费用和(或)延误的工期,并支付承包人合理的利润。

7.8.4 紧急情况下的暂停施工

因紧急情况需暂停施工,且监理人未及时下达暂停施工指示的,承包人可先暂停施工,并及时通知监理人。监理人应在接到通知后 24 小时内发出指示,逾期未发出指示,视为同意承包人暂停施工。监理人不同意承包人暂停施工的,应说明理由,承包人对监理人的答复有异议,按照第 20 条[争议解决]约定处理。

8.9.2 由承包人暂停工作

【原文】

因承包人原因所造成部分或全部工程的暂停,承包人应采取措施尽快复工并赶上进度,由此造成费用的增加或工期延误由承包人承担。因此造成逾期竣工的,承包人应按第 8.7.2 项[因承包人原因导致工期延误]承担逾期竣工违约责任。

合同履行过程中发生下列情形之一的,承包人可向发包人发出通知,要求发包人采取有效措施予以纠正。发包人收到承包人通知后的 28 天内仍不予以纠正,承包人有权暂停施工,并通知工程师。承包人有权要求发包人延长工期和(或)增加费用,并支付合理利润:

(1)发包人拖延、拒绝批准付款申请和支付证书,或未能按合同约定支付价

款,导致付款延误的;

(2)发包人未按约定履行合同其他义务导致承包人无法继续履行合同的,或者发包人明确表示暂停或实质上已暂停履行合同的。

【解析】

本项源于九部委2012版第12.2款[由承包人暂停工作]的规定。

根据本项规定:

由承包人暂停工作被区分为两种情形:一种是因为承包人自身的原因而提出暂停工作;另一种是因为发包人的原因导致承包人提出暂停工作。就前者来讲,承包人作业进度缓慢、暂停导致与原进度计划不符的,应由承包人自行组织赶工,如造成逾期竣工的由承包人承担相应的违约责任。就后者来讲,由于不是承包人的原因引起,则赋予了承包人可要求发包人纠正,以及发包人逾期(收到承包人通知后28天内)纠正的,承包人可得暂停施工并主张相应的工期、费用和利润索赔的权利。

具体适用时应注意:

1.对于发包人过错所可能导致的承包人暂停工作,承包人应先行履行通知发包人纠正的前置程序。只有在发包人收到承包人通知后的28天内拒绝纠正的,承包人才有权暂停施工,而不是说一旦出现发包人过错的情形,承包人就可以直接不经通知,不经等待发包人的纠正而随意直接停工。对于这一点,承包人在履约过程中,作为自身的管理要求,应当予以关注。

2.除了付款的因素以外,本项规定中对于承包人有权暂停工作的前提条件作了一个相对笼统的规定,一方面发包人应存在违约,另一方面此等违约行为应导致承包人无法继续履行合同。对比FIDIC黄皮书2017版第16.1款[由承包商暂停]的规定来看,FIDIC合同进行了更为细致的情形罗列,发承包双方在制订具体的专用合同条件时可予以借鉴。

【关联条文】

FIDIC黄皮书2017版

16.1 由承包商暂停

如果:

(a)工程师未按照第14.6款[期中付款证书的签发]的规定确认发证;

(b)雇主未能按照第2.4款[雇主的资金安排]的规定提供合理证据;

(c)雇主未遵守第14.7款[付款]的规定;(或)

(d)雇主未遵守:

(i)具有约束力的商定,或第3.7款[商定或确定]规定的最终确定;(或)

(ii)争端避免/裁决委员会根据第21.4款[取得争端避免/裁决委员会的决定]的规定作出的决定(无论是具有约束力的还是最终并具有约束力的);

以及此类未履约构成了对合同规定的雇主应承担义务的重大违约,

承包商可以在向雇主发出通知后不少于21天(通知应说明是根据第16.1款的规定发出的),暂停工作(或放慢工作进度),除非并直到雇主对此项违约进行了补救。

该行动不应影响承包商根据第14.8款[延误的付款]的规定获得融资费,以及按照第16.2款[由承包商终止]的规定提出终止的权利。

如果雇主在承包商根据第16.2款[由承包商终止]的规定发出终止通知前,按照上述通知中的说明纠正了违约行为,则承包商应在合理可行的范围内尽快恢复正常工作。

如果因按照本款暂停工作(或放慢工作进度),使承包商遭受延误和/或招致增加费用,承包商应有权根据第20.2款[付款和/或竣工时间延长的索赔]的规定,获得竣工时间的延长和/或此类成本加利润的支付。

【原文】

8.9.3 除上述原因以外的暂停工作,双方应遵守第17条[不可抗力]的相关约定。

【解析】

本项源于住建部2011版第4.6.2项[因不可抗力造成的暂停]的规定。

相较而言:

住建部2011版是从正面解释,直接规定了因为不可抗力所导致的暂停工作的情形,而本项的规定则是从反面解释,是说“除上述原因以外的暂停工作”均纳入不可抗力的情形。

具体适用时应注意：

通常来讲,“除上述原因以外的暂停工作”,在实践中包括了本合同示范文本第4.8款[不可预见的困难]、第8.7.4项[异常恶劣的气候条件]以及第17条[不可抗力]这三种情形。显然不仅局限于不可抗力这一种。在这三种不同情形之下,有关工期、费用、利润的承担规则是不一样的。

1. 不可预见的困难的情形之下,承包人因采取合理措施而增加的费用和(或)延误的工期由发包人承担,即费用与工期责任均由发包人承担。

2. 异常恶劣的气候条件的情形之下,承包人因采取合理措施而延误的工期由发包人承担,即发包人仅负责工期,不承担费用。

3. 不可抗力的情形之下,已经引起或将引起工期延误的,应当顺延工期,由此导致承包人停工的费用损失由发包人和承包人合理分担,提供期间必须支付的现场必要的工人工资由发包人承担,即发包人负责工期责任,费用责任由发承包双方合理分担。

显然,这三种情形的费用责任承担是完全不同的。因此,建议发承包双方在签订工程总承包合同时,应注意通过专用合同条件的约定,就相关情形下的暂停工作而导致的责任承担予以明晰,以避免未来不必要的争议。

【关联条文】

住建部2011版

4.6.2　因不可抗力造成的暂停

因不可抗力造成工程暂停时,双方根据17.1款不可抗力发生时的义务和17.2款不可抗力的后果的条款的约定,安排各自的工作。

8.9.4　暂停工作期间的工程照管

【原文】

不论由于何种原因引起暂停工作的,暂停工作期间,承包人应负责对工程、工程物资及文件等进行照管和保护,并提供安全保障,由此增加的费用按第8.9.1项[由发包人暂停工作]和第8.9.2项[由承包人暂停工作]的约定承担。

因承包人未能尽到照管、保护的责任造成损失的,使发包人的费用增加,(或)竣工日期延误的,由承包人按本合同约定承担责任。

【解析】

本项源于住建部 2011 版第 4.6.3 项[暂停时承包人的工作]与九部委 2012 版第 12.3 款[暂停工作后的照管]的规定。

根据本项规定:

1. 不论由于何种原因引起暂停工作的,对于工程、工程物资及文件等的照管和保护义务均由承包人负责,并提供安全保障。

2. 相比九部委 2012 版仅限于对“工程”的照管义务,本项中参照住建部 2011 版包括了“工程物资及文件”的照管义务表述。

3. 因承包人未能妥善尽到照管义务而导致的费用和工期责任,均由承包人予以承担。

具体适用时应注意:

本项对于承包人照管义务的费用增加责任承担,根据第 8.9.1 项[由发包人暂停工作]和第 8.9.2 项[由承包人暂停工作]这两种情形进行了区分。但是,有如此前对第 8.9.3 项的分析,实践中,除了由发包人暂停工作和由承包人暂停工作的这两种暂停工作的情形以外,还有不可预见的困难、异常恶劣的气候条件以及不可抗力等多种状况。显然,不是任何原因引起的暂停工作,都可将责任承担归类于由发包人暂停工作和由承包人暂停工作这两种情形之下。就此,发承包双方为避免履约过程中可能引发的不必要争议,同样建议在专用合同条件中就此加以明确约定。

8.9.5　拖长的暂停

【原文】

根据第 8.9.1 项[由发包人暂停工作]暂停工作持续超过 56 天的,承包人可向发包人发出要求复工的通知。如果发包人没有在收到书面通知后 28 天内准许已暂停工作的全部或部分继续工作,承包人有权根据第 13 条[变更与调整]的约定,要求以变更方式调减受暂停影响的部分工程。发包人的暂停超过 56 天且暂停影响到整个工程的,承包人有权根据第16.2款[由承包人解除合同]的约定,发出解除合同的通知。

【解析】

本项源于住建部2011版第4.6.4项[承包人的复工要求]与九部委2012版第12.5款[暂停工作56天以上]的规定。

根据本项规定:

针对暂停工作超过56天这一拖长的暂停情形,一方面赋予了承包人的请求复工权,另一方面赋予了承包人相应的变更与解除权。本项是基于工程建设可能陷入的某种长期不确定状态,所赋予承包人的权益保护。

具体适用时应注意:

1. 若对比九部委2012版可发现,本项规定是基于由发包人暂停工作的基础之上,而发包人暂停工作也有可能是因为承包人的原因所造成。就此,九部委2012版第12.5.1项中先明确规定,该项适用的前提是"除该项暂停由于承包人违约造成之外";第12.5.2项又专门针对由承包人原因引起暂停工作的情形进行了特别规定。就此,可能九部委2012版在该问题的逻辑体系上更为周延。若参阅FIDIC合同的相关规定,同样可以发现就拖长的暂停来讲,是排除了由于承包人的原因的。因此,发承双方应根据自身需求,在具体的专用合同条件中予以专门约定。

2. 本项规定承包人发出要求复工通知的对象为发包人,而非工程师,这与前述第8.9.1项中发包人通过工程师向承包人发送暂停工作通知的规定不相吻合。若有统一需求的,发承包双方也应通过专用合同条件另行加以明确。

3. FIDIC合同中针对发包人没有在收到书面通知后28天发出复工的情形,还同时赋予了承包人有权选择同意继续暂停的权利,作为后续直接变更调减工程和解除合同的"缓冲"。相较而言,可能更为有利于工程项目建设的顺利推进。发承包双方在制订具体的专用合同条件时同样可以借鉴。

【关联条文】

1. 九部委 2012 版

12. 5　暂停工作 56 天以上

12. 5. 1　监理人发出暂停工作指示后 56 天内未向承包人发出复工通知的，除该项暂停由于承包人违约造成之外，承包人可向监理人提交书面通知，要求监理人在收到书面通知后 28 天内准许已暂停工作的全部或部分继续工作。如监理人逾期不予批准，则承包人可以通知监理人，将工程受影响的部分按第 15 条的约定作为可取消工作的变更处理。暂停工作影响到整个工程的，视为发包人违约，应按第 12. 2. 1 项的约定执行，同时承包人有权解除合同。

12. 5. 2　由于承包人原因引起暂停工作的，如承包人在收到监理人暂停工作指示后 56 天内不采取有效的复工措施，造成工期延误的，视为承包人违约，应按第 12. 1. 2 项的约定执行。

2. FIDIC 黄皮书 2017 版

8. 12　拖长的暂停

如果第 8. 9 款[雇主暂停]所述的暂停已持续 84 天以上，承包商可以向工程师发出通知，要求工程师允许继续施工。

如果工程师在收到承包商根据本款发出的通知后 28 天内，未能按照 8. 13 款[复工]的规定发出通知，承包商可以；

(a)同意继续暂停，在这种情况下，双方可就整个暂停期限内产生的竣工时间的延长和/或成本加利润(如果承包商产生了费用)，和/或生产设备和/或材料暂停的支付达成商定一致；

或[双方未能根据本款(a)段规定达成商定一致](b)在向工程师发出(第二次)通知后，将暂停视为受影响工程部分的删减(如同根据第 13. 3. 1 项[指示变更]的规定指示的)，并立即生效，包括免除第 8. 9 款[雇主暂停]规定的保护、保管或保证安全的任何进一步义务。如果暂停影响到整个工程，承包商可根据第 16. 2 款[由承包商终止]的规定发出终止通知。

8.10 复　工

【原文】

8.10.1　收到发包人的复工通知后,承包人应按通知时间复工;发包人通知的复工时间应当给予承包人必要的准备复工时间。

8.10.2　不论由于何种原因引起暂停工作,双方均可要求对方一同对受暂停影响的工程、工程设备和工程物资进行检查,承包人应将检查结果及需要恢复、修复的内容和估算通知发包人。

8.10.3　除第17条[不可抗力]另有约定外,发生的恢复、修复价款及工期延误的后果由责任方承担。

【解析】

本款结合了住建部2011版第4.6.5项[发包人的复工]的规定。

根据本款规定:

1. 发包人通知复工的,应给予承包人必要的准备时间,而承包人应按照发包人的要求进行复工。

2. 复工之前双方应共同对受到影响的工程、设备、物资等进行检查,有关影响的后果由责任方予以承担。

具体适用时应注意:

1. 与前述针对第8.9.3项的分析一样,暂停工作的引发因素,除了发承包双方的原因与不可抗力以外,还有不可预见的困难和异常恶劣的气候条件等。在本合同示范文本的归责体系之下,不可预见的困难、异常恶劣的气候条件和不可抗力这三者的责任承担后果是不同的。因此,发承包双方有必要在专用合同条件中根据具体情况予以具体商议。

2. 本款中有关的复工通知,同样是规定由发包人直接发出,而非通过工程师。就此,也应在制订具体的专用合同条件时,从整个合同文本的体系角度出发,结合具体项目实践予以完善。

第9条　竣工试验

9.1　竣工试验的义务

【原文】

9.1.1　承包人完成工程或区段工程进行竣工试验所需的作业,并根据第5.4款[竣工文件]和第5.5款[操作和维修手册]提交文件后,进行竣工试验。

【解析】

本项源于FIDIC黄皮书2017版第9.1款[承包商的义务]第一段的规定。

根据本项规定:

承包人可进行竣工试验的前提条件是,一方面应完成进行竣工试验所需的作业,另一方面应提交竣工文件与操作和维修手册。

具体适用时应注意:

竣工试验并非是针对所有工程建设项目都必须要有的过程。虽然本项定义未对竣工试验作更为精确的概念解释,但是结合第8.10款全文的理解,所谓竣工试验主要是针对类似生产设备类需要进行性能指标考核的工程项目而言的。这一点,在住建部2011版的定义中有更为直接的解释。因此,不同的工程总承包项目在制订具体的工程总承包合同时,也理应注意予以具体问题具体分析,而非全盘照抄。

【关联条文】

住建部2011版

1.1.23　竣工试验,指工程和(或)单项工程被发包人接收前,应由承包人负责进行的机械、设备、部件、线缆和管道等性能试验。

【原文】

9.1.2　承包人应在进行竣工试验之前,至少提前42天向工程师提交详细的竣工试验计划,该计划应载明竣工试验的内容、地点、拟开展时间和需要发包人提供的资源条件。工程师应在收到计划后的 14 天内进行审查,并就该计划不符合合同的部分提出意见,承包人应在收到意见后的 14 天内自费对计划进行修正。工程师逾期未提出意见的,视为竣工试验计划已得到确认。除提交竣工试验计划外,承包人还应提前 21 天将可以开始进行各项竣工试验的日期通知工程师,并在该日期后的 14 天内或工程师指示的日期进行竣工试验。

【解析】

本项源于 FIDIC 黄皮书 2017 版第 9.1 款[承包商的义务]第二段至第四段的规定。

根据本项规定:

1. 承包人应提前 42 天提交详细的竣工试验计划,并提前 21 天通知工程师各项具体的竣工试验日期,且在该日期之后的 14 天内进行竣工试验。

2. 工程师在收到竣工计划后的 14 天内进行审查,逾期未提出意见的,视为竣工试验计划已得到确认。

3. 承包人应在收到发包人的审查意见后的 14 天内进行修正。

具体适用时应注意:

1. 承包人提交竣工试验计划和竣工试验通知的相关期限存在重合,两者都是以竣工试验日期为基准日往前推算。

2. 所谓详细的竣工试验计划所应涵盖的具体内容,在本项中除了内容、地点、拟开展时间和需要发包人提供的资源条件以外,并没有更为明确的规定。就此,或可参照住建部 2011 版中的规定。

3. 对于进行竣工试验所需要的有关资源条件(包括水、电、其他动力资源以及其他必要的消耗材料等),本合同示范文本中未有明确具体的责任主体。住建部 2011 版中规定,一般应由发包人提供。九部委 2012 版中则规定应由发承包双方在专用合同条款中进行约定。实践中,当该笔费用较大时也极易在约定不清的情况下产生纠纷争议,因此建议发承包双方尽量通过专用合同条件提前予以明确约定。

4. 按照本项规定,对于承包人提交的竣工试验计划,工程师在收到后的 14 天内未予审核反馈意见的,将视为竣工试验计划已得到确认。至于该等视为确认情形,会否导致对发包人不利的合同后果,本项中未有规定。就此,住建部

2011 版中有明确规定,发包人的确认并不产生承担责任的法律后果。显然,为避免发承包双方在履约过程中可能产生的不必要的争议,应针对此等情形通过专用合同条件来予以规定。

5. 按照本项规定,承包人应在通知的竣工试验日期后的 14 天内或工程师指示的日期进行竣工试验。这里有关日期的规定是指竣工试验开始的日期,而非竣工试验应当完成的周期。在具体的工程总承包项目中,如有相关的竣工试验要求,则该等竣工试验计划开展周期是怎样的,也建议发承包双方提前予以约定明确。

【流程图】

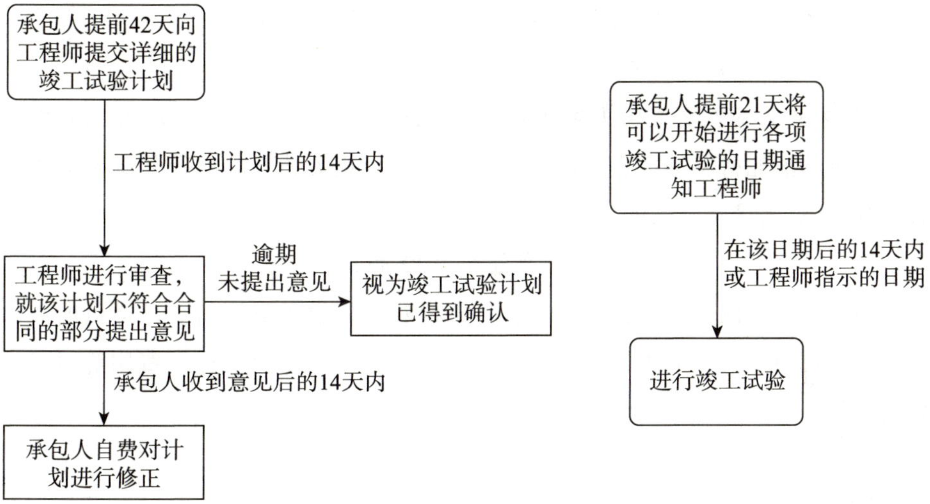

【关联条文】

1. 住建部 2011 版

8.1.1 承包人的义务

(4)承包人应在达到竣工试验条件 20 日前,将竣工试验方案提交给发包人。发包人应在 10 日内对方案提出建议和意见,承包人应根据发包人提出的合理建议和意见,自费对竣工试验方案进行修正。竣工试验方案经发包人确认后,作为合同附件,由承包人负责实施。发包人的确认并不能减轻或免除承包人的合同

责任。竣工试验方案应包括以下内容:

1)竣工试验方案编制的依据和原则;

2)组织机构设置、责任分工;

3)单项工程竣工试验的试验程序、试验条件;

4)单件、单体、联动试验的试验程序、试验条件;

5)竣工试验的设备、材料和部件的类别、性能标准、试验及验收格式;

6)水、电、动力等条件的品质和用量要求;

7)安全程序、安全措施及防护设施;

8)竣工试验的进度计划、措施方案、人力及机具计划安排;

9)其它。

竣工试验方案提交的份数和提交时间,在专用条款中约定。

8.1.2　发包人的义务

(1)发包人应按经发包人确认后的竣工试验方案,提供电力、水、动力及由发包人提供的消耗材料等。提供的电力、水、动力及相关消耗材料等须满足竣工试验对其品质、用量及时间的要求。

2. 九部委 2012 版

18.1.3　承包人应按合同约定进行工程及工程设备试运行。试运行所需人员、设备、材料、燃料、电力、消耗品、工具等必要的条件以及试运行费用等由专用合同条款规定。

【原文】

9.1.3　承包人应根据经确认的竣工试验计划以及第 6.5 款[由承包人试验和检验]进行竣工试验。除《发包人要求》中另有说明外,竣工试验应按以下顺序分阶段进行,即只有在工程或区段工程已通过上一阶段试验的情况下,才可进行下一阶段试验:

(1)承包人进行启动前试验,包括适当的检查和功能性试验,以证明工程或区段工程的每一部分均能够安全地承受下一阶段试验;

(2)承包人进行启动试验,以证明工程或区段工程能够在所有可利用的操作条件下安全运行,并按照专用合同条件和《发包人要求》中的规定操作;

(3)承包人进行试运行试验。当工程或区段工程能稳定安全运行时,承包人应通知工程师,可以进行其他竣工试验,包括各种性能测试,以证明工程或区段工程符合《发包人要求》中列明的性能保证指标。

进行上述试验不应构成第10条[验收和工程接收]规定的接收,但试验所产生的任何产品或其他收益均应归属于发包人。

【解析】

本项源于FIDIC黄皮书2017版第9.1款[承包商的义务]第五段至第九段的规定。

根据本项规定:

1. 整个竣工试验大致可区分为启动前试验、启动试验、试运行试验和性能试验四个阶段。其中,启动前试验是做最初的准备,启动试验是做安全性检测,试运行试验是做可靠性检测,最终都是为了合同目的之性能检测服务。

2. 任何一个试验阶段的进行都必须以前阶段试验工作的通过为前提,而不能跨阶段进行。

3. 竣工试验不代表接收。

4. 竣工试验所产生的产品或收益,其所有权归属于发包人。

具体适用时应注意:

1. 在住建部2011版中,试运行是被纳入到了竣工后试验程序中。在过往长期以来的合同文本适用过程中可能会产生约定俗成的思维定式,就此,应加以关注并尽量避免在本合同示范文本的具体适用时产生理解歧义。

2. 本项规定中的个别措辞,在签订相关的工程总承包合同文本时应予以细化关注。例如,《发包人要求》被作为了竣工试验划分顺序阶段的一个依据基础,但在承包人进行启动试验时,则需要同时按照专用合同条件和《发包人要求》中的规定进行,而承包人进行试运行试验所需符合的标准又仅是《发包人要求》,而无专用合同条件。

【关联条文】

住建部2011版

1.1.28　试运行考核,指根据合同约定,在工程完成竣工试验后,由发包人自行或在发包人的组织领导下由承包人指导进行的包括合同目标考核验收在内的全部试验。

【原文】

9.1.4 完成上述各阶段竣工试验后,承包人应向工程师提交试验结果报告,试验结果须符合约定的标准、规范和数据。工程师应在收到报告后14天内予以回复,逾期未回复的,视为认可竣工试验结果。但在考虑工程或区段工程是否通过竣工试验时,应适当考虑发包人对工程或其任何部分的使用,对工程或区段工程的性能、特性和试验结果产生的影响。

【解析】

本项源于FIDIC黄皮书2017版第9.1款[承包商的义务]第十段和第十一段的规定。

根据本项规定:

1. 完成竣工试验的各阶段流程之后,承包人应向工程师提交竣工试验结果报告。

2. 工程师应审查承包人提交的竣工试验结果报告,如果有意见的应在14天内提出,若不提出的,则视为没有意见。

3. 工程师在审查的时候,作为具体的评判考核标准,应适当考虑到发包人已有使用的情况所可能对竣工试验结果产生的影响。

具体适用时应注意:

1. 本项规定,完成启动前试验、启动试验和试运行在内的各阶段竣工试验后,承包人应向工程师提交试验结果报告,且试验的结果须符合约定的标准、规范和数据。FIDIC黄皮书2017版第9.1款规定的是通过每一阶段(Each Stage)的竣工试验后提交,如此,则承包人到底是说每一阶段通过之后均需提交,还是在完成所有的竣工试验阶段之后提交一份最终的,需要由发承包双方在专用合同条件中予以明确。

2. FIDIC合同语境下,工程项目存在全部或部分未经竣工试验即被提前投入使用的情况,则在此情形下,FIDIC合同认为雇主应就提前使用而对工程的性能或其他特性产生的影响予以考虑。但在中国法下,未经竣工验收而提前投入使用,极有可能构成发包人对工程质量的视为认可。

【关联条文】

1. FIDIC 黄皮书 2017 版

9.1　承包商的义务

……

一旦承包商认为工程或分项工程通过了上述(a)至(c)段所述的每一阶段的竣工试验,承包商应向工程师提交这些试验结果的认证报告。工程师应审核此类报告,并可向承包商发出通知,说明试验结果与合同不符的程度。如果工程师在收到试验结果后 14 天内没有发出此类通知,工程师应视为已发出不反对通知。

工程师在考虑竣工试验结果时,应考虑到雇主对工程(任何部分)的任何使用,对工程的性能或其他特性的影响。

2.《施工合同司法解释(一)》

第十四条　建设工程未经竣工验收,发包人擅自使用后,又以使用部分质量不符合约定为由主张权利的,人民法院不予支持;但是承包人应当在建设工程的合理使用寿命内对地基基础工程和主体结构质量承担民事责任。

9.2　延误的试验

【原文】

9.2.1　如果承包人已根据第 9.1 款[竣工试验的义务]就可以开始进行各项竣工试验的日期通知工程师,但该等试验因发包人原因被延误 14 天以上的,发包人应承担由此增加的费用和工期延误,并支付承包人合理利润。同时,承包人应在合理可行的情况下尽快进行竣工试验。

【解析】

本项源于 FIDIC 黄皮书 2017 版第 9.2 款[延误的试验]第一段、第 10.3 款[对竣工试验的干扰]的规定。

根据本项规定:

因发包人原因导致竣工试验被延误14天以上的,承包人有权索赔有关的工期、费用和利润。

具体适用时应注意:

1. 根据本项的规定,只有因发包人原因被延误14天以上的,发包人才应承担由此增加的费用和工期延误,并支付承包人合理利润。如果延误天数在14天以内的,仅从文义解释的角度,似乎发包人无须承担责任。而这与FIDIC合同的规定并不相同,如在制订具体的工程总承包合同时有特定的要求的,应通过专用合同条件进行专门约定。

2. FIDIC黄皮书2017版第10.3款[对竣工试验的干扰]规定,在发生因雇主方面的原因导致竣工试验延长达14天以上(可以是连续的14天或总时间超过14天的多段时间),则雇主应被视为已在竣工试验原应完成之日接收了工程,工程师应签发接收证书。这一点在本项中也没有规定。①

【关联条文】

FIDIC黄皮书2017版

10.3　对竣工试验的干扰

如果由于雇主人员或雇主应负责的原因妨碍承包商进行竣工试验达14天以上(连续一段时间,或总时间超过14天的多段时间)/(包括由于试运行期间可利用的运行条件而不能进行的性能试验):

(a)承包商应向工程师发出通知,描述此类预防措施;

(b)雇主应被视为已在竣工试验原应完成的日期接收了工程或区段工程②(视情况而定);(以及)

(c)工程师应立即签发工程或区段工程③的接收证书(视情况而定)。

工程师签发接收证书后,承包商应在切实可行的范围内,尽快进行竣工试验,在任何情况下,均应在有关缺陷通知期限届满日期前进行。工程师应在14天内向承包商发出通知,说明承包商可在该日期后进行的每项竣工试验。此后,

---

① 中国法下有竣工验收制度,具体详见下述本合同示范文本第10.1.1项[竣工验收条件]规定的解析。

② FIDIC黄皮书2017版的中文版在此处的翻译可能存在一定错误,我们在援引的时候予以了调整。

③ 同上。

第 9.1 款[承包商的义务]应适用。

如果承包商因无法进行竣工试验而遭受延误和/或增加费用,承包商应有权根据第 20.2 款[付款和/或竣工时间延长的索赔]的规定,获得竣工时间的延长和/或成本加利润的支付。

【原文】

9.2.2　承包人无正当理由延误进行竣工试验的,工程师可向其发出通知,要求其在收到通知后的 21 天内进行该项竣工试验。承包人应在该 21 天的期限内确定进行试验的日期,并至少提前 7 天通知工程师。

9.2.3　如果承包人未在该期限内进行竣工试验,则发包人有权自行组织该项竣工试验,由此产生的合理费用由承包人承担。发包人应在试验完成后 28 天内向承包人发送试验结果。

【解析】

本两项源于 FIDIC 黄皮书 2017 版第 9.2 款[延误的试验]第二段和第三段的规定。①

根据本两项规定:

1. 因承包人原因而导致的竣工试验迟延,工程师可向承包人发出催促通知要求其在收到通知后的 21 天内进行竣工试验,承包人应按照工程师的要求进行,且应早于竣工试验前 7 天进行通知。

2. 如果承包人还不能在工程师要求的期限内进行竣工试验,则发包人可自行组织该项竣工试验,并有权要求承包人承担相应的费用。有关的试验结果,发包人应在试验完成后 28 天内向承包人提交。

具体适用时应注意:

1. FIDIC 合同中规定,如果承包人未能在工程师要求的期限内进行竣工试验,工程师应发出第二次通知,而后方可自行安排试验。而非在给予的 21 天期限内承包人未行竣工试验的,发包人即可直接自行组织。一定程度的程序缓冲对于平衡双方未来可能发生的矛盾冲突是有益的。

---

① 因这两项都是关于承包人原因导致竣工试验迟延的情形,在此予以合并解析。

2. 即便发包人自行组织竣工试验,FIDIC 合同中仍规定,承包人可参加并见证(Attend and Witness)这些试验。FIDIC 合同同时还规定,在发包人自行组织竣工试验的情况下,应被视同承包人在场时进行的一样,有关竣工试验的结果同样应当被认可。就此,也建议在制订具体的工程总承包合同时,通过专用合同条件予以明确。

【流程图】

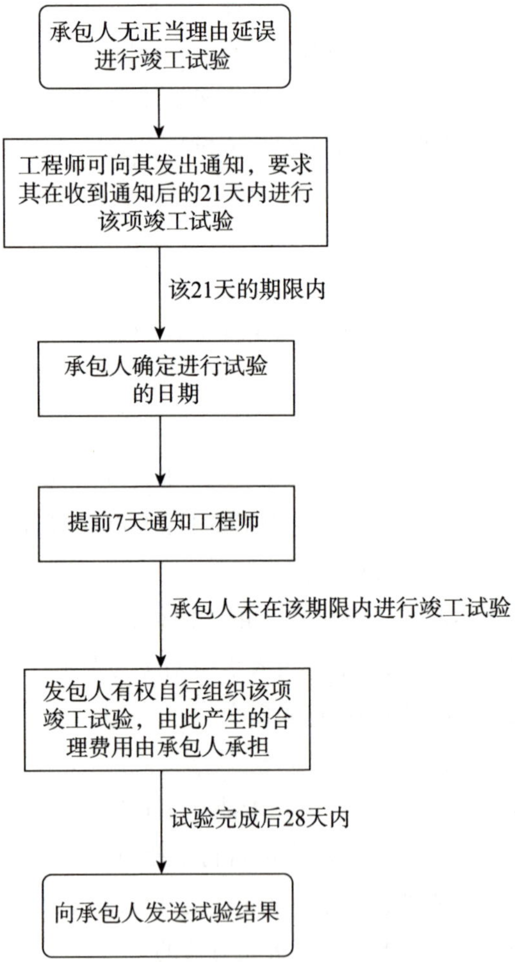

【关联条文】

FIDIC 黄皮书 2017 版

9.2 延误的试验

如果承包商已按照第 9.1 款[承包商的义务]的规定发出通知,说明工程或分项工程(视情况而定)已可以进行试验,并且这些试验因雇主人员或雇主负责的原因而不当地延误,第 10.3 款[对竣工试验的干扰]应适用。

如果承包商不当地推迟了竣工试验,工程师可向承包商发出通知,要求承包商在接到通知后 21 天内进行竣工试验。承包商应在规定的 21 天内其能确定的某日或某几日内进行竣工试验,并应提前不少于 7 天将该日期通知工程师。

如果承包商未在规定的 21 天内进行竣工试验:

(a)工程师向承包商发出第二次通知后,雇主人员可以继续进行试验;

(b)承包商可参加并见证这些试验;

(c)在试验完成后 28 天内,工程师应将试验结果的副本发送给承包商;(以及)

(d)如果雇主因此类试验而招致增加额外费用,雇主应有权根据第 20.2 款[付款和/或竣工时间延长的索赔]的规定,要求承包商支付合理增加的费用。

无论承包商是否参加,这些竣工试验应被视为是承包商在场时进行的,试验结果应认为准确,予以认可。

9.3 重新试验

【原文】

如果工程或区段工程未能通过竣工试验,则承包人应根据第 6.6 款[缺陷和修补]修补缺陷。发包人或承包人可要求按相同的条件,重新进行未通过的试验以及相关工程或区段工程的竣工试验。该等重新进行的试验仍应适用本条对于竣工试验的规定。

【解析】

本款源于 FIDIC 黄皮书 2017 版第 9.3 款[重新试验]的规定。

根据本款规定:

如果竣工试验未能顺利通过,则由承包人负责维修,并在维修之后按照此前的竣工试验条件与流程重新进行相应的竣工试验。至于具体的工期、费用和利润损失的责任承担问题,则参照本合同示范文本第6.6款[缺陷和修补]中的规定执行。

9.4 未能通过竣工试验

【原文】

9.4.1 因发包人原因导致竣工试验未能通过的,承包人进行竣工试验的费用由发包人承担,竣工日期相应顺延。

【解析】

本项源于住建部2011版第8.6.1项的规定。

根据本项规定:

若未能通过竣工试验的原因在于发包人,则由发包人承担相应的责任。

具体适用时应注意:

1. 因发包人原因所致的竣工试验未能通过,有关的承包人进行竣工试验的费用由发包人承担,是指在此之前承包人为竣工试验所支出的费用由发包人承担,而不是说在此情形下整个竣工试验阶段承包人的费用都由发包人承担。若此后重新试验通过的,则重新试验阶段承包人应支出的费用仍是由承包人予以承担。

2. 至于何为发包人的原因,住建部2011版第8.6.1项有相关的规定,或可借鉴。但实际上,若对比FIDIC黄皮书2017版可发现,整个FIDIC黄皮书2017版第9.4款[未能通过竣工试验]均是关于承包商责任的规定,而不涉及雇主责任。其逻辑前提可能在于,雇主责任的情形均已通过第9.2款[延误的试验]和第10.3款[对竣工试验的干扰]予以了规定。

【关联条文】

住建部2011版

8.6.1 因发包人的下述原因导致竣工试验未能通过的,承包人进行竣工试

验的费用由发包人承担,使竣工试验进度计划延误时,竣工日期相应延长:

(1)发包人未能按确认的竣工试验方案中的技术参数、时间及数量提供电力、动力、水等试验条件,导致竣工试验未能通过;

(2)发包人指令承包人按发包人的竣工试验条件、试验程序和试验方法进行试验和竣工试验,导致该项竣工试验未能通过;

(3)发包人对承包人竣工试验的干扰,导致竣工试验未能通过;

(4)因发包人的其它原因,导致竣工试验未能通过。

【原文】

9.4.2 如果工程或区段工程未能通过根据第9.3款[重新试验]重新进行的竣工试验的,则:

(1)发包人有权要求承包人根据第6.6款[缺陷和修补]继续进行修补和改正,并根据第9.3款[重新试验]再次进行竣工试验;

(2)未能通过竣工试验,对工程或区段工程的操作或使用未产生实质性影响的,发包人有权要求承包人自费修复,承担因此增加的费用和误期损害赔偿责任,并赔偿发包人的相应损失;无法修复时,发包人有权扣减该部分的相应付款,同时视为通过竣工验收;

(3)未能通过竣工试验,使工程或区段工程的任何主要部分丧失了生产、使用功能时,发包人有权指令承包人更换相关部分,承包人应承担因此增加的费用和误期损害赔偿责任,并赔偿发包人的相应损失;

(4)未能通过竣工试验,使整个工程或区段工程丧失了生产、使用功能时,发包人可拒收工程或区段工程,或指令承包人重新设计、重置相关部分,承包人应承担因此增加的费用和误期损害赔偿责任,并赔偿发包人的相应损失。同时发包人有权根据第16.1款[由发包人解除合同]的约定解除合同。

【解析】

本项源于住建部2011版第8.6.2项与FIDIC黄皮书2017版第9.4款[未能通过竣工试验]的规定。

根据本项规定:

1. 未能通过第9.3款[重新试验]程序的,发包人首先可以要求承包人在维修之后重新进行竣工试验。

2. 如未能通过竣工试验的,则区分是对工程或区段工程的操作或使用产生影响,还是对工程或区段工程本身产生影响。其中,前者再区分是否产生实质性影响,后者再区分是对部分还是整体产生影响。

具体适用时应注意:

1. 本项并未明确规定重新试验可以进行几次以及多长期限之内应该重新试验完毕。住建部 2011 版第 8. 6. 2 项规定,重新试验不超过两次。FIDIC 合同则规定,是否让承包人重新试验的选择主动权在于发包人。当重新试验未能通过时,发包人既可以选择要求承包人重新试验,也可根据瑕疵情形要求承包人进行补救,甚至可以选择直接签发接收证书。就此,建议发承包双方通过专用合同条件加以明确,以作为评判竣工试验是否能够通过的标准。

2. 对于未能通过竣工试验,工程或区段工程整体或任何主要部分存在丧失生产、使用功能的情形,本项规定未涉及发包人的直接接收权。就此,如针对具体的工程项目,在不违背我国强制性工程质量、安全等方面的监管法律规定的情形下,或可作相关约定。当然,前提是应就发包人直接接收情形下承包人应予承担的赔偿责任予以提前明确规定。

3. 本项规定的内在逻辑沿袭自住建部 2011 版第 8. 6. 2 项的规定,虽有所简化,但内在区分标准可能较实践而言,理解起来仍较为复杂。

(1)FIDIC 合同没有区分操作或使用的影响与工程本身生产、使用功能的影响,而是直接评判是影响了工程的整体利益还是部分(分项工程),逻辑上相对更为清晰。否则,何为操作或使用的影响,与工程本身生产、使用功能的影响有何区分,解释起来恐怕也并不容易。

(2)FIDIC 合同没有就“未产生实质性影响”的情形进行规定,既然是“未产生实质性影响”,通常认为仍是可修复的。

(3)FIDIC 合同没有区分“工程或区段工程的任何主要部分丧失了生产、使用功能”与“整个工程或区段工程丧失了生产、使用功能”这两种情形,因为通常理解,主要部分丧失了生产、使用功能,整个工程可能也就失去了价值。

因此,在制订具体的专用合同条件时,建议发承包双方可考虑借鉴 FIDIC 合同该部分规定的逻辑体系进行约定。

【流程图】

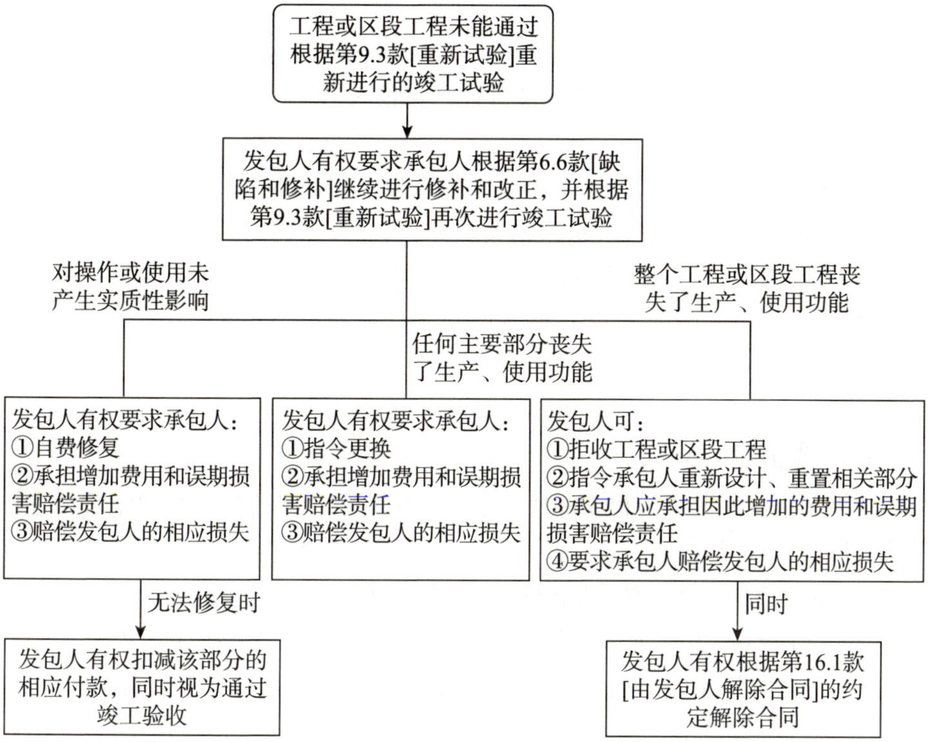

【关联条文】

1. 住建部 2011 版

8.6.2 因承包人原因未能通过竣工试验,该项竣工试验允许再进行,但再进行最多为两次,两次试验后仍不符合验收条件的,相关费用、竣工日期及相关事项,下述约定处理:

(1)该项竣工试验未能通过,对该项操作或使用不存在实质影响,承包人自费修复。无法修复时,发包人有权扣减该部分的相应付款,视为通过;

(2)该项竣工试验未能通过,对该单项工程未产生实质性操作和使用影响,发包人可相应扣减该单项工程的合同价款,可视为通过;若使竣工日期延误的,承包人承担误期损害赔偿责任。

(3)该项竣工试验未能通过,对操作或使用有实质性影响,发包人有权指令承包人更换相关部分,并进行竣工试验。发包人因此增加的费用,由承包人承担。使竣工日期延误时,承包人承担误期损害赔偿责任。

(4)未能通过竣工试验,使单项工程的任何主要部分丧失了生产、使用功能时,发包人有权指令承包人更换相关部分,承包人自行承担因此增加的费用;竣工日期延误,并应承担误期损害赔偿责任。发包人因此增加费用的,由承包人负责赔偿。

(5)未能通过的竣工试验,使整个工程丧失了生产和(或)使用功能时,发包人有权指令承包人重新设计、重置相关部分,承包人承担因此增加的费用(包括发包人的费用);竣工日期延误的,并应承担误期损害赔偿责任。发包人有权根据16.2.1款发包人的索赔约定,向承包人提出索赔,或根据18.1.2款第(7)项的约定,解除合同。

2. FIDIC 黄皮书 2017 版

9.4　未能通过竣工试验

如果工程或某分项工程未能通过根据第9.3款[重新试验]的规定重新进行的竣工试验,工程师应有权:

(a)下令根据第9.3款[重新试验]再次重复竣工试验;

(b)如果此项试验未通过,使雇主实质上丧失了工程的整个利益时,拒收工程,在此情况下,雇主应采取与第11.4款[未能修补缺陷](d)段规定的相同的补救措施;

(c)如果此项试验未通过,该分项工程不能用于合同规定的预期目的,拒收分项工程,在此情况下,雇主应采取与第11.4款[未能修补缺陷](c)段规定的相同的补救措施;(或)

(d)如果雇主要求,签发接收证书。

在采用上述(d)段办法的情况下,承包商应继续履行合同规定的所有其他义务,雇主应有权分别根据第20.2款[付款和/或竣工时间延长的索赔]的规定,要求承包商付款或按照第11.4款[未能修补缺陷](b)(i)或(b)(ii)段的规定,降低合同价格。该权利不应损害雇主根据本合同或其他规定可能享有的任何其他权利。

11.4　未能修补缺陷

如果承包商不适当地延误了根据第11.1款[完成收尾工作和修补缺陷]中所述的修补任何缺陷或损害,雇主(或其代表)可确定一个日期,要求在该日期或不迟于该日期修补好缺陷和损害。雇主(或其代表)应将该固定日期向承包商发出通知,该通知应允许承包商有合理的时间(适当考虑所有相关情况)修补缺陷或损害。

如果承包商未能在该通知中规定的日期修补好缺陷或损害,并且根据第

11.2 款[修补缺陷的费用]的规定,此项修补工作应由承包商承担费用,雇主可以(雇主自行决定):

(a)按合同要求的方式或由他人进行此项工作(包括任何重新试验),由承包商承担费用,但承包商对此项工作将不再负责任。雇主应有权按照第 20.2 款[付款和/或竣工时间延长的索赔]的规定,要求承包商支付由雇主修补缺陷或损害而合理发生的费用。

(b)接受损害或有缺陷的工作,在这种情况下,雇主有权根据第 20.2 款[付款和/或竣工时间延长的索赔]的规定,有权获得:

(i)承包商因完全弥补此项违约而支付的履约损害赔偿费;或

(ii)如果合同未规定履约保证资料表,或没有适用的履约损害赔偿费,则合同价格减少。扣减额应完全弥补此项违约并以适当金额弥补因此项违约给雇主造成的扣减价值;

(c)要求工程师将因该疏忽而不能用于合同规定的预期目的的工程任何部分视为删减项目,如同此类删减是根据第 13.3.1 项[指示变更]指示的;(或)

(d)如果缺陷或损害使雇主实质上丧失了工程的整个利益,则立即终止整个合同(第 15.2 款[由承包商违约的终止]不适用)。按照第 20.2 款[付款和/或竣工时间延长的索赔]的规定,雇主还应有权向承包商收回对工程的全部支出总额,加上融资费用和拆除工程、清理现场以及将生产设备和材料退还给承包商所支付的任何费用。

雇主根据上述(c)或(d)段的规定行使酌处权,不得损害雇主根据合同或其他规定可能享有的任何其他权利。

第 10 条 验收和工程接收

10.1 竣工验收

10.1.1 竣工验收条件

【原文】

工程具备以下条件的,承包人可以申请竣工验收:

(1)除因第 13 条[变更与调整]导致的工程量删减和第 14.5.3 项[扫尾工作

清单]列入缺陷责任期内完成的扫尾工程和缺陷修补工作外,合同范围内的全部单位/区段工程以及有关工作,包括合同要求的试验和竣工试验均已完成,并符合合同要求;

(2)已按合同约定编制了扫尾工作和缺陷修补工作清单以及相应实施计划;

(3)已按合同约定的内容和份数备齐竣工资料;

(4)合同约定要求在竣工验收前应完成的其他工作。

【解析】

本项源于九部委 2012 版第 18.2 款[竣工验收申请报告]与住建部施工合同 2017 版第 13.2.1[竣工验收条件]的规定。

根据本项规定:

工程总承包项目以承包人完成合同约定的各项工作,并准备了相关的竣工资料,以及如有余留甩项的也已经编制了后续的实施计划为前提。

具体适用时应注意:

在 FIDIC 合同体系之下,并无竣工验收这一说,竣工试验之后即为发包人的接收程序。在中国法下,建设工程项目在完工之后组织竣工验收乃法律法规的强制性规定。以房屋建筑和市政基础设施领域为例,即有《房屋建筑和市政基础设施工程竣工验收规定》这样的部门规章加以直接规制。因此,在本合同示范文本中,也加入了有关竣工验收程序的相关规定。

若要仔细比对"竣工试验"与"竣工验收"之间的关系,简单地来讲,"竣工试验"仅关涉发承包双方,而"竣工验收"则涉及我们传统施工总承包模式下的五方责任主体(建设单位、勘察单位、设计单位、施工单位、监理单位),换到工程总承包模式之下,则为三方(建设单位、工程总承包单位、全过程咨询单位)。无论怎样,"竣工验收"不仅仅只是发承包双方之间的事。

【关联条文】

1.《建筑法》

第六十一条 交付竣工验收的建筑工程,必须符合规定的建筑工程质量标准,有完整的工程技术经济资料和经签署的工程保修书,并具备国家规定的其他竣工条件。

建筑工程竣工经验收合格后,方可交付使用;未经验收或者验收不合格的,不得交付使用。

2.《建设工程质量管理条例》

第十六条　建设单位收到建设工程竣工报告后，应当组织设计、施工、工程监理等有关单位进行竣工验收。

建设工程竣工验收应当具备下列条件：

(一)完成建设工程设计和合同约定的各项内容；

(二)有完整的技术档案和施工管理资料；

(三)有工程使用的主要建筑材料、建筑构配件和设备的进场试验报告；

(四)有勘察、设计、施工、工程监理等单位分别签署的质量合格文件；

(五)有施工单位签署的工程保修书。

建设工程经验收合格的，方可交付使用。

第五十八条　违反本条例规定，建设单位有下列行为之一的，责令改正，处工程合同价款2%以上4%以下的罚款；造成损失的，依法承担赔偿责任：

(一)未组织竣工验收，擅自交付使用的；

(二)验收不合格，擅自交付使用的；

(三)对不合格的建设工程按照合格工程验收的。

3.《房建市政工程竣工验收规定》

第五条　工程符合下列要求方可进行竣工验收：

(一)完成工程设计和合同约定的各项内容。

(二)施工单位在工程完工后对工程质量进行了检查，确认工程质量符合有关法律、法规和工程建设强制性标准，符合设计文件及合同要求，并提出工程竣工报告。工程竣工报告应经项目经理和施工单位有关负责人审核签字。

(三)对于委托监理的工程项目，监理单位对工程进行了质量评估，具有完整的监理资料，并提出工程质量评估报告。工程质量评估报告应经总监理工程师和监理单位有关负责人审核签字。

(四)勘察、设计单位对勘察、设计文件及施工过程中由设计单位签署的设计变更通知书进行了检查，并提出质量检查报告。质量检查报告应经该项目勘察、设计负责人和勘察、设计单位有关负责人审核签字。

(五)有完整的技术档案和施工管理资料。

(六)有工程使用的主要建筑材料、建筑构配件和设备的进场试验报告，以及工程质量检测和功能性试验资料。

(七)建设单位已按合同约定支付工程款。

(八)有施工单位签署的工程质量保修书。

(九)对于住宅工程,进行分户验收并验收合格,建设单位按户出具《住宅工程质量分户验收表》。

(十)建设主管部门及工程质量监督机构责令整改的问题全部整改完毕。

(十一)法律、法规规定的其他条件。

10.1.2 竣工验收程序

【原文】

除专用合同条件另有约定外,承包人申请竣工验收的,应当按照以下程序进行:

(1)承包人向工程师报送竣工验收申请报告,工程师应在收到竣工验收申请报告后14天内完成审查并报送发包人。工程师审查后认为尚不具备竣工验收条件的,应在收到竣工验收申请报告后的14天内通知承包人,指出在颁发接收证书前承包人还需进行的工作内容。承包人完成工程师通知的全部工作内容后,应再次提交竣工验收申请报告,直至工程师同意为止。

(2)工程师同意承包人提交的竣工验收申请报告的,或工程师收到竣工验收申请报告后14天内不予答复的,视为发包人收到并同意承包人的竣工验收申请,发包人应在收到该竣工验收申请报告后的28天内进行竣工验收。工程经竣工验收合格的,以竣工验收合格之日为实际竣工日期,并在工程接收证书中载明;完成竣工验收但发包人不予签发工程接收证书的,视为竣工验收合格,以完成竣工验收之日为实际竣工日期。

(3)竣工验收不合格的,工程师应按照验收意见发出指示,要求承包人对不合格工程返工、修复或采取其他补救措施,由此增加的费用和(或)延误的工期由承包人承担。承包人在完成不合格工程的返工、修复或采取其他补救措施后,应重新提交竣工验收申请报告,并按本项约定的程序重新进行验收。

(4)因发包人原因,未在工程师收到承包人竣工验收申请报告之日起42天内完成竣工验收的,以承包人提交竣工验收申请报告之日作为工程实际竣工日期。

(5)工程未经竣工验收,发包人擅自使用的,以转移占有工程之日为实际竣工日期。

除专用合同条件另有约定外,发包人不按照本项和第10.4款[接收证书]约定组织竣工验收、颁发工程接收证书的,每逾期一天,应以签约合同价为基数,按照贷款市场报价利率(LPR)支付违约金。

【解析】

本项规定源于住建部施工合同2017版第13.2.2项[竣工验收程序]、第13.2.3项[竣工日期]的规定。

根据本项规定:

1.竣工验收程序得以明确。

基于本合同示范文本,工程师是竣工验收程序的纽带,在正式提请发包人组织验收程序之前,应首先经过工程师的审查。

2.实际竣工日期的认定得以明确。

本项规定结合我国《施工合同司法解释(一)》的相关规定,带有较为鲜明的"中国特色"。例如,竣工验收合格的,以竣工验收合格之日为实际竣工日期;因发包人原因拖延验收超过42天的,以承包人提交竣工验收申请报告之日作为工程实际竣工日期;未经竣工验收擅自提前投入使用的,则以转移占有之日为实际竣工日期。

具体适用时应注意:

1.工程经验收合格的情况下,本项参照《施工合同司法解释(一)》的规定,以竣工验收合格之日为竣工日期。这一点与九部委2012版和住建部施工合同2017版的相关规定均不相一致。针对此种情形,后两者都是规定以承包人提交竣工验收申请报告的日期为准。在具体的实践中,我们也认为工程经验收合格的情况下,以承包人提交竣工验收申请报告的日期作为竣工日期更为合理。因为从承包人提交竣工验收申请,到发包人具体组织竣工验收,中间有合理的程序上的时间差,而这个期限掌握的主动权并不在于承包人。

例如,承包人在合同约定所要求的竣工日期前7天完成了所有的工作,向工程师报送竣工验收申请报告以后,工程师在14天之内进行了审查,而后工程师提交给发包人,发包人再于收到工程师提交报告之后的第21天(在28天之内)才组织竣工验收,结论是合格的。但是,此时若以竣工验收通过之日作为竣工日期,则显然承包人将构成竣工逾期。若发承包双方约定了较为严格的工期违约责任,对承包人较不公平。

2.对于因发包人原因,在完成竣工验收后不予颁发接收证书的情形,本项规定仍以完成竣工验收之日为实际竣工日期。这一点同样不同于九部委2012版和住建部施工合同 2017 版中,以承包人提交竣工验收申请报告的日期作为实际竣工日期的规定。

建议发承包双方应就上述两点有关实际竣工日期的认定问题加以关注,避免合同履行过程中产生围绕于此,乃至工期违约责任承担的争议。

【流程图】

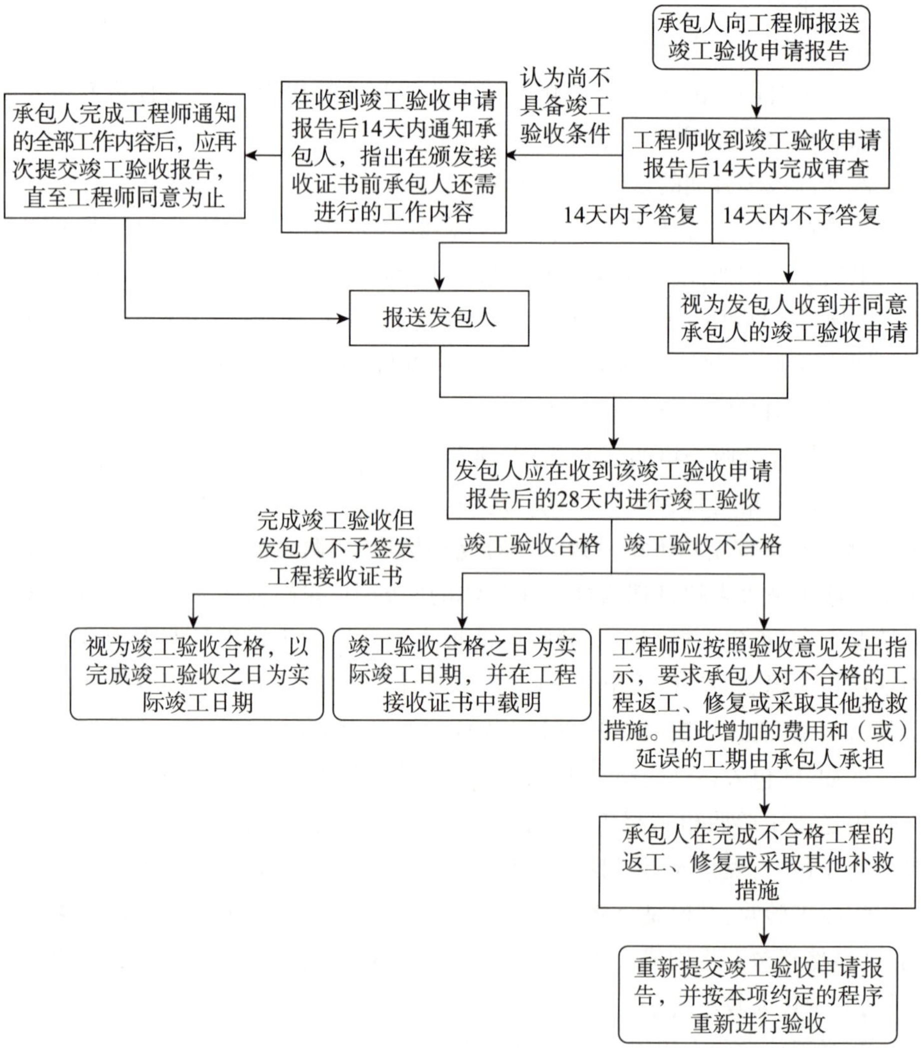

【关联条文】

1.《施工合同司法解释(一)》

第九条　当事人对建设工程实际竣工日期有争议的,人民法院应当分别按照以下情形予以认定:

(一)建设工程经竣工验收合格的,以竣工验收合格之日为竣工日期;

(二)承包人已经提交竣工验收报告,发包人拖延验收的,以承包人提交验收报告之日为竣工日期;

(三)建设工程未经竣工验收,发包人擅自使用的,以转移占有建设工程之日为竣工日期。

2. 九部委2012版

18.3.5　除专用合同条款另有约定外,经验收合格工程的实际竣工日期,以提交竣工验收申请报告的日期为准,并在工程接收证书中写明。

18.3.6　发包人在收到承包人竣工验收申请报告56天后未进行验收的,视为验收合格,实际竣工日期以提交竣工验收申请报告的日期为准,但发包人由于不可抗力不能进行验收的除外。

3. 住建部施工合同2017版

13.2.3　竣工日期

工程经竣工验收合格的,以承包人提交竣工验收申请报告之日为实际竣工日期,并在工程接收证书中载明;因发包人原因,未在监理人收到承包人提交的竣工验收申请报告42天内完成竣工验收,或完成竣工验收不予签发工程接收证书的,以提交竣工验收申请报告的日期为实际竣工日期;工程未经竣工验收,发包人擅自使用的,以转移占有工程之日为实际竣工日期。

10.2　单位/区段工程的验收

【原文】

10.2.1　发包人根据项目进度计划安排,在全部工程竣工前需要使用已经竣工的单位/区段工程时,或承包人提出经发包人同意时,可进行单位/区段工程验收。验收的程序可参照第10.1款[竣工验收]的约定进行。验收合格后,由工程师向承包人出具经发包人签认的单位/区段工程验收证书。单位/区段工程的验收成果和结论作为全部工程竣工验收申请报告的附件。

10.2.2 发包人在全部工程竣工前,使用已接收的单位/区段工程导致承包人费用增加的,发包人应承担由此增加的费用和(或)工期延误,并支付承包人合理利润。

【解析】

本款源于九部委2012版第18.5款[区段工程验收]的规定。

工程总承包项目往往体量较大,实践中存在发包人有需要在部分单位/区段工程已完工的情况下,先行就已完工的部分进行竣工验收使用,以尽快产生投资效益以及回笼建设投资成本。

何为单位/区段工程,在本合同示范文本第1.1.3.5目中,被定义为"是指在专用合同条件中指明特定范围的,能单独接收并使用的永久工程"。若仍存在理解障碍,则可进一步参考《13工程分类标准》中的定义,单位工程是指"具备独立施工条件并能形成独立使用功能的建筑物及构筑物"。

10.3 工程的接收

【原文】

10.3.1 根据工程项目的具体情况和特点,可按工程或单位/区段工程进行接收,并在专用合同条件约定接收的先后顺序、时间安排和其他要求。

10.3.2 除按本条约定已经提交的资料外,接收工程时承包人需提交竣工验收资料的类别、内容、份数和提交时间,在专用合同条件中约定。

【解析】

本两项源于住建部2011版第9.1款[工程接收]的规定。

按照中文语意的理解,工程验收往往就包括了检验与接收的两重含义。从住建部施工合同2017版中可发现,第13.2.4项[拒绝接收全部或部分工程]、第13.2.5项[移交、接收全部与部分工程]被规定在了第13.2款[竣工验收]之中。对照九部委2012版也是如此,可在第18.3款[竣工验收]程序中发现有关工程接收的诸多规定。

而若对比 FIDIC 合同规定,以 FIDIC 黄皮书 2017 版为例,第 9 条[竣工试验]之后即为[雇主的接收],并不像我们国内一样还有独立的工程验收程序。

本合同示范文本则是进行了结合,在竣工试验之后既规定了国内的工程验收程序,又规定了 FIDIC 合同中的工程接收程序。

为便于理解,我们将不同合同示范文本中有关工程接收的程序设置罗列如下:①

1. 住建部 2011 版:竣工试验—工程接收—竣工后试验—竣工验收

2. 九部委 2012 版:竣工试验—竣工验收—竣工后试验

3. FIDIC 黄皮书 2017 版:竣工试验—工程接收—竣工后试验

4. 本合同示范文本:竣工试验—竣工验收—工程接收—竣工后试验

具体适用时应注意:

1. 本合同示范文本以及住建部 2011 版中均规定,根据工程项目的具体情况和特点来安排工程接收。至于具体应当符合怎样的条件才能进行接收,并没有明确的规定。就此,或可借鉴 FIDIC 黄皮书 2017 版第 10.1 款[工程和分项工程的接收]的规定,在制订专用合同条件时予以完善。

2. 有关具体的接收时间,发承包双方可通过专用合同条件加以明确,但应注意下述第 10.4 款[接收证书]中关于接收证书颁发期限的规定。

3. 若对于竣工验收与工程接收程序另有专门的规定,如需要将这两个程序进行更为明晰的梳理与定义的,则也建议发承包双方自行专门定制合同文本,或通过专用合同条件就通用合同条件的有关概念体系重新进行梳理。

【关联条文】

FIDIC 黄皮书 2017 版

10.1 工程和分项工程的接收

除第 9.4 款[未能通过竣工试验]、第 10.2 款[部分工程的接收]和第 10.3 款[对竣工试验的干扰]中所述情况外,在下列情况下,工程应由雇主接收:

(a)工程已按合同规定完成,包括通过竣工试验,但以下(i)段允许的情况

① 具体可参阅下篇中的《建设项目工程总承包合同(示范文本)中关于竣工验收流程与实际竣工日期的认定》一文。

除外;

(b)工程师已根据第5.6款[竣工记录](a)段的规定,对提交的竣工记录发出(或视为已发出)不反对通知;

(c)工程师已根据第5.7款[操作和维护手册]的规定,对工程临时质量管理手册发出(或视为已发出)不反对通知;

(d)承包商已按照第5.5款[培训]的规定进行了培训(如果有);(以及)

(e)已按照本款规定签发工程接收证书,或被视为已根据本款签发时。

承包商可在其认为工程将竣工并做好接收准备的日期前不少于14天,向工程师发出申请接收证书的通知。如工程分成若干分项工程,承包商可类似地为每个分项工程申请接收证书。

如果根据第10.2款[部分工程的接收]的规定接收工程的任何部分,则在满足上述(a)段至(e)段所述的条件之前,不得接收剩余的工程或分项工程。

工程师在收到承包商的通知后28天内,或者:

(i)向承包商签发接收证书,注明工程或分项工程按照合同要求竣工的日期,任何对工程或分项工程的延长预期安全使用目的没有实质影响(如接收证书中所列)的少量扫尾工作和缺陷(直到或当扫尾工作和缺陷修补完成时);(或)

(ii)拒绝申请,向承包商发出通知并说明理由。该通知应说明在能签发接收证书前承包商需做的工作,需修补的缺陷和/或需提交的文件。承包商应在再次根据本款发出进一步的通知前,完成此项工作,修补此类缺陷和/或提交此类文件。

如果工程师在28天期限内没有签发接收证书,或拒绝承包商的申请,以及上述(a)段至(d)段所述的条件已得到满足,在工程师收到承包商申请的通知后的14天内,工程或分项工程应视为已按照合同规定完成,接收证书应视为已签发。

【原文】

10.3.3 发包人无正当理由不接收工程的,发包人自应当接收工程之日起,承担工程照管、成品保护、保管等与工程有关的各项费用,合同当事人可以在专用合同条件中另行约定发包人逾期接收工程的违约责任。

10.3.4 承包人无正当理由不移交工程的,承包人应承担工程照管、成品保护、保管等与工程有关的各项费用,合同当事人可以在专用合同条件中另行约定承包人无正当理由不移交工程的违约责任。

【解析】

本两项源于住建部2011版第9.3款[接收工程的责任]、第9.4款[未能接收工程]的规定。

工程接收在实践中存在发承包双方中的一方拖延或不配合履行的情形,本两项规定即区分发包人责任与承包人责任分别进行了法律后果的规定。

具体适用时应注意:

1.工程接收应在何期限内进行?如何认定发包人应当接收工程之日?本合同示范文本中规定的是"应当接收工程之日",但应当之日应为何日并未予以明确。需进一步结合下述第10.4款[接收证书]的有关规定方能确定。

2.本合同示范文本体系之下,工程接收之日与工程竣工之日的认定是两码事。本合同示范文本中,竣工日期是一个可以固定的时间,具体可参阅前述第10.1.2项第(2)目的规定。结合本两项规定应知,适用本合同示范文本时,工程竣工之后并不代表工程照管、成品保护、保管等责任的转移,该等责任的转移需至工程接收之后。

【关联条文】

1.《民法典》

第六百零四条 标的物毁损、灭失的风险,在标的物交付之前由出卖人承担,交付之后由买受人承担,但是法律另有规定或者当事人另有约定的除外。

第六百四十六条 法律对其他有偿合同有规定的,依照其规定;没有规定的,参照适用买卖合同的有关规定。

2.住建部2011版

9.3 接收工程的责任

9.3.1 保安责任。自单项工程和(或)工程接收之日起,发包人承担其保安责任。

9.3.2 照管责任。自单项工程和(或)工程接收之日起,发包人承担其照管责任。发包人负责单项工程和(或)工程的维护、保养、维修,但不包括需由承包人完成的缺陷修复和零星扫尾的工程部位及其区域。

9.3.3 投保责任。如合同约定施工期间工程的应投保方是承包人时,承包人应负责对工程进行投保并将保险期限保持到9.2.1款约定的发包人接收工程的日期。该日期之后由发包人负责对工程投保。

9.4 未能接收工程

9.4.1 不接收工程。如发包人收到承包人送交的单项工程和(或)工程接收证书申请后的15日内不组织接收,视为单项工程、和(或)工程的接收证书申请已被发包人认可。从第16日起,发包人应根据9.3款的约定承担相关责任。

9.4.2 未按约定接收工程。承包人未按约定提交单项工程和(或)工程接收证书申请的、或未符合单项工程或工程接收条件的,发包人有权拒绝接收单项工程和(或)工程。

发包人未能遵守本款约定,使用或强令接收不符合接收条件的单项工程和(或)工程的,将承担9.3款接收工程约定的相关责任,以及已被使用或强令接收的单项工程和(或)工程后进行操作、使用等所造成的损失、损坏、损害和(或)赔偿责任。

10.4 接收证书

【原文】

10.4.1 除专用合同条件另有约定外,承包人应在竣工验收合格后向发包人提交第14.6款[质量保证金]约定的质量保证金,发包人应在竣工验收合格且工程具备接收条件后的14天内向承包人颁发工程接收证书,但承包人未提交质量保证金的,发包人有权拒绝颁发。发包人拒绝颁发工程接收证书的,应向承包人发出通知,说明理由并指出在颁发接收证书前承包人需要做的工作,需要修补的缺陷和承包人需要提供的文件。

10.4.2 发包人向承包人颁发的接收证书,应注明工程或单位/区段工程经验收合格的实际竣工日期,并列明不在接收范围内的,在收尾工作和缺陷修补完成之前对工程或单位/区段工程预期使用目的没有实质影响的少量收尾工作和缺陷。

10.4.3 竣工验收合格而发包人无正当理由逾期不颁发工程接收证书的,

自验收合格后第 15 天起视为已颁发工程接收证书。

10.4.4　工程未经验收或验收不合格，发包人擅自使用的，应在转移占有工程后 7 天内向承包人颁发工程接收证书；发包人无正当理由逾期不颁发工程接收证书的，自转移占有后第 15 天起视为已颁发工程接收证书。

10.4.5　存在扫尾工作的，工程接收证书中应当将第 14.5.3 项[扫尾工作清单]中约定的扫尾工作清单作为工程接收证书附件。

【解析】

本款主要源于住建部施工合同 2017 版第 13.2.2 项[竣工验收程序]的规定。

针对接收证书的颁发，本款区分正常情形、发包人拖延以及发包人擅自使用等不同场景，分别进行了规定。

具体适用时应注意：

1. 根据本款规定，接收证书的颁发主体是发包人，这一点不同于 FIDIC 黄皮书 2017 版中的规定。后者规定的是工程师。

2. 不同于住建部施工合同 2017 版的规定，本款将承包人提交质量保证金也作为了发包人颁发工程接收证书的前提条件。在工程实践中，这种规定主要是针对承包人以提交工程质量保证担保的方式而言。

3. 结合前述本合同示范文本第 10.1.2 项[竣工验收程序]的规定，竣工验收合格后发包人逾期颁发工程接收证书的，将导致视为竣工验收合格，以及自验收合格后第 15 天起视为已颁发工程接收证书的法律后果。

4. 本款规定就接收证书的颁发程序未设置承包人申请的前提条件，而是直接规定在工程接收条件满足后的一定期限(14 天)内，发包人负有相应的工程接收证书的颁发义务。但在住建部 2011 版与 FIDIC 合同中，均规定了承包人需先行提出接收证书的申请。相较而言，若无承包人的申请，似乎在程序设置上较为突兀。有关工程接收条件的满足与否全将有赖于发包人的评判。而实际上，工程接收条件是否成就，其实应由承包人自行决定。FIDIC 黄(或银)皮书 2017 版第 10.1 款[工程和分项工程的接收]中，用的是 in the Contractor's opinion 的表述，即是基于承包商的视角。

5. 本款第 10.4.4 项规定，工程未经验收或验收不合格，但发包人擅自使用的,发包人有义务在转移占有工程后的 7 天内颁发工程接收证书,而在发包人逾期颁发的情况下,视为已经颁发工程接收证书的时间起算点是从转移占有工程后的第 15 天起,而不是第 8 天。这里应注意,假设实践中存在发包人在 7 天内未颁发工程接收证书,但是第 8 天至第 14 天之间颁发的,则该如何认定?虽然此类情形实践中几乎不太可能发生,但就合同条款本身的内在逻辑来讲,发承包双方应注意通过专用合同条件予以完善,并使其自洽。

【流程图】

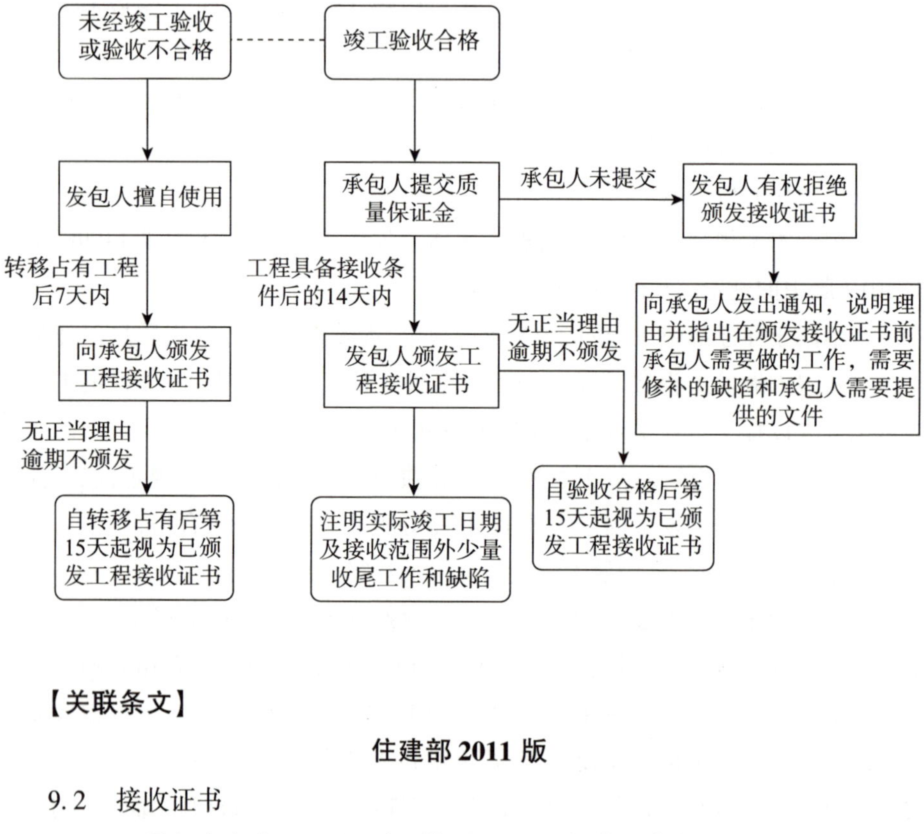

【关联条文】

住建部 2011 版

9.2 接收证书

9.2.1 承包人应在工程和(或)单项工程具备接收条件后的 10 日内,向发包人提交接收证书申请,发包人应在接到申请后的 10 日内组织接收,并签发工程和(或)单项工程接收证书。

单项工程的接收以 8.2.6 款第(2)项约定的日期,作为接收日期。

工程的接收以8.2.6款第(3)项约定的日期,作为接收日期。

9.2.2 扫尾工程和缺陷修复。对工程或(和)单项工程的操作、使用没有实质影响的扫尾工程和缺陷修复,不能作为发包人不接收工程的理由。经发包人与承包人协商确定的承包人完成该扫尾工程和缺陷修复的合理时间,作为接收证书的附件。

10.5 竣工退场

【原文】

10.5.1 竣工退场

颁发工程接收证书后,承包人应对施工现场进行清理,并撤离相关人员,使得施工现场处于以下状态,直至工程师检验合格为止:

(1)施工现场内残留的垃圾已全部清除出场;

(2)临时工程已拆除,场地已按合同约定进行清理、平整或复原;

(3)按合同约定应撤离的人员、承包人提供的施工设备和剩余的材料,包括废弃的施工设备和材料,已按计划撤离施工现场;

(4)施工现场周边及其附近道路、河道的施工堆积物,已全部清理;

(5)施工现场其他竣工退场工作已全部完成。

施工现场的竣工退场费用由承包人承担。承包人应在专用合同条件约定的期限内完成竣工退场,逾期未完成的,发包人有权出售或另行处理承包人遗留的物品,由此支出的费用由承包人承担,发包人出售承包人遗留物品所得款项在扣除必要费用后应返还承包人。

10.5.2 地表还原

承包人应按合同约定和工程师的要求恢复临时占地及清理场地,否则发包人有权委托其他人恢复或清理,所发生的费用由承包人承担。

10.5.3 人员撤离

除了经工程师同意需在缺陷责任期内继续工作和使用的人员、施工设备和临时工程外,承包人应按专用合同条件约定和工程师的要求将其余的人员、施工设备和临时工程撤离施工现场或拆除。除专用合同条件另有约定外,缺陷责任期满时,承包人的人员和施工设备应全部撤离施工现场。

【解析】

本款源于九部委 2012 版第 18.7 款[竣工清场]、第 18.8 款[施工队伍的撤离]与住建部施工合同 2017 版第 13.6 款[竣工退场]的规定。

对比 FIDIC 合同,本合同示范文本借鉴国内多个合同版本,规定了竣工验收、工程接收之后有关承包人的人、材、机退场问题。而在 FIDIC 合同中,一方面并未涉及所谓承包商人员退场的问题,另一方面现场清理工作也是规定在雇主颁发履约证书之后,而非接收证书颁发之后。因为在接收证书颁发之后的缺陷责任通知期之内,承包商仍有需要安排人员、使用相关材料、机械设备进行扫尾工作和修补缺陷的可能。

而若确有需要类似本款规定,就承包人的有关退场义务进行明确的,我们建议可将承包人的退场义务规定在竣工验收之后、接收证书颁发之前。因为如果在工程竣工验收与接收之后再行规定有关的退场程序,则可能逻辑上存在障碍。一般来讲,发包人都已经接收了,意味着承包人退场了。接收在中文语义下就包括有交接的意思。

具体适用时应注意:

1. 发承包双方在具体制订有关的工程总承包合同时,可考虑将承包人的退场义务规范到其移交工程(工程接收)的相应程序之中。承包人竣工后未完成退场工作的,发包人可不予接收工程,由此导致的发包人费用增加和工期延长责任应由承包人予以承担。

2. 专用合同条件还可约定,承包人竣工后未完成退场工作,但是发包人仍接收工程的,经发包人再次通知的合理期限内(具体期限也应尽量通过专用合同条件予以明确约定),承包人仍未完成退场工作的,发包人有权出售或另行处理承包人遗留的物品,由此支出的费用由承包人承担。与此同时,还应考虑到承包人的有关人员、设备、材料等滞留现场给予发包人的工程现场场地的使用障碍所造成的损失。例如,可参照当地周边的租金标准,计取相应的场地使用费。

3. 若仍保留本通用合同条件的表述,则应注意在专用合同条件中约定好承包人退场的期限要求。综观各示范文本,在九部委2012版中,对于“施工队伍的撤离”设置了“工程接收证书颁发后的56天内”的期限要求;在FIDIC黄皮书2017版中,则是要求在发包人颁发履约证书后的28天内完成现场的场地清理。

4. 本款规定,发包人出售承包人遗留物品所得款项在扣除必要费用后应返还承包人。基于发包人视角,此系因承包人违约所致,承包人遗留现场的物品如经再次通知后仍不予搬离的,是否可得视为“遗弃物”予以处置,发包人无须再予返还。这也有赖于发承包双方通过专用合同条件加以明确。

【关联条文】

FIDIC黄皮书2017版

11.9 履约证书

直到工程师向承包商签发履约证书,注明承包商完成合同规定的各项义务的日期后,才应认为承包商的义务已经完成。

工程师应在最后一个缺陷通知期限期满日期后28天内,或在承包商有下列情况时签发(抄送雇主和争端避免/裁决委员会)履约证书:

(a)提供所有承包商文件,且工程师已根据第5.6款[竣工记录](b)段的规定发出(或被视为已发出)对竣工记录的不反对通知;(以及)

(b)根据合同要求完成所有工程的施工和试验(包括修补任何缺陷)。

如果工程师未能在这28天的期限内签发履约证书,履约证书应被视为已根据本款的要求,在应签发日期后的28天的日期签发。

只有履约证书才应被视为构成对工程的认可。

11.11 现场清理

签发履约证书后,承包商应立即:

(a)从现场撤走任何剩余的承包商设备、多余材料、残余物、垃圾和临时工程等;

(b)恢复在工程施工期间受承包商活动影响和不被永久工程占用的现场所有部分;(以及)

(c)让现场和工程保持在雇主要求规定的状态(如未规定,保持在整洁和安全的状态下)。

如果承包商未能在履约证书签发后28天内,遵守上述(a)、(b)和或(c)段的规定,雇主可(在适用法律允许的范围内)出售或另行处理任何这些剩余物品,和/或可恢复和清理现场(视需要而定),费用由承包商承担。

雇主应有权根据第20.2款[付款和/或竣工时间延长的索赔]的规定,要求承包商支付与此类有关出售、处理、恢复和/或清理现场所发生的合理费用,减去销售所得的金额(如果有)。

第11条　缺陷责任与保修

11.1　工程保修的原则

【原文】

在工程移交发包人后,因承包人原因产生的质量缺陷,承包人应承担质量缺陷责任和保修义务。缺陷责任期届满,承包人仍应按合同约定的工程各部位保修年限承担保修义务。

【解析】

本款源于住建部施工合同2017版第15.1款[工程保修的原则]的规定。

中国法下,保修期是一个法定概念,而缺陷责任期的说法却是一个"舶来品",基本对应FIDIC合同中的缺陷通知期(Defects Notification Period)。而在住建部2011版中,这两个概念也基本上是混用的。例如,根据住建部2011版第1.1.48项的定义,缺陷责任期是指承包人按合同约定承担缺陷保修责任的期间。在本合同示范文本中,则进行了区分。根据本合同示范文本第1.1.4.6目和第1.1.4.7目的定义,缺陷责任期与质量保证金的返还相关联,而保修期则真正地与保修责任关联。

另外,工程保修的原则是建立在因承包人原因产生的质量缺陷基础上的。也就是说,如果有关质量缺陷是因为非承包人原因所致,则不可归属于本合同示范文本所规定的保修范围。

具体适用时应注意:

本款规定,在工程移交发包人后,承包人开始承担质量缺陷责任和保修义务,较易让人理解为,本合同示范文本体系之下,工程质量缺陷责任和保修义务均从工程移交发包人之后起算。根据前述规定可知,本合同示范文本体系下,工程通过竣工验收与进行工程接收,并非同一日期。那么在此“空档”期限内,有关的质量缺陷责任和保修义务应由谁来承担?根据《建设工程质量管理条例》第四十条第三款的规定,“建设工程的保修期,自竣工验收合格之日起计算”。显然在我国,建设工程的保修期起算是法定的。因此,尽管下述第 11.2 款对于缺陷责任期的起算另有规定,但是为避免不必要的歧义性理解,对于本款的规定,在具体制订有关的工程总承包合同之时,仍最好另行通过专用合同条件的约定加以明确。

【关联条文】

1.《建筑法》

第六十二条 建筑工程实行质量保修制度。

建筑工程的保修范围应当包括地基基础工程、主体结构工程、屋面防水工程和其他土建工程,以及电气管线、上下水管线的安装工程,供热、供冷系统工程等项目;保修的期限应当按照保证建筑物合理寿命年限内正常使用,维护使用者合法权益的原则确定。具体的保修范围和最低保修期限由国务院规定。

2.《建设工程质量管理条例》

第三十九条 建设工程实行质量保修制度。

建设工程承包单位在向建设单位提交工程竣工验收报告时,应当向建设单位出具质量保修书。质量保修书中应当明确建设工程的保修范围、保修期限和保修责任等。

第四十条 在正常使用条件下,建设工程的最低保修期限为:

(一)基础设施工程、房屋建筑的地基基础工程和主体结构工程,为设计文件规定的该工程的合理使用年限;

(二)屋面防水工程、有防水要求的卫生间、房间和外墙面的防渗漏,为 5 年;

(三)供热与供冷系统,为 2 个采暖期、供冷期;

(四)电气管线、给排水管道、设备安装和装修工程,为 2 年。

其他项目的保修期限由发包方与承包方约定。

建设工程的保修期,自竣工验收合格之日起计算。

11.2 缺陷责任期

【原文】

缺陷责任期原则上从工程竣工验收合格之日起计算,合同当事人应在专用合同条件约定缺陷责任期的具体期限,但该期限最长不超过24个月。

单位/区段工程先于全部工程进行验收,经验收合格并交付使用的,该单位/区段工程缺陷责任期自单位/区段工程验收合格之日起算。因发包人原因导致工程未在合同约定期限进行验收,但工程经验收合格的,以承包人提交竣工验收报告之日起算;因发包人原因导致工程未能进行竣工验收的,在承包人提交竣工验收报告90天后,工程自动进入缺陷责任期;发包人未经竣工验收擅自使用工程的,缺陷责任期自工程转移占有之日起开始计算。

由于承包人原因造成某项缺陷或损坏使某项工程或工程设备不能按原定目标使用而需要再次检查、检验和修复的,发包人有权要求承包人延长该项工程或工程设备的缺陷责任期,并应在原缺陷责任期届满前发出延长通知。但缺陷责任期最长不超过24个月。

【解析】

本款源于住建部施工合同2017版第15.2款[缺陷责任期]的规定。

相较而言:

1. 对于缺陷责任期的起算,本款规定使用了“原则上”这三个字,并没有直接规定是从工程竣工验收合格之日起计算。这是因为实践中存在没有进行发承包双方竣工验收,但根据法律规定或合同约定,视为竣工验收合格的情形。

2. 住建部施工合同2017版中规定,因承包人原因导致工程无法按合同约定期限进行竣工验收的,缺陷责任期从实际通过竣工验收之日起计算。本款规定进行了删除,因为既然缺陷责任期是从工程竣工验收合格之日起计算,则因承包人原因导致的竣工验收迟延进而引发的缺陷责任期顺延,亦是题中应有之义。

3. 住建部施工合同2017版中规定,因发包人原因导致工程无法按合同约定期限进行竣工验收的,在承包人提交竣工验收报告90天后,工程自动进入缺陷责任期。本款规定中又进一步进行了区分,一种情形是在承包人提交竣工验收报告后的90天内仍然进行了验收,只是因为发包人原因而产生了迟延,该种情形下,根据现行《施工合同司法解释(一)》第九条的规定,则以承包人提交验收报告之日为竣工日期。另一种情形是在承包人提交竣工验收报告后的90天内仍然无法进行验收的,则应依据《建设工程质量保证金管理办法》第八条的规定,视为工程自动进入缺陷责任期。

具体适用时应注意:

发包人要求承包人延长缺陷责任期的,应在原缺陷责任期届满前发出延长通知。不过,若发包人未发出延长通知会导致怎样的不利后果,本合同示范文本未有明确规定。建议发承包双方可在专用合同条件中就此进行协商约定。

【关联条文】

1.《建设工程质量保证金管理办法》

第二条　本办法所称建设工程质量保证金(以下简称保证金)是指发包人与承包人在建设工程承包合同中约定,从应付的工程款中预留,用以保证承包人在缺陷责任期内对建设工程出现的缺陷进行维修的资金。

缺陷是指建设工程质量不符合工程建设强制性标准、设计文件,以及承包合同的约定。

缺陷责任期一般为1年,最长不超过2年,由发、承包双方在合同中约定。

第八条　缺陷责任期从工程通过竣工验收之日起计。由于承包人原因导致工程无法按规定期限进行竣工验收的,缺陷责任期从实际通过竣工验收之日起计。由于发包人原因导致工程无法按规定期限进行竣工验收的,在承包人提交竣工验收报告90天后,工程自动进入缺陷责任期。

2.《施工合同司法解释(一)》

第十七条　有下列情形之一,承包人请求发包人返还工程质量保证金的,人民法院应予支持:

(一)当事人约定的工程质量保证金返还期限届满;

(二)当事人未约定工程质量保证金返还期限的,自建设工程通过竣工验收之日起满二年;

(三)因发包人原因建设工程未按约定期限进行竣工验收的,自承包人提交工程竣工验收报告九十日后当事人约定的工程质量保证金返还期限届满;当事人未约定工程质量保证金返还期限的,自承包人提交工程竣工验收报告九十日后起满二年。

发包人返还工程质量保证金后,不影响承包人根据合同约定或者法律规定履行工程保修义务。

11.3 缺陷调查

11.3.1 承包人缺陷调查

【原文】

如果发包人指示承包人调查任何缺陷的原因,承包人应在发包人的指导下进行调查。承包人应在发包人指示中说明的日期或与发包人达成一致的其他日期开展调查。除非该缺陷应由承包人负责自费进行修补,承包人有权就调查的成本和利润获得支付。

如果承包人未能根据本款开展调查,该调查可由发包人开展。但应将上述调查开展的日期通知承包人,承包人可自费参加调查。如果该缺陷应由承包人自费进行修补,则发包人有权要求承包人支付发包人因调查产生的合理费用。

【解析】

本项源于 FIDIC 银皮书 2017 版第 11.8 款[承包商调查]的规定。

一方面,如发包人要求进行缺陷调查的,承包人应当遵照执行,除该缺陷应由承包人负责的以外,承包人有权就进行缺陷调查而发生的相关成本和利润向发包人进行索赔。

另一方面,如承包人未能遵照发包人要求调查的指示执行,则发包人可得自行安排调查,由此发生的合理费用由承包人负担。此种情形下,并不存在发包人所谓利润损失的说法。

11.3.2 缺陷责任

【原文】

缺陷责任期内,由承包人原因造成的缺陷,承包人应负责维修,并承担鉴定及维修费用。如承包人不维修也不承担费用,发包人可按合同约定从质量保证金中扣除,费用超出质量保证金金额的,发包人可按合同约定向承包人进行索赔。承包人维修并承担相应费用后,不免除对工程的损失赔偿责任。发包人在使用过程中,发现已修补的缺陷部位或部件还存在质量缺陷的,承包人应负责修复,直至检验合格为止。

【解析】

本项源于九部委 2012 版第 19.2.2 项与住建部施工合同 2017 版第 15.2.2 项的规定。

具体适用时应注意:

1. 缺陷责任期内,承包人进行维修并承担相应费用的,并不当然地免除其应对工程的损失所应承担的赔偿责任。例如,发包人的停业、停产损失。这一点,即便超过缺陷责任期,如仍在法律规定或合同约定的保修期内的,承包人同样也应承担相应的责任。

2. 某一缺陷经维修后仍存在瑕疵的,承包人应负责继续维修。结合本合同示范文本第 11.2 款[缺陷责任期]的规定,缺陷责任期最长不超过 24 个月。若缺陷责任期届满,甚或法定质量保修期也已届满的情况下,有关瑕疵仍未彻底修复,则该如何处理?本项未有明确规定。实践中,也常常引发争议。就此,基于发包人角度,一方面可尝试在合同约定中,延长保修期;另一方面可参考九部委 2012 版第 19.2.4 项的规定,赋予承包人在合理时间内完成修复的义务。

【关联条文】

1.《建设工程质量保证金管理办法》

第九条　缺陷责任期内,由承包人原因造成的缺陷,承包人应负责维修,并承担鉴定及维修费用。如承包人不维修也不承担费用,发包人可按合同约定从保证金或银行保函中扣除,费用超出保证金额的,发包人可按合同约定向承包人进行索赔。承包人维修并承担相应费用后,不免除对工程的损失赔偿责任。

由他人原因造成的缺陷,发包人负责组织维修,承包人不承担费用,且发包人不得从保证金中扣除费用。

2. 九部委 2012 版

19.2.4　承包人不能在合理时间内修复缺陷的,发包人可自行修复或委托其他人修复,所需费用和利润的承担,按第19.2.3项约定执行。

11.3.3 修复费用

【原文】

发包人和承包人应共同查清缺陷或损坏的原因。经查明属承包人原因造成的,应由承包人承担修复的费用。经查验非承包人原因造成的,发包人应承担修复的费用,并支付承包人合理利润。

【解析】

本项源于九部委2012版第19.2.3项的规定。

前述第11.3.2项实际是针对承包人原因造成的缺陷修复责任进行的规定,而本项更为主要的是针对非承包人原因造成的缺陷修复责任进行明确。

相较而言:

应注意到,本合同示范文本中将九部委2012版第19.2.3项中的"发包人原因"改为了"非承包人原因"。虽然表面上看起来好像讲的是同一回事,但其背后的归责原则却并不相同。"非承包人原因"的范围要大于"发包人原因"。在缺陷责任期内,工程已由发包人接收,并非承包人所能控制。只要非承包人原因引起的瑕疵,不论是发包人原因还是其他第三方引起的,均不可归责于承包人。

具体适用时应注意:

若对比住建部施工合同2017版还可发现,在住建部施工合同2017版中,除了修复费用以外,对于不同情形下(区分承包人原因、发包人使用不当与其他原因)的维修行为是否应当由承包人负责,也进行了规定。为避免争议,建议发承包双方在制订具体的专用合同条件时予以参考约定。

【关联条文】

1.《房屋建筑工程质量保修办法》

第十七条 下列情况不属于本办法规定的保修范围:

(一)因使用不当或者第三方造成的质量缺陷;

(二)不可抗力造成的质量缺陷。

2. 住建部施工合同 2017 版

15.4.2　修复费用

保修期内,修复的费用按照以下约定处理:

(1)保修期内,因承包人原因造成工程的缺陷、损坏,承包人应负责修复,并承担修复的费用以及因工程的缺陷、损坏造成的人身伤害和财产损失;

(2)保修期内,因发包人使用不当造成工程的缺陷、损坏,可以委托承包人修复,但发包人应承担修复的费用,并支付承包人合理利润;

(3)因其他原因造成工程的缺陷、损坏,可以委托承包人修复,发包人应承担修复的费用,并支付承包人合理的利润,因工程的缺陷、损坏造成的人身伤害和财产损失由责任方承担。

11.3.4　修复通知

【原文】

在缺陷责任期内,发包人在使用过程中,发现已接收的工程存在缺陷或损坏的,应书面通知承包人予以修复,但情况紧急必须立即修复缺陷或损坏的,发包人可以口头通知承包人并在口头通知后 48 小时内书面确认,承包人应在专用合同条件约定的合理期限内到达工程现场并修复缺陷或损坏。

【解析】

本项源于住建部施工合同 2017 版第 15.4.3 项[修复通知]的规定。

相较而言:

本项把"在保修期内"改成了"在缺陷责任期内"。

具体适用时应注意:

1. 发包人应以书面通知的方式,在缺陷责任期内向承包人知会有关的缺陷维修义务。

2. 情况紧急的,发包人可以通过口头的方式予以通知,但应在 48 小时之内予以书面确认。至于 48 小时之内如果发包人没有书面通知,该如何处理?是视为逾期失权,即便发包人事后能够证明该等缺陷或损失在客观事实上存在,也由发包人自行承担,还是说,在发包人事后能证明的情况下,可要求承包人予以负担?本款并没有予以规定。发承包双方应注意通过专用合同条件予以明确。

3. 根据前述相关规定可知,承包人的维修义务仅发生在由于承包人原因造成缺陷的情形之下。但本项有关修复通知的规定并未作此区分。实践中,特别是针对情况紧急的突发状况,也不可能等到发承包双方先行查明各自责任所在。从工程质量、安全为第一要务的角度,似乎在缺陷责任期乃至保修期内赋予承包人维修行为之义务,也更为合理。基于此,则发承包双方可通过专用合同条件约定,在保修期内的质量缺陷,发包人有权通知承包人来进行维修,但是费用由责任方承担。

【关联条文】

《房屋建筑工程质量保修办法》

第九条 房屋建筑工程在保修期限内出现质量缺陷,建设单位或者房屋建筑所有人应当向施工单位发出保修通知。施工单位接到保修通知后,应当到现场核查情况,在保修书约定的时间内予以保修。发生涉及结构安全或者严重影响使用功能的紧急抢修事故,施工单位接到保修通知后,应当立即到达现场抢修。

11.3.5 在现场外修复

【原文】

在缺陷责任期内,承包人认为设备中的缺陷或损害不能在现场得到迅速修复,承包人应当向发包人发出通知,请求发包人同意把这些有缺陷或者损害的设备移出现场进行修复,通知应当注明有缺陷或者损害的设备及维修的相关内容,发包人可要求承包人按移出设备的全部重置成本增加质量保证金的数额。

【解析】

本项源于 FIDIC 黄(或银)皮书 2017 版第 11.5 款[现场外缺陷工程的修补]的规定。

工程总承包项目往往涉及承包人外部采购的大型机械工业设备,结构复杂、智能化程度高,在工程现场无法得到迅速地维修而导致工程使用目的无法实现。为此,需要返还原先的设备制造商工厂或委托其他更为专业的维修商予以修复。本项规定即源于此。

具体适用时应注意：

相较 FIDIC 合同来讲,本项内容还有进一步细化的空间,发承包双方可在具体的专用合同条件中,就包括但不限于的以下事项进行明确约定:(1)缺陷或者损害的设备是被移到哪里去修?(2)缺陷或者损害的设备是通过怎样的交通运输方式运送出去的?以及,有无购买相关的运输保险?(3)准备在场外进行的检测方案是怎样的?(4)场外维修所需花费的时间计划多久?(5)就修复好的设备进行重新安装与检测的时间计划多久?

【关联条文】

FIDIC 黄(或银)皮书 2017 版

11.5　现场外缺陷工程的修补

如果在缺陷通知期限期间,承包商认为任何生产设备的任何缺陷或损害在现场无法迅速修复,承包商应向雇主发出通知,说明理由,要求雇主同意将此类有缺陷或损害的生产设备移出现场进行修复。该通知应明确指出每项有缺陷或损害的生产设备,并应详细说明：

(a)需要修复的缺陷或损害；

(b)有缺陷或损害的生产设备将被送修的地点；

(c)要使用的运输方式(以及此类运输的保险范围)；

(d)建议在现场外进行的检查和试验；

(e)修复后的生产设备返回现场前所需的计划时间;(以及)

(f)修复后的生产设备重新安装和重新试验的计划时长(根据第 7.4 款[由承包商试验]和/或第 9 条[竣工试验]规定,如适用)。

承包商还应提供雇主可能合理要求的任何进一步细节。

雇主同意时(该同意不应免除本条规定的承包商的任何义务或责任)承包商可将此类有缺陷或损害的各项生产设备移出现场进行修复。作为该同意的一个条件,雇主可要求承包商按有缺陷或损害的生产设备的全部重置成本,增加履约担保的金额。

11.3.6 未能修复

【原文】

因承包人原因造成工程的缺陷或损坏,承包人拒绝维修或未能在合理期限内修复缺陷或损坏,且经发包人书面催告后仍未修复的,发包人有权自行修复或委托第三方修复,所需费用由承包人承担。但修复范围超出缺陷或损坏范围的,超出范围部分的修复费用由发包人承担。

如果工程或工程设备的缺陷或损害使发包人实质上失去了工程的整体功能,发包人有权向承包人追回已支付的工程款项,并要求其赔偿发包人相应损失。

【解析】

本项源于住建部施工合同 2017 版第 15.4.4 项[未能修复]与 FIDIC 银皮书 2017 版第 11.4 款[未能修补缺陷]的规定。

具体适用时应注意:

1. 未能修复的认定,有相关的程序规则。

(1)对于承包人原因所致的工程缺陷或损坏,承包人未能在发包人要求的期限内进行修复,存在不适当的迟延(Unduly Delayed)。

(2)承包人未在适当的期限内进行修复工程缺陷或损坏,发包人应书面催告,要求承包人在合理的期限(Reasonable Time)内尽快完成修复。

(3)若发包人催告后承包人仍未修复的,发包人有权自行修复或委托第三方修复。

2. 相较 FIDIC 银皮书 2017 版的规定来讲,本项内容还有进一步细化的空间,发承包双方可在具体的专用合同条件中,就包括但不限于的以下事项进行补充约定:

(1)发包人可接收存在缺陷和(或)损坏的工程,但可得向承包人主张相关的履约损害赔偿金,或者当在没有履约担保的情况下,向承包人主张减少有关的工程价款。

(2)就任何无法正常使用的工程部分,通过合同变更条款进行删减。

(3)如果有关缺陷和(或)损害导致发包人无法实质性正常使用该项工程的,则发包人有权解除合同,并有权要求承包人赔偿包括发包人该工程所投入的所有费用,外加财务成本和任何因拆除工程、清理场地以及发还生产设备和材料给承包人而发生的相关费用。

【关联条文】

FIDIC 银皮书 2017 版

11.4　未能修补缺陷

如果承包商不适当地延误了根据第 11.1 款[完成收尾工作和修补缺陷]中所述的修补任何缺陷或损害,雇主(或其代表)可确定一个日期,要求在该日期或不迟于该日期修补好缺陷和损害。雇主(或其代表)应将该固定日期向承包商发出通知,该通知应允许承包商有合理的时间(适当考虑所有相关情况)修补缺陷或损害。

如果承包商未能在该通知中规定的日期修补好缺陷或损害,并且根据第 11.2 款[修补缺陷的费用]的规定,此项修补工作应由承包商承担费用,雇主可以(雇主自行决定):

(a)按合同要求的方式或由他人进行此项工作(包括任何重新试验),由承包商承担费用,但承包商对此项工作将不再负责任。雇主应有权按照第 20.2 款[付款和/或竣工时间延长的索赔]的规定,要求承包商支付由雇主修补缺陷或损害而合理发生的费用;

(b)接受损害或有缺陷的工作,在这种情况下,雇主有权根据第 20.2 款[付款和/或竣工时间延长的索赔]的规定,有权获得:

(i)承包商因完全弥补此项违约而支付的履约损害赔偿费;或

(ii)如果合同未规定性能保证资料表,或没有适用的履约损害赔偿费,则合同价格减少。扣减额应完全弥补此项违约并以适当金额弥补因此项违约给雇主造成的扣减价值;

(c)要求雇主将因该疏忽而不能用于合同规定的预期目的的工程任何部分视为删减项目,如同此类删减是根据第 13.3.1 项[指示变更]指示的;(或)

(d)如果缺陷或损害使雇主实质上丧失了工程的整个利益,则立即终止整个合同(第 15. 2 款[由承包商违约的终止]不适用)。按照第 20. 2 款[付款和/或竣工时间延长的索赔]的规定,雇主还应有权向承包商收回对工程的全部支出总额,加上融资费用和拆除工程、清理现场以及将生产设备和材料退还给承包商所支付的任何费用。

雇主根据上述(c)或(d)段的规定行使酌处权,不得损害雇主根据合同或其他规定可能享有的任何其他权利。

11. 4　缺陷修复后的进一步试验

【原文】

任何一项缺陷修补后的 7 天内,承包人应向发包人发出通知,告知已修补的情况。如根据第 9 条[竣工试验]或第 12 条[竣工后试验]的规定适用重新试验的,还应建议重新试验。发包人应在收到重新试验的通知后 14 天内答复,逾期未进行答复的视为同意重新试验。承包人未建议重新试验的,发包人也可在缺陷修补后的 14 天内指示进行必要的重新试验,以证明已修复的部分符合合同要求。

所有的重复试验应按照适用于先前试验的条款进行,但应由责任方承担修补工作的成本和重新试验的风险和费用。

【解析】

本款源于 FIDIC 黄(或银)皮书 2017 版第 11. 6 款[修补缺陷后进一步试验]的规定。

关于缺陷修复后还需要进一步试验的问题,国内仅九部委 2012 版第 19. 4 款[进一步试验和试运行]中进行了相对笼统的规定。本款借鉴 FIDIC 黄(或银)皮书 2017 版[1]的规定,就有关程序进行了细化。

---

① 相较于 FIDIC 银皮书 1999 版而言,FIDIC 银皮书 2017 版的规定增加了发承包双方之间的程序性规制,使得缺陷修复后的进一步试验流程更为严谨,权利义务的承担也更为明晰。

【流程图】

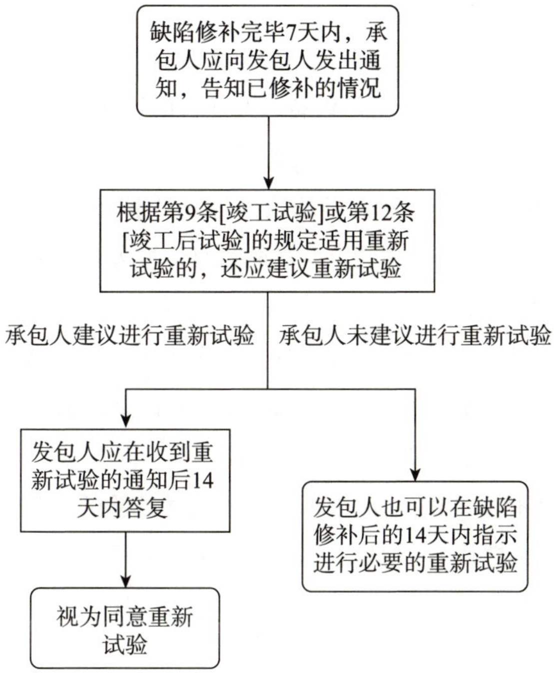

【关联条文】

1. 九部委 2012 版

19.4　进一步试验和试运行

任何一项缺陷或损坏修复后,经检查证明其影响了工程或工程设备的使用性能,承包人应重新进行合同约定的试验和试运行,试验和试运行的全部费用应由责任方承担。

2. FIDIC 银皮书 1999 版

11.6　进一步试验

如果任何缺陷或损害的修补,可能对工程的性能产生影响,雇主可要求重新进行合同提出的任何试验,包括竣工试验和(或)竣工后试验。此要求应在缺陷或损害修补后 28 天内发出通知提出。

这些试验,除应根据第 11.2 款[修补缺陷的费用]的规定,由对修补费用负责的一方承担试验的风险和费用外,应按适用于先前试验的条款进行。

3. FIDIC 银皮书 2017 版[①]

11.6　修补缺陷后进一步试验

在完成任何缺陷或损害的修补工作后 7 天内,承包商应向雇主发出通知,说明修补的工程、分项工程和/或生产设备以及建议的重新试验(根据第 9 条[竣工试验]或第 12 条[竣工后试验]的规定,如果适用)。如果雇主接到通知后 14 天内没有答复,通知承包商其反对此类拟议的重复试验和/或对证明修补工程、分项工程和/或生产设备符合合同规定所需的重复试验发出指示,雇主应被认为同意了承包商拟议的重复试验。

如果承包商未能在 7 天内发出此类通知,雇主可在缺陷或损害修补后 14 天内向承包商发出通知,指示进行必要的重新试验,以证明修补的工程、分项工程和/或生产设备符合合同要求。

本款规定的所有重复试验,应根据适用于前述试验的条款实施,除了根据第 11.2 款[修补缺陷的费用]的规定,进行这些试验的风险和费用,应由负责修补工作的一方承担。

11.5　承包人出入权

【原文】

在缺陷责任期内,为了修复缺陷或损坏,承包人有权出入工程现场,除情况紧急必须立即修复缺陷或损坏外,承包人应提前 24 小时通知发包人进场修复的时间。承包人进入工程现场前应获得发包人同意,且不应影响发包人正常的生产经营,并应遵守发包人有关安保和保密等规定。

【解析】

本款源于住建部施工合同 2017 版第 15.4.5 项[承包人出入权]的规定。

根据本款的规定,除非情势紧急,否则承包人不得随意进场,而应提前 24 小

---

① 本款在 FIDIC 黄皮书和银皮书中的差异,主要在于承包商发出通知的对象,黄皮书下为工程师,银皮书下为雇主。因本款中规定的也是发包人,为此关联条文部分仅罗列了银皮书的规定。

时在进场修复前通知发包人。但实践中的情况可能往往是发包人先发现问题,再来通知并要求承包人在某一时间之内进场修复,较少出现承包人在进场前还需提前24小时进行通知的情形。

另外,与FIDIC合同相比,FIDIC合同规定承包商在雇主接收工程之日起,直至雇主颁发履约证书的第28天为止,均有工程现场的进入权(Right of Access after Taking Over),以及在缺陷责任期内进入工程现场对于工程的运行、维护和性能记录的获取权。显然,FIDIC合同项下,承包商进入工程现场不仅仅是为了进行工程维修,还涉及有关资料、数据记录的获取等。

具体适用时应注意:

1. 本款规定的承包人出入权是针对缺陷责任期而言,并非针对保修期,这与住建部施工合同2017版的规定不同。有如前述,缺陷责任期与保修期并非同一概念,后者以法定最低质量保修期为"底线",通常来讲其期限要长于前者。在FIDIC合同中,FIDIC黄(或银)皮书1999版规定的承包商进入权期限是至雇主颁发履约证书为止,FIDIC黄(或银)皮书2017版中则调整为了雇主颁发履约证书之后的第28天为止。因此,在具体适用本合同示范文本制订有关的专用合同条件时,发承包双方可予专门约定。

2. 在FIDIC合同中对于承包商需要进入工程以获取工程的运行、维护和性能记录的情形,规定了有关的程序。承包商应先提出申请,雇主在收到承包商申请后再发出通知。如果雇主不合理地延误对承包商申请的许可,由此可能导致的承包商费用和利润损失,承包商有权提出索赔。就此,亦可在适用本合同示范文本有关的专用合同条件时予以借鉴。

【关联条文】

1. FIDIC银皮书1999版

11.7　进入权

在颁发履约证书前,承包商应有进入工程的所有部分,使用工程的运行和工作记录的权利。但不符合雇主的合理保安限制的情况除外。

2. FIDIC 黄(或银)皮书 2017 版

11.7　接收后的进入权

直至签发履约证书后 28 天的日期,承包商应有工程所有部分的进入权,以及工程的运行、维护和性能记录的获取权,但不符合雇主的合理保安限制的情况除外。

当承包商想在相关缺陷通知期限期间进入工程的任何部分或获取此类记录时:

(a)承包商应向雇主发出通知以请求进入,并说明要进入的工程和/或记录部分、进入原因以及承包商的首选进入日期。该通知应在首选进入日期之前的合理时间内发出,并适当考虑所有相关情况,包括雇主的安全限制情况;(以及)

(b)雇主在收到承包商的通知后 7 天内,应向承包商发出通知:

(i)说明雇主同意承包商的要求;(或)

(ii)提出合理的备选日期,并说明理由。如果雇主未能在 7 天内发出此通知,雇主应被视为同意承包商在其通知中规定的首选日期进入。

如果由于雇主不合理延误对承包商进入工程或此类记录的许可,而使承包商招致额外费用,承包商应有权根据第 20.2 款[付款和/或竣工时间延长的索赔]的规定,获得任何此类成本加利润的支付。

11.6　缺陷责任期终止证书

【原文】

除专用合同条件另有约定外,承包人应于缺陷责任期届满前 7 天内向发包人发出缺陷责任期即将届满通知,发包人应在收到通知后 7 天内核实承包人是否履行缺陷修复义务,承包人未能履行缺陷修复义务的,发包人有权扣除相应金额的维修费用。发包人应在缺陷责任期届满之日,向承包人颁发缺陷责任期终止证书,并按第 14.6.3 项[质量保证金的返还]返还质量保证金。

如根据第 10.5.3 项[人员撤离]承包人在施工现场还留有人员、施工设备和临时工程的,承包人应当在收到缺陷责任期终止证书后 28 天内,将上述人员、施工设备和临时工程撤离施工现场。

【解析】

本款源于住建部施工合同 2017 版第 15. 2. 4 项的规定。

相较而言:

1. 住建部施工合同 2017 版中规定,承包人应于缺陷责任期届满后 7 天内向发包人发出缺陷责任期届满通知,而本合同示范文本规定的是在届满前 7 天内发出。一“前”一“后”,规定不同。

2. 住建部施工合同 2017 版中规定,发包人在收到通知后 14 天内对承包人是否履行缺陷修复义务进行复核,本合同示范文本规定的是 7 天内进行复核。

3. 住建部施工合同 2017 版中规定,发包人在收到缺陷责任期届满通知后 14 天内,向承包人颁发缺陷责任期终止证书,而本合同示范文本规定的是在缺陷责任期届满之日颁发。

4. 本合同示范文本还同时规定,竣工验收后仍留在现场为履行缺陷责任的人员、施工设备和临时工程,承包人均应当在收到缺陷责任期终止证书后 28 天内进行搬离。

具体适用时应注意:

1. 本款可能存在履行障碍。承包人于缺陷责任期届满前 7 天内发出通知,发包人在收到通知后 7 天内进行核实,则核实完毕后,可能会超出缺陷责任期届满之日。本款同时规定,发包人应在缺陷责任期届满之日,向承包人颁发缺陷期终止证书,并返还质量保证金。在制订具体的专用合同条件时,建议可约定发包人在核实完毕后的一定期限内颁发缺陷期终止证书,并返还质量保证金,而不是缺陷责任期届满当日。

2. 本合同示范文本第 10. 5. 3 项[人员撤离]规定,缺陷责任期满时,承包人的人员和施工设备应全部撤离施工现场。本款规定,承包人应当在收到缺陷责任期终止证书后 28 天内,将上述人员、施工设备和临时工程撤离施工现场。这期间有 28 天的时间差。

【流程图】

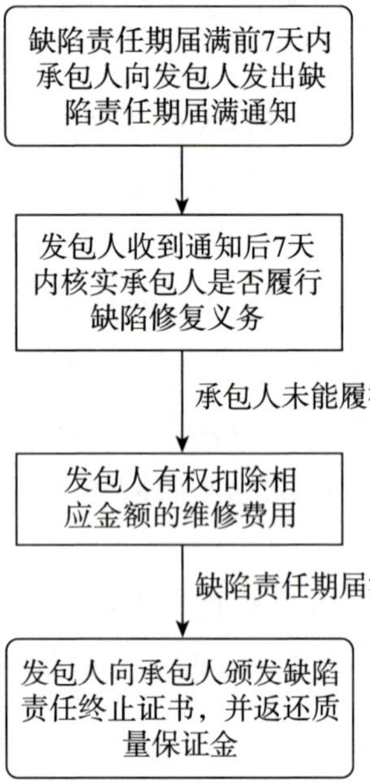

【关联条文】

住建部施工合同 2017 版

15.2.4 除专用合同条款另有约定外,承包人应于缺陷责任期届满后 7 天内向发包人发出缺陷责任期届满通知,发包人应在收到缺陷责任期满通知后 14 天内核实承包人是否履行缺陷修复义务,承包人未能履行缺陷修复义务的,发包人有权扣除相应金额的维修费用。发包人应在收到缺陷责任期届满通知后 14 天内,向承包人颁发缺陷责任期终止证书。

11.7 保修责任

【原文】

因承包人原因导致的质量缺陷责任,由合同当事人根据有关法律规定,在专用合同条件和工程质量保修书中约定工程质量保修范围、期限和责任。

【解析】

本款源于九部委 2012 版第 19.7 款[保修责任]的规定。

如前所述,中国法下建设工程质量保修责任属于法定责任,而缺陷责任实际仅对应于质量保证金的返还。

FIDIC 合同体系之下,没有保修责任的说法,仅使用缺陷责任的表述,实际对应的还是中国法下的保修责任。因此,当中国法下同时使用缺陷责任这一"舶来品"与保修责任这一法定概念的时候,实际上两者之间存在扭曲。住建部施工合同 2017 版中,有关的"修复费用""修复通知""未能修复""承包人出入权"等规定,在 FIDIC 合同中均是规定在缺陷责任之下。

综观本合同示范文本,实际上是同时采用了缺陷责任的实质含义,并保留了中国法下保修责任的概念,两者并行使用。这一点需要大家在使用本合同示范文本时予以注意。①

第 12 条　竣工后试验

本合同工程包含竣工后试验的,遵守本条约定。

12.1　竣工后试验的程序

【原文】

12.1.1　工程或区段工程被发包人接收后,在合理可行的情况下应根据合同约定尽早进行竣工后试验。

12.1.2　除专用合同条件另有约定外,发包人应提供全部电力、水、污水处理、燃料、消耗品和材料,以及全部其他仪器、协助、文件或其他信息、设备、工具、劳力,启动工程设备,并组织安排有适当资质、经验和能力的工作人员实施竣工后试验。

① 本书下篇会对缺陷责任期与保修期这两个概念在中国法下的真正理解作出进一步解析,具体可参阅下篇《建设项目工程总承包合同(示范文本)体系下"缺陷责任"与"保修义务"之再梳理》一文。

12.1.3 除《发包人要求》另有约定外,发包人应在合理可行的情况下尽快进行每项竣工后试验,并至少提前21天将该项竣工后试验的内容、地点和时间,以及显示其他竣工后试验拟开展时间的竣工后试验计划通知承包人。

12.1.4 发包人应根据《发包人要求》、承包人按照第5.5款[操作和维修手册]提交的文件,以及承包人被要求提供的指导进行竣工后试验。如承包人未在发包人通知的时间和地点参加竣工后试验,发包人可自行进行,该试验应被视为是承包人在场的情况下进行的,且承包人应视为认可试验数据。

12.1.5 竣工后试验的结果应由双方进行整理和评价,并应适当考虑发包人对工程或其任何部分的使用,对工程或区段工程的性能、特性和试验结果产生的影响。

【解析】

本款源于FIDIC黄皮书2017版第12.1款[竣工后试验程序]的规定。

就竣工后试验程序来讲,其并非每一个工程总承包项目所必有,仅适用于根据项目性质安排有竣工后试验程序的工程,如污水处理、太阳能电站等有产值考核指标的项目。

具体适用时应注意:

1. 竣工后试验程序并非绝对应由发包人主导进行,可由发承包双方自行约定。例如,在九部委2012版中就进行了(A)(B)款的不同罗列。FIDIC银皮书2017版中,竣工后试验程序也是规定由承包商负责进行。

2. 因竣工后试验程序主导的责任主体可能因不同合同示范文本体系之下的约定不同,则有关物料、人力等资源的组织与提供主体可能不一。例如,本合同示范文本中,有关的资源、人员和信息文件等的准备与提供,均由发包人负责。FIDIC银皮书2017版中,是由雇主负责提供竣工后试验所需的全部电力、水、污水处理、燃料、消耗品和材料,承包商则负责提供全部其他仪器、协助、文件或其他信息、设备、工具、劳力,启动工程设备,并组织安排有适当资质、经验和能力的工作人员实施竣工后试验。

实践中就此点应予以高度重视。竣工后试验程序因为涉及配套资源、人员和信息文件的提供,在大型工程项目中,该等费用往往也不是一个小的数目,如双方约定不明,也极易引发争议。为此,建议发承包双方在具体适用时,对于竣工后试验有关资源、人员和信息文件等提供的义务方,如有不同于通用合同条件的安排,应通过专用合同条件予明确约定。

3. 本款未明确规定竣工后试验程序应当开始的具体期限,只是说在合理可行的情况下应根据合同约定尽早进行。就此,住建部 2011 版中有相对明确的规定。实践中为避免不必要的争议,发承包双方也可考虑进行借鉴。至于住建部 2011 版中规定的更为详细的发承包双方的竣工后试验权利义务,因本合同示范文本的编写体例已经从纯粹的权利义务的原则性规定向具体的事项性规定转变,就此也不再过多予以论述。发承包双方在具体编写相关的竣工后试验程序时可作一定程度的参考。

4. 关于竣工后试验的具体程序,在发包人主导和承包人主导的情况下存有差异。若是承包人负责的,参考 FIDIC 银皮书 2017 版的规定,承包商首先应当在一定期限内向雇主提交详细的试验计划,雇主审批之后,一定期限内向雇主发出将实施竣工后试验的具体通知,再往后应在一定期限内完成竣工后试验。①

【流程图】

1. 本合同示范文本

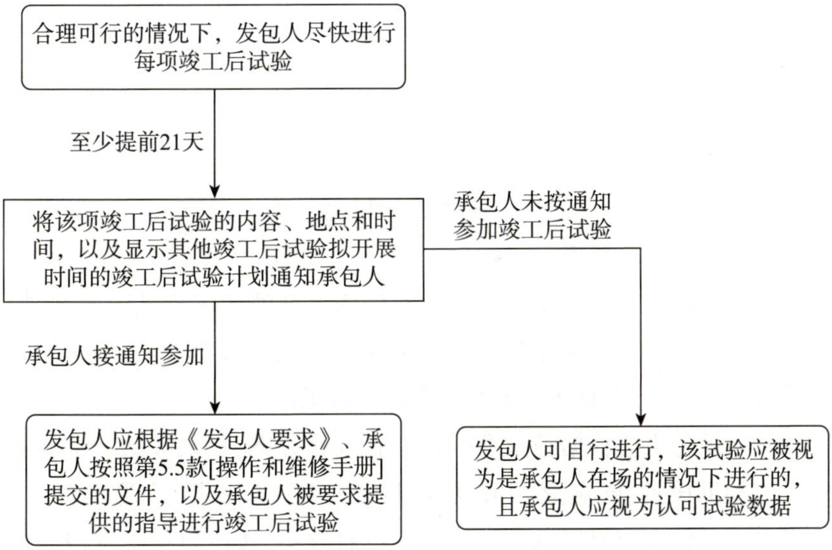

① 具体参见下列【流程图】。

2. FIDIC 银皮书 2017 版

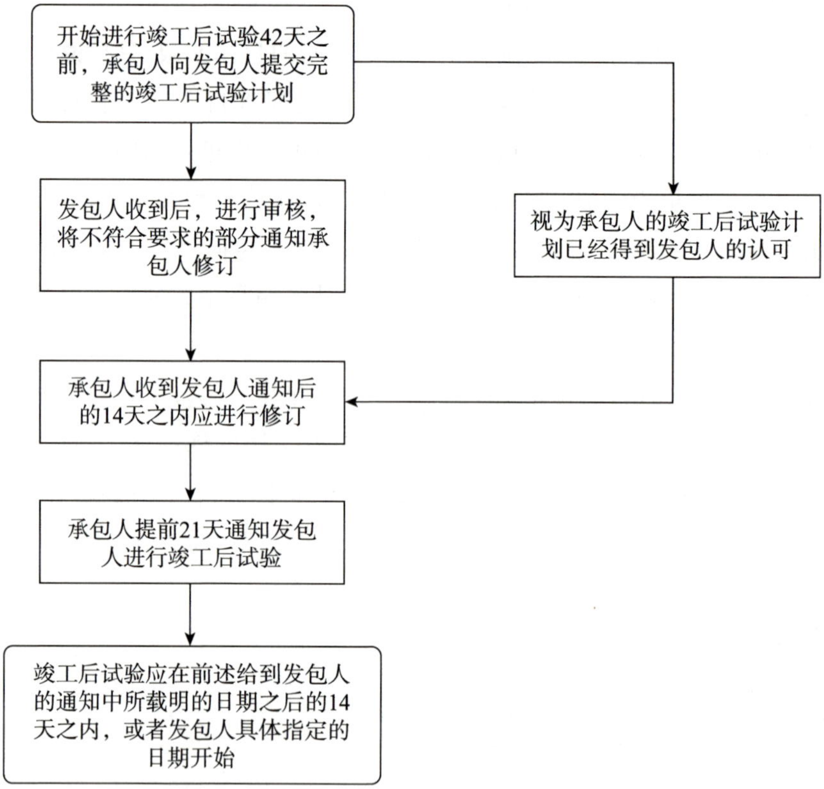

【关联条文】

1. 住建部 2011 版

10.2　竣工后试验程序

10.2.1　发包人应根据联合协调领导机构批准的竣工后试验方案,提供全部电力、水、燃料、动力、原材料、辅助材料、消耗材料以及其它试验条件,并组织安排其管理人员、操作维修人员和其它各项准备工作。

10.2.2　承包人应根据经批准的竣工后试验方案,提供竣工后试验所需要的其它临时辅助设备、设施、工具和器具,及应由承包人完成的其它准备工作。

10.2.3　发包人应根据批准的竣工后试验方案,按照单项工程内的任何部分、单项工程、单项工程之间、或(和)工程的竣工后试验程序和试验条件,组织竣工后试验。

10.2.4　联合协调领导机构组织全面检查并落实工程、单项工程及工程的任何部分竣工后试验所需要的资源条件、试验条件、安全设施条件、消防设施条件、紧急事故处理设施条件和（或）相关措施，保证记录仪器、专用记录表格的齐全和数量的充分。

10.2.5　竣工后试验日期的通知。发包人应在接收单项工程或（和）接收工程日期后的15日内通知承包人开始竣工后试验的日期。专用条款另有约定时除外。

因发包人原因未能在接收单项工程和（或）工程的20日内，或在专用条款中约定的日期内进行竣工后试验，发包人应自第21日开始或自专用条款中约定的开始日期后的第二日开始，承担承包人由此发生的相关窝工费用，包括人工费、临时辅助设备、设施的闲置费、管理费及其合理利润。

2. 九部委2012版

18.9　竣工后试验（A）

除专用合同条款另有约定外，发包人应：

（1）为竣工后试验提供必要的电力、设备、燃料、仪器、劳力、材料，以及具有适当资质和经验的工作人员；

（2）根据承包商按照第5.6款提供的手册，以及承包人给予的指导进行竣工后试验。

发包人应提前21天将竣工后试验的日期通知承包人。如果承包人未能在该日期出席竣工后试验，发包人可自行进行，承包人应对检验数据予以认可。

因承包人原因造成某项竣工后试验未能通过的，承包人应按照合同的约定进行赔偿，或者承包人提出修复建议，按照发包人指示的合理期限内改正，并承担合同约定的相应责任。

18.9　竣工后试验（B）

除专用合同条款另有约定外：

（1）发包人为竣工后试验提供必要的电力、材料、燃料、发包人人员和工程设备；

（2）承包人应提供竣工后试验所需要的所有其他设备、仪器，以及有资格和

经验的工作人员;

(3)承包人应在发包人在场的情况下,进行竣工后试验。发包人应提前21天将竣工后试验的日期通知承包人。因承包人原因造成某项竣工后试验未能通过的,承包人应按照合同的约定进行赔偿,或者承包人提出修复建议,按照发包人指示的合理期限内改正,并承担合同约定的相应责任。

3. FIDIC 银皮书 2017 版

12.1　竣工后试验程序

如果雇主要求中规定了竣工后试验,则本条应适用。

竣工后试验的时间应在雇主接收工程或分项工程(视情况而定)后尽快实施。

雇主应提供所有的电、水、污水(如适用)、燃料、消耗品、材料,以及雇主人员和竣工后试验所需的生产设备。承包商应:

(a)提供有效并适当进行竣工后试验所需要的所有其他设备、协助、文件和其他资料、装备、仪器、劳力,以及有适当资格、经验丰富和胜任的人员;

(b)承包商打算开始竣工后试验的42天前,向雇主提交一份详细的试验计划,说明这些试验的预期时间和所需的资源。雇主可审核拟定的试验计划,并可向承包商发出通知,说明其不符合合同的程度。在收到该通知后14天内,承包商应修改试验计划,以纠正此类不符合情况。如果雇主在收到试验计划(或修改后的试验计划)后14天内未发出此类通知,则视为雇主发出了不反对通知;

(c)除试验计划中所示的任何日期外,应至少提前21天向雇主发出通知,说明承包商准备实施每次竣工后试验的日期;

(d)在雇主对承包商的试验计划发出(或被视为已发出)不反对通知前,不得开始竣工后试验;

(e)在上述(c)段规定的通知所述日期后14天内,或在雇主指示的某一天或几天,开始进行竣工后试验;

(f)按照以下要求进行竣工后试验:

(i)雇主已发出(或被视为已发出)不反对通知的承包商的试验计划;

(ii)雇主要求;(以及)

(iii)如适用,根据第5.7款[操作和维护手册]的规定,雇主已发出(或被视为已发出)不反对通知的操作和维护手册;(以及)在任一方合理要求的雇主人员和/或承包商人员在场的情况下。

竣工后试验的结果应由双方汇总和评估。应适当考虑雇主先前使用工程的影响。

12.2 延误的试验

【原文】

12.2.1 如果竣工后试验因发包人原因被延误的,发包人应承担承包人由此增加的费用并支付承包人合理利润。

12.2.2 如果因承包人以外的原因,导致竣工后试验未能在缺陷责任期或双方另行同意的其他期限内完成,则相关工程或区段工程应视为已通过该竣工后试验。

【解析】

本款源于 FIDIC 银皮书 2017 版第 12.2 款[延误的试验]的规定。

本款主要是针对发包人原因引起的竣工后试验延误所导致的承包人损失负担,以及非承包人原因导致的竣工后试验迟延的后果,进行了明确。根据本款的规定,竣工后试验最晚不应迟于缺陷责任期或双方另行同意的其他期限。

而在 FIDIC 银皮书 2017 版中,因竣工后试验程序是由承包商主导,则增加规定了由于雇主原因引起的竣工后试验迟延的情况下,承包商仍有义务在条件具备的时候,于缺陷责任期届满之前进行相关的竣工后试验。

具体适用时应注意:

本合同示范文本与 FIDIC 黄(或银)皮书 2017 版中均未涉及因承包人原因导致的竣工后试验延误的处理。但在实践中,这种情形肯定是存在的,特别是基于本合同示范文本的规定,竣工后试验程序是由发包人负责主持进行,则在这种情况下,若已“万事俱备、只欠东风”,则因承包人原因导致的竣工后试验程序延误,理应由承包人承担发包人可能由此额外产生的损失,如有关设备、物资的延长租赁费、有关人员的延长等待费用等。就此,住建部 2011 版中有相对笼统的规定,且纳入了发包人索赔程序。建议发承包双方可在制订专用工合同条件时予以明确。

【关联条文】

1. 住建部 2011 版

10.4 竣工后试验的延误

10.4.1 根据 10.2.5 款竣工后试验日期通知的约定,非因承包人原因,发包人未能在发出竣工后试验通知后的 90 日内开始竣工后试验的,工程和(或)单项工程视为通过了竣工后试验和试运行考核。除非专用条款另有规定。

10.4.2 因承包人的原因造成竣工后试验延误时,承包人应采取措施,尽快组织,配合发包人开始并通过竣工后试验。当延误造成发包人的费用增加时,发包人有权根据 16.2.1 款的约定向承包人提出索赔。

2. FIDIC 银皮书 2017 版

12.2 延误的试验

如果承包商已根据第 12.1 款[竣工后试验程序](c)段发出通知,说明工程或分项工程(视情况而定)已做好竣工后试验准备,并且因雇主人员或雇主应负责的原因使承包商的竣工后试验受阻或延误,则:

(a)承包商应在相关缺陷通知期限到期日前尽快进行竣工后试验;(以及)

(b)如果承包商因任何此类阻止和/或延误而产生费用,则承包商有权根据第 20.2 款[付款和/或竣工时间延长的索赔]的规定,获得此类成本加利润的支付。

12.3 重新试验

【原文】

如工程或区段工程未能通过竣工后试验,则承包人应根据第 11.3 款[缺陷调查]的规定修补缺陷,以达到合同约定的要求;并按照第 11.4 款[缺陷修复后的进一步试验]重新进行竣工后试验以及承担风险和费用。如未通过试验和重新试验是承包人原因造成的,则承包人还应承担发包人因此增加的费用。

【解析】

本款源于 FIDIC 黄(或银)皮书 2017 版第 12.3 款[重新试验]的规定。

根据本款规定:

未能通过竣工后试验,首先,应当由承包人按照缺陷责任的相关规定进行修补;其次,修补后应当按照缺陷修复后的进一步试验程序重新进行试验;最后,如未能通过竣工试验,从而导致重新试验的原因是承包人原因引起的,则承包人应负担发包人因此增加的费用。

具体适用时应注意:

1. 本款第一句话的前提条件,已经假设有关的重新试验引起的责任在于承包人,因此规定承包人承担重新进行竣工后试验的风险和费用。FIDIC 黄(或银)皮书 2017 版第 12.3 款中援引了第 11.2 款[修补缺陷的费用]中的 4 种情形,均是直接指向承包人,而非发包人。也就是说,只有是承包人原因引起的重新试验,有关的风险和费用,以及增加的发包人费用,发包人方才可以通过索赔条款向承包人提出主张。为此建议,发承包双方在制订专用合同条件时应就此加以明确,而非任何情形下导致未能通过竣工后试验而需重新试验所引发的所有风险和费用均需由承包人承担。

2. 重新试验是否有次数限制?还是说,未能通过竣工后试验的情况下,承包人可以多次反复进行重新试验?就此,九部委 2012 版、FIDIC 黄(或银)皮书 2017 版中也都没有规定。而在住建部 2011 版中,通用合同条件第 10.5.2 项规定了承包人重新进行试验仍未能通过时,可再次安排进行试验。至于再次进行若仍然未通过的该如何处理,则也未提及。就此,我们同样建议发承包双方在制订专用合同条件时可予关注,避免无谓的扯皮与争议。

【关联条文】

1. 住建部 2011 版

10.5.2 承包人根据 10.5.1 款重新进行试验,仍未能通过该项试验时,承包人应自费继续修补缺陷,并在发包人的组织领导下,按 10.2.3 款约定的试验程序、试验条件,再次指导发包人进行此项试验。

2. FIDIC 黄(或银)皮书 2017 版

12.3 重新试验

根据第 12.4 款[未能通过竣工后试验],如果工程或某分项工程未能通过竣工后试验:

(a)第11.1款[完成扫尾工作和修补缺陷](b)段应适用;(以及)

(b)在修补任何缺陷或损害后,第11.6款[修补缺陷后进一步试验]应适用。

如果这种未通过和重新试验是由于第11.2款[修补缺陷的费用](a)至(d)段所列的任何事项造成的,并使雇主产生额外费用,雇主应有权根据第20.2款[付款和/或竣工时间延长的索赔]的规定,获得由承包商支付的此类费用。

12.4 未能通过竣工后试验

【原文】

12.4.1 工程或区段工程未能通过竣工后试验,且合同中就该项未通过的试验约定了性能损害赔偿违约金及其计算方法的,或者就该项未通过的试验另行达成补充协议的,承包人在缺陷责任期内向发包人支付相应违约金或按补充协议履行后,视为通过竣工后试验。

12.4.2 对未能通过竣工后试验的工程或区段工程,承包人可向发包人建议,由承包人对该工程或区段工程进行调整或修补。发包人收到建议后,可向承包人发出通知,指示其在发包人方便的合理时间进入工程或区段工程进行调查、调整或修补,并为承包人的进入提供方便。承包人提出建议,但未在缺陷责任期内收到上述发包人通知的,相关工程或区段工程应视为已通过该竣工后试验。

12.4.3 发包人无故拖延给予承包人进行调查、调整或修补所需的进入工程或区段工程的许可,并造成承包人费用增加的,应承担由此增加的费用并支付承包人合理利润。

【解析】

本款源于FIDIC黄(或银)皮书2017版第12.4款[未能通过竣工后试验]的规定。

实践中,未能通过竣工后试验不代表一项工程彻底无法使用,或者说没有任何使用价值。当形成未能通过竣工后试验僵局的时候,为了尽快推进工程项目的生产、使用,使得已完工程项目尽快发挥其建设作用、产生经济效益,需要通过有关的合同约定来就此等僵局进行破解。

根据本款规定,发承包双方应注意以下两种“视为”的情形:

1. 发包人要求承包人按照合同约定支付相应的履约瑕疵赔偿责任后,即视为已经通过竣工后试验。

2. 承包人有提出对工程或区段工程进行调整与修改,以使其满足竣工后试验要求的权利。若发包人未能在缺陷责任期内通知承包人进行此等工作,则同样视为已经通过竣工后试验。

具体适用时应注意:

按照 FIDIC 黄(或银)皮书 2017 版的规定,一方面,承包商对工程或区段工程进行调整与修改,应是在合理期限内进行;另一方面,雇主拖延准许承包商进场检修的,也应负担承包商由此增加的费用和合理的利润。在本款中,仅规定了后者,对于承包商应在合理期限内进行有关的检修工作未有提及。就此,同样建议发承包双方在专用合同条件中予以明晰。

第 13 条　变更与调整

13.1　发包人变更权

【原文】

13.1.1　变更指示应经发包人同意,并由工程师发出经发包人签认的变更指示。除第 11.3.6 项[未能修复]约定的情况外,变更不应包括准备将任何工作删减并交由他人或发包人自行实施的情况。承包人收到变更指示后,方可实施变更。未经许可,承包人不得擅自对工程的任何部分进行变更。发包人与承包人对某项指示或批准是否构成变更产生争议的,按第 20 条[争议解决]处理。

13.1.2　承包人应按照变更指示执行,除非承包人及时向工程师发出通知,说明该项变更指示将降低工程的安全性、稳定性或适用性;涉及的工作内容和范围不可预见;所涉设备难以采购;导致承包人无法执行第 7.5 款[现场劳动用工]、第 7.6 款[安全文明施工]、第 7.7 款[职业健康]或第 7.8 款[环境保护]内容;将造成工期延误;与第 4.1 款[承包人的一般义务]相冲突等无法执行的理由。工程师接到承包人的通知后,应作出经发包人签认的取消、确认或改变原指示的书面回复。

【解析】

本款源于 FIDIC 黄(或银)皮书 2017 版第 13.1 款[变更权]的规定。

针对发包人进行的变更,本款规定:

1. 变更指示须经发包人确认,并由工程师发出。

2. 除本合同示范文本第 11.3.6 项[未能修复]部分规定需由发包人自行或委托其他第三方修复的以外,发包人提出的变更不得进行删减承包内容而交由发包人自行或委托其他第三方实施。

3. 除非存在第 13.1.2 项所规定的 6 类情形,否则承包人应遵照发包人的变更指示执行。

4. 承包人若因前述 6 类情形,而向工程师发出不予执行变更指示的通知的,工程师在收到通知后,应根据发包人的确认,作出同意取消、确认或改变原指示的书面回复。

将本合同示范文本与住建部 2011 版、住建部施工合同 2017 版、FIDIC 黄(或银)皮书 2017 版等相比:

1. 关于发出变更指示的主体

本合同示范文本结合了 FIDIC 黄(或银)皮书 2017 版的规定,变更指示应经发包人同意,但由工程师发出。

住建部 2011 版第 13.1.2 项[变更]规定,发包人的变更包括发包人直接下达的变更指令,或经发包人批准的由监理人下达的变更指令。

住建部 2017 版施工合同第 10.2 款[变更权]规定,发包人和监理人均可以提出变更,但变更指示均通过监理人发出,且监理人发出变更指示前应征得发包人同意。

2. 关于发出变更指示的时间

本合同示范文本中未涉及发包人发出变更指示的时间。

住建部 2011 版第 13.1.1 项[变更权]规定,自合同生效后至工程竣工验收前的任何时间内,发包人均可提出。

FIDIC 黄(或银)皮书 2017 版第 13.1 款[变更权]规定,在工程接收证书颁发前,工程师(银皮书为雇主)有权发出变更指示。

3. 关于承包人针对发包人变更指示的异议权

有关承包人针对发包人变更指示的异议权的规定,本合同示范文本基本上是借鉴了 FIDIC 黄(或银)皮书 2017 版的规定,但是相比而言,仅从直观的文字表意来看,本合同示范文本中既增加了两种情形,又减少了一种情形。

增加的两种情形是:(1)该项变更指示将降低工程的安全性、稳定性或适用性。(2)将造成工期延误。

减少的一种情形是:该项变更指示将不利于承包人履约担保计划的实现。但实际上,本合同示范文本增加的两种情形,基本也可归入 FIDIC 黄(或银)皮书 2017 版第 4.1 款[承包商的一般义务]中去。至于具体的项目实践中,可赋予承包人怎样的变更异议权,可由发承包双方通过专用合同条件予以约定。

【关联条文】

1. 住建部 2011 版

13.1.1　变更权

发包人拥有批准变更的权限。自合同生效后至工程竣工验收前的任何时间内,发包人有权依据监理人的建议、承包人的建议,及 13.2 款约定的变更范围,下达变更指令。变更指令以书面形式发出。

13.1.2　变更

由发包人批准并发出的书面变更指令,属于变更。包括发包人直接下达的变更指令、或经发包人批准的由监理人下达的变更指令。

2. 住建部施工合同 2017 版

10.2　变更权

发包人和监理人均可以提出变更。变更指示均通过监理人发出,监理人发出变更指示前应征得发包人同意。承包人收到经发包人签认的变更指示后,方可实施变更。未经许可,承包人不得擅自对工程的任何部分进行变更。

3. FIDIC 黄皮书 2017 版

13.1　变更权

在签发工程接收证书前的任何时间,工程师可根据第 13.3 款[变更程序]的规定提出变更。

除第 11.4 款[未能修补缺陷]规定的情况外,除非双方另有商定,变更不应包括雇主或其他方将要进行任何工作的删减。

承包商应遵守根据第 13.3.1 项[指示变更]的规定,指示每项变更,并应尽

快毫不延误地执行变更,除非承包商迅速向工程师发出通知,说明(附详细证明资料):

(a)考虑到雇主要求中所述工程的范围和性质,被变更的工作是不可预见的;

(b)承包商难以取得变更所需的货物;

(c)这将对承包商遵守第4.8款[健康和安全义务]和/或第4.18款[环境保护]的能力产生不利影响;

(d)这将对履约保函资料表的实现产生不利影响;(或)

(e)这可能对承包商根据第4.1款[承包商的一般义务]的规定所需实现的合同目产生不利影响①。

工程师接到该通知后,应立即向承包商发出通知,取消、确认或更改该指示。任何经这样确认或更改的指示,应视为根据第13.3.1项[指示变更]的规定做出的。

13.2 承包人的合理化建议

【原文】

13.2.1 承包人提出合理化建议的,应向工程师提交合理化建议说明,说明建议的内容、理由以及实施该建议对合同价格和工期的影响。

13.2.2 除专用合同条件另有约定外,工程师应在收到承包人提交的合理化建议后7天内审查完毕并报送发包人,发现其中存在技术上的缺陷,应通知承包人修改。发包人应在收到工程师报送的合理化建议后7天内审批完毕。合理化建议经发包人批准的,工程师应及时发出变更指示,由此引起的合同价格调整按照第13.3.3项[变更估价]约定执行。发包人不同意变更的,工程师应书面通知承包人。

13.2.3 合理化建议降低了合同价格、缩短了工期或者提高了工程经济效益的,双方可以按照专用合同条件的约定进行利益分享。

---

① 相较官方中文版的翻译,此处作者进行了些微调整。

【解析】

本款源于住建部施工合同 2017 版第 10.5 款[承包人的合理化建议]的规定。

工程变更虽然往往是由发包人一方主动发起,但在实践中不排除承包人一方基于自身的建设经验而给出相关的合理化建议。尤其是在工程总承包模式之下,承包人同时负责了前期阶段的设计工作,后端的施工也是其承包范围,相对来讲,承包人较为了解工程项目,便于提出有关的合理化建议,进而缩短工期、节省成本或对工程未来的使用与生产带来更多的效益等。

具体适用时应注意:

1. 相比 FIDIC 黄皮书 2017 版的规定,本款规定在有关的期限设置上更为细化。工程师在收到承包人提交的合理化建议后,应在 7 天内进行审查并报送发包人;发包人在收到工程师提交的合理化建议后 7 天内审批完毕。但也并未明确,如果工程师未在 7 天内审查完毕,或者发包人未在收到工程师提交的合理化建议后 7 天内审批完毕,该如何处理?对此,FIDIC 黄皮书 2017 版第 13.2 款[价值工程]中仅规定了,发包人应当在可行的期限内给予回复,却也未进一步明确何为可行的期限,以及未在可行的期限内进行回复会导致怎样的后果。就此,我们建议发承包双方通过专用合同条件予以明确规定。例如,超过一定期限不予回复的,视为拒绝承包人的建议,避免承包人无谓的等待,甚或可能造成的不必要的等工损失。

2. 本款规定,发承包双方应在专用合同条件中明确承包人的合理化建议被发包人采纳后的利益分配机制,但未给出一般性规则建议。就此,实践中已成为发承包双方的痛点所在,建议高度重视并能提前通过专用合同条件予以明确。理由在于:

(1)传统的施工总承包模式之下,施工总承包单位提出有关的合理化建议,较易被认为是基于承包人的贡献。因为,前期的可行性研究与方案、初步和施工图设计均来自独立的第三方设计单位。在工程总承包模式之下,因工程总承包单位将设计与施工集为一身,总承包人后续提出有关的合理化建议,极易遭致发包人的质疑,被认为总承包人在招投标阶段刻意进行了隐瞒,特别是总承包人参与了前期可行性研究与方案、初步设计阶段工作的情形,会被认为存在给总承包人自身预先埋下利益输送管道的嫌疑。

(2)一旦承包人的合理化建议可能带来较大经济利益的时候,发承包双方也极易产生争议。承包人会要求就其合理化建议所带来的收益进行分配,例如,工程总承包模式之下,工程总承包单位甚或可能就固定总价情形下的设计优化,主张全部的收益归属。发包人则可能直接通过主动发出变更指令的形式,将承包人的合理化建议直接确定为由发包人作出的变更,由此,要求将与此相关的收益均归为发包人所有。

【关联条文】

1.《广西房建市政工程总承包试点发展的指导意见》

(十八)项目结余分成。工程总承包单位通过优化设计及科技创新管理后,工程竣工结算总价(不包括减少原施工图纸的规模、内容和降低装修标准)低于实际合同总价时,竣工结算总价与实际合同总价的差额为该工程总承包项目的结余资金。工程总承包单位可按分级累进法参与结余资金的分成。

(1)项目结余资金为实际合同价10%以内的项目,项目结余资金的40%为工程总承包单位所得,其余60%为建设单位所得(若为政府投资项目应返还财政);

(2)项目结余资金为实际合同价10%~20%的项目,项目结余资金的50%为工程总承包单位所得,其余50%为建设单位所得(若为政府投资项目应返还财政);

(3)项目结余资金为实际合同价20%以上的项目,项目结余资金的60%为工程总承包单位所得,其余40%为建设单位所得(若为政府投资项目应返还财政)。

2.《湖南推进工程总承包发展的指导意见》

(十四)加强政府投资项目资金管理。采用工程总承包模式的财政性资金项目,要按《湖南省财政监督条例》及相关法律、法规、制度规定,对其预算、结算、决算进行全过程评审及监督。未中标总承包企业补偿应设置总额限制,补偿计算基数、标准、总额均不得超过原未中标方案设计单位补偿标准。在不超过投资概算前提下,对总承包企业采用技术创新或设计施工优化节省投资的,可给予工程总承包企业节省投资部分的50%作为奖励。总承包服务费和建设单位管理费的总额应控制在《基本建设财务规则》(财政部令第81号)及《财政部关于印发〈基本建设项目建设成本管理规定〉的通知》(财建〔2016〕504号)规定的建设单位管理费控制数内。

3. FIDIC 黄皮书 2017 版

13.2　价值工程

承包商可随时向工程师提交书面建议,该建议(承包商认为)采纳后将:

(a)加快竣工;

(b)降低雇主的工程施工、维护或运行的费用;

(c)提高雇主的竣工工程的效率或价值;(或)

(d)给雇主带来其他利益的建议。

此类建议书应由承包商自费编制,并应包括第 13.3.1 款[指示变更](a)至(c)段所列的详细内容。

工程师在收到此类建议书后,应在切实可行的范围内尽快做出回应,向承包商发出通知说明其同意或其他意见。工程师的同意或其他意见应由雇主自主决定。承包商在等待答复期间不得延误任何工作。

如果雇主同意该建议书,无论是否有意见,工程师应指示变更。此后:

(i)承包商应提交雇主可能合理要求的任何进一步的资料;(以及)

(ii)然后,第 13.3.1 项[指示变更]的第 3 段应适用,其中应包括工程师考虑对专用条件中规定的双方利益(如果有)、费用和/或延误的分担。

13.3　变更程序

【原文】

13.3.1　发包人提出变更

发包人提出变更的,应通过工程师向承包人发出书面形式的变更指示,变更指示应说明计划变更的工程范围和变更的内容。

13.3.2　变更执行

承包人收到工程师下达的变更指示后,认为不能执行,应在合理期限内提出不能执行该变更指示的理由。承包人认为可以执行变更的,应当书面说明实施该变更指示需要采取的具体措施及对合同价格和工期的影响,且合同当事人应当按照第13.3.3项[变更估价]约定确定变更估价。

【解析】

本两项源于住建部施工合同2017版第10.3.1项[发包人提出变更]、第10.3.3项[变更执行]的规定。

本合同示范文本体系之下,对于发包人方的变更未再作发包人与工程师提出的区别对待。即便是工程师提出,也须经发包人确认后作出,而工程师受聘于发包人,等于发包人的现场工程项目管理的代理人。

具体适用时应注意:

本合同示范文本第13.3款[变更程序]的规定,一方面,未涉及发承包双方在变更程序中应遵守的相关期限。例如,承包人对于发包人的变更要求,多久期限内应给出回应,如逾期当如何处理?是否意味着承包人变更索赔权的丧失。以及工程师对于承包人的回应,多久期限内应给予审批回复,如逾期又应当如何处理?另一方面,也未涉及承包人合理化建议的情形,而仅是针对发包人提出变更的情形而言。对此,住建部2011版第13.3.4项规定,承包人提出变更建议的,变更程序与发包人提出的情形一致。在FIDIC黄(或银)皮书2017版中,则进行了较为详细的工程师指示变更和承包商建议变更的区分。

以FIDIC黄皮书2017版为例:

1. 指示变更的情况下

(1)工程师作出变更指示;

(2)承包商在收到工程师变更指示后的28天内,向工程师提交详细资料,包括:已完成或将要完成的相关工作的具体情况、有关进度计划、费用调整建议等;

(3)承包商根据工程师的要求,进一步补充详细资料;

(4)工程师按照合同约定的[商定或确定]程序,给出有关工期和费用的商定或确定意见。

2. 承包商建议变更的情况下

(1)工程师要求承包商提出建议;

(2)承包商在合理期限内,同样参照指示变更的资料提交要求,向工程师提交建议书;或者参照变更权中有关承包商可得拒绝工程师指示变更的情形,给出建议的理由;

(3)工程师对于承包商的建议给出意见(承包商在此等待期间不应延误有关工作);

(4)如果工程师同意承包商建议的,按照指示变更的程序来调整有关的工期与费用;

(5)如果工程师不同意承包商建议的,则承包商因根据工程师的要求而提出有关建议需产生合理费用的,承包商有权获得补偿。

【关联条文】

1. 住建部2011版

13.3.2 变更通知的建议报告。承包人接到发包人的变更通知后,有义务在10日内向发包人提交书面建议报告。

(1)如承包人接受发包人变更通知中的变更时,建议报告中应包括:支持此项变更的理由、实施此项变更的工作内容、设备、材料、人力、机具、周转材料、消耗材料等资源消耗,以及相关管理费用和合理利润的估算。相关管理费用和合理利润的百分比,应在专用条款约定。此项变更引起竣工日期延长时,应在报告中说明理由,并提交与此变更相关的进度计划。

承包人未提交增加费用的估算及竣工日期延长,视为该项变更不涉及合同价格调整和竣工日期延长,发包人不再承担此项变更的任何费用及竣工日期延长的责任。

……

13.3.3 发包人的审查和批准。发包人应在接到承包人根据13.3.2款约定提交的书面建议报告后10日内对此项建议给予审查,并发出批准、撤销、改变、提出进一步要求的书面通知。承包人在等待发包人回复的时间内,不能停止或延误任何工作。

(1)发包人接到承包人根据13.3.2款第(1)项的约定提交的建议报告,对其理由、估算、和(或)竣工日期延长经审查批准后,应以书面形式下达变更指令。

发包人在下达的变更指令中,未能确认承包人对此项变更提出的估算和(或)竣工日期延长亦未提出异议的,自发包人接到此项书面建议报告后的第11日开始,视为承包人提交的变更估算、和(或)竣工日期延长,已被发包人批准。

……

13.3.4 承包人根据13.1.3款的约定提交变更建议书的,其变更程序按照本变更程序的约定办理。

2. FIDIC 黄皮书 2017 版

13.3 变更程序

根据第13.1款[变更权]的规定,工程师应按照下列任一项程序提出变更:

13.3.1 指示变更

工程师可根据第3.5款[工程师指示]的规定,向承包商发出通知(说明所需的改变和记录成本的任何要求)指示变更。

承包商应继续执行变更,并应在收到工程师指示后28天内(或承包商建议并经工程师同意的其他期限)向工程师提交详细资料,包括:

(a)对已执行或将要执行的各种工作的说明,包括承包商已采用或将要采用的资源和方法的详细资料;

(b)执行进度计划和根据第8.3款[进度计划]和竣工时间的要求,承包商对进度计划作出必要修改(如果有)的建议书;(以及)

(c)承包商对变更进行估价大的合同价格调整建议书,并附详细资料。在任何工作的删减构成变更的一部分(或全部)时,如果:

承包商已经产生或将要产生费用,如果工作未被删减,将被视为包含在构成中标合同金额一部分的金额中;(以及)

工作的删减已经或将导致该金额不构成部分合同价格;

该费用可包含在承包商的建议书中(如果有,应明确说明)。如果双方同意由他人执行的任何工作的删减,承包商建议书还可包括由于该项删减工作,使承包商遭受(或将要遭受)的任何利润损失和其他损失和损害的金额。

随后,承包商应提交工程师可能合理要求的任何进一步详细资料。

然后工程师应按照第3.7款[商定或确定]的规定,商定或确定:

(i)竣工时间的延长,如果有;(和/或)

(ii)合同价格和付款计划表的调整,如果有。

{以及,就第3.7.3项[时限]而言,工程师收到承包商根据本款提交的文件(包括所要求的任何进一步资料)的日期应为根据第3.7.3项规定的商定时限的开始日期}。承包商应有权获得此类竣工时间的/或合同价格的调整,不需要遵守第20.2款[付款和/或竣工时间延长的索赔]的任何要求。

如果合同中未包括费率表和价格表,则上述第(ii)段规定的调整应从执行工作的成本加利润得出。

如果合同中包括费率表和价格表,则以下第13.3.1项的规定应适用于上述第(ii)段规定的调整。

对于构成变更一部分(或全部)的每个工作事项,该事项的适当费率或价格应为费率表和价格表中为该事项规定的费率或价格,或者如果没有此类事项,则为类似工作规定的费率或价格。但是,如果费率表和价格表中没有规定该事项的费率或价格,并且由于该事项与合同中的任何事项性质不同,或没有在相同条件下执行,而使规定的费率或价格都是不适当的,则新的费率或价格应适用于该事项。

每个新的费率或价格应根据费率表和价格表中的任何相关费率或价格得出,并在考虑所有相关情况后进行合理调整。如果费率或价格与计算新的费率或价格都不相关,则应从执行工作的成本加利润中得出。

在商定或确定上述第(ii)段规定的调整之前,工程师应为了期中付款证书而评估临时费率或价格。

13.3.2　建议书要求的变更

工程师在发出变更指示前向承包商发出通知,要求承包商提出一份建议书(说明对建议的改变)。

承包商应在切实可行的范围内就该通知尽快做出下述任一回应:

(a)提交一份建议书,其中应包括第13.3.1项[指示变更](a)至(c)段中所述的事项;(或)

(b)参照第13.1款[变更权](a)至(c)段所述事项,说明承包商不能遵守的理由(如果情况如此)。

如果承包商提交了建议书,工程师在收到建议书后应尽快做出回应,向承包商发出通知说明其同意或其他意见。承包商在等待答复期间不得延误任何工作。

如果工程师同意该建议书,无论是否有意见,工程师应指示变更。此后,承包商应提交工程师可能合理要求的任何进一步的资料,以及第13.3.1项[指示变更]的第3段应适用。

如果工程师不同意该建议书,无论是否有意见,如果承包商因提交建议书而产生费用,承包商应有权根据第20.2款[付款和/或竣工时间延长的索赔]的规定,要求获得此类费用的支付。

13.3.3 变更估价

【原文】

13.3.3.1 变更估价原则

除专用合同条件另有约定外,变更估价按照本款约定处理:

(1)合同中未包含价格清单,合同价格应按照所执行的变更工程的成本加利润调整;

(2)合同中包含价格清单,合同价格按照如下规则调整:

1)价格清单中有适用于变更工程项目的,应采用该项目的费率和价格;

2)价格清单中没有适用但有类似于变更工程项目的,可在合理范围内参照类似项目的费率或价格;

3)价格清单中没有适用也没有类似于变更工程项目的,该工程项目应按成本加利润原则调整适用新的费率或价格。

13.3.3.2 变更估价程序

承包人应在收到变更指示后14天内,向工程师提交变更估价申请。工程师应在收到承包人提交的变更估价申请后7天内审查完毕并报送发包人,工程师对变更估价申请有异议,通知承包人修改后重新提交。发包人应在承包人提交变更估价申请后14天内审批完毕。发包人逾期未完成审批或未提出异议的,视为认可承包人提交的变更估价申请。

因变更引起的价格调整应计入最近一期的进度款中支付。

【解析】

本项源于住建部施工合同2017版第10.4.1项[变更估价原则]、第10.4.2项[变更估价程序]的规定。

相较而言:

施工总承包模式下有工程量清单或预算书,因此,变更时的合同价格调整以工程量清单或预算书为据。有相同按相同,无相同按类似,既无相同也无类似按合理的成本加利润。工程总承包模式下,如果有价格清单,则有如施工总承包模式,价格清单中有相同按相同,无相同按类似,既无相同也无类似按合理的成本与利润;如果无价格清单,则也是按合理的成本加利润原则进行调整。

具体适用时应注意:

1. 承包人收到发包人的变更指示后向工程师提交变更估价申请,工程师审查后报送发包人,发包人在承包人提交变更估价申请后的一定期限内完成审批,逾期未完成、未提出异议的,视为认可。其中,工程师收到承包人提交的变更估价申请后的时间,都被计算到了发包人的答复期限内,对此,发包人应当引起高度重视,应防止因工程师的迟延而导致异议权利的丧失。

2. 相比本合同示范文本,FIDIC 黄(或银)皮书 2017 版中,对于"新的费率或价格"的形成,多了一道环节。首先仍是根据费率表和价格表中的任何相关费率或价格得出,并在考虑所有相关情况后进行合理调整。只有在新的费率和价格无法依此原则计算得出后,才最终按照所执行工作的成本加利润的方式计算得出。也就是说,充分考虑原合同条款所约定的费率或价格要素,以及相应的计价背景,是最为基本的根本原则。

【流程图】

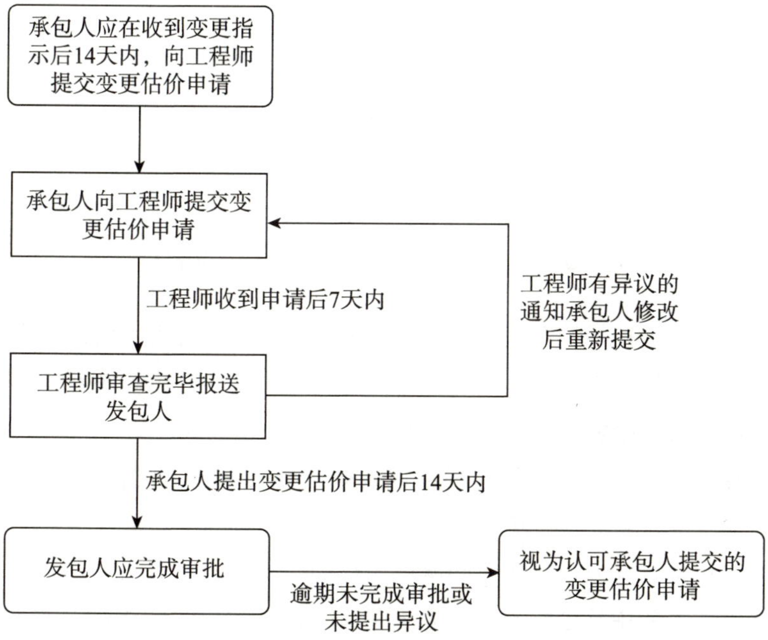

13.3.4 变更引起的工期调整

【原文】

因变更引起工期变化的,合同当事人均可要求调整合同工期,由合同当事人按照第3.6款[商定或确定]并参考工程所在地的工期定额标准确定增减工期天数。

【解析】

本项源于住建部施工合同2017版第10.6款[变更引起的工期调整]的规定。

具体适用时应注意:

对于工程总承包模式来讲,不仅包括施工,还有设计、采购等,而本项主要是针对施工环节而言的,只有对于施工来讲,才有所谓工期定额的说法。另外,即便对于施工环节来讲,参考工期定额标准的同时,也需考虑到原先合同中所约定工期对于工期定额标准的压缩情况,除不合理压缩以外,应考虑是否同样予以参照。为避免不必要的争议,也建议发承包双方通过专用合同条件就此予以明确约定。

13.4 暂估价

【原文】

13.4.1 依法必须招标的暂估价项目

对于依法必须招标的暂估价项目,专用合同条件约定由承包人作为招标人的,招标文件、评标方案、评标结果应报送发包人批准。与组织招标工作有关的费用应当被认为已经包括在承包人的签约合同价中。

专用合同条件约定由发包人和承包人共同作为招标人的,与组织招标工作有关的费用在专用合同条件中约定。

具体的招标程序以及发包人和承包人权利义务关系可在专用合同条件中约定。暂估价项目的中标金额与价格清单中所列暂估价的金额差以及相应的税金等其他费用应列入合同价格。

13.4.2 不属于依法必须招标的暂估价项目

对于不属于依法必须招标的暂估价项目，承包人具备实施暂估价项目的资格和条件的，经发包人和承包人协商一致后，可由承包人自行实施暂估价项目，具体的协商和估价程序以及发包人和承包人权利义务关系可在专用合同条件中约定。确定后的暂估价项目金额与价格清单中所列暂估价的金额差以及相应的税金等其他费用应列入合同价格。

因发包人原因导致暂估价合同订立和履行迟延的，由此增加的费用和(或)延误的工期由发包人承担，并支付承包人合理的利润。因承包人原因导致暂估价合同订立和履行迟延的，由此增加的费用和(或)延误的工期由承包人承担。

【解析】

本款源于住建部施工合同2017版第10.7款[暂估价]的规定。

相较而言：

1. 两个合同示范文本都区分了“依法必须招标的暂估价项目”和“不属于依法必须招标的暂估价项目”这两种类型，但是本合同示范文本并没有详细规定有关的期限流程。

2. 本合同示范文本明确了“依法必须招标的暂估价项目”，如是由承包人作为招标人的，则与组织招标工作有关的费用应当由承包人自行负担并包含在签约合同价中，从而避免双方后续因暂估价部分另行招标而引发应当由哪方负担有关费用的争议。

3. 住建部施工合同2017版第10.7.2项[不属于依法必须招标的暂估价项目]进一步区分了“承包人直接对外采购或分包”、“承包人按照招标流程进行”与“承包人自行实施”这三种可能的方式。本合同示范文本中，就前两种方式未予规定。

具体适用时应注意：

暂估价部分如采用招标形式的，应当由谁组织招标？发包人一方是否可以？应当由谁签订合同？

根据本合同示范文本的规定，依法必须招标的暂估价项目，既可以约定由承包人作为招标人对外发包，也可以约定由发包人和承包人共同作为招标人对外发包。在我国当前法律法规中,并没有关于暂估价部分应当由谁具体来负责对外招标发包的具体规定,而在部分国家标准规范和地方政府规范性文件中虽有相关规定,却依法均无法律、法规的强制力。例如:

1.《13 清单计价规范》第 9.9.1 项规定:"发包人在招标工程量清单中给定暂估价的材料、工程设备属于依法必须招标的,应由发承包双方以招标的方式选择供应商,确定价格,并应以此为依据取代暂估价,调整合同价款。"

2.《上海工程总承包管理办法》第十五条规定:"工程总承包暂估价招标应当由建设单位,或者工程总承包单位,或者建设单位和工程总承包单位联合体作为招标人。"

需特别指出的是,住建部曾在 2017 年 12 月 26 日发布的《工程总承包管理办法(征求意见稿)》第二十二条中规定,"暂估价的招标可以由建设单位或者工程总承包单位单独招标,也可以由建设单位和工程总承包单位联合招标,具体由建设单位在工程总承包招标文件中明确"。但该条规定在最终的两部委《工程总承包管理办法》中未能保留。

综合来讲:

1. 我国目前并无关于暂估价部分具体应当由哪一方来进行对外发承包活动(包括招标)的明确法律、法规的规定。实践中,既有发包人单独对外进行发包(招标)的情形,也有发包人和承包人共同对外进行发包(招标)的情形,还有承包人单独对外进行发包(招标)的情形。

2. 如发包人单独对外进行暂估价部分的发包(招标),可能涉及需另行建设立项,以及可能存在违法肢解发包的情况,而且在理论上来讲,暂估价已经属于工程总承包的承包范围,再将其"拿出"并另行由发包人对外发包(招标),也有违发承包双方之间的民事合同约定。

3. 如发包人和承包人共同就暂估价部分对外进行发包(招标),在理论上同样可能会陷入发包人单独对外发包(招标)情形一样的悖论。

4. 如承包人单独对外进行暂估价部分发包(招标),虽然理论上行得通,但是在实务操作上也将陷入"窘境"。以必须招标的情形为例:

(1)暂估价部分属于必须招标的,之所以还需再行招标,是因为最初将暂估价部分发包给承包人时,暂估价部分的价格并没有经过招标竞争。发包人作为整个工程项目的价款最终支付责任主体,其有权就暂估价部分进行造价控制,不是完全放任承包人的发包(招标)定价行为。若承包人可单独对外进行暂估价部分发包(招标),意味着发包人很有可能会失控。

(2)若是由承包人单独对外进行暂估价部分发包(招标),意味着承包人无法自行招标后自行投标、自行实施;也就等于将承包人排除在了必须招标情形下工程总承包合同的暂估价部分的承包权利。

因此,建议发包人就工程总承包活动中的暂估价部分,预先在招标或议价文件中提出明确的后续发包(招标)要求,并在此后的专用合同条件中予以明确约定,落实好双方就暂估价部分对外进行发包(招标)时的权利义务。

【关联条文】

1.《招标投标法实施条例》

第二十九条　招标人可以依法对工程以及与工程建设有关的货物、服务全部或者部分实行总承包招标。以暂估价形式包括在总承包范围内的工程、货物、服务属于依法必须进行招标的项目范围且达到国家规定规模标准的,应当依法进行招标。

前款所称暂估价,是指总承包招标时不能确定价格而由招标人在招标文件中暂时估定的工程、货物、服务的金额。

2.《工程总承包管理办法》

第二十一条　工程总承包单位可以采用直接发包的方式进行分包。但以暂估价形式包括在总承包范围内的工程、货物、服务分包时,属于依法必须进行招标的项目范围且达到国家规定规模标准的,应当依法招标。

3.《雄安工程建设项目招标投标管理办法(试行)》

第二十一条　加强对招标项目中暂估价的管理,暂估价不得超过合同估算金额的5%。

暂估价金额达到招标数额标准的,应当由招标人和承包人共同组织招标,承包人及其不具备法人资格的附属机构不得参加投标。

4.《上海工程总承包管理办法》

第十五条(暂估价招标)　以暂估价形式包括在总承包范围内的工程、货物、服务分包时,属于依法必须进行招标的项目范围且达到国家规定规模标准的,应当依法招标。工程总承包暂估价招标应当由建设单位,或者工程总承包单位,或者建设单位和工程总承包单位联合体作为招标人。建设单位在工程总承包招标文件中,应当明确暂估价工程的招标主体以及双方的权利义务。

5.《广西水利项目工程总承包指导意见(试行)》

(二十)工程总承包的分包,应当符合国家现行法律法规和相关政策的规定。以暂估价形式包含在总承包范围内的工程、货物、服务分包时,属于依法必须招标的项目范围且达到国家规定应当招标规模标准的,应当依法招标。暂估价内容的招标可以由项目法人或者工程总承包单位单独招标,也可以由项目法人和工程总承包单位联合招标,具体由项目法人在工程总承包招标文件中明确。

6. 住建部施工合同 2017 版

10.7 暂估价

暂估价专业分包工程、服务、材料和工程设备的明细由合同当事人在专用合同条款中约定。

10.7.1 依法必须招标的暂估价项目

对于依法必须招标的暂估价项目,采取以下第 1 种方式确定。合同当事人也可以在专用合同条款中选择其他招标方式。

第 1 种方式:对于依法必须招标的暂估价项目,由承包人招标,对该暂估价项目的确认和批准按照以下约定执行:

(1)承包人应当根据施工进度计划,在招标工作启动前 14 天将招标方案通过监理人报送发包人审查,发包人应当在收到承包人报送的招标方案后 7 天内批准或提出修改意见。承包人应当按照经过发包人批准的招标方案开展招标工作;

(2)承包人应当根据施工进度计划,提前 14 天将招标文件通过监理人报送发包人审批,发包人应当在收到承包人报送的相关文件后 7 天内完成审批或提出修改意见;发包人有权确定招标控制价并按照法律规定参加评标;

(3)承包人与供应商、分包人在签订暂估价合同前,应当提前 7 天将确定的中标候选供应商或中标候选分包人的资料报送发包人,发包人应在收到资料后 3 天内与承包人共同确定中标人;承包人应当在签订合同后 7 天内,将暂估价合同副本报送发包人留存。

第 2 种方式:对于依法必须招标的暂估价项目,由发包人和承包人共同招标确定暂估价供应商或分包人的,承包人应按照施工进度计划,在招标工作启动前

14 天通知发包人,并提交暂估价招标方案和工作分工。发包人应在收到后 7 天内确认。确定中标人后,由发包人、承包人与中标人共同签订暂估价合同。

10.7.2 不属于依法必须招标的暂估价项目

除专用合同条款另有约定外,对于不属于依法必须招标的暂估价项目,采取以下第 1 种方式确定:

第 1 种方式:对于不属于依法必须招标的暂估价项目,按本项约定确认和批准:

(1)承包人应根据施工进度计划,在签订暂估价项目的采购合同、分包合同前 28 天向监理人提出书面申请。监理人应当在收到申请后 3 天内报送发包人,发包人应当在收到申请后 14 天内给予批准或提出修改意见,发包人逾期未予批准或提出修改意见的,视为该书面申请已获得同意;

(2)发包人认为承包人确定的供应商、分包人无法满足工程质量或合同要求的,发包人可以要求承包人重新确定暂估价项目的供应商、分包人;

(3)承包人应当在签订暂估价合同后 7 天内,将暂估价合同副本报送发包人留存。

第 2 种方式:承包人按照第 10.7.1 项〔依法必须招标的暂估价项目〕约定的第 1 种方式确定暂估价项目。

第 3 种方式:承包人直接实施的暂估价项目

承包人具备实施暂估价项目的资格和条件的,经发包人和承包人协商一致后,可由承包人自行实施暂估价项目,合同当事人可以在专用合同条款约定具体事项。

10.7.3 因发包人原因导致暂估价合同订立和履行迟延的,由此增加的费用和(或)延误的工期由发包人承担,并支付承包人合理的利润。因承包人原因导致暂估价合同订立和履行迟延的,由此增加的费用和(或)延误的工期由承包人承担。

13.5 暂列金额

【原文】

除专用合同条件另有约定外,每一笔暂列金额只能按照发包人的指示全部或部分使用,并对合同价格进行相应调整。付给承包人的总金额应仅包括发包人已指示的,与暂列金额相关的工作、货物或服务的应付款项。

对于每笔暂列金额,发包人可以指示用于下列支付:

(1)发包人根据第13.1款[发包人变更权]指示变更,决定对合同价格和付款计划表(如有)进行调整的、由承包人实施的工作(包括要提供的工程设备、材料和服务);

(2)承包人购买的工程设备、材料、工作或服务,应支付包括承包人已付(或应付)的实际金额以及相应的管理费等费用和利润(管理费和利润应以实际金额为基数根据合同约定的费率(如有)或百分比计算)。

发包人根据上述(1)和(或)(2)指示支付暂列金额的,可以要求承包人提交其供应商提供的全部或部分要实施的工程或拟购买的工程设备、材料、工作或服务的项目报价单。发包人可以发出通知指示承包人接受其中的一个报价或指示撤销支付,发包人在收到项目报价单的7天内未作回应的,承包人应有权自行接受其中任何一个报价。

每份包含暂列金额的文件还应包括用以证明暂列金额的所有有效的发票、凭证和账户或收据。

【解析】

本款源于FIDIC黄(或银)皮书第13.4款[暂列金额]的规定。

暂列金额与暂估价的中文字面表述相近,但两者在中国法下的实质内涵不同。暂列金额是指在签订合同时无法预见的,如因合同履行过程中的变更而发生的费用;暂估价则是在签订合同时已经明确知晓会发生,只是就具体的造价金额尚无法预估,如某一款材料受工程所在地和实施时间的影响较大从而无法在发承包阶段予以确定。简单来讲,暂列金额是指无法预见发生,暂估价是指可预见发生但无法预估价格。

具体适用时应注意:

1. FIDIC黄(或银)皮书2017版中所使用的“Provisional Sums”的概念,被翻译为了“暂列金额”。这导致在本合同示范文本中,直接被整款援引至“暂列金额”之下。但是实际上,FIDIC语境下的“Provisional Sums”包括中国法下的“暂估价”与“暂列金额”的含义。例如,本款第(1)项变更部分涉及无法预见,而本款第(2)项由承包人提供的设备、材料、工作或服务则有可能属于可预见。就此,发承包双方应当意识到,中国法下对暂估价和暂列金额的行政法规制,如是否需要进行招投标,是不同的。

2. 本款规定发包人对暂列金额的开支使用等直接负责,而非工程师。

【关联条文】

《13 清单计价规范》

2.0.18　暂列金额

招标人在工程量清单中暂定并包括在合同价款中的一笔款项。用于工程合同签订时尚未确定或者不可预见的所需材料、工程设备、服务的采购,施工中可能发生的工程变更、合同约定调整因素出现时的合同价款调整以及发生的索赔、现场签证确认等的费用。

13.6　计　日　工

【原文】

13.6.1　需要采用计日工方式的,经发包人同意后,由工程师通知承包人以计日工计价方式实施相应的工作,其价款按列入价格清单或预算书中的计日工计价项目及其单价进行计算;价格清单或预算书中无相应的计日工单价的,按照合理的成本与利润构成的原则,由工程师按照第 3.6 款[商定或确定]确定计日工的单价。

13.6.2　采用计日工计价的任何一项工作,承包人应在该项工作实施过程中,每天提交以下报表和有关凭证报送工程师审查:

(1)工作名称、内容和数量;

(2)投入该工作的所有人员的姓名、专业、工种、级别和耗用工时;

(3)投入该工作的材料类别和数量;

(4)投入该工作的施工设备型号、台数和耗用台时;

(5)其他有关资料和凭证。

计日工由承包人汇总后,列入最近一期进度付款申请单,由工程师审查并经发包人批准后列入进度付款。

【解析】

本款源于住建部施工合同 2017 版第 10. 9 款[计日工]的规定。

计日工一般仅针对零星性的、偶发性的事件,而非常态化手段。

具体适用时应注意:

1. 根据本款规定,承包人需在计日工的实施过程中,每天上报有关报表和凭证给工程师进行审查。但如果承包人上报后工程师拒绝或拖延审查该如何处理,本款没有规定。就此,FIDIC 黄(或银)皮书 2017 版第 13. 5 款[计日工作]中规定,工程师(银皮书情形下为雇主)要么同意并及时确认,要么由工程师(银皮书情形下为雇主)按照合同第 3. 7 款[协商或确定](银皮书情形下为第 3. 5 款[协商或确定])的流程进行。

2. 对于零星性、偶发性工程在采取计日工进行计价的同时,可能还涉及需采购有关材料的问题。就此,本款中并没有规定,但在 FIDIC 黄(或银)皮书 2017 版第 13. 5 款[计日工作]中则规定,有关材料的计价规则参照第 13. 4 款[暂定金额]的规定执行。

3. 根据本款规定,计日工在过程中确定后,其支付是纳入进度款的,而非统一至最终结算。如果发承包双方另有关于计日工的审核计算与支付安排的,应通过专用合同条件的约定予以明确。

【关联条文】

FIDIC 黄皮书 2017 版

13. 5 计日工作

如果合同中未包括计日工作计划表,则本款不适用。

对于一些小的或附带性的工作,工程师可指示按计日工作实施变更时,工作应按照计日工作计划表进行估价,并应适用下述程序。

这在为此类工作订购货物前(在计日工作计划表中标价的任何货物除外),承包商应向工程师提交一份或多份承包商的供应商和/或分包商的报价单。此后,工程师可指示承包商接受其中一个报价(但此指示不得作为第 4. 5 款[指定分包商]规定的指示)。如果工程师在收到报价后 7 天内没有指示承包商,承包商有权自行决定接受任何此类报价。

除计日工作计划表中规定不应支付的任何事项外,承包商应向工程师提交每日的精确报表,一式两份(和一份电子副本),报表应包括前日工作中使用的各项资源的记录(如第6.10款[承包商的记录]中所述)。

如果正确并经同意,每份报表应由工程师签署并迅速退回承包商一份。如果不正确或不同意,工程师应根据第3.7款[商定或确定]的规定对资源进行商定或确定(就第3.7.3项[时限]而言,承包商完成本款规定的变更工作的日期,应为第3.7.3项规定的商定时限的开始日期)。

在下一份报表中,承包商应向工程师提交商定或确定的资源的估价报表,连同所有适用发票、凭证以及账单或收据,以证明计日工作中使用的任何货物(在计日工作计划表中标价的货物除外)。

除非计日工作计划表中另有规定,否则计日工作计划表中的费率和价格应视为包括税金、管理费和利润。

13.7　法律变化引起的调整

【原文】

13.7.1　基准日期后,法律变化导致承包人在合同履行过程中所需要的费用发生除第13.8款[市场价格波动引起的调整]约定以外的增加时,由发包人承担由此增加的费用;减少时,应从合同价格中予以扣减。基准日期后,因法律变化造成工期延误时,工期应予以顺延。

13.7.2　因法律变化引起的合同价格和工期调整,合同当事人无法达成一致的,由工程师按第3.6款[商定或确定]的约定处理。

13.7.3　因承包人原因造成工期延误,在工期延误期间出现法律变化的,由此增加的费用和(或)延误的工期由承包人承担。

13.7.4　因法律变化而需要对工程的实施进行任何调整的,承包人应迅速通知发包人,或者发包人应迅速通知承包人,并附上详细的辅助资料。发包人接到通知后,应根据第13.3款[变更程序]发出变更指示。

【解析】

本款源于住建部施工合同2017版第11.2款[法律变化引起的调整]与FIDIC黄(或银)皮书2017版第13.6款[因法律改变的调整]的规定。

具体适用时应注意:

1. 法律变化引起的调整首先以“基准日期”为界,在此日期之后所发生的变化方才会被纳入本款的调整范畴。

2. 所谓法律,在本合同示范文本中,一般仅指法律、行政法规、部门规章和工程所在地的地方法规、自治条例、单行条例和地方政府规章。但本合同示范文本第1.3款[法律]同时规定,“合同当事人可以在专用合同条件中约定合同适用的其他规范性文件”。鉴于工程合同较易受到各类规范和政策性文件影响的特点,为避免法律变化所产生的合同价格影响过大而导致发承包双方权利义务失衡,建议发承包双方通过专用合同条件予以专门约定。

3. 本款规定,因法律变化引起的合同价格和工期调整,如合同当事人无法达成一致,是按照商定或确定程序来走,而在FIDIC合同中则是按照索赔程序进行。就索赔而言,因为有逾期索赔失效的约束,因此需要发承包双方格外予以注意。

4. 如法律变化未涉及合同的履行,仅涉及费用调整,如税法的变化导致的税负调整,还可能出现导致合同履行内容的变化,如环保法的变化导致的施工措施增加,则应依据合同约定的变更程序进行。

【关联条文】

FIDIC 黄皮书 2017 版

13.6　因法律改变的调整

根据本款的下列规定,合同价格应考虑因以下改变导致的任何费用增减进行调整:

(a)工程所在国的法律有改变(包括实施新的法律,废除或修改现有法律);

(b)上述(a)段所指法律的司法或政府官方解释或实施;

(c)雇主或承包商分别根据第1.13款[遵守法律](a)段或(b)段获得的任何许可证、准许、执照或批准;(或)

(d)承包商根据第1.13款[遵守法律](b)段的规定获得的任何许可证、准许、执照和/或批准的要求。

在基准日期后制定和/或正式公布的法律改变,影响了承包商履行合同规定的义务。在本款中,“法律改变”是指上述(a)、(b)、(c)和/或(d)段所述的任何改变。

如果承包商因任何法律的改变,已遭受延误和/或已招致增加费用,承包商应有权根据第 20. 2 款[付款和/或竣工时间延长的索赔]的规定,获得竣工时间的延长和/或此类费用的支付。

如果由于法律的任何改变而导致费用减少,雇主有权根据第 20. 2 款[付款和/或竣工时间延长的索赔]的规定,要求降低合同价格。

如果由于法律的任何改变而需要对工程的实施进行任何调整:

(i)承包商应立即向工程师发出通知;(或)

(ii)工程师应立即向承包商发出通知。

(附详细证明资料)

此后,工程师应根据第 13. 3. 1 项[指示变更]的规定指示变更,或根据第 13. 3. 2 项[建议书要求的变更]的规定要求提交建议书。

13. 8 市场价格波动引起的调整

【原文】

13. 8. 1 主要工程材料、设备、人工价格与招标时基期价相比,波动幅度超过合同约定幅度的,双方按照合同约定的价格调整方式调整。

13. 8. 2 发包人与承包人在专用合同条件中约定采用《价格指数权重表》的,适用本项约定。

13. 8. 2. 1 双方当事人可以将部分主要工程材料、工程设备、人工价格及其他双方认为应当根据市场价格调整的费用列入附件 6[价格指数权重表],并根据以下公式计算差额并调整合同价格:

(1)价格调整公式

$$\triangle P = P_0\left[A + \left(B_1 \times \frac{F_{t1}}{F_{01}} + B_2 \times \frac{F_{t2}}{F_{02}} + B_3 \times \frac{F_{t3}}{F_{03}} + \cdots + B_n \times \frac{F_{tn}}{F_{0n}}\right) - 1\right]$$

公式中: $\triangle P$——需调整的价格差额;

P_0——付款证书中承包人应得到的已完成工作量的金额。此项金额应不包括价格调整、不计质量保证金的预留和支付、预付款的支付和扣回。第 13 条[变更与

调整]约定的变更及其他金额已按当期价格计价的,也不计在内;

A——定值权重(即不调部分的权重);

B_1;B_2;B_3;……B_n——各可调因子的变值权重(即可调部分的权重)为各可调因子在投标函投标总报价中所占的比例,且 $A+B_1+B_2+B_3+\cdots\cdots+B_n=1$;

F_{t1};F_{t2};F_{t3};……F_{tn}——各可调因子的当期价格指数,指付款证书相关周期最后一天的前42天的各可调因子的价格指数;

F_{01};F_{02};F_{03};……F_{0n}——各可调因子的基本价格指数,指基准日期的各可调因子的价格指数。

以上价格调整公式中的各可调因子、定值和变值权重,以及基本价格指数及其来源在投标函附录价格指数和权重表中约定。价格指数应首先采用投标函附录中载明的有关部门提供的价格指数,缺乏上述价格指数时,可采用有关部门提供的价格代替。

(2)暂时确定调整差额

在计算调整差额时得不到当期价格指数的,可暂用上一次价格指数计算,并在以后的付款中再按实际价格指数进行调整。

(3)权重的调整

按第13.1款[发包人变更权]约定的变更导致原定合同中的权重不合理的,由工程师与承包人和发包人协商后进行调整。

(4)承包人原因工期延误后的价格调整

因承包人原因未在约定的工期内竣工的,则对原约定竣工日期后继续施工的工程,在使用本款第(1)项价格调整公式时,应采用原约定竣工日期与实际竣工日期的两个价格指数中较低的一个作为当期价格指数。

(5)发包人引起的工期延误后的价格调整

由于发包人原因未在约定的工期内竣工的,则对原约定竣工日期后继续施工的工程,在使用本款第(1)目价格调整公式时,应采用原约定竣工日期与实际竣工日期的两个价格指数中较高的一个作为当期价格指数。

13.8.2.2　未列入《价格指数权重表》的费用不因市场变化而调整。

13.8.3　双方约定采用其他方式调整合同价款的,以专用合同条件约定为准。

【解析】

本款源于住建部施工合同2017版第11.1款[市场价格波动引起的调整]的规定。

相较而言:

1.本合同示范文本仅规定了采用价格指数进行价格调整这一种情形,而在住建部施工合同2017版中,还有采用造价信息进行价格调整的方式。两相比较,采用价格指数进行调整的方式,将更为便捷并有利于过程结算的高效实现。

2.所谓基期价,在本合同示范文本中仅出现在了这一处,其实际对应的就是基准日期价格。

3.住建部施工合同2017版中,各可调因子的变值权重为"各可调因子在签约合同价中所占的比例",本合同示范文本中调整表述为了"各可调因子在投标函投标总报价中所占的比例"。签约合同价与投标总报价还是两个不同的概念,投标总报价是客观反映工程造价具体组成的,而签约合同价则是发承包双方经过招投标或直接议价后,经过协商直接写入合同协议书部分的价格。就具体的价格调整来讲,应参照的是投标总报价,而不是签约合同价。

具体适用时应注意:

1.本款规定未列入《价格指数权重表》的费用不因市场变化而调整。作为承包人来讲,应高度关注此项约定,如在履约与最终的结算过程中,期待实现调价的目的,特别是对于权重占比较高的要素,应明确无误地在合同中进行约定,不可遗漏。

2.工程合同的履行不排除因过程中的变更而导致原定的各价格指数权重不适宜继续适用,若继续适用则可能导致发承包双方的权利义务失衡。根据本款规定,可由工程师与承包人和发包人协商后进行调整。但是具体如何协商,并没有明确规定。为避免不必要的争议,建议发承包双方通过专用合同条件加以明确。

【关联条文】

1.《工程总承包管理办法》

第十五条　建设单位和工程总承包单位应当加强风险管理,合理分担风险。

建设单位承担的风险主要包括：

(一)主要工程材料、设备、人工价格与招标时基期价相比，波动幅度超过合同约定幅度的部分；

(二)因国家法律法规政策变化引起的合同价格的变化；

(三)不可预见的地质条件造成的工程费用和工期的变化；

(四)因建设单位原因产生的工程费用和工期的变化；

(五)不可抗力造成的工程费用和工期的变化。

具体风险分担内容由双方在合同中约定。

鼓励建设单位和工程总承包单位运用保险手段增强防范风险能力。

2. FIDIC 黄皮书 2017 版

13.7　因成本改变的调整

如果合同中没有包括成本指数表，本款应不适用。

可付给承包商的款额，应就工程所用的劳动力、货物和其他投入的成本的涨落，按成本指数表计算的增减额进行调整。

在本条款或本条件的其他条款对成本的任何涨落不能完全补偿的情况下，中标合同金额应视为已包括其他成本涨落的应急费用。

在付款证书中确认的，付给承包商的其他应付款要做的调整，应按合同价格应付每种货币计算。对于根据成本或现行价格进行估价的工作，不予调整。

在获得每种现行成本指数前，工程师应使用一个临时指数，用以签发期中付款证书。当得到现行成本指数时，应据此重新计算调整。

如果承包商未能在竣工时间内完成工程，其后应利用下列任一方法调整价格：

(a)适用于工程竣工时间期满前第 49 天的各指数或价格；(或)

(b)现行指数或价格；

取两者中对雇主更有利的，对价格作出调整。

3.《18 造价指标指数分类与测算标准》

2.0.3　建设工程造价指数

一定时期的建设工程造价相对于某一固定时期工程造价的比值，以某一设定值为参照得出的同比例数值。

第14条　合同价格与支付

14.1　合同价格形式

【原文】

14.1.1　除专用合同条件中另有约定外,本合同为总价合同,除根据第13条[变更与调整],以及合同中其他相关增减金额的约定进行调整外,合同价格不做调整。

14.1.2　除专用合同条件另有约定外:

(1)工程款的支付应以合同协议书约定的签约合同价格为基础,按照合同约定进行调整;

(2)承包人应支付根据法律规定或合同约定应由其支付的各项税费,除第13.7款[法律变化引起的调整]约定外,合同价格不应因任何这些税费进行调整;

(3)价格清单列出的任何数量仅为估算的工作量,不得将其视为要求承包人实施的工程的实际或准确的工作量。在价格清单中列出的任何工作量和价格数据应仅限用于变更和支付的参考资料,而不能用于其他目的。

14.1.3　合同约定工程的某部分按照实际完成的工程量进行支付的,应按照专用合同条件的约定进行计量和估价,并据此调整合同价格。

【解析】

本款源于住建部2011版第14.1.1项[合同总价]、九部委2012版第17.1款[合同价格]与FIDIC黄(或银)皮书2017版第14.1款[合同价格]的规定。

具体适用时应注意:

1. 本合同示范文本坚持了工程总承包固定总价的基本原则。而在当前实践中,特别是针对政府投资项目,因事后审计的压力,发包人仍往往更为倾向于招标时采用类似模拟清单的方式预估,待最终施工图出来以后以按实结算的方式来进行计价。因此,针对某一具体的工程总承包项目,若发包人另有专门的价格要求的,应通过专用合同条件予以详细约定。

2. 除非专用合同条件另有约定,否则承包人针对发包人给到的项目清单而提交的价格清单中所罗列的工程量并非最终实际施工时完整的、准确的工程量,不得作为约束承包人的依据。评判承包人是否完工的依据是发包人要求,而非价格清单。对此,实践中也时常会引发争议。一方面,如果发包人本身在项目清单中所罗列的工程量存在差错,因为是工程总承包,而非施工总承包,此时因为设计深度不到,承包人不对发包人错误罗列的项目清单中的工程量负责,或可理解。但是另一方面,如发包人给到的项目清单中的工程量表述并不存在错误,只不过因为设计深度未到,并不如施工图设计阶段所对应的工程量清单那么全面细致。此时,承包人可能存在错误理解,或者因理解不到位而未能在当时阶段给出最优设计方案之下的价格清单,则由此产生的价格偏差应当由谁负责呢?

例如,在我们曾服务过的某个工程项目中,就室外总体工程中所涉及的绿化部分,承包人在投标时上报了具体的绿化苗木的数量、品种与规格以及每一株的价格。但在施工过程中,发现自身对发包人提供的前期设计图纸理解错误,将本不属于自身投标范围的工作面也予以了纳入,导致多报了工程量。结算的时候,发包人提出,承包人未能完成投标时承诺的绿化苗木栽种工作,应就未施工部分予以扣减。承包人则认为,根据合同约定,承包人投标时在价格清单中所列出的工作量不能作为最终要求其实施与结算的准确依据,在已满足发包人要求的情况下,固定总价不应再被核减。

针对于此,我们认为这里应进一步细分出两种不同情形,区别对待:

(1)承包人对发包人要求的理解是准确的,只不过尚未到施工图阶段,承包人的投标报价难免存在合理误差。这种情形下,应依据本款中的规定,“价格清单列出的任何数量仅为估算的工作量,不得将其视为要求承包人实施的工程的实际或准确的工作量”。已经确定的合同总价,不得随意调整。

(2)承包人对发包人要求本身就存在理解偏差。类似前述某工程项目中,承包人对不属于其承包范围的工作界面,也进行了施工报价。此时,实际上承包人报价所对应的工作范围进行了减少,就此,应考虑予以调减。

显然对于工程总承包项目来讲,承包人在投标时针对发包人的项目清单作细化响应时应作谨慎考量。

14.2 预 付 款

14.2.1 预付款支付

【原文】

预付款的额度和支付按照专用合同条件约定执行。预付款应当专用于承包人为合同工程的设计和工程实施购置材料、工程设备、施工设备、修建临时设施以及组织施工队伍进场等合同工作。

除专用合同条件另有约定外,预付款在进度付款中同比例扣回。在颁发工程接收证书前,提前解除合同的,尚未扣完的预付款应与合同价款一并结算。

发包人逾期支付预付款超过7天的,承包人有权向发包人发出要求预付的催告通知,发包人收到通知后7天内仍未支付的,承包人有权暂停施工,并按第15.1.1项[发包人违约的情形]执行。

【解析】

本项源于住建部施工合同2017版第12.2.1项[预付款的支付]的规定。

具体适用时应注意:

1. 预付款的支付,不仅涉及预付款本身的给付问题,还涉及预付款的额度比例问题。但是,具体的额度比例应当如何设置,在本合同示范文本以及国内其他相关合同示范文本中均没有规定。在国内或可作为参照的是,财政部与住建部《工程价款结算办法》中的规定,"原则上预付比例不低于合同金额的10%,不高于合同金额的30%,对重大工程项目,按年度工程计划逐年预付"。

发承包双方同时应当注意的是,如在专用合同条件中未就预付款的支付进行设置,还可能涉嫌构成垫资,违反《政府投资条例》《保障农民工工资支付条例》等行政法规的监管。

2. 工程总承包模式之下,预付款的目的应不仅局限于施工。若仅依据本项的规定,因是沿用施工合同示范文本的表述,因此仍仅涉及材料、设备、劳务作业等与施工相关的事务。而在FIDIC银皮书2017版中,就明确规定还包括设计在内。

3. 预付款的支付应设置有相关的期限要求。虽然本合同示范文本中未予明确规制,但是《工程价款结算办法》中规定,“在具备施工条件的前提下,发包人应在双方签订合同后的一个月内或不迟于约定的开工日期前的7天内预付工程款”;住建部施工合同2017版中规定,“至迟应在开工通知载明的开工日期7天内支付”;FIDIC银皮书2017版中规定,雇主应当在收到承包商提交的履约担保、预付款担保以及预付款申请之后的14天内支付相应的预付款。就此,发承包双方应注意通过专用合同条件的约定加以约定,避免不必要的争议,甚而引发停窝工等不必要的纠纷。

4. 预付款的支付还涉及预付款的抵扣返还问题,本合同示范文本中仅粗略性地规定,预付款在进度付款中同比例扣回,即假设预付款的比例是10%的,则每期进度款中扣回10%比例的预付款。在FIDIC银皮书2017版中,一方面,预付款的抵扣也有起始时间,不是第一期进度款支付就可以抵扣,而是从承包商收到的进度款(不包括预付款和保留金)累计超过合同价格(扣减FIDIC合同项下的“暂列金额”)之后部分的10%起;另一方面,预付款的抵扣比例存在一个分摊(amortisation)的概念,不是一次性扣完,而是以25%的比例逐渐抵扣,直至抵扣完毕。

【关联条文】

1.《工程价款结算办法》

第十二条 工程预付款结算应符合下列规定:

(一)包工包料工程的预付款按合同约定拨付,原则上预付比例不低于合同金额的10%,不高于合同金额的30%,对重大工程项目,按年度工程计划逐年预付。计价执行《建设工程工程量清单计价规范》(GB 50500-2003)的工程,实体性消耗和非实体性消耗部分应在合同中分别约定预付款比例。

(二)在具备施工条件的前提下,发包人应在双方签订合同后的一个月内或不迟于约定的开工日期前的7天内预付工程款,发包人不按约定预付,承包人应在预付时间到期后10天内向发包人发出要求预付的通知,发包人收到通知后仍不按要求预付,承包人可在发出通知14天后停止施工,发包人应从约定应付之日起向承包人支付应付款的利息(利率按同期银行贷款利率计),并承担违约责任。

(三)预付的工程款必须在合同中约定抵扣方式,并在工程进度款中进行抵扣。

(四)凡是没有签订合同或不具备施工条件的工程,发包人不得预付工程款,不得以预付款为名转移资金。

2.《政府投资条例》

第二十二条　政府投资项目所需资金应当按照国家有关规定确保落实到位。

政府投资项目不得由施工单位垫资建设。

3.《保障农民工工资支付条例》

第二十三条　建设单位应当有满足施工所需要的资金安排。没有满足施工所需要的资金安排的,工程建设项目不得开工建设;依法需要办理施工许可证的,相关行业工程建设主管部门不予颁发施工许可证。

政府投资项目所需资金,应当按照国家有关规定落实到位,不得由施工单位垫资建设。

4. FIDIC 银皮书 2017 版

14. 2　预付款

如果合同数据中没有规定预付款金额,本款应不适用。

根据本款下述规定,雇主应支付一笔预付款,作为用于动员和设计的无息贷款。预付款的金额和支付货币应按合同数据中的规定。

14. 2. 2　预付款

雇主应在下列情况发生后 14 天内支付预付款:

(a)雇主已收到履约保函和预付款保函,其格式和签发的实体均符合第 4. 2. 1 项[承包商的义务]和第 14. 2. 1 项[预付款保函]的规定;(以及)

(b)雇主已收到第 14. 2. 1 项[预付款保函]规定的承包商的预付款申请。

14. 2. 3　预付款付还

预付款应通过第 14. 6 款[期中付款]规定的期中付款的百分比扣减的方式付还。除非合同数据中规定了其他百分比:

(a)扣减应从与预付款相同货币的期中付款(不包括预付款以及扣减额和保留金的发放)的总额,超过以该货物支付的合同协议书规定的合同价格,减去暂列金额后部分的百分之十(10%)时的期中付款开始;(以及)

(b)扣减应按每次期中付款中金额(不包括预付款以及扣减额和保留金的发放)的四分之一(25%)的摊还比率,并按预付款的货币和比例计算,直到预付款还清时为止。

如果在签发工程接收证书前,或根据第 15 条[由雇主终止]、第 16 条[由承包商暂停和终止],或 18 条[例外事件](视情况而定)的规定终止前,预付款尚未还清,则全部余额应立即成为承包商对雇主的到期应付款。

14.2.2 预付款担保

【原文】

发包人指示承包人提供预付款担保的,承包人应在发包人支付预付款 7 天前提供预付款担保,专用合同条件另有约定除外。预付款担保可采用银行保函、担保公司担保等形式,具体由合同当事人在专用合同条件中约定。在预付款完全扣回之前,承包人应保证预付款担保持续有效。

发包人在工程款中逐期扣回预付款后,预付款担保额度应相应减少,但剩余的预付款担保金额不得低于未被扣回的预付款金额。

【解析】

本项源于住建部施工合同 2017 版第 12.2.2 项[预付款担保]的规定。

根据本项规定:

1. 发包人有权要求承包人提交预付款担保。

2. 预付款担保可以采用银行保函、担保公司担保等多种形式。

3. 在预付款完全扣回之前,承包人应保证预付款担保持续有效。

4. 预付款担保金额应始终不能低于未被扣回的预付款金额。

具体适用时应注意:

1. 当下,预付款担保的使用是否会存在不合规的问题?

早在 2016 年国务院就已发文要求全面清理各类保证金。根据规定,当前工程建设领域,对于建筑业企业来讲,仅余留投标保证金、履约保证金、工程质量保证金、农民工工资保证金这四种形式,显然,预付款担保不在其列。

有观点认为可将预付款担保列入履约担保的范畴,但是,所谓履约担保保证的是承包人在承建过程中的履约行为,并非针对发包人的预付款而言。特别是根据《招标投标法实施条例》第五十八条的规定,履约保证金不得超过中标合同金额的 10%。但是实践中预付款比例的区间为 10% ~30%,显然,法定的履约保证金比例往往无法覆盖预付款。

就此我们认为,预付款担保不应归入国务院所严格限制的保证金范畴。预付款担保是建立在发包人对等支付工程预付款的前提条件基础之上的,对于承包人来讲,并未加重负担。

2. 本款虽规定承包人应确保其预付款担保在预付款被完全扣回之前持续有效,但是实践中时常会出现承包人一方在预付款担保期限届满之前不愿意续期的问题。若此情形出现,当如何处理? 本项未作明确规定。在 FIDIC 银皮书 2017 版第 14. 2. 1 项[预付款保函]中则规定,在期满日期前 28 天预付款尚未还清的,承包商应向雇主提交已经进行延期的证据,如果雇主在保函到期日前 7 天天没有收到证据的,雇主有权根据保函要求承包商支付尚未偿还的预付款。

【关联条文】

1.《清理规范工程建设领域保证金的通知》

一、全面清理各类保证金。对建筑业企业在工程建设中需缴纳的保证金,除依法依规设立的投标保证金、履约保证金、工程质量保证金、农民工工资保证金外,其他保证金一律取消。对取消的保证金,自本通知印发之日起,一律停止收取。

2. FIDIC 银皮书 2017 版

14. 2. 1　预付款保函

承包商应得(由承包商承担费用)金额和货币种类与预付款一致的预付款保函,并应将其提交给雇主。该保函应由雇主同意的国家(或其他司法管辖区)的实体,以专用条件所附的格式或雇主同意的其他格式出具(但此类同意和/或商定不得免除承包商根据本款规定的任何义务)。

在还清预付款前,承包商应确保预付款保函一直有效并可执行,但其金额可按承包商付还的金额逐渐减少。

如果预付款保函条款中规定了期满日期,而在期满日期前 28 天预付款尚未还清时:

(a)承包商应将保函有效期延至预付款还清为止;

(b)承包商应立即向雇主提交延期证据;(以及)

(c)如果雇主在该保函到期日前 7 天没有收到证据,雇主有权根据保函要求支付尚未偿还的预付款。

承包商在提交预付款保函时,应包括一份预付款申请书(以报表的格式)。

14.3 工程进度款

14.3.1 工程进度付款申请

【原文】

(1)人工费的申请

人工费应按月支付,工程师应在收到承包人人工费付款申请单以及相关资料后7天内完成审查并报送发包人,发包人应在收到后7天内完成审批并向承包人签发人工费支付证书,发包人应在人工费支付证书签发后7天内完成支付。已支付的人工费部分,发包人支付进度款时予以相应扣除。

(2)除专用合同条件另有约定外,承包人应在每月月末向工程师提交进度付款申请单,该进度付款申请单应包括下列内容:

1)截至本次付款周期内已完成工作对应的金额;

2)扣除依据本款第(1)目约定中已扣除的人工费金额;

3)根据第13条[变更与调整]应增加和扣减的变更金额;

4)根据第14.2款[预付款]约定应支付的预付款和扣减的返还预付款;

5)根据第14.6.2项[质量保证金的预留]约定应预留的质量保证金金额;

6)根据第19条[索赔]应增加和扣减的索赔金额;

7)对已签发的进度款支付证书中出现错误的修正,应在本次进度付款中支付或扣除的金额;

8)根据合同约定应增加和扣减的其他金额。

【解析】

本项源于《保障农民工工资支付条例》与住建部施工合同2017版第12.4.2项[进度付款申请单的编制]的规定。

自《保障农民工工资支付条例》于2020年5月1日实施之日起,工程款中的人工费与其他工程款应当分账支付。其中,人工费应确保农民工工资的取得。

具体适用时应注意:

1.人工费在申请时,除了提交人工费付款申请单以外还要提交相关资料。至于相关资料具体是哪些资料,在本合同示范文本中未有明确规定。但在《保障农民工工资支付条例》中,用人单位根据规定需要编制“书面工资支付台账”、“用工管理台账”、“农民工本人的工资清单”和“农民工工资支付表”等相关材料的需要。就此合规性的要求,发承包双方均应予以关注,并可在制订有关的专用合同条件时予以借鉴。

2. 本项未规定人工费的具体申请时间,但对其他工程款是明确“应在每月月末”。由此,发承包双方在制订有关的专用合同条件时也应加以明确。

3. 其他工程款的申请,包括了变更、索赔和修正等情形而发生的金额。有些工程项目,在具体的履行过程中因变更、索赔和修正等情形而发生的金额较大,不少都是约定在最终结算时一并调整,这对于承包人来讲需承担较多的过程付款的压力。建议发承包双方在最初签订合同时即通过专用合同条件予以具体而明确的约定。

【流程图】

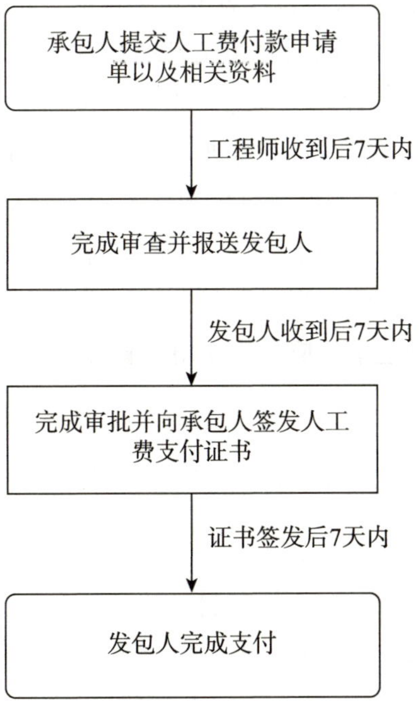

【关联条文】

《保障农民工工资支付条例》

第十五条 用人单位应当按照工资支付周期编制书面工资支付台账,并至少保存3年。

书面工资支付台账应当包括用人单位名称,支付周期,支付日期,支付对象姓名、身份证号码、联系方式,工作时间,应发工资项目及数额,代扣、代缴、扣除项目和数额,实发工资数额,银行代发工资凭证或者农民工签字等内容。

用人单位向农民工支付工资时,应当提供农民工本人的工资清单。

第二十四条 建设单位应当向施工单位提供工程款支付担保。

建设单位与施工总承包单位依法订立书面工程施工合同,应当约定工程款计量周期、工程款进度结算办法以及人工费用拨付周期,并按照保障农民工工资按时足额支付的要求约定人工费用。人工费用拨付周期不得超过1个月。

建设单位与施工总承包单位应当将工程施工合同保存备查。

第二十八条 施工总承包单位或者分包单位应当依法与所招用的农民工订立劳动合同并进行用工实名登记,具备条件的行业应当通过相应的管理服务信息平台进行用工实名登记、管理。未与施工总承包单位或者分包单位订立劳动合同并进行用工实名登记的人员,不得进入项目现场施工。

施工总承包单位应当在工程项目部配备劳资专管员,对分包单位劳动用工实施监督管理,掌握施工现场用工、考勤、工资支付等情况,审核分包单位编制的农民工工资支付表,分包单位应当予以配合。

施工总承包单位、分包单位应当建立用工管理台账,并保存至工程完工且工资全部结清后至少3年。

14.3.2 进度付款审核和支付

【原文】

除专用合同条件另有约定外,工程师应在收到承包人进度付款申请单以及相关资料后7天内完成审查并报送发包人,发包人应在收到后7天内完成审批并向承包人签发进度款支付证书。发包人逾期(包括因工程师原因延误报送的时间)未完成审批且未提出异议的,视为已签发进度款支付证书。

工程师对承包人的进度付款申请单有异议的,有权要求承包人修正和提供补充资料,承包人应提交修正后的进度付款申请单。工程师应在收到承包人修正后的进度付款申请单及相关资料后 7 天内完成审查并报送发包人,发包人应在收到工程师报送的进度付款申请单及相关资料后 7 天内,向承包人签发无异议部分的进度款支付证书。存在争议的部分,按照第 20 条[争议解决]的约定处理。

除专用合同条件另有约定外,发包人应在进度款支付证书签发后 14 天内完成支付,发包人逾期支付进度款的,按照贷款市场报价利率(LPR)支付利息;逾期支付超过 56 天的,按照贷款市场报价利率(LPR)的两倍支付利息。

发包人签发进度款支付证书,不表明发包人已同意、批准或接受了承包人完成的相应部分的工作。

【解析】

本项源于住建部施工合同 2017 版第 12.4.4 项[进度付款审核和支付]的规定。

相较而言:

1. 就发包人逾期的情形,将工程师原因延误报送的时间统一归为发包人的责任范畴,进而产生视为已签发进度款支付证书的法律后果。

2. 发包人逾期支付超过 56 天的,有关的逾期付款利息将双倍计算,而非仅为一倍。这也是考虑到了社会融资成本高昂的现状。

具体适用时应注意:

1. 根据第 14.3.1 项的规定,进度款支付涉及人工费与其他工程款的分账安排。因此,人工费支付证书与其他工程进度款支付证书的签发,需要分开。

2. 第 14.3.1 项中有关人工费申请的审查、审批流程,未涉及工程师原因延误报送的时间而导致的法律后果,但是根据本项的规定,应是一并涵盖在内。

3. 根据本项的规定,如工程师延误报送,则应视为发包人已经收到并开始计算 7 天的审批期限。也就是说,发包人至迟应当在承包人提交进度付款申请单以及相关资料后的 14 天内完成审批并向承包人签发进度款支付证书。否则,逾期未完成审批且未提出异议的,将视为已经签发进度款支付证书。对此,发包人应当予以高度关注。

4. 无论是工程师的审查还是发包人的审查,都应当是实质性的,否则可能出现工程师或发包人在审查、审批的过程中仅形式上提出异议即可阻却进度款支付证书视为签发的法律后果,造成对承包人不公的情形。就此,也建议发承包双方可在专用合同条件中予以明确规定,避免双方在合同履行过程中无谓的争议。

5. 本项有关工程师异议情形下的流程设置,虽然未出现“视为已签发进度款支付证书”的规定,但是,参照前述规定,为避免不必要的争议,也建议发承包双方通过专用合同条件的约定予以明确。

6. 根据本项规定,工程师审查后如有异议的,可发回承包人要求修正和补充,但是对于发包人的审批流程,未见有类似规定。假设出现工程师审查并报送给发包人后,发包人审批认为存在问题的,该如何处理? 就此,本合同示范文本中并没有规定。同样建议发承包双方若有特别要求的,应通过专用合同条件加以明确约定。

可供对比的是:在 FIDIC 黄皮书 2017 版中,付款证书是工程师向发包人发出,而不是发包人向承包人发出。工程师作为发包人的受托人,其作出的法律行为后果均由发包人承受,工程师的审查即代表了发包人的审批。

【流程图】

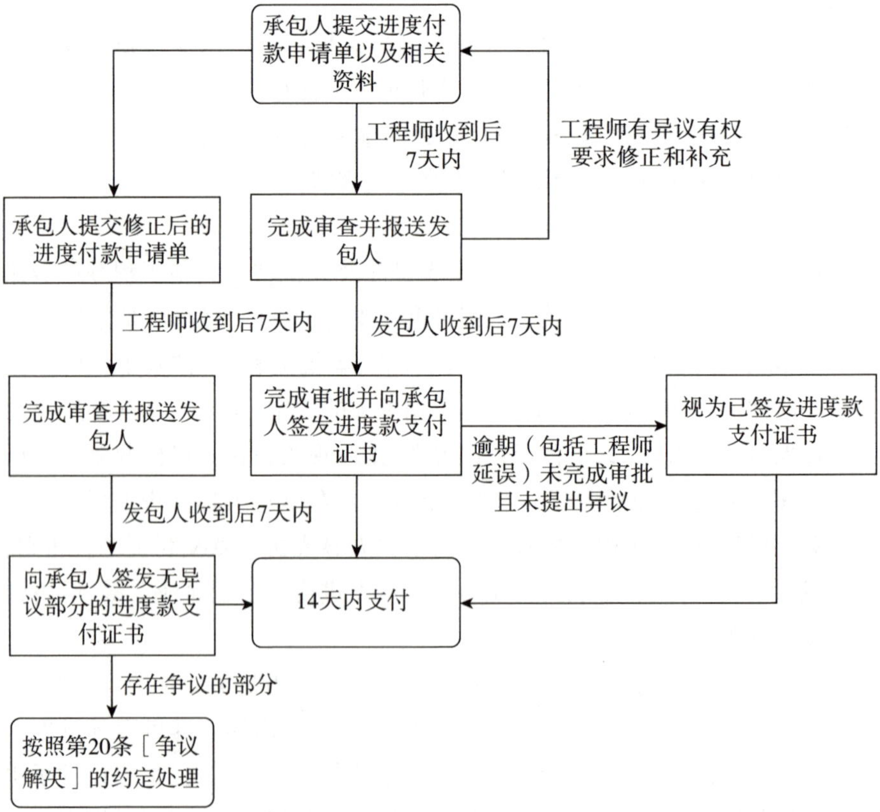

【关联条文】

FIDIC 黄皮书 2017 版

14.6.1 期中付款证书

工程师应在收到有关报表和证明文件后 28 天内,向雇主签发期中付款证书,并抄送承包商:

(a)说明工程师公正地确定应付的金额;(以及)

(b)包括根据第 3.7 款[商定或确定]或根据合同或其他规定到期应付的任何增加和/或扣减;

并附详细的证明资料(该资料应证明经确认金额与报表中相应金额之间的任何差额,并说明差额的原因)。

14.3.3 进度付款的修正

【原文】

在对已签发的进度款支付证书进行阶段汇总和复核中发现错误、遗漏或重复的,发包人和承包人均有权提出修正申请。经发包人和承包人同意的修正,应在下期进度付款中支付或扣除。

【解析】

本项源于住建部施工合同 2017 版第 12.4.5 项[进度付款的修正]的规定。

具体适用时应注意:

1. 对已签发的进度款支付证书进行阶段汇总和复核,应当如何进行?按期限每一季度或每半年修正一次?还是按照形象进度进行修正?本项中没有具体规定。这个有待于发承包双方通过专用合同条件加以明确。

2. 根据本项的规定,如发承包双方均同意修正的,则应在下期进度付款中进行支付或扣除,而非当期。这点与九部委 2012 版的规定不同。当然,发承包双方也可以通过专用合同条件另行约定。

【关联条文】

九部委 2012 版

17.3.5 工程进度付款的修正

在对以往历次已签发的进度付款证书进行汇总和复核中发现错、漏或重复的,监理人有权予以修正,承包人也有权提出修正申请。经监理人、承包人复核同意的修正,应在本次进度付款中支付或扣除。

14.4 付款计划表

【原文】

14.4.1 付款计划表的编制要求

除专用合同条件另有约定外,付款计划表按如下要求编制:

(1)付款计划表中所列的每期付款金额,应为第14.3.1项[工程进度付款申请]每期进度款的估算金额;

(2)实际进度与项目进度计划不一致的,合同当事人可按照第3.6款[商定或确定]修改付款计划表;

(3)不采用付款计划表的,承包人应向工程师提交按季度编制的支付估算付款计划表,用于支付参考。

14.4.2 付款计划表的编制与审批

(1)除专用合同条件另有约定外,承包人应根据第8.4款[项目进度计划]约定的项目进度计划、签约合同价和工程量等因素对总价合同进行分解,确定付款期数、计划每期达到的主要形象进度和(或)完成的主要计划工程量(含设计、采购、施工、竣工试验和竣工后试验等)等目标任务,编制付款计划表。其中人工费应按月确定付款期和付款计划。承包人应当在收到工程师和发包人批准的项目进度计划后7天内,将付款计划表及编制付款计划表的支持性资料报送工程师。

(2)工程师应在收到付款计划表后7天内完成审核并报送发包人。发包人应在收到经工程师审核的付款计划表后7天内完成审批,经发包人批准的付款计划表为有约束力的付款计划表。

(3)发包人逾期未完成付款计划表审批的,也未及时要求承包人进行修正和提供补充资料的,则承包人提交的付款计划表视为已经获得发包人批准。

【解析】

本款源于住建部施工合同2017版第12.4.6项[支付分解表]的规定。

相较而言:

1. 表述不同。住建部施工合同2017版中使用了支付分解表的表述,而在本合同示范文本中使用的是付款计划表的表述。

2. 进一步区分的情形不同。住建部施工合同2017版区分了总价合同与单价合同,而在本合同示范文本中就是针对总价合同来讲的。

具体适用时应注意:

1. 付款计划表的概念,实际上源于FIDIC的规定,例如,FIDIC黄(或银)皮书2017版第14.4款规定了付款计划表(Schedule of Payments)。FIDIC合同体系下的付款计划是针对里程碑付款而言的。① 实践中,采取一般的进度款审核与采用付款计划表是两种不同的进度付款方式。

2. 本合同示范文本体系下,已经有关于进度款的规定,若另外同时规定有关的付款计划,可能会导致针对这两者产生理解歧义。在FIDIC黄皮书2017版中就规定,如采用付款计划表的,则第14.5款[拟用于工程的生产设备和材料]的规定就不适用。就此,应引起发承包双方的关注。

3. 中国法下始终应注意,基于保障农民工工资取得而需进行的人工费与其他工程款的分账管理与支付制度,有关付款计划表的编制也同样如此。

4. 因为工程师的审查是发包人审批的前提条件,建议参照本合同示范文本第14.3.2项[进度付款审核和支付]的规定,将工程师原因延误报送的时间也纳入发包人逾期的责任范畴之内。

【关联条文】

FIDIC黄皮书2017版

14.4 付款计划表

如果合同包括一份付款计划表,其中规定了合同价格的分期付款,除非该表中另有规定:

---

① 中国法下针对政府投资项目因为有不允许垫资的合规要求,因此,采取付款计划表的里程碑付款方式是否符合此等合规要求,也应引起使用者的注意。

(a)该付款计划表所述的分期付款,应视为第 14.3 款[期中付款的申请](i)段需要的估算合同价值;

(b)第 14.5 款[拟用于工程的生产设备和材料]的规定应不适用;(以及)

(c)如果:

(i)分期付款额不是参照工程实施达到的实际进度确定;(以及)

(ii)工程师发现实际进度与付款计划表依据的进度不同,

工程师可按照第 3.7 款[商定或确定]的要求进行商定或确定,修改分期付款额(就第 3.7.3 项[时限]而言,工程师发现上述(ii)段所述不同的日期,应为根据第 3.7.3 项商定的时限的开始日期),这种修改的分期付款应考虑实际进度与该分期付款计划表所依据的进度的不同程度。

如果合同未包括付款计划表,承包商应每 3 个月提交其预计应付的无约束性估算付款额。第一次估算应在开工日期后 42 天内提交。直到签发工程接收证书前,应按每 3 个月提交一次修正的估算。

【流程图】

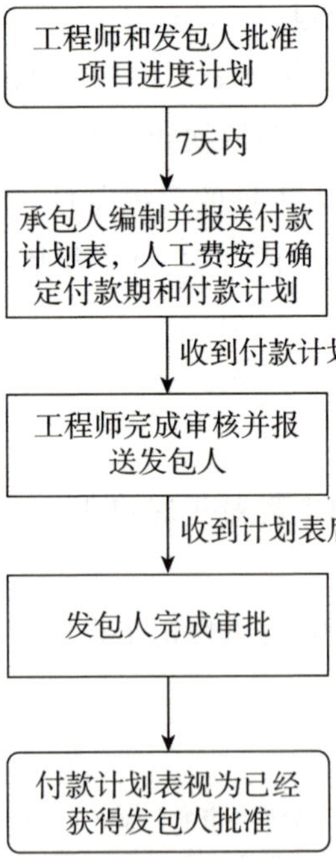

14.5　竣工结算

14.5.1　竣工结算申请

【原文】

除专用合同条件另有约定外,承包人应在工程竣工验收合格后42天内向工程师提交竣工结算申请单,并提交完整的结算资料,有关竣工结算申请单的资料清单和份数等要求由合同当事人在专用合同条件中约定。

除专用合同条件另有约定外,竣工结算申请单应包括以下内容:

(1)竣工结算合同价格;

(2)发包人已支付承包人的款项;

(3)采用第14.6.1项[承包人提供质量保证金的方式]第(2)种方式提供质量保证金的,应当列明应预留的质量保证金金额;采用第14.6.1项[承包人提供质量保证金的方式]中其他方式提供质量保证金的,应当按第14.6款[质量保证金]提供相关文件作为附件;

(4)发包人应支付承包人的合同价款。

【解析】

本项源于住建部施工合同2017版第14.1款[竣工结算申请]的规定。

根据本项规定:

1. 承包人提交竣工结算申请的时间是在工程竣工验收合格后42天内。

2. 承包人提交竣工结算申请的对象是工程师。

3. 承包人在申请竣工结算时除了提交竣工结算申请单,还应提交完整的结算资料。

具体适用时应注意:

发承包双方在最终结算时往往会为了何为完整的结算资料而产生理解争议,从而使得竣工结算程序陷入冗长的争议之中。承包人一方指责发包人通过不明确的竣工结算资料要求设置,恶意拖延审价结算期限,从而达到拖延付款的不当目的;发包人一方则指责承包人未能严格提交各项竣工结算资料,从而导致发包人不能全面、准确地进行竣工结算。

为避免不必要的纠纷,我们建议发承包双方在专用合同条件中,通过书面的方式明确约定有关结算资料的具体明细。实践中,可参照《15 造价咨询规范》第8.2.4项的规定,将有关的竣工结算资料的明细要求予以确定。

【关联条文】

《15 造价咨询规范》

8.2.4 竣工结算编制依据应包括下列内容:

1. 影响合同价款的法律、法规和规范性文件;

2. 现场踏勘复验记录;

3. 施工合同、专业分包合同及补充合同,有关材料、设备采购合同;

4. 相关工程造价管理机构发布的计价依据;

5. 招标文件、投标文件;

6. 工程施工图、经批准的施工组织设计、设计变更、工程洽商、工程索赔与工程签证,相关会议纪要等;

7. 工程材料及设备认价单;

8. 发承包双方确认追加或核减的合同价款;

9. 经批准的开工、竣工报告或停工、复工报告;

10. 影响合同价款的其他相关资料。

14.5.2 竣工结算审核

【原文】

(1)除专用合同条件另有约定外,工程师应在收到竣工结算申请单后14天内完成核查并报送发包人。发包人应在收到工程师提交的经审核的竣工结算申请单后14天内完成审批,并由工程师向承包人签发经发包人签认的竣工付款证书。工程师或发包人对竣工结算申请单有异议的,有权要求承包人进行修正和提供补充资料,承包人应提交修正后的竣工结算申请单。

发包人在收到承包人提交竣工结算申请书后28天内未完成审批且未提出异议的,视为发包人认可承包人提交的竣工结算申请单,并自发包人收到承包人提交的竣工结算申请单后第29天起视为已签发竣工付款证书。

(2)除专用合同条件另有约定外,发包人应在签发竣工付款证书后的14天内,完成对承包人的竣工付款。发包人逾期支付的,按照贷款市场报价利率

(LPR)支付违约金;逾期支付超过 56 天的,按照贷款市场报价利率(LPR)的两倍支付违约金。

(3)承包人对发包人签认的竣工付款证书有异议的,对于有异议部分应在收到发包人签认的竣工付款证书后 7 天内提出异议,并由合同当事人按照专用合同条件约定的方式和程序进行复核,或按照第 20 条[争议解决]约定处理。对于无异议部分,发包人应签发临时竣工付款证书,并按本款第(2)项完成付款。承包人逾期未提出异议的,视为认可发包人的审批结果。

【解析】

本项源于住建部施工合同 2017 版第 14.2 款[竣工结算审核]的规定。

具体适用时应注意:

1.本合同示范文本第 14.5.1 项[竣工结算申请]规定,承包人申请竣工结算,除了要提交竣工结算申请单以外,还应提交完整的结算资料。本项中并未在审核程序中明确有关的结算资料的提交。

2.本合同示范文本第 14.3.2 项[进度付款审核和支付]的规定中,又将工程师原因延误报送的时间纳入到了发包人的责任范畴,以及工程师对承包人的进度付款申请单有异议的,有权要求承包人修正和提供补充资料后,而后重新计算有关的审核期限。本项中只是笼统地提及发包人在收到承包人提交的竣工结算申请单后一定期限内未完成审批且未提出异议的如何处理,并没有进行有关问题的细化考量。

3.何为异议?仅在形式上书面回函表示不予认可,是否就是"异议"本身。还是说应当实质性地给予回复,指出具体所存在的问题?实践中有观点认为,发包人一方对承包人竣工结算申请的异议不能仅仅局限于形式,而应要求实质。[①]但因现行法律规定的模糊,通常会出现发包人作出否定性的形式上的意思表示,就会被认定为提出了异议,而能起到推翻承包人送审结算的效果。

4.工程价款逾期支付违约金与逾期付款利息可否同时主张?本项中,针对发包人的逾期付款行为,使用了需承担违约金的表述。但是,工程款利息属于工程款债权的法定孳息,与逾期支付违约金的性质不同。实践中只要不超过一定的上限,

① 在成都西南交通大学设计研究院有限公司与云南新钢综合物流有限公司建设工程合同纠纷一审案件中,案号:(2020)云 71 民初 3 号,一审昆明铁路运输中级人民法院即否定了发包人的形式性答复,而认为异议不成立,进而判决支持了承包人的送审价结算主张。

通常民间借贷可获得支持利率的上限为界,即存在可得同时主张的司法裁判案例。

5. 不同于进度付款证书,对于竣工结算付款证书承包人若收到后 7 天内不提出异议的,将同样对等视为已经认可。实践中,7 天的时间往往较为仓促,特别是对于大型的工程总承包项目来讲,动辄数十亿投资,承包人往往难以在 7 天的有效时间内提出实质性的异议意见。就此,也有需要通过专用合同条件针对具体项目的具体特点加以规定。

6. 关于竣工付款证书的颁发主体,本项规定涉及发包人签认后工程师签发与发包人直接签发这两种本质上存在差异的表达方式,且前后规定本身可能尚存有矛盾。[①] 建议发承包双方通过专用合同条件予以明确。

【流程图】

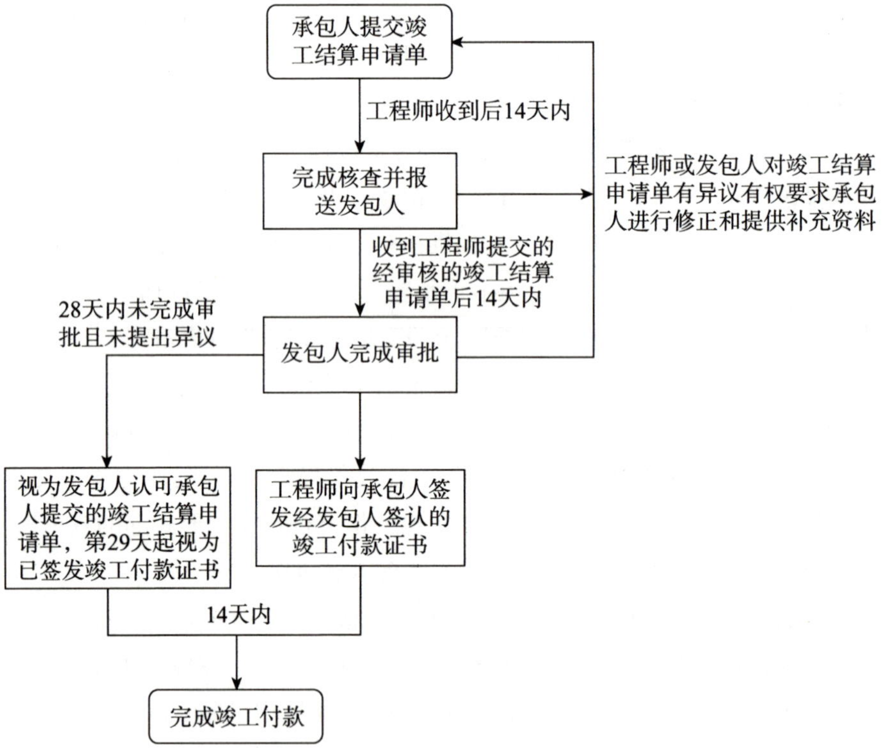

---

① 具体可参阅下篇《建设项目工程总承包合同(示范文本)中关于“证书”问题的梳理与解析》一文。

【关联条文】

1.《施工合同司法解释(一)》

第二十一条 当事人约定,发包人收到竣工结算文件后,在约定期限内不予答复,视为认可竣工结算文件的,按照约定处理。承包人请求按照竣工结算文件结算工程价款的,人民法院应予支持。

2.《民间借贷案件司法解释》

第二十九条 出借人与借款人既约定了逾期利率,又约定了违约金或者其他费用,出借人可以选择主张逾期利息、违约金或者其他费用,也可以一并主张,但是总计超过合同成立时一年期贷款市场报价利率四倍的部分,人民法院不予支持。

14.5.3 扫尾工作清单

【原文】

经双方协商,部分工作在工程竣工验收后进行的,承包人应当编制扫尾工作清单,扫尾工作清单中应当列明承包人应当完成的扫尾工作的内容及完成时间。

承包人完成扫尾工作清单中的内容应取得的费用包含在第14.5.1项[竣工结算申请]及第14.5.2项[竣工结算审核]中一并结算。

扫尾工作的缺陷责任期按第11条[缺陷责任与保修]处理。承包人未能按照扫尾工作清单约定的完成时间完成扫尾工作的,视为承包人原因导致的工程质量缺陷按照第11.3款[缺陷调查]处理。

【解析】

本项源于住建部施工合同2017版第14.3款[甩项竣工协议]的规定。

相较而言:

1.住建部施工合同2017版中使用了“甩项”的表述,给人的感觉是发包人主动而为的一个结果,是基于发包人所提出的要求。本合同示范文本中使用了“扫尾工作”的表述,与FIDIC合同中Outstanding Work的意思相对应。就中文语意来讲,不同于“甩项”,“扫尾”无法得出是发包人主动要求的意思。另需特别注意的是,FIDIC合同语境下有关的扫尾工作可得余留的前提,必须是属于 minor 的,[①]即较小、较少的工作,而非实质性的较大、较多的工作。

2. 按照 FIDIC 合同的规定,扫尾工作与缺陷修补都属于缺陷责任期内承包人应完成的工作。显然,按照 FIDIC 合同的规定,扫尾工作本身并不存在所谓的缺陷责任期的说法。就此,适用本合同示范文本的发承包双方应予以注意,通过专用合同条件的形式加以明确约定,否则,按照本项的意思表示,扫尾工作本身还将存在缺陷责任期的要求。[②]

3. 按照住建部施工合同 2017 版的规定,甩项部分是不纳入竣工结算价款的范畴的,而根据本项的规定,扫尾工作所对应部分的工程价款应纳入竣工结算款中一并计算。

具体适用时应注意:

我国工程法律有发包人未经竣工验收即擅自使用,将失去质量瑕疵抗辩、延迟付款抗辩等权利主张的相关规定。为此,如一项工程经发承包双方约定,存在有待扫尾完成的相关工作的,建议发包人高度重视扫尾工作清单的罗列与相关协议的签署,进而避免自身权利受限。

【关联条文】

1. 住建部施工合同 2017 版

14.3　甩项竣工协议

发包人要求甩项竣工的,合同当事人应签订甩项竣工协议。在甩项竣工协议中应明确,合同当事人按照第 14.1 款〔竣工结算申请〕及 14.2 款〔竣工结算审核〕的约定,对已完合格工程进行结算,并支付相应合同价款。

2. FIDIC 银皮书 2017 版

11.1　完成扫尾工作和修补缺陷

为了使工程、承包商文件和每个分项工程在相应缺陷通知期限期满日期或其后,尽快达到合同要求(合理的损耗除外),承包商应:

(a)在接收证书规定的时间内或雇主指示的其他合理时间内,完成在相关竣

---

① 可见 FIDIC 银皮书 2017 版第 10.1 款[工程和分项工程的接收]中的规定。

② 其实,本合同示范文本第 10.1.1 项[竣工验收条件]规定,扫尾工作清单是列入缺陷责任期内完成的,与 FIDIC 合同的规定基本一致。

工日期时尚未完成的扫尾工作;(以及)

(b)在工程或分项工程(视情况而定)的缺陷通知期限期满日期前,或按照雇主(或其代表)向承包商发出通知的要求,完成修补缺陷或损害所需的所有工作。

如果在相关的缺陷通知期限出现缺陷或发生损害,雇主(或其代表)应相应地向承包商发出通知。此后立即:

(i)承包商和雇主人员应共同检查缺陷或损害;

(ii)随后,承包商应准备并提交必要修补工作的建议书;(以及)

(iii)第7.5款[缺陷和拒收]第2、第3和第4段应适用。

14.6　质量保证金

【原文】

经合同当事人协商一致提供质量保证金的,应在专用合同条件中予以明确。在工程项目竣工前,承包人已经提供履约担保的,发包人不得同时要求承包人提供质量保证金。

【解析】

本款第一段源于住建部施工合同2017版第15.3款第一段的规定。

根据本段规定,工程项目竣工前发包人不得同时要求承包人提供质量保证金和履约担保。这一要求最早出现在2016年国务院办公厅《关于清理规范工程建设领域保证金的通知》(国办发〔2016〕49号)之中,系国务院基于切实给工程企业减负的角度出发,所作出的积极政策举措。此后,在2017年住建部《建设工程质量保证金管理办法》中被直接吸收,并在2019年住建部《推进房建和市政工程实行工程担保制度的指导意见》的规定中得到进一步明确。

【关联条文】

1.《关于清理规范工程建设领域保证金的通知》

四、严格工程质量保证金管理。工程质量保证金的预留比例上限不得高于工程价款结算总额的5%。在工程项目竣工前,已经缴纳履约保证金的,建设单位不得同时预留工程质量保证金。

2.《建设工程质量保证金管理办法》

第六条 在工程项目竣工前,已经缴纳履约保证金的,发包人不得同时预留工程质量保证金。

采用工程质量保证担保、工程质量保险等其他保证方式的,发包人不得再预留保证金。

3.《推进房建和市政工程实行工程担保制度的指导意见》

(四)强化工程质量保证银行保函应用。以银行保函替代工程质量保证金的,银行保函金额不得超过工程价款结算总额的3%。在工程项目竣工前,已经缴纳履约保证金的,建设单位不得同时预留工程质量保证金。建设单位到期未退还保证金的,应作为不良行为记入信用记录。

14.6.1 承包人提供质量保证金的方式

【原文】

承包人提供质量保证金有以下三种方式:

(1)提交工程质量保证担保;

(2)预留相应比例的工程款;

(3)双方约定的其他方式。

除专用合同条件另有约定外,质量保证金原则上采用上述第(1)种方式,且承包人应在工程竣工验收合格后7天内,向发包人提交工程质量保证担保。承包人提交工程质量保证担保时,发包人应同时返还预留的作为质量保证金的工程价款(如有)。但不论承包人以何种方式提供质量保证金,累计金额均不得高于工程价款结算总额的3%。

【解析】

本项源于住建部施工合同2017版第15.3.1项[承包人提供质量保证金的方式]的规定。

相较而言:

1.将"质量保证金保函"的表述调整为了"质量保证担保"。根据住建部《推进房建和市政工程实行工程担保制度的指导意见》的规定,将"加快推行银行保函制度,在有条件的地区推行工程担保公司保函和工程保证保险"。显然,质量保证担保的形式不仅仅局限于保函这一种,而即便保函也不仅仅只有银行保函这一类。

2. 明确了承包人提交工程质量保证担保的期限,为工程竣工验收合格后7天内。

具体适用时应注意:

本项虽规定了承包人应在工程竣工验收合格后7天内提供质量保证担保,但未规定如承包人逾期提供,或者在质量保证担保期间,如承包人未能按照发包人要求进行维修,导致部分担保被扣除的,该如何处理?例如,按照怎样的程序进行补足。这些都建议发承包双方通过专用合同条件的形式予以提前明确。

【关联条文】

1.《促进建筑业持续健康发展的意见》

(九)加强承包履约管理。引导承包企业以银行保函或担保公司保函的形式,向建设单位提供履约担保。对采用常规通用技术标准的政府投资工程,在原则上实行最低价中标的同时,有效发挥履约担保的作用,防止恶意低价中标,确保工程投资不超预算。严厉查处转包和违法分包等行为。完善工程量清单计价体系和工程造价信息发布机制,形成统一的工程造价计价规则,合理确定和有效控制工程造价。

2.《推进房建和市政工程实行工程担保制度的指导意见》

(一)推行工程保函替代保证金。加快推行银行保函制度,在有条件的地区推行工程担保公司保函和工程保证保险。严格落实国务院清理规范工程建设领域保证金的工作要求,对于投标保证金、履约保证金、工程质量保证金、农民工工资保证金,建筑业企业可以保函的方式缴纳。严禁任何单位和部门将现金保证金挪作他用,保证金到期应当及时予以退还。

3.《建设工程质量保证金管理办法》

第七条 发包人应按照合同约定方式预留保证金,保证金总预留比例不得高于工程价款结算总额的3%。合同约定由承包人以银行保函替代预留保证金的,保函金额不得高于工程价款结算总额的3%。

14.6.2 质量保证金的预留

【原文】

双方约定采用预留相应比例的工程款方式提供质量保证金的,质量保证金的预留有以下三种方式:

(1)按专用合同条件的约定在支付工程进度款时逐次预留,直至预留的质量保证金总额达到专用合同条件约定的金额或比例为止。在此情形下,质量保证金的计算基数不包括预付款的支付、扣回以及价格调整的金额;

(2)工程竣工结算时一次性预留质量保证金;

(3)双方约定的其他预留方式。

除专用合同条件另有约定外,质量保证金的预留原则上采用上述第(1)种方式。如承包人在发包人签发竣工付款证书后28天内提交工程质量保证担保,发包人应同时返还预留的作为质量保证金的工程价款。发包人在返还本条款项下的质量保证金的同时,按照中国人民银行同期同类存款基准利率支付利息。

【解析】

本项源于住建部施工合同2017版第15.3.2项[质量保证金的扣留]的规定。

具体适用时应注意:

1.如过程中预留质量保证金,则有关质量保证金的计算基数不包括预付款的支付、扣回以及价格调整的金额,即不是以最终工程结算价款为参照。

2.预留可以是按照一定比例也可以是一定金额,但是总体比例应不超过工程价款结算总额的3%。

3.如通过提供提交工程质量保证担保的方式来提交工程质量保证金的,就不存在过程中预留质量保证金的说法。此种情形下,如原先发包人是预留质量保证金,而在最终结算时才提交工程质量保证担保的,则发包人应按照中国人民银行同期同类存款基准利率支付利息。

14.6.3　质量保证金的返还

【原文】

缺陷责任期内,承包人认真履行合同约定的责任,缺陷责任期满,发包人根据第11.6款[缺陷责任期终止证书]向承包人颁发缺陷责任期终止证书后,承包人可向发包人申请返还质量保证金。

发包人在接到承包人返还质量保证金申请后,应于7天内将质量保证金返还承包人,逾期未返还的,应承担违约责任。发包人在接到承包人返还质量保证金申请后7天内不予答复,视同认可承包人的返还质量保证金申请。

发包人和承包人对质量保证金预留、返还以及工程维修质量、费用有争议的,按本合同第20条[争议解决]约定的争议和纠纷解决程序处理。

【解析】

本项源于住建部施工合同2017版第15.3.3项[质量保证金的退还]的规定。

相较而言:

根据住建部施工合同2017版的规定,发包人在接到承包人的返还保证金申请后,首先要在一定期限内进行核实,而后如对返还期限没有约定或者约定不明确的,发包人应在核实后一定期限内进行返还。本合同示范文本对此进行了简化,缺陷责任期满之后承包人即可进行申请,发包人在接到申请后7天内就应予以返还。这个期限也与本合同示范文本14.6.1项承包人提交工程质量保证担保的期限相互一致。

【关联条文】

1. 住建部施工合同2017版

15.3.3　质量保证金的退还

缺陷责任期内,承包人认真履行合同约定的责任,到期后,承包人可向发包人申请返还保证金。

发包人在接到承包人返还保证金申请后,应于14天内会同承包人按照合同约定的内容进行核实。如无异议,发包人应当按照约定将保证金返还给承包人。

对返还期限没有约定或者约定不明确的,发包人应当在核实后 14 天内将保证金返还承包人,逾期未返还的,依法承担违约责任。发包人在接到承包人返还保证金申请后 14 天内不予答复,经催告后 14 天内仍不予答复,视同认可承包人的返还保证金申请。

发包人和承包人对保证金预留、返还以及工程维修质量、费用有争议的,按本合同第 20 条约定的争议和纠纷解决程序处理。

2.《施工合同司法解释(一)》

第十七条 有下列情形之一,承包人请求发包人返还工程质量保证金的,人民法院应予支持:

(一)当事人约定的工程质量保证金返还期限届满;

(二)当事人未约定工程质量保证金返还期限的,自建设工程通过竣工验收之日起满二年;

(三)因发包人原因建设工程未按约定期限进行竣工验收的,自承包人提交工程竣工验收报告九十日后当事人约定的工程质量保证金返还期限届满;当事人未约定工程质量保证金返还期限的,自承包人提交工程竣工验收报告九十日后起满二年。

发包人返还工程质量保证金后,不影响承包人根据合同约定或者法律规定履行工程保修义务。

14.7 最终结清

【原文】

14.7.1 最终结清申请单

(1)除专用合同条件另有约定外,承包人应在缺陷责任期终止证书颁发后 7 天内,按专用合同条件约定的份数向发包人提交最终结清申请单,并提供相关证明材料。

除专用合同条件另有约定外,最终结清申请单应列明质量保证金、应扣除的质量保证金、缺陷责任期内发生的增减费用。

(2)发包人对最终结清申请单内容有异议的,有权要求承包人进行修正和提供补充资料,承包人应向发包人提交修正后的最终结清申请单。

14.7.2 最终结清证书和支付

(1)除专用合同条件另有约定外,发包人应在收到承包人提交的最终结清申请单后14天内完成审批并向承包人颁发最终结清证书。发包人逾期未完成审批,又未提出修改意见的,视为发包人同意承包人提交的最终结清申请单,且自发包人收到承包人提交的最终结清申请单后15天起视为已颁发最终结清证书。

(2)除专用合同条件另有约定外,发包人应在颁发最终结清证书后7天内完成支付。发包人逾期支付的,按照贷款市场报价利率(LPR)支付利息;逾期支付超过56天的,按照贷款市场报价利率(LPR)的两倍支付利息。

(3)承包人对发包人颁发的最终结清证书有异议的,按第20条[争议解决]的约定办理。

【解析】

本款源于住建部施工合同2017版第14.4款[最终结清]的规定。

本款规定了承包人有权提出最终结清申请的期限、最终结清单应列明的事项、发包人对承包人最终结清申请的异议权、发包人对于承包人最终结清申请的审批期限、付款期限以及逾期付款的责任问题。

具体适用时应注意:

1. 本款虽规定了承包人应在缺陷责任期终止证书颁发后7天内,提出最终结算申请,但显然,如果承包人未能在该期限之内提出最终结算申请,也不会导致最终结算权利的丧失。实践中,如为确保双方的权利义务能够及时得到履行,是否有必要约定承包人逾期提出最终结算申请而赋予的发包人给付逾期付款利息责任的免除权,这一点需要发承包双方通过专用合同条件加以明确。

2. 本款虽规定了发包人有权对承包人的最终结算申请提出异议,但未规定如发包人提出异议后,承包人重新提出的最终结算申请是否应重新执行发包人的审批程序。同样建议发承包双方通过专用合同条件加以明确。

3. 综观整个第14条[合同价格与支付]的规定,共出现了人工费支付证书、进度款支付证书、竣工付款证书、最终结清证书等多个与付款直接相关的证书。其中,有的是发包人直接颁发,有的是经发包人签认后由工程师颁发。本款所涉的最终结清证书则属于发包人直接颁发的类型。①

【流程图】

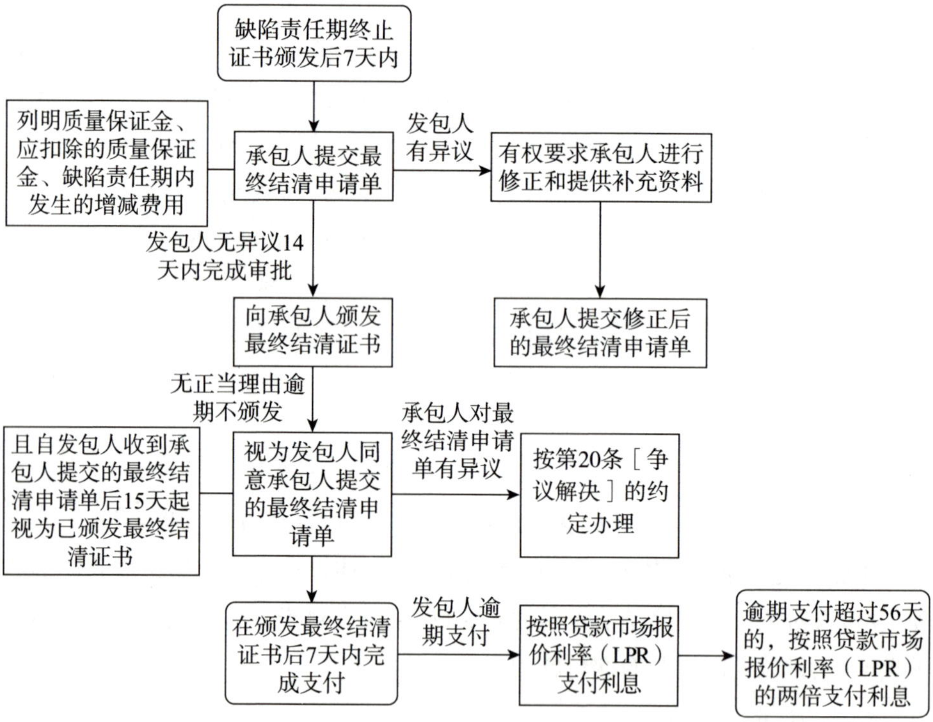

【关联条文】

《质保金管理办法》

第十条 缺陷责任期内,承包人认真履行合同约定的责任,到期后,承包人向发包人申请返还保证金。

第十一条 发包人在接到承包人返还保证金申请后,应于14天内会同承包人按照合同约定的内容进行核实。如无异议,发包人应当按照约定将保证金返还给承包人。对返还期限没有约定或者约定不明确的,发包人应当在核实后14天内将保证金返还承包人,逾期未返还的,依法承担违约责任。发包人在接到承

① 具体可参阅下篇《建设项目工程总承包合同(示范文本)中关于"证书"问题的梳理与解析》一文。

包人返还保证金申请后14天内不予答复,经催告后14天内仍不予答复,视同认可承包人的返还保证金申请。

第15条　违　约

15.1　发包人违约

【原文】

15.1.1　发包人违约的情形

除专用合同条件另有约定外,在合同履行过程中发生的下列情形,属于发包人违约:

(1)因发包人原因导致开始工作日期延误的;

(2)因发包人原因未能按合同约定支付合同价款的;

(3)发包人违反第13.1.1项约定,自行实施被取消的工作或转由他人实施的;

(4)因发包人违反合同约定造成工程暂停施工的;

(5)工程师无正当理由没有在约定期限内发出复工指示,导致承包人无法复工的;

(6)发包人明确表示或者以其行为表明不履行合同主要义务的;

(7)发包人未能按照合同约定履行其他义务的。

15.1.2　通知改正

发包人发生除第15.1.1项第(6)目以外的违约情况时,承包人可向发包人发出通知,要求发包人采取有效措施纠正违约行为。发包人收到承包人通知后28天内仍不纠正违约行为的,承包人有权暂停相应部位工程实施,并通知工程师。

15.1.3　发包人违约的责任

发包人应承担因其违约给承包人增加的费用和(或)延误的工期,并支付承包人合理的利润。此外,合同当事人可在专用合同条件中另行约定发包人违约责任的承担方式和计算方法。

【解析】

本款源于住建部施工合同2017版第16.1.1项[发包人违约的情形]、第16.1.2项[发包人违约的责任]的规定。

有关发承包双方违约情形的规定,我国国内的诸多合同示范文本中均有涉及,无论是本合同示范文本及所依据的住建部施工合同2017版,还是住建部2011版或九部委2012版,均有相应的单独的违约条款的设置。但实际上,一份工程合同的内容纷繁复杂,涉及工期、质量、价款等多项核心因素,以及过程中的诸多配合义务,期待通过一个专门性条款的设置,来囊括所有的违约情形,显然不现实。但作为国内合同版本的惯例体系来讲,似乎又不可或缺,否则总会让使用者觉得少了点什么。

仅就本款规定而言,在住建部施工合同2017版第16.1.1项[发包人违约的情形]的基础上,作了两点调整:

1. 将因发包人原因未能在计划开工日期前7天内下达开工通知,调整为了因发包人原因导致开始工作日期延误。一是施工合同体系下的开工日期的概念,通常理解为开始施工,而在工程总承包合同中,这一概念替换为了开始工作日期;二是因发包人原因未能在计划开工日期前7天内下达开工通知,并不绝对意味会导致发包人违约,所谓计划开工日期仍是一个计划的概念,履行过程中是可以调整的。

2. 将发包人提供的材料、工程设备的规格、数量或质量不符合合同约定,或因发包人原因导致交货日期延误或交货地点变更等情况,从发包人违约的情形中进行了删除。应注意,该等情形的删除,并非说发包人违反合同约定的情况下不构成违约,只是此等相对细化的规定,在兜底条款中已经有所涵盖,不再细化突出。

具体适用时应注意:

1. 本合同示范文本第15.1.2项[通知改正]的规定中,将第(6)目发包人明确表示或者以其行为表明不履行合同主要义务的情形排除在了承包人可得通知发包人违约改正的范畴之内。原因在于,该等责任的违反将直接触发《民法典》所规定的法定解除条件的成就。

2. 有如前述,工程总承包合同的具体内容牵涉工期、质量、价款和其他合同配合义务等诸多因素,具体违约责任的细化约定完全有赖于发承包双方通过专用合同条件加以完善。

【关联条文】

《民法典》

第五百六十三条　有下列情形之一的,当事人可以解除合同:

(一)因不可抗力致使不能实现合同目的;

(二)在履行期限届满前,当事人一方明确表示或者以自己的行为表明不履行主要债务;

(三)当事人一方迟延履行主要债务,经催告后在合理期限内仍未履行;

(四)当事人一方迟延履行债务或者有其他违约行为致使不能实现合同目的;

(五)法律规定的其他情形。

以持续履行的债务为内容的不定期合同,当事人可以随时解除合同,但是应当在合理期限之前通知对方。

15.2　承包人违约

【原文】

15.2.1　承包人违约的情形

除专用合同条件另有约定外,在履行合同过程中发生的下列情况之一的,属于承包人违约:

(1)承包人的原因导致的承包人文件、实施和竣工的工程不符合法律法规、工程质量验收标准以及合同约定;

(2)承包人违反合同约定进行转包或违法分包的;

(3)承包人违反约定采购和使用不合格材料或工程设备;

(4)因承包人原因导致工程质量不符合合同要求的;

(5)承包人未经工程师批准,擅自将已按合同约定进入施工现场的施工设备、临时设施或材料撤离施工现场;

(6)承包人未能按项目进度计划及时完成合同约定的工作,造成工期延误;

(7)由于承包人原因未能通过竣工试验或竣工后试验的;

(8)承包人在缺陷责任期及保修期内,未能在合理期限对工程缺陷进行修复,或拒绝按发包人指示进行修复的;

(9)承包人明确表示或者以其行为表明不履行合同主要义务的;

(10)承包人未能按照合同约定履行其他义务的。

15.2.2 通知改正

承包人发生除第15.2.1项第(7)目、第(9)目约定以外的其他违约情况时,工程师可在专用合同条件约定的合理期限内向承包人发出整改通知,要求其在指定的期限内改正。

15.2.3 承包人违约的责任

承包人应承担因其违约行为而增加的费用和(或)延误的工期。此外,合同当事人可在专用合同条件中另行约定承包人违约责任的承担方式和计算方法。

【解析】

本款源于住建部施工合同2017版第16.2.1项[承包人违约的情形]、第16.2.2项[承包人违约的责任]的规定。

本款与前述第15.1款[发包人违约]的规定完全相对。在住建部施工合同2017版相关内容的基础上,第15.2.1项[承包人违约的情形]增加了第(1)目"承包人的原因导致的承包人文件、实施和竣工的工程不符合法律法规、工程质量验收标准以及合同约定"和第(7)目"由于承包人原因未能通过竣工试验或竣工后试验"这两种承包人违约的情形表述。与发包人违约的相关规定内容对比来看,本款针对承包人违约的情形更为明晰。

另外,有关第15.2.2项[通知改正]的规定,一方面,将第(7)目"由于承包人原因未能通过竣工试验或竣工后试验"与第(9)目一道纳入了承包人可得通知改正的除外情形,原因在于这两种情形都属于《民法典》所规定的法定解除类型;另一方面,第15.1.2项[通知改正]中规定,针对发包人违约的情形,承包人发出改正通知后,发包人应当在收到通知后的28天内纠正违约行为,而在第15.2.2项[通知改正]中,针对承包人违约的情形,工程师发出改正通知后,承包人应在工程师指定的期限内改正,而无具体的期限限制。

具体适用时应注意:

工程总承包合同的具体内容牵涉工期、质量、价款和其他合同配合义务等诸多因素,不论是针对发包人违约情形下的责任追究,还是针对承包人违约情形下的责任追究,均有赖于发承包双方通过专用合同条件加以完善。

15.3　第三人造成的违约

【原文】

在履行合同过程中,一方当事人因第三人的原因造成违约的,应当向对方当事人承担违约责任。一方当事人和第三人之间的纠纷,依照法律规定或者按照约定解决。

【解析】

本款源于住建部施工合同2017版第16.3款[第三人造成的违约]的规定。

工程合同的干系人较多,但工程总承包合同本身仍具有相对性,不因第三人的原因造成违约而免除合同相对方的法律责任。

【关联条文】

《民法典》

第四百六十五条　依法成立的合同,受法律保护。

依法成立的合同,仅对当事人具有法律约束力,但是法律另有规定的除外。

第五百九十三条　当事人一方因第三人的原因造成违约的,应当依法向对方承担违约责任。当事人一方和第三人之间的纠纷,依照法律规定或者按照约定处理。

第16条 合同解除

16.1 由发包人解除合同

16.1.1 因承包人违约解除合同

【原文】

除专用合同条件另有约定外，发包人有权基于下列原因，以书面形式通知承包人解除合同，解除通知中应注明是根据第16.1.1项发出的，发包人应在发出正式解除合同通知14天前告知承包人其解除合同意向，除非承包人在收到该解除合同意向通知后14天内采取了补救措施，否则发包人可向承包人发出正式解除合同通知立即解除合同。解除日期应为承包人收到正式解除合同通知的日期，但在第(5)目的情况下，发包人无须提前告知承包人其解除合同意向，可直接发出正式解除合同通知立即解除合同：

(1)承包人未能遵守第4.2款[履约担保]的约定；

(2)承包人未能遵守第4.5款[分包]有关分包和转包的约定；

(3)承包人实际进度明显落后于进度计划，并且未按发包人的指令采取措施并修正进度计划；

(4)工程质量有严重缺陷，承包人无正当理由使修复开始日期拖延达28天以上；

(5)承包人破产、停业清理或进入清算程序，或情况表明承包人将进入破产和(或)清算程序，已有对其财产的接管令或管理令，与债权人达成和解，或为其债权人的利益在财产接管人、受托人或管理人的监督下营业，或采取了任何行动或发生任何事件(根据有关适用法律)具有与前述行动或事件相似的效果；

(6)承包人明确表示或以自己的行为表明不履行合同、或经发包人以书面形式通知其履约后仍未能依约履行合同、或以不适当的方式履行合同；

(7)未能通过的竣工试验、未能通过的竣工后试验，使工程的任何部分和(或)整个工程丧失了主要使用功能、生产功能；

(8)因承包人的原因暂停工作超过56天且暂停影响到整个工程，或因承包

人的原因暂停工作超过 182 天;

(9)承包人未能遵守第 8.2 款[竣工日期]规定,延误超过 182 天;

(10)工程师根据第 15.2.2 项[通知改正]发出整改通知后,承包人在指定的合理期限内仍不纠正违约行为并致使合同目的不能实现的。

【解析】

本项源于住建部 2011 版第 18.1.2 项[由发包人解除合同]的规定。

根据本项规定:

因承包人违约发包人欲解除合同的,应在发出正式解除合同通知 14 天前告知承包人其欲解除合同的意向,而后,若承包人未能在此 14 天内采取补救措施的,则发包人有权发出立即解除合同的正式通知。但对于本项第(5)目存在承包人破产、停业清理或进入清算程序的有关情形,发包人可无须提前 14 天发出解除意向通知,而得直接发出正式的解除合同通知。

相较而言:

本合同示范文本中增加了应当先行发出有关的解除意向通知的规定,同时又设置了一个解除意向通知的特例(除外)。此外,本合同示范文本中多规定了两种承包人违约发包人可得解除合同的情形,分别是第(8)目"因承包人的原因暂停工作超过 56 天且暂停影响到整个工程,或因承包人的原因暂停工作超过 182 天",以及第(9)目"承包人未能遵守第 8.2 款[竣工日期]规定,延误超过 182 天"的情形。

若对照 FIDIC 黄(或银)皮书 2017 版可发现,虽然同样规定有解除意向通知制度,但是,两个不同合同文本中,关于可得解除合同的基本类型,以及可得不发解除意向通知而径行正式解除的情形,却并不一样。

有关差异,可见对照表 1-3-1:

表 1-3-1 16.1.1 项规定与 FIDIC 黄(或银)皮书 2017 版区别

本合同示范文本	FIDIC 黄(或银)皮书 2017 版
承包人违反履约担保的约定	承包商违反履约担保的约定
承包人转包和违法分包	承包商转包和违法分包 * 可直接解除

续表

本合同示范文本	FIDIC 黄(或银)皮书 2017 版
承包人工程进度延期且未按发包人要求进行整改	承包商逾期且雇主可得主张的误期损害赔偿费已经超出合同约定的上限
工程质量存有严重瑕疵且拖延修复长达 28 天以上	拒绝履行工程师(或雇主)发出的拒收通知或修补指示超过 28 天
承包人陷入破产、停业、清算等导致其根本性履约困难的局面 * 可直接解除	承包人(或是联合体的一方)陷入破产、停业、清算等导致其根本性履约困难的局面 * 可直接解除
承包人明示或以自身行为拒绝继续履约的	承包人放弃工程或以其他方式表示不愿意继续履约的
未能通过竣工试验、竣工后试验等使工程建设失去根本目的的	—
承包人停工超过 56 天且影响到整个工程或停工超过 182 天的	—
工期延误超过 182 天的	—
不听取工程师的整改指令导致合同目的不能实现的	不听取工程师(或雇主)发出的整改指令、商定或决定、争端避免/裁决委员会的决定等已构成根本性违约的
—	承包商存在腐败、欺诈等违法行为的 * 可直接解除

具体适用时应注意:

合同的解除与合同违约责任的追究一样,通用合同条件的列举式规定往往无法穷尽所有可能的情形。例如:FIDIC 黄(或银)皮书 2017 版第 15.2.1 项中规定,承包人存在腐败、欺诈等情形的,发包人可得解除合同。这在本合同示范文本中并没有规定。因此,针对具体的工程总承包项目,发承包双方应当根据具体情况具体分析,并就合同解除条件的约定进行具体的细化。

【流程图】

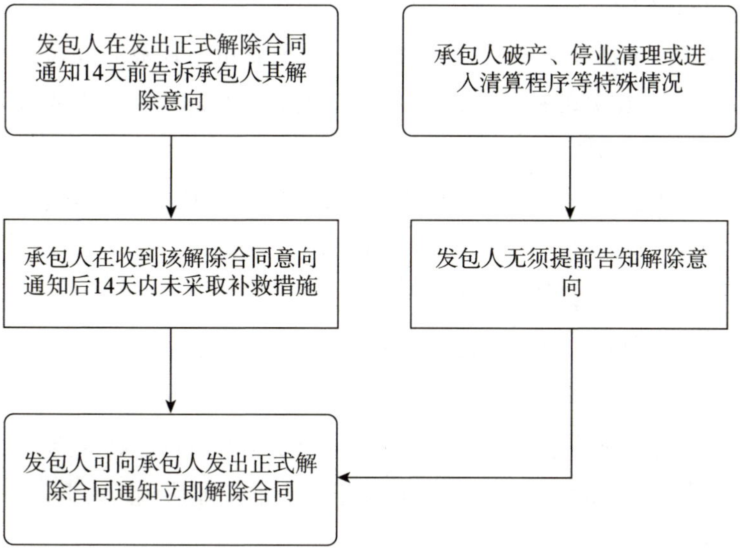

【关联条文】

《民法典》

第五百六十三条 有下列情形之一的,当事人可以解除合同:

(一)因不可抗力致使不能实现合同目的;

(二)在履行期限届满前,当事人一方明确表示或者以自己的行为表明不履行主要债务;

(三)当事人一方迟延履行主要债务,经催告后在合理期限内仍未履行;

(四)当事人一方迟延履行债务或者有其他违约行为致使不能实现合同目的;

(五)法律规定的其他情形。

以持续履行的债务为内容的不定期合同,当事人可以随时解除合同,但是应当在合理期限之前通知对方。

第五百六十五条 当事人一方依法主张解除合同的,应当通知对方。合同自通知到达对方时解除;通知载明债务人在一定期限内不履行债务则合同自动解除,债务人在该期限内未履行债务的,合同自通知载明的期限届满时解除。对方对解除合同有异议的,任何一方当事人均可以请求人民法院或者仲裁机构确认解除行为的效力。

当事人一方未通知对方,直接以提起诉讼或者申请仲裁的方式依法主张解除合同,人民法院或者仲裁机构确认该主张的,合同自起诉状副本或者仲裁申请书副本送达对方时解除。

第五百八十条 当事人一方不履行非金钱债务或者履行非金钱债务不符合约定的,对方可以请求履行,但是有下列情形之一的除外:

(一)法律上或者事实上不能履行;

(二)债务的标的不适于强制履行或者履行费用过高;

(三)债权人在合理期限内未请求履行。

有前款规定的除外情形之一,致使不能实现合同目的的,人民法院或者仲裁机构可以根据当事人的请求终止合同权利义务关系,但是不影响违约责任的承担。

16.1.2 因承包人违约解除合同后承包人的义务

【原文】

合同解除后,承包人应按以下约定执行:

(1)除了为保护生命、财产或工程安全、清理和必须执行的工作外,停止执行所有被通知解除的工作,并将相关人员撤离现场;

(2)经发包人批准,承包人应将与被解除合同相关的和正在执行的分包合同及相关的责任和义务转让至发包人和(或)发包人指定方的名下,包括永久性工程及工程物资,以及相关工作;

(3)移交已完成的永久性工程及负责已运抵现场的工程物资。在移交前,妥善做好已完工程和已运抵现场的工程物资的保管、维护和保养;

(4)将发包人提供的所有信息及承包人为本工程编制的设计文件、技术资料及其它文件移交给发包人。在承包人留有的资料文件中,销毁与发包人提供的所有信息相关的数据及资料的备份;

(5)移交相应实施阶段已经付款的并已完成的和尚待完成的设计文件、图纸、资料、操作维修手册、施工组织设计、质检资料、竣工资料等。

【解析】

本项源于住建部 2011 版第 18.1.3 项[解除合同后停止和进行的工作]的规定。

相较而言:

住建部 2011 版第 18.1.3 项中总共规定了 8 种因承包人违约导致合同解除后承包人应继续完成的工作,本项中保留了其中的 5 种,删除了 3 种。

就住建部 2011 版中被删除的 3 种情形来讲:

1. 住建部 2011 版第 18.1.3 项第(5)目规定,合同解除后,承包人应向发包人提交全部分包合同及执行情况说明。但是,首先,合同具有相对性,总包合同的解除并不意味着全部分包合同的解除,如有些分包合同已经执行,不具有回转的可能性。其次,承包人并不应负有向发包人汇报所有分包合同履行情况的必要义务。最后,针对总包合同解除后分包合同的履行,本项第(2)目已有所规定,因此,无须再重复。

2. 住建部 2011 版第 18.1.3 项第(7)目规定,合同部分解除后,承包人应继续履行尚未被解除的部分。但是,所谓合同部分解除的概念,可被理解至工程变更的范畴。本项第(1)目也已规定,合同解除后承包人应停止执行所有被通知解除的工作,尚未被解除或者说未被变更的部分显然不受影响。

3. 住建部 2011 版第 18.1.3 项第(8)目规定,合同解除后若未完成结算且未结清之前,未经发包人准许,承包人不得将其放置在现场的机具、设备、设施、周转材料、措施材料撤离现场和(或)拆除。但是,合同的解除与合同最后的结算显然也是两个相互独立的法律行为。实践中,如若因为双方之间未能结算付清,承包人一方的机具、设备、设施、周转材料、措施材料等就不准被撤离现场,一方面会导致双方未来就该部分物资费用的结算产生极大的争议,导致损失的扩大化;另一方面,也极为不利于工程现场后续建设工作的顺利进行,进而给整个工程项目带来一定的工期、质量与安全隐患。

具体适用时应注意:

1. 本项第(2)目规定,因承包人违约导致合同解除后,经发包人批准,承包人应将其与被解除合同相关的和正在执行的分包合同及相关的责任和义务转让至发包人和(或)发包人指定方的名下。虽然根据《民法典》第五百五十一条的规定,经债权人同意,债务人可得将债务的全部或者部分转给第三人,但是我国工程法下,具有较为严格的法制监管。例如,总包合同解除后的剩余部分仍然达到法定必须招标要求的,则可能,即便发包人批准,也无法根据本项规定进行责任和义务的转让。

2. 实践中,合同是否能够被顺利解除,除非双方达成一致意见,否则往往会引发较大的争议。特别是在工程总承包领域,因合同标的额通常较大,合同的解除所可能引发的双方权利义务的影响也较为重大。合同一方根据合同约定行使约定解除权或根据法律规定行使法定解除权,都较易遭受对方的抵触,从而陷入合同僵局。例如,发包人提出解除合同之后,承包人仍然继续占领工地现场、拒不提交各项资料文件以及强行承揽作业的情形也时有发生。一方面,这需要发承包双方在最初的专用合同条件设置时有更为明晰的、针对性的权利义务规定,以尽量减少冲突而可能带来的双方利益受损;另一方面,针对此类情形,发承包双方提前均应先做好有关应对预案。例如,一旦合同解除可能无法避免,应注意对承包人已完工作量、现场余留物资等进行证据保全,就承包人剩余对外尚未履行但本应履行的其他第三方合同进行梳理,做好双方之间的通知等各项工作,确保未来一旦产生纠纷,也均有据可查。

【关联条文】

1.《民法典》

第五百五十一条 债务人将债务的全部或者部分转移给第三人的,应当经债权人同意。

债务人或者第三人可以催告债权人在合理期限内予以同意,债权人未作表示的,视为不同意。

2. 住建部 2011 版

18.1.3 解除合同通知后停止和进行的工作

承包人收到解除合同通知后的工作。承包人应在解除合同 30 日内或双方约定的时间内,完成以下工作:

(1)除了为保护生命、财产或工程安全、清理和必须执行的工作外,停止执行所有被通知解除的工作;

(2)将发包人提供的所有信息及承包人为本工程编制的设计文件、技术资料及其它文件移交给发包人。在承包人留有的资料文件中,销毁与发包人提供的

所有信息相关的数据及资料的备份;

(3)移交已完成的永久性工程及负责已运抵现场的工程物资。在移交前,妥善做好已完工程和已运抵现场的工程物资的保管、维护和保养;

(4)移交相应实施阶段已经付款的并已完成的和尚待完成的设计文件、图纸、资料、操作维修手册、施工组织设计、质检资料、竣工资料等;

(5)向发包人提交全部分包合同及执行情况说明。其中包括:承包人提供的工程物资(含在现场保管的、已经订货的、正在加工的、运输途中的、运抵现场尚未交接的),发包人承担解除合同通知之日之前发生的、合同约定的此类款项。承包人有义务协助并配合处理与其有合同关系的分包人的关系;

(6)经发包人批准,承包人应将其与被解除合同或被解除合同中的部分工作相关的和正在执行的分包合同及相关的责任和义务转让至发包人和(或)发包人指定方的名下,包括永久性工程及工程物资,以及相关工作;

(7)承包人按照合同约定,继续履行其未被解除的合同部分工作;

(8)在解除合同的结算尚未结清之前,承包人不得将其机具、设备、设施、周转材料、措施材料撤离现场和(或)拆除,除非得到发包人同意。

16.1.3 因承包人违约解除合同后的估价、付款和结算

【原文】

因承包人原因导致合同解除的,则合同当事人应在合同解除后28天内完成估价、付款和清算,并按以下约定执行:

(1)合同解除后,按第3.6款[商定或确定]商定或确定承包人实际完成工作对应的合同价款,以及承包人已提供的材料、工程设备、施工设备和临时工程等的价值;

(2)合同解除后,承包人应支付的违约金;

(3)合同解除后,因解除合同给发包人造成的损失;

(4)合同解除后,承包人应按照发包人的指示完成现场的清理和撤离;

(5)发包人和承包人应在合同解除后进行清算,出具最终结清付款证书,结清全部款项。

因承包人违约解除合同的,发包人有权暂停对承包人的付款,查清各项付款和已扣款项,发包人和承包人未能就合同解除后的清算和款项支付达成一致的,

按照第 20 条[争议解决]的约定处理。

【解析】

本项源于住建部施工合同 2017 版第 16.2.4 项[因承包人违约解除合同后的处理]的规定。

但实际上,无论是住建部施工合同 2017 版还是本合同示范文本,均参考了九部委 2012 版第 22.1.4 项[发包人发出合同解除通知后的估价、付款和结清]的规定。

相较而言:

1. 本项规定中将"承包人收到发包人解除合同通知后 28 天"修订为"合同解除后 28 天"。因为,虽然依据法律规定,合同自解除通知到达对方时解除。但是实践中,除非达成一致意见,否则发承包双方往往会因合同是否已经解除而产生争议,则所谓"合同解除后 28 天"这一本应是固定的时间节点,也时常是无法确定的。

2. 本项规定中的第(4)目有关承包人按照发包人的指示完成现场的清理和撤离的规定,在九部委 2012 版中没有。实际上,因本项主要是关于合同解除后有关估价、付款和结清的规定,有关非款项结算方面的事宜,或可另行安排,且本合同示范文本第 16.1.2 项第(1)目已经有类似规定。

16.1.4 因承包人违约解除合同的合同权益转让

【原文】

合同解除后,发包人可以继续完成工程,和(或)安排第三人完成。发包人有权要求承包人将其为实施合同而订立的材料和设备的订货合同或任何服务合同利益转让给发包人,并在承包人收到解除合同通知后的 14 天内,依法办理转让手续。发包人和(或)第三人有权使用承包人在施工现场的材料、设备、临时工程、承包人文件和由承包人或以其名义编制的其他文件。

【解析】

本项源于住建部 2011 版第 18.1.7 项与九部委 2012 版第 22.1.5 项[协议利益的转让]的规定。

根据本项规定：

1. 合同解除后，发包人可以继续完成，和(或)安排第三人完成剩余工程项目。

2. 因合同解除，发包人有权要求承包人把材料和设备采购、租赁等合同项下的权益转让给发包人，承包人应在收到解除合同通知后的14天内办理有关的转让手续。

3. 发包人和(或)第三人有权使用承包人在现场的物资和文件等。

具体适用时应注意：

1. 工程发承包合同解除后，发包人无法自行建设，实践中均会依照中国法的要求，经相应法定程序后，重新安排其他符合条件的第三人完成剩余工作。

2. 合同解除后，承包人将其对材料供应商和(或)设备租赁商的权利转让给发包人，则需考虑，此等行为是否会导致材料和(或)设备的相关主体责任的变化。例如，原来是有某材料供应商与承包人订立材料采购合同关系，承包人作为总包单位向发包人负总责。但是，一旦合同解除后有关的材料和(或)设备的相关权益转让给发包人的，则该等材料和(或)设备的供应，在后续建设过程中，则会转化为发包人对新的后续第三人(注：新的承包人)的"甲供"。基于中国法的规定，此等转变即会引发责任承担形式的变化。

3. 本项规定，承包人收到解除合同通知后的14天内，应与发包人一道依法办理转让手续。但是实践中，发承包双方在合同解除的情况下，较难不产生争议，在合同是否解除尚未得到人民法院或仲裁机构的确认之前，往往会陷入合同僵局，此时，要求承包人在收到解除合同后的14天内给予配合有关的手续办理，往往也不现实。就此，若基于发包人的视角，需要提前考虑到在承包人不予配合的情况下，应当如何处理。例如，另行采购材料和(或)设备而导致成本增加的情况下，如何负担有关的责任等。

【关联条文】

1.《民法典》

第五百四十五条　债权人可以将债权的全部或者部分转让给第三人，但是有下列情形之一的除外：

(一)根据债权性质不得转让；

(二)按照当事人约定不得转让;

(三)依照法律规定不得转让。

当事人约定非金钱债权不得转让的,不得对抗善意第三人。当事人约定金钱债权不得转让的,不得对抗第三人。

第五百四十六条 债权人转让债权,未通知债务人的,该转让对债务人不发生效力。

债权转让的通知不得撤销,但是经受让人同意的除外。

2.《施工合同司法解释(一)》

第十三条 发包人具有下列情形之一,造成建设工程质量缺陷,应当承担过错责任:

(一)提供的设计有缺陷;

(二)提供或者指定购买的建筑材料、建筑构配件、设备不符合强制性标准;

(三)直接指定分包人分包专业工程。

承包人有过错的,也应当承担相应的过错责任。

16.2 由承包人解除合同

16.2.1 因发包人违约解除合同

【原文】

除专用合同条件另有约定外,承包人有权基于下列原因,以书面形式通知发包人解除合同,解除通知中应注明是根据第 16.2.1 项发出的,承包人应在发出正式解除合同通知 14 天前告知发包人其解除合同意向,除非发包人在收到该解除合同意向通知后 14 天内采取了补救措施,否则承包人可向发包人发出正式解除合同通知立即解除合同。解除日期应为发包人收到正式解除合同通知的日期,但在第(5)目的情况下,承包人无须提前告知发包人其解除合同意向,可直接发出正式解除合同通知立即解除合同:

(1)承包人就发包人未能遵守第 2.5.2 项关于发包人的资金安排发出通知后 42 天内,仍未收到合理的证明;

(2)在第 14 条规定的付款时间到期后 42 天内,承包人仍未收到应付款项;

(3)发包人实质上未能根据合同约定履行其义务,构成根本性违约;

(4)发承包双方订立本合同协议书后的84天内,承包人未收到根据第8.1款[开始工作]的开始工作通知;

(5)发包人破产、停业清理或进入清算程序,或情况表明发包人将进入破产和(或)清算程序或发包人资信严重恶化,已有对其财产的接管令或管理令,与债权人达成和解,或为其债权人的利益在财产接管人、受托人或管理人的监督下营业,或采取了任何行动或发生任何事件(根据有关适用法律)具有与前述行动或事件相似的效果;

(6)发包人未能遵守第2.5.3项的约定提交支付担保;

(7)发包人未能执行第15.1.2项[通知改正]的约定,致使合同目的不能实现的;

(8)因发包人的原因暂停工作超过56天且暂停影响到整个工程,或因发包人的原因暂停工作超过182天的;

(9)因发包人原因造成开始工作日期迟于承包人收到中标通知书(或在无中标通知书的情况下,订立本合同之日)后第84天的。

发包人接到承包人解除合同意向通知后14天内,发包人随后给予了付款,或同意复工、或继续履行其义务、或提供了支付担保等,承包人应尽快安排并恢复正常工作;因此造成工期延误的,竣工日期顺延;承包人因此增加的费用,由发包人承担。

【解析】

本项源于FIDIC黄皮书2017版第16.2款[由承包商终止]的规定。

相较而言:

1. 可得解除合同的情形不完全相同。

有关差异,可见表1-3-2:

表1-3-2 16.2.1项规定与FIDIC黄(或银)皮书2017版区别

本合同示范文本	FIDIC黄(或银)皮书2017版
发包人未能在承包人发出通知后的42天内补充提供资金证明	雇主未能在承包人发出通知后的42天内补充提供资金证明
发包人超出付款期限42天之后仍无法付款	雇主超出付款期限42天之后仍无法付款

续表

本合同示范文本	FIDIC 黄(或银)皮书 2017 版
发包人构成根本性违约	雇主未能遵守有约束力的商定或确定、争端避免/裁决委员会的决定等已构成根本性违约的
合同订立后 84 天内,发包人未发出开工通知	合同订立后 84 天内,承包商未收到开工通知
发包人陷入破产、停业、清算等导致其根本性履约困难的局面 * 可直接解除	雇主陷入破产、停业、清算等导致其根本性履约困难的局面 * 可直接解除
发包人未提供支付担保	—
发包人违约后不进行改正导致合同目的不能实现	雇主构成实质性违约
发包人停工超过 56 天且影响到整个工程或停工超过 182 天的	因雇主原因导致的暂停超过 84 天且影响了整个工程 * 可直接解除
因发包人原因导致在承包人收到中标通知书后的 84 天内未能开工的	雇主存在腐败、欺诈、串通或胁迫等行为 * 可直接解除

2. 可得直接解除合同的情形不同。

本合同示范文本中,无论是发包人解除合同,还是承包人解除合同。仅在相对方陷入经营绝对困境(如破产清算)而导致履行根本不能的情况下,一方可以直接发出正式的解除通知。否则,均应在发出正式解除合同通知的 14 天前向相对方先行发出拟解除合同的意向,而后,只有在相对方未能于收到解除合同意向通知后的 14 天内采取补救措施的,①则一方才可得向相对方发出正式的解除合同通知。

这与 FIDIC 黄皮书 2017 版中有关合同终止②的规定大体类似,只是,在 FIDIC 黄皮书 2017 版中,有关一方可得不经提前发出终止合同之意向而径行作出直接正式的合同终止之表示的情形种类,对比本合同示范文本,有所不同。以 FIDIC 黄皮书 2017 版第 16.2 款[由承包商终止]的规定为例,承包商可得直接发

① 这里所谓的采取补救措施,结合条文本意,应理解为相对方作出了一定的补救措施之行为,而非要求必须有相关的补救之结果。整个措施补救行为的持续时间是会超出 14 天的。

② FIDIC 合同中使用了终止(Termination)这一表述,我国法下,合同解除属于合同终止的一种类型。故在此处,两者系在同一层面使用。

出合同终止通知的情形包括:[1]

(1)雇主未经商定转让合同;

(2)因雇主的原因导致暂停超过 84 天,且经承包商发出要求复工的通知后 28 天内仍然未能复工,且影响了整个工程;

(3)雇主陷入破产清算等履行根本不能的境地;

(4)雇主存在腐败、欺诈等违法行为。

具体适用时应注意:

1. 列举式的规定往往无法穷尽,除本项规定的情形之外,发承包双方针对具体的工程项目,若另有具象化场景之下的诉求,则应通过专用合同条件予以更为明确和详尽的约定。实践中,因双方约定不清而导致合同履行陷入僵局的情况较为常见,特别是在我国国内的工程实践中,若双方在此后也不注重争端解决机制的设置,以及任何一方均不愿意遵从第三方的调停处理,则极易陷入旷日持久的司法处理程序。这对于工程项目本身的建设目的来讲不利,且会额外增加双方的共同成本。例如,承包人持续投入工程现场的维护成本和有关机械台班费用不断增加,同时,有关的现场材料灭失、损坏风险也不断走高。

2. 本项最后一段规定,承包人有权就解除合同意向通知发出之后的工期、费用进行索赔。FIDIC 黄皮书 2017 版第 16.2.2 项[终止]则规定,承包商还有权索赔相关的利润。就此,若基于本合同示范文本在制定具体的合同条款时,承包人有相应诉求的,也应注意通过专用合同条件的方式予以明确约定。

【关联条文】

FIDIC 黄皮书 2017 版

16.2 由承包商终止

根据本条终止合同不应损害承包商根据合同或有关规定的任何其他权利。

16.2.1 通知

承包商应有权向雇主发出通知(应说明通知是根据第 16.2.1 项的规定发出的),告知其终止合同的意向,或者在以下(g)(ii)、(h)(i)或(j)段的情况下,通知终止,如果:

---

① 具体详见 FIDIC 黄皮书 2017 版第 16.2 款[由承包商终止]的规定。

(a)承包商在根据第 16.1 款[由承包商暂停]的规定,就未能遵守第 2.4 款[雇主的资金安排]规定的事项发出通知后 42 天内,仍未收到合理的证据;

(b)工程师未能在收到报表和证明文件后 56 天内签发有关付款证书;

(c)在第 14.7 款[付款]规定的付款时间到期后 42 天内,承包商仍未收到付款证书规定的应付款额;

(d)雇主未能遵守:

(i)具有约束力的商定,或第 3.7 款[商定或确定]规定的最终并具有约束力的确定;(或)

(ii)争端避免/裁决委员会根据第 21.4 款[取得争端避免/裁决委员会的决定]的规定作出的决定;(无论是具有约束力的还是最终且具有约束力的)以及此类未履约构成了对合同规定的雇主义务的重大违约;

(e)雇主未履约,以及此类未履约构成了对合同规定的雇主义务的重大违约;

(f)承包商在收到中标函后 84 天内,未收到第 8.1 款[工程的开工]规定的开工日期通知;

(g)雇主:

(i)未遵守第 1.6 款[合同协议书]的规定;(或)

(ii)在未经第 1.7 款[权益转让]要求的商定的情况下,转让合同;

(h)第 8.12 款[拖长的暂停](b)段所述的拖长的暂停影响了整个工程;

(i)雇主破产或无力偿债;进入清算、管理、重组、清理或解散等程序;委托了清算人、接管人、管理人、经理或受托人;与雇主的债权人达成和解或安排;或根据适用法律,作出了与这些行为或事件类似,或具有类似作用的任何行为或发生的任何事件;(或)

(j)根据合理的证据,发现雇主从事了与工程或合同有关的腐败、欺诈、串通或胁迫行为。

16.2.2　终止

除非雇主在收到通知 14 天内,对按第 16.2.1 项[通知]规定发出的通知中所述的事项予以补救,否则承包商可以通过向雇主再次发出通知,立即终止合同。终止日期应为雇主收到该通知的日期。

但是,在第 16.2.1 项[通知](g)(ii)、(h)、(i)或(j)段所述情况下,承包商可根据第 16. 2. 1 项的规定发出通知,立即终止合同,终止日期应为雇主收到该通知的日期。

如果承包商在上述 14 天内遭受延误和/或招致增加费用,则承包商应有权根据第 20. 2 款[付款和/或竣工时间延长的索赔]的规定,获得竣工时间的延长和/或此类成本加利润的支付。

16. 2. 2 因发包人违约解除合同后承包人的义务

【原文】

合同解除后,承包人应按以下约定执行:

(1)除为保护生命、财产、工程安全的工作外,停止所有进一步的工作;承包人因执行该保护工作而产生费用的,由发包人承担;

(2)向发包人移交承包人已获得支付的承包人文件、生产设备、材料和其他工作;

(3)从现场运走除为了安全需要以外的所有属于承包人的其他货物,并撤离现场。

【解析】

本项源于 FIDIC 黄皮书 2017 版第 16. 3 款[终止后承包商的义务]的规定。

本项规定虽系借鉴 FIDIC 的相关规定,但是对比本合同示范文本前述第 16. 1. 2 项[因承包人违约解除合同后承包人的义务]的相关规定,相对较为简单,仅涉及承包人停止工作及必要的现场维护费用的负担、有关物资文件资料的移交等。

实践中,无论发包人违约导致合同解除,还是承包人违约导致合同解除,之后的双方各项工作其实都是较为繁杂的。基于工程合同的特性,相较正常履约来讲,一旦总承包合同解除,不仅涉及总承包合同的发承包双方,还涉及总包合同项下的诸多分包、材料采购、设备租赁等大量的合同关系处理。例如,因发包人违约导致承包人解除总包合同,则之后承包人往下已经采购并支付价款但尚未运抵工程现场的建筑和设备材料,应当如何处理?是承包人继续完成相关的采购,然后再转交给发包人,还是此等往下的采购可以就此总包合同的解除一并了结,只是承包人另向发包人主张损失?此等问题在实践中对发承包双方的权利义务影响都较为重大。

相较而言,住建部2011版就总包合同解除后承包人的工作有相对细致的规定,建议发承包双方在制订具体的工程总承包合同时予以参考。

具体适用时应注意:

FIDIC黄皮书2017版第16.3款[终止后承包商的义务]中规定,承包商因执行雇主为保护生命或财产或工程安全而作出的指示,可得向雇主主张费用和利润索赔,而在本项中仅规定了费用,未涉及利润。就此,需发承包双方结合具体情况,经协商后予以具体约定。

【关联条文】

1. 住建部2011版

18.2.2　承包人发出解除合同的通知后,有权停止和必须进行的工作如下:

(1)除为保护生命、财产、工程安全、清理和必须执行的工作外,停止所有进一步的工作;

(2)移交已完成的永久性工程及承包人提供的工程物资(包括现场保管的、已经订货的、正在加工制造的、正在运输途中的、现场尚未交接的)。在未移交之前,承包人有义务妥善做好已完工程和已购工程物资的保管、维护和保养;

(3)移交已经付款并已经完成和尚待完成的设计文件、图纸、资料、操作维修手册、施工组织设计、质检资料、竣工资料等。应发包人的要求,对已经完成但尚未付款的相关设计文件、图纸和资料等,按商定的价格付款后,承包人按约定的时间提交给发包人;

(4)向发包人提交全部分包合同及执行情况说明,由发包人承担其费用;

(5)应发包人的要求,将分包合同转给发包人或(和)发包人指定方的名下,包括永久性工程及其物资,以及相关工作;

(6)在承包人自留文件资料中,销毁发包人提供的所有信息及其相关的数据及资料的备份。

2. FIDIC黄皮书2017版

16.3　终止后承包商的义务

根据第15.5款[为雇主便利的终止]、第16.2款[由承包商终止]或第18.5款[自主选择终止]的规定终止合同后,承包商应立即:

(a)停止所有进一步的工作,但工程师为保护生命或财产或工程安全可能指示的工作除外。如果承包商因执行该指示的工作而产生费用,则承包商应有权根据第 20.2 款[付款和/或竣工时间延长的索赔]的规定,获得此类成本加利润的支付;

(b)将承包商已得到付款的所有承包商文件、生产设备、材料和其他工作交付给工程师;(以及)

(c)从现场运走除安全需要以外的所有其他货物,并撤离现场。

16.2.3　因发包人违约解除合同后的付款

【原文】

承包人按照本款约定解除合同的,发包人应在解除合同后 28 天内支付下列款项,并退还履约担保:

(1)合同解除前所完成工作的价款;

(2)承包人为工程施工订购并已付款的材料、工程设备和其他物品的价款;发包人付款后,该材料、工程设备和其他物品归发包人所有;

(3)承包人为完成工程所发生的,而发包人未支付的金额;

(4)承包人撤离施工现场以及遣散承包人人员的款项;

(5)按照合同约定在合同解除前应支付的违约金;

(6)按照合同约定应当支付给承包人的其他款项;

(7)按照合同约定应返还的质量保证金;

(8)因解除合同给承包人造成的损失。

承包人应妥善做好已完工程和与工程有关的已购材料、工程设备的保护和移交工作,并将施工设备和人员撤出施工现场,发包人应为承包人撤出提供必要条件。

【解析】

本项源于九部委 2012 版第 22.2.3 项[解除合同后的付款]与住建部施工合同 2017 版第 16.1.4 项[因发包人违约解除合同后的付款]的规定。

就具体内容来讲,因发包人违约而导致合同解除的,发包人应支付的款项大致包括:承包人已完成工作的价款;承包人已对外采购并已付款的材料、设备和其他物品的价款;承包人撤场的费用;原先发包人应按约支付的违约金;发包人应退还履约担保和质量保证金;因解除合同给承包人造成的损失等。

具体适用时应注意:

1. 工程合同的价款结算往往工作量巨大、争议点颇多,实践中往往较难在合同解除后的28天内完成有关的结算付款。此时,发承包双方应注重通过专用合同条件加以具象化场景下的具体规定,包括逾期付款利息计算方式的约束。

2. 上述价款在排序时未必按照某一内在逻辑,如第(6)目“按照合同约定应当支付给承包人的其他款项”或可作兜底理解。

3. 本项第(2)目规定,承包人为工程施工订购并已付款的材料、工程设备和其他物品的价款,承包人可向发包人主张。那么,是否承包人为工程施工订购但尚未付款的材料、工程设备和其他物品的额价款,承包人就一定无法向发包人主张?答案显然为否。若针对承包人对外订购但尚未付款的材料、工程设备和其他物品,承包人往下的采购合同后续无法同步解除,而必须对外发生的,则可归入本项第(8)目中,属于因解除合同给承包人造成的损失。

4. 工程合同解除在实践中除了损失赔偿的计算以外,更为主要的争议往往还在于发承包双方如何就中途解除的合同进行计价结算。例如,原先约定固定总价,或者原先承包人自身不平衡报价的,现在中途解除了,该如何结算?

5. 发包人违约导致合同解除的,还有一点在实践中需要给予关注的问题在于,承包人是否可以主张有关的后续可得利益,以及应当按照怎样的标准就可得利益进行计算?

就此,均需发承包双方予以关注并通过专用合同条件提前予以相对明确的约定,避免争议发生。

【关联条文】

1.《民法典》

第五百八十四条 当事人一方不履行合同义务或者履行合同义务不符合约定,造成对方损失的,损失赔偿额应当相当于因违约所造成的损失,包括合同履行后可以获得的利益;但是,不得超过违约一方订立合同时预见到或者应当预见到的因违约可能造成的损失。

2. FIDIC 黄皮书 2017 版

16.4　由承包商终止后的付款

根据第 16.2 款[由承包商终止]的规定终止后,雇主应立即:

(a)按照第 18.5 款[自主选择终止]的规定,向承包商付款;(以及)

(b)在承包商遵守第 20.2 款[付款和/或竣工时间延长的索赔]规定的前提下,付给承包商因此项终止而遭受的任何利润损失,或其他损失或损害的款额。

18.5　自主选择终止

如果由于已根据第 18.2 款[例外事件的通知]的规定发出通知的例外事件,导致进行中的全部工程的实施连续 84 天受阻,或由于同一例外事件导致多个时段累计受阻超过 140 天,任一方可向另一方发出通知,终止合同。

在此情况下,终止日期应为另一方收到通知 7 天后的日期,承包商应按照第 16.3 款[终止后承包商的义务]的规定继续进行。

终止日期后,承包商应在切实可行的范围内,尽快提交(工程师合理要求的)有关已完成工作价值的详细证明资料,其中包括:

(a)已完成的、合同中有价格规定的任何工作的应付款额;

(b)为工程订购的、已交付给承包商或承包商有责任接受交付的生产设备和材料的费用;当雇主支付上述费用后,此项生产设备和材料应成为雇主的财产(风险也由其承担),承包商应将其交由雇主处理;

(c)在承包商原预期要完成工程的情况下,合理产生的任何其他费用或债务;

(d)将临时工程和承包商设备撤离现场,并运回承包商本国工作地点的费用(或运往任何其他目的地,但其费用不得超过);(以及)

(e)将终止日期时完全为工程雇用的承包商的员工送返回国的费用。然后,工程师应按照第 3.7 款[商定或确定]的规定,商定或确定已完成工作的价值(就第 3.7.3 项[时限]而言,工程师根据本款规定收到详细资料的日期,应为根据第 3.7.3 项商定的时限的开工日期)。

工程师应根据第 14.6 款[期中付款证书的签发]的规定,就商定或确定的金额签发付款证书,而无需承包商提交报表。

16.3 合同解除后的事项

【原文】

16.3.1 结算约定依然有效

合同解除后,由发包人或由承包人解除合同的结算及结算后的付款约定仍然有效,直至解除合同的结算工作结清。

16.3.2 解除合同的争议

双方对解除合同或解除合同后的结算有争议的,按照第20条[争议解决]的约定处理。

【解析】

本款源于住建部2011版第18.3款[合同解除后的事项]规定。

合同解除不影响合同中有关结算、清理和争议解决条款的法律效力,是我国《民法典》明确规定的事项。为此,本合同示范文本亦直接予以了援引。

【关联条文】

《民法典》

第五百零七条 合同不生效、无效、被撤销或者终止的,不影响合同中有关解决争议方法的条款的效力。

第五百六十七条 合同的权利义务关系终止,不影响合同中结算和清理条款的效力。

第17条 不可抗力

17.1 不可抗力的定义

【原文】

不可抗力是指合同当事人在订立合同时不可预见,在合同履行过程中不可避免、不能克服且不能提前防备的自然灾害和社会性突发事件,如地震、海啸、瘟疫、骚乱、戒严、暴动、战争和专用合同条件中约定的其他情形。

【解析】

本款源于住建部施工合同 2017 版第 17.1 款[不可抗力的确认]的规定。

根据本款的规定,不可抗力的构成,需同时满足四个要素:不可预见、不可避免、不能克服、不能提前防备。相较九部委 2012 版和住建部施工合同 2017 版来讲,本款中增加了"不能提前防备"的说法,使不可抗力的概念本身更为周延。这一点实际来自 FIDIC 合同的规定。[①] 但若仔细比对可发现,FIDIC 合同中把"不能主要归责于另一方"也作为了不可抗力的构成要素之一,即不可抗力并非由于合同任一方引起的。

具体适用时应注意:

1. 因不可抗力往往在各国的成文法中均有各自相对明确的规定,但有关规定可能并不完全统一。为此,为避免与各国成文法明确规定的冲突,在 FIDIC 合同条件 2017 版中,相较 1999 版来讲,均将"不可抗力"的表述恢复为早先有关版本中的"例外事件"(Exceptional Events)。[②] 因此,对于存在海外承包项目的情况,合约部门在审核时应注意区别。

2. 有关不可抗力的具体情形,除本款中已经予以罗列的七种情形(地震、海啸、瘟疫、骚乱、戒严、暴动、战争)以外,发承包双方还可通过专用合同条件结合本款有关不可抗力的定义予以专门约定,如罢工。

【关联条文】

1.《民法典》

第一百八十条　因不可抗力不能履行民事义务的,不承担民事责任。法律另有规定的,依照其规定。

不可抗力是不能预见、不能避免且不能克服的客观情况。

---

① 这里主要指 FIDIC 1999 版的合同条件,因为在 2017 版中,FIDIC 把不可抗力(Force Majeure)改为了例外事件(Exceptional Events)。

② 参见张水波、何伯森编著:《FIDIC 新版合同条件导读与解析》,中国建筑工业出版社 2019 年版,第 266 页。

2. FIDIC 黄皮书 2017 版

18.1 例外事件

"例外事件"系指以下事件或情况:

(i)一方无法控制的;

(ii)该方在签订合同前,不能对之进行合理预防的;

(iii)发生后,该方不能合理避免或克服的;(以及)

(iv)不能主要归责于另一方的。

如果满足上述(i)至(iv)段的条件,则例外事件可包括但不限于以下任何事件或情况:

(a)战争、敌对行动(无论宣战与否)、入侵、外敌行为;

(b)叛乱、恐怖主义、革命、暴动、军事政变或篡夺政权,或内战;

(c)承包商人员和承包商及其分包商的其他雇员以外的人员的骚动、喧闹或混乱;

(d)不仅仅涉及承包商人员和承包商及其分包商的其他雇员的罢工或停工;

(e)遭遇战争军火、爆炸物资、电离辐射或放射性污染,但可能因承包商使用此类军火、炸药、辐射或放射性引起的除外;(或)

(f)自然灾害,如地震、海啸、火山活动、飓风或台风。

17.2 不可抗力的通知

【原文】

合同一方当事人觉察或发现不可抗力事件发生,使其履行合同义务受到阻碍时,有义务立即通知合同另一方当事人和工程师,书面说明不可抗力和受阻碍的详细情况,并提供必要的证明。

不可抗力持续发生的,合同一方当事人应每隔 28 天向合同另一方当事人和工程师提交中间报告,说明不可抗力和履行合同受阻的情况,并于不可抗力事件结束后 28 天内提交最终报告及有关资料。

【解析】

本款源于住建部施工合同 2017 版第 17.2 款[不可抗力的通知]的规定。①

本款规定一方面明确了合同当事人针对不可抗力事件的通知义务,另一方面确定了不可抗力的报告程序。

具体适用时应注意:

1. 本款虽规定合同一方当事人应在不可抗力事件发生后及时向相对方进行通知,但在实践中,何为及时,以及如果未能及时通知,会产生怎样的后果?就此,本款未有规定。或可参考 FIDIC 黄皮书 2017 版第 18.2 款[例外事件的通知]的规定。根据 FIDIC 的规定,例外事件的通知应在受影响方意识到或本应意识到例外事件后的 14 天内发出。因此,如果正常在此期限进行通知的,则自"例外事件"发生之日起,免除其相关的履行义务,而若拖延发出,即超过前述 14 天的规定期限的,则受影响方只能从相对方收到通知之日起,免除其相应的履行义务。

2. 遭受不可抗力影响的履行义务中,是否包括付款义务?就此,本款规定同样未有涉及。就此,也可参考 FIDIC 黄皮书 2017 版第 18.2 款[例外事件的通知]的规定,将有关的付款义务进行排除。

3. 根据本款规定,不可抗力事件结束后,负有履行义务的一方当事人应在 28 天内向对方提交最终报告。但如果在实践中负有履行义务的一方在不可抗力事件结束后未能予以最终报告的,则该如何处理?本款中也没有规定,参考 FIDIC 黄皮书 2017 版第 18.3 款[将延误减至最小的义务]的规定,如果受影响方未能在不受"例外事件"的影响时及时地发出通知,则另一方可以反过来进行通知,阐述理由,说明另一方面认为该例外事件不再阻止受影响方履行义务。总之,合同的顺利履行不能陷入不当的拖延状态。

【关联条文】

FIDIC 黄(或银)皮书 2017 版

18.2　例外事件的通知

如果一方(本条中"受影响方")因例外事件已或将无法履行根据合同规定

---

① 与九部委 2012 版第 21.2 款[不可抗力的通知]的内容也基本一致。

的任何义务,则受影响方应向另一方发出该例外事件的通知,并应明确说明已或将受到阻止履行的各项义务(本条中“被阻止的义务”)。

该通知应在受影响方意识到或本应意识到例外事件后 14 天内发出。然后,受影响方应自例外事件阻止履行义务之日起,免除其履行被阻止的义务。如果另一方在 14 天的期限后收到该通知,受影响方应仅在从另一方收到通知之日起,履行被阻止的义务。

此后,只要该例外事件阻止受影响方履行义务,受影响方就应被免除履行被阻止的义务。除履行被阻止的义务外,受影响方不得免除履行根据本合同规定的所有其他义务。

但是,任一方根据合同向另一方支付款项的义务不得因任何例外事件而免除。

18.3 将延误减至最小的义务

……

受影响方不再受例外事件影响时,应立即向另一方发出通知。如果其未能发出通知,则另一方可以向受影响方发出通知,阐述理由,说明另一方认为该例外事件不再阻止受影响方履行义务。

17.3 将损失减至最小的义务

【原文】

不可抗力发生后,合同当事人均应采取措施尽量避免和减少损失的扩大,使不可抗力对履行合同造成的损失减至最小。另一方全力协助并采取措施,需暂停实施的工作,立即停止。任何一方当事人没有采取有效措施导致损失扩大的,应对扩大的损失承担责任。

【解析】

本款源于住建部 2011 版第 17.1.1 项[通知义务]与住建部施工合同 2017 版第 17.3 款[不可抗力后果的承担]的规定。①

① 与九部委 2012 版第 21.3.3 项[避免和减少不可抗力损失]的内容也基本一致。

根据本款规定：

1. 不可抗力发生后，合同双方均附有将损失减至最小的义务。

2. 一方采取措施的，另一方负有协助的义务。

3. 任何一方没有尽到合理谨慎义务导致损失扩大的，应对扩大的损失负责。

具体适用时应注意：

无论在住建部 2011 版中，还是在九部委 2012 版中，都规定了当事人一方迟延履行导致在迟延履行期间发生不可抗力的，不免除其履行义务。就此，在我国《民法典》第五百九十条中也有相应规定，但在本款中未有涉及。因此，如发承包双方针对此等情形另有专门的违约责任设置要求的，应通过专用合同条件予以明确。

【关联条文】

《民法典》

第五百九十条　当事人一方因不可抗力不能履行合同的，根据不可抗力的影响，部分或者全部免除责任，但是法律另有规定的除外。因不可抗力不能履行合同的，应当及时通知对方，以减轻可能给对方造成的损失，并应当在合理期限内提供证明。

当事人迟延履行后发生不可抗力的，不免除其违约责任。

17.4　不可抗力后果的承担

【原文】

不可抗力导致的人员伤亡、财产损失、费用增加和(或)工期延误等后果，由合同当事人按以下原则承担：

(1)永久工程，包括已运至施工现场的材料和工程设备的损害，以及因工程损害造成的第三人人员伤亡和财产损失由发包人承担；

(2)承包人提供的施工设备的损坏由承包人承担；

(3)发包人和承包人各自承担其人员伤亡及其他财产损失；

(4)因不可抗力影响承包人履行合同约定的义务，已经引起或将引起工期延误的，应当顺延工期，由此导致承包人停工的费用损失由发包人和承包人合理分

担,停工期间必须支付的现场必要的工人工资由发包人承担;

(5)因不可抗力引起或将引起工期延误,发包人指示赶工的,由此增加的赶工费用由发包人承担;

(6)承包人在停工期间按照工程师或发包人要求照管、清理和修复工程的费用由发包人承担。

不可抗力引起的后果及造成的损失由合同当事人按照法律规定及合同约定各自承担。不可抗力发生前已完成的工程应当按照合同约定进行支付。

【解析】

本款源于住建部施工合同 2017 版第 17.3 款[不可抗力后果的承担]的规定。

无论相比住建部 2011 版,还是九部委 2012 版,抑或 FIDIC 黄(或银)皮书 2017 版,本合同示范文本中有关不可抗力的后果承担,都在沿袭住建部施工合同 2017 版的基础上,带有鲜明的"中国特色"。最典型的体现为:

1. 因不可抗力导致的承包人停工损失,应由发承包双方合理分担。

2. 停工期间必须支付的现场必要的人工工资由发包人承担。

在住建部 2011 版和九部委 2012 版中,此类不可抗力事件发生后的承包人自身损失,发包人是不具有负担义务的。

在 FIDIC 黄皮书 2017 版中,有关自然灾害类的例外事件,承包人也是无权提出费用主张的。

具体适用时应注意:

1. 有关不可抗力事件后果承担的合约规则,境内与境外的通行合同示范文本有所差别,不能一概而论。中国企业走出去,应认真研究当地的法律规则,并仔细查阅自身所适用的合同文本。

2. 针对本款规定中所明确规定的,承包人可向发包人提出主张的费用,如已运至施工现场的材料和工程设备、承包人提供的施工设备等,承包人一方应具有良好的合同履行管理能力,并能够在不可抗力事件发生后提出相关的书面证明材料,否则势必会导致发承包双方之间的"扯皮"。

3. 对于有关损失的合理分担与必要工人工资的承担,何为"合理"与"必要",同样均有赖于发承包双方在最初的合同签订之时,即通过专用合同条件的形式予以明确,避免履约过程中不必要的争议。

【关联条文】

1. 住建部 2011 版

17.2　不可抗力的后果

因不可抗力事件导致的损失、损害、伤害所发生的费用及延误的竣工日期,按如下约定处理:

(1)永久性工程和工程物资等的损失、损害,由发包人承担;

(2)受雇人员的伤害,分别按照各自的雇用合同关系负责处理;

(3)承包人的机具、设备、财产和临时工程的损失、损害,由承包人承担;

(4)承包人的停工损失,由承包人承担;

(5)不可抗力事件发生后,因一方迟延履行合同约定的保护义务导致的延续损失、损害,由迟延履行义务的一方承担相应责任及其损失;

(6)发包人通知恢复建设时,承包人应在接到通知后的 20 日内、或双方根据具体情况约定的时间内,提交清理、修复的方案及其估算,以及进度计划安排的资料和报告,经发包人确认后,所需的清理、修复费用由发包人承担。恢复建设的竣工日期相应顺延。

2. 九部委 2012 版

21.3.1　不可抗力造成损害的责任

除专用合同条款另有约定外,不可抗力导致的人员伤亡、财产损失、费用增加和(或)工期延误等后果,由合同双方按以下原则承担:

(1)永久工程,包括已运至施工场地的材料和工程设备的损害,以及因工程损害造成的第三者人员伤亡和财产损失由发包人承担;

(2)承包人设备的损坏由承包人承担;

(3)发包人和承包人各自承担其人员伤亡和其他财产损失及其相关费用;

(4)承包人的停工损失由承包人承担,但停工期间应监理人要求照管工程和清理、修复工程的金额由发包人承担;

(5)不能按期竣工的,应合理延长工期,承包人不需支付逾期竣工违约金。发包人要求赶工的,承包人应采取赶工措施,赶工费用由发包人承担。

3. FIDIC 黄(或银)皮书 2017 版

18.4　例外事件的后果

如果承包商是受影响方,且由于其根据第 18.2 款[例外事件的通知]的规定发出通知的例外事件,而遭受延误和/或招致增加费用,承包商应有权根据第 20.2 款[付款和/或竣工时间延长的索赔]的规定要求:

(a)竣工时间的延长;(和/或)

(b)如果该例外事件属于第 18.1 款[例外事件](a)至(e)段所述的类型,且该款(b)至(e)段所述例外事件发生在工程所在国,获得此类费用的支付。

17.5　不可抗力影响分包人

【原文】

分包人根据分包合同的约定,有权获得更多或者更广的不可抗力而免除某些义务时,承包人不得以分包合同中不可抗力约定向发包人抗辩免除其义务。

【解析】

本款源于 FIDIC 黄(或)银皮书 1999 版第 19.5 款[不可抗力影响分包商]的规定。

本款规定的核心要义在于,总包单位不得以其与分包单位之间分包合同的约定,来对抗其基于总包合同应向业主方承担的义务。因为,合同具有最为基本的相对性原则。

一个值得注意的有意思的现象是,本款规定虽然在 FIDIC 黄(或银)皮书 1999 版中进行了规定,但在 2017 版中却被删除掉了。恰恰相反,我们的住建部 2011 版、九部委 2012 版和住建部施工合同 2017 版中,均无此等规定,但在本合同示范文本中却被添加了进来。

具体适用时应注意:

尽管合同具有相对性,但是总包单位在与业主方和分包单位分别签订总包合同与分包合同时,应避免有关的义务负担产生不利于己方的不平衡。

【关联条文】

FIDIC 黄(或银)皮书 1999 版

19.5　不可抗力影响分包商

如果任何分包商根据有关工程的任何合同或协议,有权因较本条规定更多或更广范围的不可抗力免除其某些义务,此类更多或更广的不可抗力事件或情况,不应成为承包商不履约的借口,或有权根据本条规定免除其义务。

17.6　因不可抗力解除合同

【原文】

因单次不可抗力导致合同无法履行连续超过 84 天或累计超过 140 天的,发包人和承包人均有权解除合同。合同解除后,承包人应按照第 10.5 款[竣工退场]的规定进行。由双方当事人按照第 3.6 款[商定或确定]商定或确定发包人应支付的款项,该款项包括:

(1)合同解除前承包人已完成工作的价款;

(2)承包人为工程订购的并已交付给承包人,或承包人有责任接受交付的材料、工程设备和其他物品的价款;当发包人支付上述费用后,此项材料、工程设备与其他物品应成为发包人的财产,承包人应将其交由发包人处理;

(3)发包人指示承包人退货或解除订货合同而产生的费用,或因不能退货或解除合同而产生的损失;

(4)承包人撤离施工现场以及遣散承包人人员的费用;

(5)按照合同约定在合同解除前应支付给承包人的其他款项;

(6)扣减承包人按照合同约定应向发包人支付的款项;

(7)双方商定或确定的其他款项。

除专用合同条件另有约定外,合同解除后,发包人应当在商定或确定上述款项后 28 天内完成上述款项的支付。

【解析】

本款源于住建部施工合同 2017 版第 17.4 款[因不可抗力解除合同]的规定。

相较而言:

1. 适用本款规定进行合同解除的前提,应是单次不可抗力事件的发生导致了合同不能履行连续超过84 天或累计超过140 天,而不是整个合同履行期间,可能多次或多项不可抗力事件发生所引起。

2. 发包人向承包人支付了与已订购材料、设备和其他物品相关的价款之后,此等材料、设备和其他物品的所有权(包括风险)即完成了从承包人向发包人的转移。

若比较 FIDIC 黄皮书 2017 版的规定,可以发现,本款实际均是借鉴了 FIDIC 合同的规定,在原住建部施工合同 2017 版的基础上进行了细化。

具体适用时应注意:

1. FIDIC 黄皮书 2017 版第 18. 5 款(c)项规定,在承包商原预期要完成工程的情况下,合理产生的任何其他费用或债务,均应由发包人负担。但在本款中,主要对应于第(3)项发包人指示承包人退货和解除订货产生的费用,以及因不能退货和解除订货而产生的损失。实践中,显然在合同解除情形下承包商所发生的费用或债务损失,不仅局限于材料采购方面,还包括下游分包商、咨询服务提供单位等各方面。这些可能需要发生的费用和损失,承包商也都应予以合理安排,并与业主方事先有计划地协商好。

2. 本款规定,合同解除后,发包人应当在商定或确定上述款项后 28 天内完成上述款项的支付。结合本合同示范文本第 3. 6 款[商定或确定]的规定,有关期限均相对有限。就此,如针对具体的项目,发包人有不同的期限宽限需求的,也应当注意提前与承包人进行友好协商,并通过专用合同条件予以明确。

【关联条文】

FIDIC 黄皮书 2017 版

18. 5　自主选择终止

如果由于已根据第 18. 2 款[例外事件的通知]的规定发出通知的例外事件,导致进行中的全部工程的实施连续 84 天受阻,或由于同一例外事件导致多个时段累计受阻超过 140 天,任一方可向另一方发出通知,终止合同。

在此情况下,终止日期应为另一方收到通知 7 天后的日期,承包商应按照第 16. 3 款[终止后承包商的义务]的规定继续进行。

终止日期后,承包商应在切实可行的范围内,尽快提交(工程师合理要求的)有关已完成工作价值的详细证明资料,其中包括:

(a)已完成的、合同中有价格规定的任何工作的应付款额;

(b)为工程订购的、已交付给承包商或承包商有责任接受交付的生产设备和材料的费用:当雇主支付上述费用后,此项生产设备和材料应成为雇主的财产(风险也由其承担),承包商应将其交由雇主处理;

(c)在承包商原预期要完成工程的情况下,合理产生的任何其他费用或债务;

(d)将临时工程和承包商设备撤离现场,并运回承包商本国工作地点的费用(或运往任何其他目的地,但其费用不得超过);(以及)

(e)将终止日期时完全为工程雇用的承包商的员工送返回国的费用。

然后,工程师应按照第3.7款[商定或确定]的规定,商定或确定已完成工作的价值(就第3.7.3项[时限]而言,工程师根据本款规定收到承包商的详细资料的日期,应为根据第3.7.3项商定的时限的开工日期)。

工程师应根据第14.6款[期中付款证书的签发]的规定,就商定或确定的金额签发付款证书,而无需承包商提交报表。

第18条 保 险

18.1 设计和工程保险

【原文】

18.1.1 双方应按照专用合同条件的约定向双方同意的保险人投保建设工程设计责任险、建筑安装工程一切险等保险。具体的投保险种、保险范围、保险金额、保险费率、保险期限等有关内容应当在专用合同条件中明确约定。

18.1.2 双方应按照专用合同条件的约定投保第三者责任险,并在缺陷责任期终止证书颁发前维持其持续有效。第三者责任险最低投保额应在专用合同条件内约定。

【解析】

本款源于九部委 2012 版第 20.1 款[设计和工程保险]的规定。

相较而言:

1. 投保人从九部委 2012 版中的承包人,改为了本合同示范文本中的双方在专用合同条件中进行约定。

2. 明确了第三者责任险的最低投保额。

其实,即便承包人投保,有关的保险费用也是包含在合同价格中的。住建部 2011 版第 15.1.1 项规定:“按适用法律和专用条款约定的投保类别,由承包人投保的保险种类,其投保费用包含在合同价格中。”住建部在《房建市政工程总承包计价计量规范(征求意见稿)》的“术语”部分,也针对“工程保险费”明确规定:“发包人按照合同约定支付给承包人在项目建设期内对建筑工程、安装工程、机械设备和人身安全进行投保而发生的费用。包括建设工程设计责任险、建筑安装工程一切险、人身意外伤害险等,不包括已列入建筑安装工程费中的施工企业的人员、财产、车辆保险费。”

【关联条文】

1. 九部委 2012 版

20.1 设计和工程保险

20.1.1 承包人按照专用合同条款的约定向双方同意的保险人投保建设工程设计责任险、建筑工程一切险或安装工程一切险等保险。具体的投保险种、保险范围、保险金额、保险费率、保险期限等有关内容应当在专用合同条款中明确约定。

20.1.2 在缺陷责任期终止证书颁发前,承包人应按照专用合同条款的约定投保第三者责任险。

2. 住建部 2011 版

15.1.1 按适用法律和专用条款约定的投保类别,由承包人投保的保险种类,其投保费用包含在合同价格中。由承包人投保的保险种类、保险范围、投保金额、保险期限和持续有效的时间等在专用条款中约定。

……

15.2 一切险和第三方责任险

对于建筑工程一切险、安装工程一切险和第三者责任险,无论应投保方是任何一方,其在投保时均应将本合同的另一方、本合同项下分包商、供货商、服务商同时列为保险合同项下的被保险人。具体的应投保方在专用条款中约定。

18.2　工伤和意外伤害保险

【原文】

18.2.1　发包人应依照法律规定为其在施工现场的雇用人员办理工伤保险,缴纳工伤保险费;并要求工程师及由发包人为履行合同聘请的第三方在施工现场的雇用人员依法办理工伤保险。

18.2.2　承包人应依照法律规定为其履行合同雇用的全部人员办理工伤保险,缴纳工伤保险费,并要求分包人及由承包人为履行合同聘请的第三方雇用的全部人员依法办理工伤保险。

18.2.3　发包人和承包人可以为其施工现场的全部人员办理意外伤害保险并支付保险费,包括其员工及为履行合同聘请的第三方的人员,具体事项由合同当事人在专用合同条件约定。

【解析】

本款源于九部委 2012 版第 20.2 款[工伤保险]、第 20.3 款[人身意外伤害险]与住建部施工合同 2017 版第 18.3 款[其他保险]的规定。

具体适用时应注意:

1. 本合同示范文本第 18.2.1 项和第 18.2.2 项中所涉及的"要求工程师及由发包人为履行合同聘请的第三方在施工现场的雇用人员依法办理工伤保险"与"要求分包人及由承包人为履行合同聘请的第三方雇用的全部人员依法办理工伤保险",是指"要求工程师及由发包人为履行合同聘请的第三方"与"要求分包人及由承包人为履行合同聘请的第三方"为其各自在现场雇用的人员依法办理工伤保险。应避免中文表述的理解障碍。

2. 关于意外伤害保险,本合同示范文本第 18.2.3 项规定的是发包人和承包人"可以"办理,而非九部委 2012 版第 20.3 款中规定的"应当"办理。意外伤害保险不同于工伤保险,不具有国家法律规定的强制性,属于商业保险。与此同时,办理了意外伤害保险也不具有代替工伤保险的效力。

【关联条文】

1.《工伤保险条例》

第二条 中华人民共和国境内的企业、事业单位、社会团体、民办非企业单位、基金会、律师事务所、会计师事务所等组织和有雇工的个体工商户(以下称用人单位)应当依照本条例规定参加工伤保险,为本单位全部职工或者雇工(以下称职工)缴纳工伤保险费。

中华人民共和国境内的企业、事业单位、社会团体、民办非企业单位、基金会、律师事务所、会计师事务所等组织的职工和个体工商户的雇工,均有依照本条例的规定享受工伤保险待遇的权利。

第六十二条 用人单位依照本条例规定应当参加工伤保险而未参加的,由社会保险行政部门责令限期参加,补缴应当缴纳的工伤保险费,并自欠缴之日起,按日加收万分之五的滞纳金;逾期仍不缴纳的,处欠缴数额1倍以上3倍以下的罚款。

依照本条例规定应当参加工伤保险而未参加工伤保险的用人单位职工发生工伤的,由该用人单位按照本条例规定的工伤保险待遇项目和标准支付费用。

用人单位参加工伤保险并补缴应当缴纳的工伤保险费、滞纳金后,由工伤保险基金和用人单位依照本条例的规定支付新发生的费用。

2.《关于参加商业保险中的人身意外伤害险后是否还应当参加工伤保险问题的复函》

工伤保险是社会保险的一个重要组成部分,是国家强制实施的一项社会保障制度。按照《劳动法》第七十二条"用人单位和劳动者必须依法参加社会保险,缴纳社会保险费"的规定,中国境内的企业无论是否参加了商业保险中的人身意外伤害保险,都必须参加工伤险,并依法缴纳工伤保险费。

人身意外伤害险不能替代工伤保险。企业在参加工伤保险的同时,可根据本单位的实际情况,为职工办理人身意外伤害保险。

18.3　货物保险

【原文】

承包人应按照专用合同条件的约定为运抵现场的施工设备、材料、工程设备和临时工程等办理财产保险,保险期限自上述货物运抵现场至其不再为工程所需要为止。

【解析】

本款源于 FIDIC 黄(或银)皮书 2017 版第 19.2.2 项[货物]的规定。

住建部 2011 版、九部委 2012 版以及住建部施工合同 2017 版中,均有相关的货物(财产)保险的笼统表述,但是本款借鉴了 FIDIC 银皮书 2017 版的规定,明确了货物保险的保险期限。

18.4　其他保险

【原文】

发包人应按照工程总承包模式所适用的法律法规和专用合同条件约定,投保其他保险并保持保险有效,其投保费用发包人自行承担。承包人应按照工程总承包模式所适用法律法规和专用合同条件约定投保相应保险并保持保险有效,其投保费用包含在合同价格中,但在合同执行过程中,新颁布适用的法律法规规定由承包人投保的强制保险,应根据本合同第 13 条[变更与调整]的约定增加合同价款。

【解析】

本款源于 FIDIC 黄(或银)皮书第 19.2.6 项[法律和当地惯例要求的其他保险]的规定。

相较而言:

本合同示范文本中,所有保费的承担责任主体均为发包人,即便是由承包人投保,有关的投保费用也是包含在了合同价格之中。另外,本款所规定的法律法规的变化所引起的保费的调整,应适用第13条有关[变更与调整]的规定。①

【关联条文】

FIDIC 黄(或银)皮书 2017 版

19.2.6 法律和当地惯例要求的其他保险

承包商应提供工程(或工程的任何部分)所在国家的法律要求的所有其他保险,费用由承包商自行承担。

当地惯例要求的其他保险(如果有)应在合同数据中详细说明,承包商应根据给出的详细信息提供此类保险,费用由承包商承担。

18.5 对各项保险的一般要求

【原文】

18.5.1 持续保险

合同当事人应与保险人保持联系,使保险人能够随时了解工程实施中的变动,并确保按保险合同条款要求持续保险。

18.5.2 保险凭证

合同当事人应及时向另一方当事人提交其已投保的各项保险的凭证和保险单复印件,保险单必须与专用合同条件约定的条件保持一致。

18.5.3 未按约定投保的补救

负有投保义务的一方当事人未按合同约定办理保险,或未能使保险持续有

① 具体可参见本合同示范文本第13.7款[法律变化引起的调整]的规定。

效的,则另一方当事人可代为办理,所需费用由负有投保义务的一方当事人承担。

负有投保义务的一方当事人未按合同约定办理某项保险,导致受益人未能得到足额赔偿的,由负有投保义务的一方当事人负责按照原应从该项保险得到的保险金数额进行补足。

18.5.4　通知义务

除专用合同条件另有约定外,任何一方当事人变更除工伤保险之外的保险合同时,应事先征得另一方当事人同意,并通知工程师。

保险事故发生时,投保人应按照保险合同规定的条件和期限及时向保险人报告。发包人和承包人应当在知道保险事故发生后及时通知对方。

双方按本条规定投保不减少双方在合同下的其他义务。

【解析】

本款源于九部委2012版第20.5款[对各项保险的一般要求]与住建部施工合同2017版第18.4款[持续保险]、第18.5款[保险凭证]、第18.6款[未按约定投保的补救]、第18.7款[通知义务]的规定。

相较而言:

1. 九部委2012版中仅涉及承包人的义务,本合同示范文本中调整为了发承包双方(合同当事人)。

2. 九部委2012版中有关“保险金不足的补偿”的规定,在本合同示范文本中没有涉及。保险仅是责任方为降低自身赔偿风险的一种第三方保障措施,而不能完全替代自身基于合同约定本应承担的全部责任。有如本合同示范文本第18.5.4款[通知义务]中的规定,“双方按本条规定投保不减少双方在合同下的其他义务”。

第19条 索 赔

19.1 索赔的提出

【原文】

根据合同约定,任意一方认为有权得到追加/减少付款、延长缺陷责任期和(或)延长工期的,应按以下程序向对方提出索赔:

(1)索赔方应在知道或应当知道索赔事件发生后28天内,向对方递交索赔意向通知书,并说明发生索赔事件的事由;索赔方未在前述28天内发出索赔意向通知书的,丧失要求追加/减少付款、延长缺陷责任期和(或)延长工期的权利;

(2)索赔方应在发出索赔意向通知书后28天内,向对方正式递交索赔报告;索赔报告应详细说明索赔理由以及要求追加的付款金额、延长缺陷责任期和(或)延长的工期,并附必要的记录和证明材料;

(3)索赔事件具有持续影响的,索赔方应每月递交延续索赔通知,说明持续影响的实际情况和记录,列出累计的追加付款金额、延长缺陷责任期和(或)工期延长天数;

(4)在索赔事件影响结束后28天内,索赔方应向对方递交最终索赔报告,说明最终要求索赔的追加付款金额、延长缺陷责任期和(或)延长的工期,并附必要的记录和证明材料;

(5)承包人作为索赔方时,其索赔意向通知书、索赔报告及相关索赔文件应向工程师提出;发包人作为索赔方时,其索赔意向通知书、索赔报告及相关索赔文件可自行向承包人提出或由工程师向承包人提出。

【解析】

本款源于九部委2012版第23.1款[承包人索赔的提出]的规定。

相较而言:

九部委 2012 版第 23.1 款[承包人索赔的提出]仅从承包人索赔提出的角度进行了规定,而本款则基于发承包双方立场,就提出索赔的共性问题进行了规定。主要可归纳为以下四个方面:

1. 可索赔的事项,包括了“追加或减少付款”、“延长缺陷责任期”与“延长工期”这三类,本款比九部委 2012 版第 23.1 款多了“延长缺陷责任期”这一项。

2. 完整的索赔程序,通常涉及索赔意向通知阶段、索赔报告阶段与最终索赔报告阶段,如索赔事项存在持续情形的,则还涉及延续索赔通知阶段。

3. 每一阶段的时限均为 28 天,其中,第一个索赔意向通知阶段最为关键,一旦逾期将构成索赔失权。

4. 承包人作为索赔方时,有关索赔材料应向工程师提出;发包人作为索赔方时,有关索赔材料可自行或委托工程师向承包人提出。

【流程图】

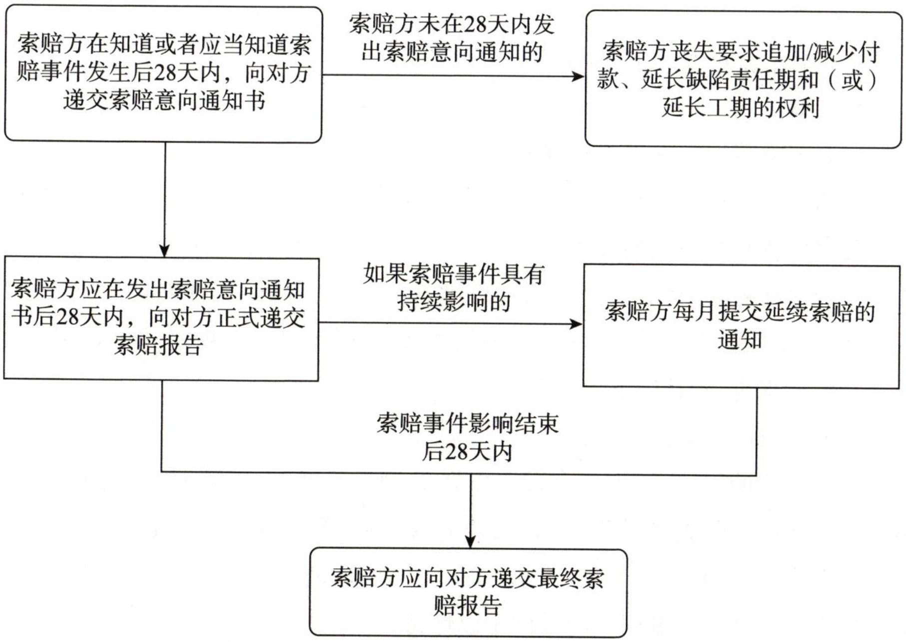

19.2　承包人索赔的处理程序

【原文】

(1)工程师收到承包人提交的索赔报告后,应及时审查索赔报告的内容、查验承包人的记录和证明材料,必要时工程师可要求承包人提交全部原始记录副本。

(2)工程师应按第3.6款[商定或确定]商定或确定追加的付款和(或)延长的工期,并在收到上述索赔报告或有关索赔的进一步证明材料后及时书面告知发包人,并在42天内,将发包人书面认可的索赔处理结果答复承包人。工程师在收到索赔报告或有关索赔的进一步证明材料后的42天内不予答复的,视为认可索赔。

(3)承包人接受索赔处理结果的,发包人应在作出索赔处理结果答复后28天内完成支付。承包人不接受索赔处理结果的,按照第20条[争议解决]约定处理。

【解析】

本款源于九部委2012版第23.2款[承包人索赔处理程序]的规定。

相较而言:

1. 有关索赔通知的表述修改为了索赔报告。

2. 增加了工程师收到承包人提出的索赔报告与有关索赔的进一步证明材料后及时书面告知发包人的义务。

3. 相比前述第19.1款,本款第(2)项缺少了延长缺陷责任期这一索赔事项的表述,这是因为本款是针对承包人的索赔处理程序进行的规定,而非针对发包人的。一般来讲,延长缺陷责任期是发包人的索赔事项。

另外,需提示的是:

按照本款的规定,如承包人接受索赔处理结果的,有关索赔款项的支付,发包人应在作出索赔处理结果后28天内完成。实践中,针对具体的索赔,发包人往往希望单独放到最终的工程款结算时一并处理,而非在过程中支付。若如此,则发包人应注意通过专用合同条件予以修订。

【流程图】

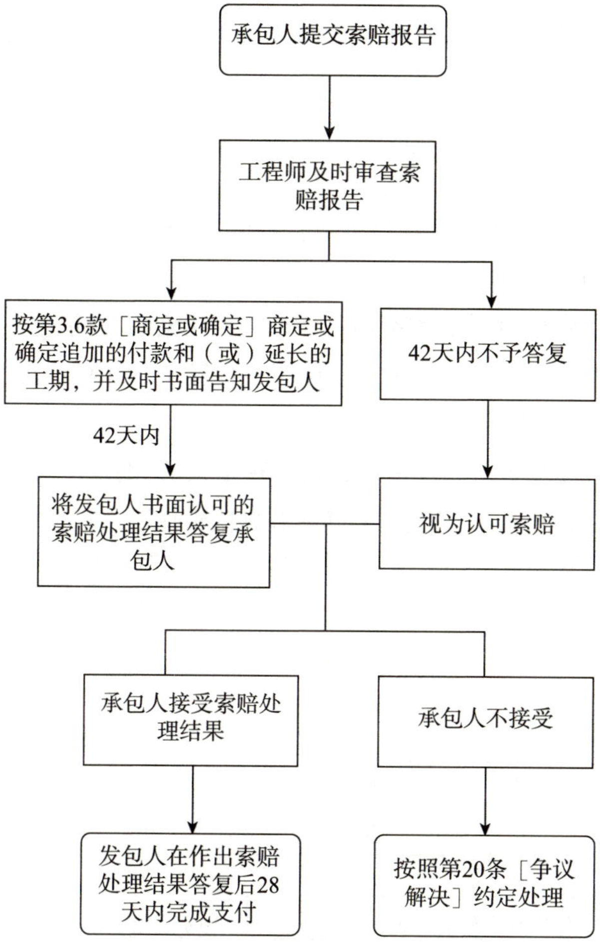

19.3　发包人索赔的处理程序

【原文】

(1)承包人收到发包人提交的索赔报告后,应及时审查索赔报告的内容、查验发包人证明材料;

(2)承包人应在收到上述索赔报告或有关索赔的进一步证明材料后42天内,将索赔处理结果答复发包人。承包人在收到索赔通知书或有关索赔的进一步证明材料后的42天内不予答复的,视为认可索赔;

(3)发包人接受索赔处理结果的,发包人可从应支付给承包人的合同价款中扣除赔付的金额或延长缺陷责任期;发包人不接受索赔处理结果的,按第 20 条[争议解决]约定处理。

【解析】

本款源于九部委 2012 版第 23.4 款[发包人的索赔]的规定。[①]

根据本款规定:

1. 与承包人索赔的处理程序一样,发包人提出索赔的,承包人在收到发包人提出的索赔报告或有关索赔的进一步证明材料后 42 天内给予索赔处理结果的反馈,逾期则会被视为认可。

2. 发包人若接受承包人反馈的索赔处理结果的,则发包人有权从应付给承包人的工程款中进行抵扣,或有权直接延长缺陷责任期。

【流程图】

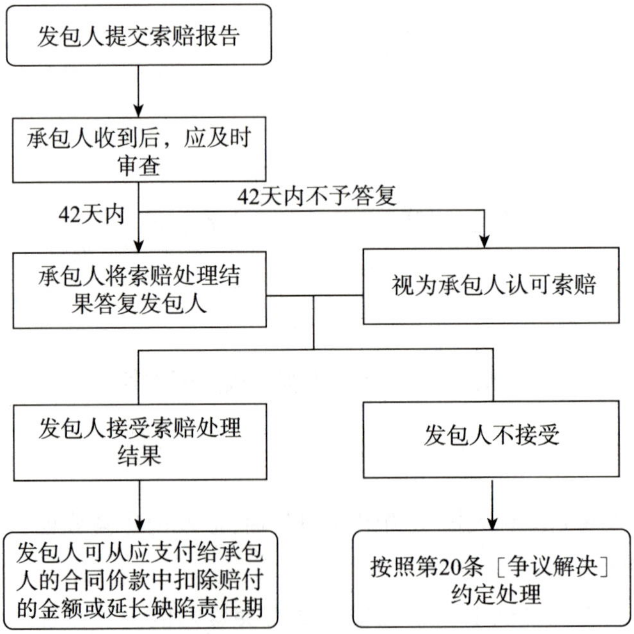

① 其中,基于发包人角度的索赔处理程序,又参照了本合同示范文本第 19.2 款[承包人索赔的处理程序]的规定。

19.4 提出索赔的期限

【原文】

(1)承包人按第 14.5 款[竣工结算]约定接收竣工付款证书后,应被认为已无权再提出在合同工程接收证书颁发前所发生的任何索赔。

(2)承包人按第 14.7 款[最终结清]提交的最终结清申请单中,只限于提出工程接收证书颁发后发生的索赔。提出索赔的期限均自接受最终结清证书时终止。

【解析】

本款源于九部委 2012 版第 23.3 款[承包人提出索赔的期限]的规定。

虽然在本合同示范文本中,本款的名称改为了"提出索赔的期限",不局限于提出索赔的具体主体,但因基本沿袭九部委 2012 版的规定,就其内容来讲,仍然仅是关于承包人提出索赔的期限规定。

相比前述第 19.1 款涉及的具体索赔事项提出的逾期失权规定,本款是从工程项目索赔的整体角度来讲,再次对于承包人的索赔提出了时效性的规定,首先是在竣工接收证书颁发以后,承包人不得就颁发前发生的任何索赔提出任何主张;其次是在最终结清申请之时,有关的索赔仅限于工程接收证书颁发之后至最终结清证书颁发之时为止。

第20条 争议解决

20.1 和　　解

【原文】

合同当事人可以就争议自行和解,自行和解达成协议的经双方签字并盖章后作为合同补充文件,双方均应遵照执行。

【解析】

本款源于住建部施工合同2017版第20.1款[和解]的规定。

这在FIDIC的系列合同中并没有被明显地规定,想必,双方能够自行和解的问题一般不被认为是真正的争议。但在本合同示范文本中,沿用住建部施工合同2017版中的表述,单独将和解作为一项争议解决的方式予以列明,在争议解决体系的架构上则更为符合"中国特色"。

工程项目具有耗资巨大、工期长、参与主体多、争议问题点专业等特性,一旦产生争议,任何一方随意通过可能耗时漫长的司法途径解决,既不利于矛盾纠纷的高效解决,以及工程项目建设的有效推进,反而会额外产生较为高昂的费用开支,并阻却了工程建设根本目的之实现。

具体适用时应注意:

在我国,有关经济类的合同中通常会约定,合同当事人首先应当就可能产生的争议采取友好协商的和解方式加以处理,如若协商不成的,双方均可通过诉讼或仲裁的方式予以解决。这样约定本身并无问题,但应注意到,近年来在国际仲裁实践中,如果双方有约定仲裁前的和解协商程序,一方未经和解协商而直接提起仲裁的,可能会被裁定要求承担更多的仲裁成本。这样的仲裁趋势未来在我国境内也不排除会被逐渐采纳。因此,建议发承包双方在制订争议解决条款时,能够予以审慎确定。

20.2 调 解

【原文】

合同当事人可以就争议请求建设行政主管部门、行业协会或其他第三方进行调解,调解达成协议的,经双方签字盖章后作为合同补充文件,双方均应遵照执行。

【解析】

本款源于住建部施工合同2017版第20.2款[调解]的规定。

从当事人双方自行和解,到寻求第三方进行调解,属于纠纷处理的方式升级。工程纠纷往往当事人双方的争议矛盾较为突出,一时不容易由双方当事人自行达成和解,而为避免进入长期限、高成本的司法程序,双方找寻第三方予以居中调解,不失为一良策。

当前,我国工程项目建设领域的调解方式,一般包括:

1. 由建设行政主管部门主持调解,如各地方住建部门主持的行政调解。①

2. 由相关行业协会主持调解,如中国建设工程造价管理协会设有工程造价纠纷调解中心②。

3. 由其他第三方主持调解,如国内一些仲裁机构均设有相关的工程争议纠纷调解中心等。③

以上方式,都是借助第三方的公信力与专业力量,使用较为便捷、高效的方式化解双方的工程争议,避免双方无谓的损失。

---

① 例如:浙江省住建厅在2020年3月16日发布了经修订后的新《浙江省建设工程结算价款争议行政调解办法》。

② 中国建设工程造价管理协会在2019年3月22日发布了《关于印发工程造价纠纷调解制度文件的通知》,公布了包括《中国建设工程造价管理协会工程造价纠纷调解中心管理办法(试行)》《中国建设工程造价管理协会工程造价纠纷调解中心调解规则(试行)》等五个有关工程造价纠纷调解制度的文件。

③ 例如:北京仲裁委员会在2019年4月25日设立的“建设工程争议解决中心”,即负责专门受理建设工程领域的争议评审、调解和仲裁案件。

20.3 争议评审

【原文】

合同当事人在专用合同条件中约定采取争议评审方式及评审规则解决争议的,按下列约定执行:

20.3.1 争议评审小组的确定

合同当事人可以共同选择一名或三名争议评审员,组成争议评审小组。如专用合同条件未对成员人数进行约定,则应由三名成员组成。除专用合同条件另有约定外,合同当事人应当自合同订立后28天内,或者争议发生后14天内,选定争议评审员。

选择一名争议评审员的,由合同当事人共同确定;选择三名争议评审员的,各自选定一名,第三名成员由合同当事人共同确定或由合同当事人委托已选定的争议评审员共同确定,为首席争议评审员。争议评审员为一人且合同当事人未能达成一致的,或争议评审员为三人且合同当事人就首席争议评审员未能达成一致的,由专用合同条件约定的评审机构指定。

除专用合同条件另有约定外,争议评审员报酬由发包人和承包人各承担一半。

20.3.2 争议的避免

合同当事人协商一致,可以共同书面请求争议评审小组,就合同履行过程中可能出现争议的情况提供协助或进行非正式讨论,争议评审小组应给出公正的意见或建议。

此类协助或非正式讨论可在任何会议、施工现场视察或其他场合进行,并且除专用合同条件另有约定外,发包人和承包人均应出席。

争议评审小组在此类非正式讨论上给出的任何意见或建议,无论是口头还是书面的,对发包人和承包人不具有约束力,争议评审小组在之后的争议评审程序或决定中也不受此类意见或建议的约束。

20.3.3　争议评审小组的决定

合同当事人可在任何时间将与合同有关的任何争议共同提请争议评审小组进行评审。争议评审小组应秉持客观、公正原则,充分听取合同当事人的意见,依据相关法律、规范、标准、案例经验及商业惯例等,自收到争议评审申请报告后14天或争议评审小组建议并经双方同意的其他期限内作出书面决定,并说明理由。合同当事人可以在专用合同条件中对本项事项另行约定。

20.3.4　争议评审小组决定的效力

争议评审小组作出的书面决定经合同当事人签字确认后,对双方具有约束力,双方应遵照执行。

任何一方当事人不接受争议评审小组决定或不履行争议评审小组决定的,双方可选择采用其他争议解决方式。

任何一方当事人不接受争议评审小组的决定,并不影响暂时执行争议评审小组的决定,直到在后续的采用其他争议解决方式中对争议评审小组的决定进行了改变。

【解析】

本款源于住建部施工合同2017版第20.3款[争议评审]与FIDIC黄皮书2017版第21.3款[争端避免]的规定。

总体上来讲,本合同示范文本体系下的争议评审制度,基本上来源于FIDIC合同的规定,但若仔细比较,还存在不少差别。对比域外经验,本土制度在吸收、借鉴的同时,或还尚有一定的改进空间。

1. 设立时间的不同

FIDIC黄(或银)皮书2017版第21.1款[争端避免/裁决委员会的组成]规定,双方应在合同数据中规定的时间,或者未有规定的,则在承包商收到中标函后,共同任命争端避免/裁决委员会的成员。本合同示范文本中规定,除专用合同条件另有约定外,合同当事人应当自合同订立后28天内,或者争议发生后14天内,选定争议评审员。也就是说,既可以在合同订立后,也可以在争议发生后,选定争议评审员。

相较而言,基于FIDIC合同的规定,争端避免/裁决委员会的组成是合同订立后应当常设的组织,而基于本合同示范文本,争议评审员可以是争议发生后临时设立。显然,合同订立后即设立的常设型组织更熟悉工程项目本身,具体从事有关的纠纷处理时,也更易全面地参与并取得双方当事人的信任。当然,合同订立后即设立的常设型组织,其所对应的经济成本也将更高。

2. 争议评审人员的来源不同

FIDIC黄(或银)皮书2017版第21.1款[争端避免/裁决委员会的组成]规定,争端避免/裁决委员会的人员,无论一名或是三名,均应从合同数据(Contract Data)文件中选定。也就是说,在FIDIC合同体系之下,有关争端避免/裁决委员会的人员,应在双方订立合同之初,即建有相应的专家名录库,以供双方届时共同选择。

在本合同示范文本中,未有此等明确的名录库的规范要求。一般来讲,双方当事人均可面向社会公开选择。对比而言,如一开始双方能够共同确定一个专家名录库,预期性将更强,或更能便于双方未来在纠纷处理时,就评审人员的选择达成一致。

3. 争议评审人员的选聘方式不同

(1)争议评审人员的选聘

如仅有一名争议评审人员的,势必需要合同双方共同确定,则此种情形下,FIDIC合同与本合同示范文本并无差别。但是对三名争议评审人员的情形,则FIDIC合同与本合同示范文本所规定的选聘方式不同。

FIDIC黄(或银)皮书2017版第21.1款[争端避免/裁决委员会的组成]规定,如果争端避免/裁决委员会由三名成员组成,每方均应选择一名成员供另一方同意。也就是说,己方选择的成员若要顺利进入争端避免/裁决委员会,还应得到对方的认可,而非仅仅由己方自行决定。同样地,若要终止任何成员的任命,也须得到双方的共同确认,而非任何一方可单独进行。

这一点与本合同示范文本不同。在本合同示范文本中,己方可自行选定一名评审人员,无须以对方认可为前提。这一点有些类似国内仲裁程序中,若有三名仲裁员的,己方仲裁员的选择。

若仔细品味争端解决制度设置的本意,可能任何一方选择的评审人员,在选定之前也能得到对方的认可,同样更为有利于评审人员立场的中立性,并保障该制度本身之流畅进行。

(2)选聘到期

FIDIC 黄(或银)皮书 2017 版第 21.1 款[争端避免/裁决委员会的组成]规定,争端避免/裁决委员会的成员有相应的任期,以结清证明生效或视为生效之日;或者结清证明生效之前,争端避免/裁决委员会已受理了相关争端的,则在所有争端作出决定后的 28 天为限。这两个时间,又以较晚者为准。

在本合同示范文本中,并无关于争议评审人员任期的规定。

(3)评审人员的选聘僵局时的处理

评审人员的选聘僵局,FIDIC 黄(或银)皮书 2017 版第 21.2 款[未能任命争端避免/裁决委员会成员]规定了四种情形:

第一种,争端避免/裁决委员会仅有一名成员,而双方未能按期达成一致意见的。

第二种,争端避免/裁决委员会有三名成员组成,但是一方未能选择,或一方未能同意对方的选择,或双方未能共同任命第三名成员。

第三种,唯一成员或三名成员中的一人拒绝履行职责,或因其死亡、疾病、无行为能力、辞职或任命期满等不能履行职责后的 42 天内,双方无法达成替代人员一致意见的。

第四种,在已经确认任命成员或替代人员后,一方拒绝或者对方要求后 14 天内仍无法与该成员或替代人员签署争端避免/裁决委员会协议书的,则有关任命不生效。

此四种僵局情形,可由合同数据(Contractor Data)文件中指定的单位或官员来予以任命。

本合同示范文本中,只规定了第一种情形和第二种情形下双方未能共同任命第三名成员的,可由专用合同条件约定的评审机构来予以指定。至于该等评审机构应当是怎样的单位,并没有更为明确的规定。

4. 争议评审申请的期限限制不同

FIDIC 黄皮书 2017 版第 21.4 款[取得争端避免/裁决委员会的决定]规定,对于工程师基于该合同而作出的确定不满意的,任何一方在发出或收到不满意通知后的 42 天内应将争端提交给争端避免/裁决委员会,逾期则视为不满意通知已期满且不再有效。

本合同示范文本中则是规定合同当事人可在任何时间将与合同有关的任何

争议共同提请争议评审小组进行评审,而未规定有相关的期限限制。

5. 争议评审申请的形式要求不同

FIDIC 黄皮书 2017 版第 21. 4 款[取得争端避免/裁决委员会的决定]规定,对于一方将争端提交给争端避免/裁决委员会时,应满足的形式要件,提出了以下要求:

第一,提交争端的同时,应说明①是根据该条款的规定发出的。

第二,列出提交方与争端有关的案件情况。

第三,向对方和工程师提供书面形式的副本。②

就此,本合同示范文本并无相关的具体要求。

6. 争议评审的期限要求不同

FIDIC 黄皮书 2017 版第 21. 4 款[取得争端避免/裁决委员会的决定]规定,争端避免/裁决委员会应在收到争端解决申请后的 84 天内,或经争端避免/裁决委员会提议并经双方商定的期限内完成评审。但是,如果一方拖欠争端避免/裁决委员会成员报酬的,则争端避免/裁决委员会有权迟延作出决定。

本合同示范文本则是规定争议评审小组应自收到争议评审申请后 14 天内,或争议评审小组建议并经双方同意的其他期限内作出书面决定。两相比较,本合同示范文本提出了较为严苛的期限要求。因工程总承包项目往往情况复杂,不排除过程中需要组织现场查看、商议等,且专家评审人员也往往日常工作繁忙,在 14 天的较短期限内作出决定恐有障碍。

7. 争议评审决定的效力不同

FIDIC 黄皮书 2017 版第 21. 4 款[取得争端避免/裁决委员会的决定]规定,争议评审决定对双方均具有约束力,除非一方在收到争议评审决定后的 28 天内发出不满意通知,否则该争议评审决定构成最终的决定。

根据 FIDIC 合同的规定:

第一,在规定有争端解决机制的情形下,任何一方均无权随意提起仲裁。③

---

① 应理解为以书面形式。

② 类似国内诉讼或仲裁需向对方提交书面形式的副本一样。

③ FIDIC 黄皮书 2017 版第 21. 4. 4 项规定,除第 3. 7. 5 项[对工程师的确定不满意]最后一段、第 21. 7 款[未能遵守争端避免/裁决委员会的决定]和第 21. 8 款[未设立争端避免/裁决委员会]规定的情况外,任一方均应无权着手争端的仲裁,按第 21. 4. 4 项规定就该争端已发出不满意通知的情况除外。

第二,争端避免/裁决委员会的决定作出以后,双方均应立即予以遵守,如果决定是要求一方向另一方付款的话,也应立即执行,除非争端避免/裁决委员会有合理的理由相信,该等决定未来有可能被仲裁撤销的话,则可要求收款人一方提交相应的担保。[①]

相较而言,国内工程实践中并无此等较为规范的程序化要求,对于争议解决的其他方式处理,相对也是较为灵活随意。根据本合同示范文本的规定,任何一方当事人不接受或不履行争议评审小组的决定,双方均可随时选择通过其他争议解决方式予以处理。虽然同时规定了直至后续采取了其他争议解决方式改变了争议评审小组的决定之前,并不影响暂时执行争议评审小组的决定,但是此种规定因为缺乏类似 FIDIC 合同所规定的多重程序保障,实操起来势必困难重重。

8. 对争议评审人员身份的限制不同

FIDIC 黄皮书 2017 版第 21. 4 款[取得争端避免/裁决委员会的决定]规定,争端避免/裁决委员会成员不得同时担任此后争议仲裁程序中的仲裁员。本合同示范文本同样并无此等限制。

9. 争议评审与其他争议解决方式的衔接不同

FIDIC 黄皮书 2017 版第 21. 7 款[未能遵守争端避免/裁决委员会的决定]规定,对于争端避免/裁决委员会的决定,一方若未能遵守的,则无论是具有约束力的或最终且具有约束力的决定,另一方均可直接提请仲裁。此时仲裁庭可得以简易程序或其他快速程序,通过临时措施或裁决(根据适用法律或其他法律)而命令执行该决定。

简言之,FIDIC 合同适用情形之下,仲裁庭将高度尊重争端避免/裁决委员会的自治性决定,而不无端干涉。这一点与国内其他争议解决方式(诉讼或仲裁)的具体适用背景并不相同。

10. 忽视争议评审的后续争议解决之不利负担的规定不同

FIDIC 黄皮书 2017 版第 21. 6 款[仲裁]规定,仲裁程序中对于仲裁费用的负担,仲裁员可将一方不配合组建争端避免/裁决委员会的情形作为考量因素。即一方忽视乃至无视争议评审制度,无端不配合组建争议评审组织的,应由该方承担更多的仲裁费用成本。

---

① 具体可参见 FIDIC 黄皮书第 21. 4. 3 项[争端避免/裁决委员会的决定]。

相较之下,国内诉讼或仲裁尚无此等制约。某种程度来讲,此项制度性设计,也将有利于双方尊重争议评审制度本身,而非当作一个可有可无的摆设。

【流程图】

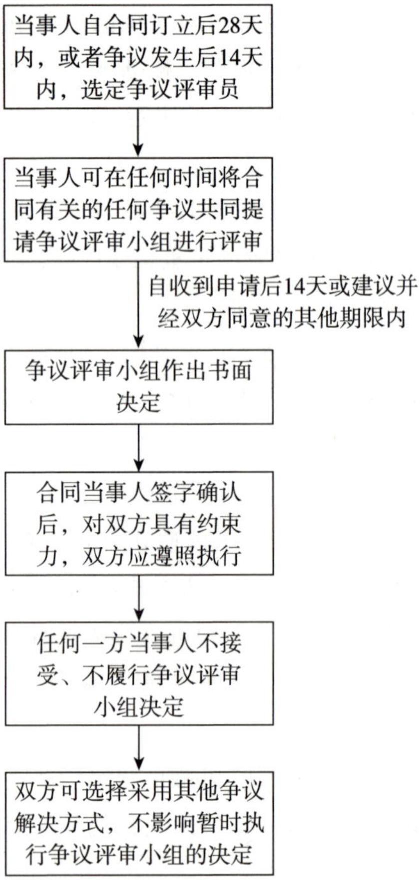

20.4 仲裁或诉讼

【原文】

因合同及合同有关事项产生的争议,合同当事人可以在专用合同条件中约定以下一种方式解决争议:

(1)向约定的仲裁委员会申请仲裁;

(2)向有管辖权的人民法院起诉。

【解析】

本款源于住建部施工合同2017版第20.4款[仲裁或诉讼]的规定。

本款虽列于整个第20条[争议解决]的规定之下,但结合整个条文表述来看,或应作更为延展性的解读。因合同及合同有关事项产生的争议,合同当事人的争议解决方式,包括:

1.双方当事人之间自行达成的和解。

2.双方当事人根据其他有公信力的第三方居中主持而进行的调解。

3.双方当事人根据合同事先约定的争议评审机制,交由争议评审小组进行的决定。

4.双方当事人选择诉讼或仲裁的方式进行司法途径的解决。

显然,诉讼或仲裁均是最终借助公权力①而得以实现争议解决目的的终局性措施。

具体适用时应注意:

我国现行诉讼法体制之下,对于工程总承包合同的法律性质与争议案件的诉讼管辖,尚存在诸多不一致的地方司法观点,并形成了诸多不同的司法裁判案例。② 就此,工程总承包合同的发承包双方若试图选择司法途径解决争议的,应结合工程所在地的地方司法审判实践,审慎确定有关的司法解决争议的具体方式,以及若选择诉讼解决的,应提前着重分析并确定好合同中所约定的法院管辖地。

【关联条文】

1.《民事诉讼法》

第三十四条　下列案件,由本条规定的人民法院专属管辖:

(一)因不动产纠纷提起的诉讼,由不动产所在地人民法院管辖;

---

①　在我国,仲裁机构虽然不是公权力机关,但是仲裁法律文书的最终落实执行,依据《仲裁法》的规定,可得借助人民法院予以保障实施。

②　徐寅哲:《工程总承包的合同性质与法院管辖问题》,载上海市建纬律师事务所编著:《工程总承包(EPC/DB)诉讼实务:基于裁判文书网之大数据检索研析》,法律出版社2020年版,第53~62页。

(二)因港口作业中发生纠纷提起的诉讼,由港口所在地人民法院管辖;

(三)因继承遗产纠纷提起的诉讼,由被继承人死亡时住所地或者主要遗产所在地人民法院管辖。

2.《民诉法司法解释》

第二十八条 民事诉讼法第三十三条第一项规定的不动产纠纷是指因不动产的权利确认、分割、相邻关系等引起的物权纠纷。

农村土地承包经营合同纠纷、房屋租赁合同纠纷、建设工程施工合同纠纷、政策性房屋买卖合同纠纷,按照不动产纠纷确定管辖。

不动产已登记的,以不动产登记簿记载的所在地为不动产所在地;不动产未登记的,以不动产实际所在地为不动产所在地。

3.《江苏高院施工合同问题解答》

《最高人民法院关于适用〈中华人民共和国民事诉讼法〉的解释》第28条规定建设工程施工合同案件按照不动产专属管辖确定受诉法院,即建设工程施工合同纠纷一律由建设工程所在地人民法院管辖。“建设工程施工合同纠纷”还包括建设工程价款优先受偿权纠纷、建设工程分包合同纠纷、建设工程监理合同纠纷、装饰装修合同纠纷、建设工程勘察合同纠纷、建设工程设计合同纠纷。

尚未开工建设的建设工程施工合同纠纷,以及达成结算协议的建设工程施工合同纠纷,均适用专属管辖。

工程款债权转让的,债务人与受让人因债务履行发生纠纷的,由于该债权源于建设工程施工合同,按建设工程施工合同纠纷适用专属管辖。

20.5 争议解决条款效力

【原文】

合同有关争议解决的条款独立存在,合同的不生效、无效、被撤销或者终止的,不影响合同中有关争议解决条款的效力。

【解析】

本款源于住建部施工合同2017版第20.5款[争议解决条款效力]的规定。

应注意到,本款中有关合同中争议解决条款的独立性表述,借鉴了《民法典》

的新规定。相较《合同法》而言,作为不影响合同中有关解决争议方法的条款的效力之情形,在原有的合同无效、被撤销或者终止等三种情形基础之上,增加了合同不生效的规定。因为,合同不生效,不代表自始无效,而指合同成立后尚未生效的情形。

另外,对比住建部施工合同2017版第20.5款的规定可发现,将合同的变更、解除这两种情形,从不影响合同中有关争议解决条款的效力的前提因素中予以了删除。因为:一是合同的变更除非是针对争议解决条款本身的变更,否则其余内容的变更,不影响其他原定条款的法律效力;二是依据《民法典》第五百五十七条之规定,合同终止本就包括了合同解除的情形,显然在已经规定了合同终止的情况下,无须赘述合同解除之因素。

【关联条文】

1.《民法典》

第五百零七条　合同不生效、无效、被撤销或者终止的,不影响合同中有关解决争议方法的条款的效力。

第五百五十七条　有下列情形之一的,债权债务终止:

(一)债务已经履行;

(二)债务相互抵销;

(三)债务人依法将标的物提存;

(四)债权人免除债务;

(五)债权债务同归于一人;

(六)法律规定或者当事人约定终止的其他情形。

合同解除的,该合同的权利义务关系终止。

2.住建部施工合同2017版

20.5　争议解决条款效力

合同有关争议解决的条款独立存在,合同的变更、解除、终止、无效或者被撤销均不影响其效力。

下篇　专题解读

专题一

建设项目工程总承包合同(示范文本)中“工程师”与“发包人代表”等相关概念解析

2020版工程总承包合同同时吸收了FIDIC黄皮书中的“工程师”(The Engineer)概念与FIDIC银皮书中的“发包人代表”(The Employer's Representative)概念,两者均作为“发包人人员”的组成部分,由发包人派驻现场,行使发包人权利并履行发包人义务。

相比于国内其他工程合同,这种“发包人人员”的组成形式是全新的。当前,“工程师”概念与先前诸多合同范本中的“监理人”概念有何异同,“发包人人员”组成形式的更新会带来哪些风险,工程现场由谁来代表发包人行事等,这些问题都值得发承包双方予以关注。本书尝试对比国内其他工程合同以及FIDIC合同中的相关规定,对2020版工程总承包合同中“发包人人员”的有关概念进行梳理分析,以供发承包双方在签约时参考。

一、2020版工程总承包合同(示范文本)中采用了“工程师”这一概念,而非此前国内其他工程合同中常用的“监理人”概念

国内其他工程合同中规定了“监理人”这一概念,例如:

1. 住建部2011版

第1.1.10项　监理人,指发包人委托的具有相应资质的工程监理单位。

2. 九部委2012版

第1.1.2.9目　监理人:指在专用合同条款中指明的,受发包人委托对合同履行实施管理的法人或其他组织。属于国家强制监理的,监理人应当具有相应

的监理资质。

3. 住建部施工合同 2017 版

第 1.1.2.4 目　监理人:是指在专用合同条款中指明的,受发包人委托按照法律规定进行工程监督管理的法人或其他组织。

结合我国《建筑法》第三十二条第一款的规定,①可知监理人的主要职能是"工程监督管理"。2020 版工程总承包合同(示范文本)中,履行"工程监督管理"这一职能的主体为"工程师",例如:

第 1.1.2.6 目　工程师:是指在专用合同条件中指明的,受发包人委托按照法律规定和发包人的授权进行合同履行管理、工程监督管理等工作的法人或其他组织;该法人或其他组织应雇用一名具有相应执业资格和职业能力的自然人作为工程师代表,并授予其根据本合同代表工程师行事的权利。

第 3.3.1 项　发包人需对承包人的设计、采购、施工、服务等工作过程或过程节点实施监督管理的,有权委任工程师。工程师的名称、监督管理范围、内容和权限在专用合同条件中写明。根据国家相关法律法规规定,如本合同工程属于强制监理项目的,由工程师履行法定的监理相关职责,但发包人另行授权第三方进行监理的除外。

在我国,"工程师"这一概念曾出现在住建部施工合同 1999 版中,而更为通行的则是在 FIDIC 合同中。例如:

1. 住建部施工合同 1999 版

第 1.8 款　工程师:指本工程监理单位委派的总监理工程师或发包人指定的履行本合同的代表,其具体身份和职权由发包人承包人在专用条款中约定。

2. FIDIC 黄皮书 2017 版

第 3.1 款　工程师

雇主应任命工程师,工程师应履行合同中指派给他的任务。

工程师应享有合同规定中作为工程师所必需的一切权利。

如果工程师是法人实体,工程师雇用的自然人应根据合同规定任命和授权

① 《建筑法》第三十二条第一款规定:"建筑工程监理应当依照法律、行政法规及有关的技术标准、设计文件和建筑工程承包合同,对承包单位在施工质量、建设工期和建设资金使用等方面,代表建设单位实施监督。"

其代表工程师执行。

由上可知,我国住建部施工合同1999版中规定的“工程师”包含了“监理单位委派的总监理工程师”和“发包人指定的履行本合同的代表”两个子概念。但2020版工程总承包合同(示范文本)中规定的“工程师”与FIDIC合同所规定的类似,仅指“发包人指定的履行本合同的代表”。

对比“工程师”与“监理人”的概念,我们认为,虽然2020版工程总承包合同(示范文本)中采用了和国内其他工程合同不同的表述,但工程师与监理人的职能并没有实质差异,且在需要强制监理的项目中,除发包人另行授权第三方外,由工程师履行法定的监理相关职责。① 也就是说,通常理解的监理人,在2020版工程总承包合同(示范文本)中被表述为了工程师。

这一点,通过对住建部施工合同2017版与2020版工程总承包合同(示范文本)的条文对比也能看出。例如:

1. 住建部施工合同2017版

第5.3.2项　检查程序

……监理人应按时到场并对隐蔽工程及其施工工艺、材料和工程设备进行检查。经监理人检查确认质量符合隐蔽要求,并在验收记录上签字后,承包人才能进行覆盖。经监理人检查质量不合格的,承包人应在监理人指示的时间内完成修复,并由监理人重新检查,由此增加的费用和(或)延误的工期由承包人承担……

2. 2020版工程总承包合同(示范文本)

第6.4.3项　隐蔽工程检查

……工程师应按时到场并对隐蔽工程及其施工工艺、材料和工程设备进行检查。经工程师检查确认质量符合隐蔽要求,并在验收记录上签字后,承包人才能进行覆盖。经工程师检查质量不合格的,承包人应在工程师指示的时间内完成修复,并由工程师重新检查,由此增加的费用和(或)延误的工期由承包人承担……

同上,多数情况下2020版工程总承包合同(示范文本)中的“工程师”仅是

---

① 2020版工程总承包合同(示范文本)第3.3.1项规定,“根据国家相关法律法规规定,如本合同工程属于强制监理项目的,由工程师履行法定的监理相关职责,但发包人另行授权第三方进行监理的除外”。

对其他工程合同文本中的“监理人”概念的替换。但是值得一提的是,在工程总承包的施工过程中,工程师除了在实质上行使着其他施工合同中监理人的职能之外,还需要对设计、采购、服务等非施工环节的相关工作过程实施监督管理。①

二、2020 版工程总承包合同中,“发包人人员”的概念内涵发生了扩充

“发包人人员”这一概念,曾在九部委 2012 版中出现,②在住建部施工合同 2017 版中有明确定义。2020 版工程总承包合同(示范文本)中也提到了“发包人人员”的概念,但表述有所不同,两者对比如下:

1. 住建部施工合同 2017 版

第 2.3 款　发包人人员

……发包人人员包括发包人代表及其他由发包人派驻施工现场的人员。

2. 2020 版工程总承包合同(示范文本)

第 3.2 款　发包人人员

发包人人员包括发包人代表、工程师及其他由发包人派驻施工现场的人员……

通过文义解释可发现,2020 版工程总承包合同中“发包人人员”的概念内涵进行了扩充,加入了“工程师”。详言之,根据 2020 版工程总承包合同(示范文本)第 1.1.2.2 目的规定,合同中“因发包人原因”里的“发包人”包括发包人及所有发包人人员。发包人对工程中出现“因发包人原因”,含“因发包人自身原因”及“因所有发包人人员原因”导致的相关情形,均需承担责任。③

此前国内其他工程合同文本,并没有把“监理人”明确归入“发包人人员”中,但 2020 版工程总承包合同明确了“工程师”系“发包人人员”的组成部分,发包人需要对工程师导致的相关情形承担责任。我们在表 2-1-1 中,详细

---

① 2020 版工程总承包合同(示范文本)第 3.3.1 项规定:“发包人需对承包人的设计、采购、施工、服务等工作过程或过程节点实施监督管理的,有权委任工程师”。

② 具体参见九部委 2012 版第 10.1.2 项、第 18.9 款[竣工后试验]和第五章“发包人要求”中。

③ 2020 版工程总承包合同(示范文本)第 1.1.2.2 目规定:“发包人:是指与承包人订立合同协议书的当事人及取得该当事人资格的合法继受人。本合同中‘因发包人原因’里的‘发包人’包括发包人及所有发包人人员。”

梳理了2020版工程总承包合同(示范文本)中涉及“因发包人原因”导致的相关情形,发包人应当特别关注工程师所导致的有关情形可能给自身带来的不利风险。

表2-1-1　2020版工程总承包合同(示范文本)中“因发包人原因”导致的相关情形梳理

序号	情形	具体内容
1	逾期提供施工现场和施工条件	2.2.3　逾期提供的责任 因发包人原因未能按合同约定及时向承包人提供施工现场和施工条件的,由发包人承担由此增加的费用和(或)延误的工期。
2	未在合理期限内提供开工后所需的基础资料	2.3　提供基础资料 发包人应按专用合同条件和《发包人要求》中的约定向承包人提供施工现场及工程实施所必需的毗邻区域内的供水、排水、供电、供气、供热、通信、广播电视等地上、地下管线和设施资料,气象和水文观测资料,地质勘察资料,相邻建筑物、构筑物和地下工程等有关基础资料,并根据第1.12款[《发包人要求》和基础资料中的错误]承担基础资料错误造成的责任。按照法律规定确需在开工后方能提供的基础资料,发包人应尽其努力及时地在相应工程实施前的合理期限内提供,合理期限应以不影响承包人的正常履约为限。因发包人原因未能在合理期限内提供相应基础资料的,由发包人承担由此增加的费用和延误的工期。
3	未能及时办理完毕许可、批准或备案	2.4.1　发包人在履行合同过程中应遵守法律,并办理法律规定或合同约定由其办理的许可、批准或备案,包括但不限于建设用地规划许可证、建设工程规划许可证、建设工程施工许可证等许可和批准。对于法律规定或合同约定由承包人负责的有关设计、施工证件、批件或备案,发包人应给予必要的协助。 2.4.2　因发包人原因未能及时办理完毕前述许可、批准或备案,由发包人承担由此增加的费用和(或)延误的工期,并支付承包人合理的利润。
4	发生交货日期延误及交货地点变更等情况	6.2.1　发包人提供的材料和工程设备 …… 发包人提供的材料和工程设备的规格、数量或质量不符合合同要求,或由于发包人原因发生交货日期延误及交货地点变更等情况的,发包人应承担由此增加的费用和(或)工期延误,并向承包人支付合理利润。
5	工程质量未达合同约定标准	6.4.1　工程质量要求 ……因发包人原因造成工程质量未达到合同约定标准的,由发包人承担由此增加的费用和(或)延误的工期,并支付承包人合理的利润。

续表

序号	情形	具体内容
6	违反安全生产责任	7.6.5 安全生产责任 发包人应负责赔偿以下各种情况造成的损失: (1)工程或工程的任何部分对土地的占用所造成的第三者财产损失; (2)由于发包人原因在施工现场及其毗邻地带、履行合同工作中造成的第三者人身伤亡和财产损失; (3)由于发包人原因对发包人自身、承包人、工程师造成的人身伤害和财产损失。 ……
7	实际开始施工日期迟于计划开始施工日期后第84天	8.1.2 开始工作通知 经发包人同意后,工程师应提前7天向承包人发出经发包人签认的开始工作通知,工期自开始工作通知中载明的开始工作日期起算。 除专用合同条件另有约定外,因发包人原因造成实际开始现场施工日期迟于计划开始现场施工日期后第84天的,承包人有权提出价格调整要求,或者解除合同。发包人应当承担由此增加的费用和(或)延误的工期,并向承包人支付合理利润。 16.2.1 因发包人违约解除合同 …… (9)因发包人原因造成开始工作日期迟于承包人收到中标通知书(或在无中标通知书的情况下,订立本合同之日)后第84天的。 ……
8	因暂停施工导致工期延误	8.7.1 因发包人原因导致工期延误 在合同履行过程中,因下列情况导致工期延误和(或)费用增加的,由发包人承担由此延误的工期和(或)增加的费用,且发包人应支付承包人合理的利润: …… (5)因发包人原因导致的暂停施工; ……
9	竣工试验延误14天以上	9.2.1 如果承包人已根据第9.1款[竣工试验的义务]就可以开始进行各项竣工试验的日期通知工程师,但该等试验因发包人原因被延误14天以上的,发包人应承担由此增加的费用和工期延误,并支付承包人合理利润。同时,承包人应在合理可行的情况下尽快进行竣工试验。
10	竣工试验未能通过	9.4.1 因发包人原因导致竣工试验未能通过的,承包人进行竣工试验的费用由发包人承担,竣工日期相应顺延。

续表

序号	情形	具体内容
11	未在收到竣工验收申请报告之日起 42 天内完成竣工验收	8.2　竣工日期 …… 因发包人原因,在工程师收到承包人竣工验收申请报告 42 天后未进行验收的,视为验收合格,实际竣工日期以提交竣工验收申请报告的日期为准,但发包人由于不可抗力不能进行验收的除外。 10.1.2　竣工验收程序 …… (4)因发包人原因,未在工程师收到承包人竣工验收申请报告之日起 42 天内完成竣工验收的,以承包人提交竣工验收申请报告之日作为工程实际竣工日期。 ……
12	未能进行竣工验收	11.2　缺陷责任期 …… 单位/区段工程先于全部工程进行验收,经验收合格并交付使用的,该单位/区段工程缺陷责任期自单位/区段工程验收合格之日起算。因发包人原因导致工程未在合同约定期限进行验收,但工程经验收合格的,以承包人提交竣工验收报告之日起算;因发包人原因导致工程未能进行竣工验收的,在承包人提交竣工验收报告 90 天后,工程自动进入缺陷责任期;发包人未经竣工验收擅自使用工程的,缺陷责任期自工程转移占有之日起开始计算。 ……
13	竣工后试验被延误	12.2.1　如果竣工后试验因发包人原因被延误的,发包人应承担承包人由此增加的费用并支付承包人合理利润。
14	暂估价合同订立和履行迟延	13.4.2　不属于依法必须招标的暂估价项目 …… 因发包人原因导致暂估价合同订立和履行迟延的,由此增加的费用和(或)延误的工期由发包人承担,并支付承包人合理的利润。因承包人原因导致暂估价合同订立和履行迟延的,由此增加的费用和(或)延误的工期由承包人承担。
15	未在约定的工期内竣工导致的价格指数采用	13.8.2.1　双方当事人可以将部分主要工程材料、工程设备、人工价格及其他双方认为应当根据市场价格调整的费用列入附件 6[价格指数权重表],并根据以下公式计算差额并调整合同价格: …… (5)发包人引起的工期延误后的价格调整 由于发包人原因未在约定的工期内竣工的,则对原约定竣工日期后继续施工的工程,在使用本款第(1)目价格调整公式时,应采用原约定竣工日期与实际竣工日期的两个价格指数中较高的一个作为当期价格指数。

续表

序号	情形	具体内容
16	开始工作日期延误、未按约支付价款等	15.1.1　发包人违约的情形 除专用合同条件另有约定外,在合同履行过程中发生的下列情形,属于发包人违约: (1)发包人原因导致开始工作日期延误的; (2)因发包人原因未能按合同约定支付合同价款的; ……

三、2020 版工程总承包合同(示范文本)中"发包人代表"与"工程师"两个概念共存,但主要由工程师代表发包人行事

FIDIC 银皮书 2017 版中规定了"雇主代表"这一概念,例如:

第 1.1.30 项　"雇主代表"系指为实施合同由雇主任命并在合同数据中指定的人员,或根据第 3.1 款[雇主代表]的规定,由雇主任命的任何替代人员。

"雇主代表"也成为 FIDIC 银皮书 2017 版中代表发包人行事的主体,主要职能集中在"收发指示"、"审核材料"以及"商定或确定"等方面。2020 版工程总承包合同(示范文本)也规定了"发包人代表"这一概念,例如:

第 1.1.2.5 目　发包人代表:是指由发包人任命并派驻工作现场,在发包人授权范围内行使发包人权利和履行发包人义务的人。

但通览 2020 版工程总承包合同(示范文本),"发包人代表"这个概念仅作为定义性质的规定出现在第 3.1 款、第 3.2 款以及第 8.7 款等少量条文中。FIDIC 银皮书 2017 版"雇主代表"的相关职能,在 2020 版工程总承包合同(示范文本)中由"工程师"作为代表发包人行事的主体履行。对此,我们进行大致的对比梳理并形成表 2-1-2,以便读者可以比对 FIDIC 银皮书 2017 版与 2020 版工程总承包合同(示范文本)的相关规定,①并进而对于 2020 版工程总承包合同(示范文本)中区分由发包人代表和工程师行使的相关权利义务进行区别了解。②

---

① 在梳理 2020 版工程总承包合同时,我们更多的是关注工程师直接代表发包人行使有关权利和履行有关义务的情形,而工程师若仅作为中间信息联系人角色的,则基本不在此梳理范畴。

② 应注意到在 2020 版工程总承包合同(示范文本)中,有关发包人权利的行使,大致可分为发包人自行直接行使与发包人委托工程师行使。对于这里区分的标准具体何在,有待进一步探究。本书中,后续以有关"证书"的颁发为例,进行了专题探讨。

表2-1-2　代表发包人行事的主体情况对比

序号	职能	条文位置	
		FIDIC 银皮书 2017 版(由雇主代表履行)	2020 版工程总承包合同(示范文本)(由工程师履行)
1	按发包人委托的范围、内容、职权和权限,对承包人实施监督管理。		3.3.2
2	按照发包人授权向承包人发出指示。	3.4	3.5
3	进行商定或确定。	3.5	3.6
4	接收工程总承包项目经理离开施工现场的通知。		4.3.2
5	接收工程总承包项目经理在紧急情况下采取必要措施后送交的书面报告。		4.3.3
6	接收承包人提交的项目管理机构以及人员安排的报告。		4.4.1
7	接收承包人更换的关键人员的信息及相关证明文件,并指示承包人撤换不能按照合同约定履行职责及义务的主要施工管理人员。		4.4.2
8	审核承包人的现场管理关键人员的离场申请。		4.4.3
9	接收承包人提交的分包人的主要管理人员表并进行实名制管理。		4.5.4
10	针对不可预见的困难发出指示。		4.8
11	接收承包人提交的工程质量保证体系及措施文件。		4.9.2
12	审查承包人编制的工程质量报表。		4.9.4
13	在法律和标准发生变化的情形下,针对承包人的建议发出指示。		5.1.3
14	对承包人提交的竣工图纸进行审查。		5.4
15	接收承包人提交暂行的操作和维修手册并进行审查。		5.5
16	批准承包人进场计划的变更。		6.2.1

续表

序号	职能	条文位置	
		FIDIC 银皮书 2017 版(由雇主代表履行)	2020 版工程总承包合同(示范文本)(由工程师履行)
17	批准承包人提交的各项材料和工程设备的供货人及品种、技术要求、规格、数量和供货时间等;接收承包人提交由承包人负责提供的材料和工程设备的质量证明文件;对承包人提供的材料和工程设备,与承包人共同进行检验和交货验收,并接收检验和测试结果。		6.2.2
18	指示承包人对其采购材料与工程设备进行检验或试验;若发现承包人使用不符合设计或有关标准要求的材料和工程设备时,有权要求承包人进行修复、拆除或重新采购。		6.2.3
19	封存批准的样品于现场。		6.3.2
20	应按时到场并对隐蔽工程及其施工工艺、材料和工程设备进行检查;经检查质量不合格的,承包人应在指示的时间内完成修复,并重新检查;若承包人覆盖工程隐蔽部位后,对质量有疑问的,可要求承包人对已覆盖的部位进行钻孔探测或揭开重新检查;若承包人私自将工程隐蔽部位覆盖的,有权指示承包人钻孔探测或揭开检查。		6.4.3
21	在必要时可以使用承包人提供的试验场所、试验设备以及其他试验条件,进行以工程质量检查为目的的材料复核试验;在正式使用该试验设备前,需要与承包人共同校定;接收承包人提交的试验人员的名单及其岗位、资格等证明资料。		6.5.1
22	进行取样。		6.5.2
23	对材料、工程设备、工程的试验和检验。		6.5.3
24	核查承包人提供的施工设备,批准承包人的设备更换,要求承包人增加或更换设备。		7.2.1 7.2.3
25	接收施工控制网资料。		7.4.1

续表

序号	职能	条文位置	
		FIDIC 银皮书 2017 版(由雇主代表履行)	2020 版工程总承包合同(示范文本)(由工程师履行)
26	检查监督承包人编制的工程安全生产记录。		7.6.2
27	接收事故通知,对工程实施期间或缺陷责任期内发生危及工程安全的事件通知承包人抢救和抢修。		7.6.4
28	发布开始工作通知,通知承包人开始工作。		8.1.2
29	在收到承包人竣工验收申请报告 42 天内组织验收。		8.2
30	在收到项目实施计划后 21 天内确认或提出修改意见。		8.3.2
31	批准承包人编制并提交的项目初步进度计划。		8.4.1
32	向承包人发出修订项目进度计划的通知,并对承包人修订后的项目进度计划进行审批。		8.4.3
33	要求承包人进行实际进度记录,并编制月进度报告。		8.5
34	针对异常恶劣的气候条件,指示承包人采取合理措施继续施工。		8.7.4
35	审查承包人提交的详细的竣工试验计划。		9.1.2
36	接收承包人可以进行其他竣工试验的通知。		9.1.3
37	竣工试验后,接收承包人提交的试验报告,并在 14 天内予以回复。		9.1.4
38	接收承包人开始进行各项竣工试验的通知,并在承包人无正当理由延误进行竣工试验时,向承包人发出通知。		9.2.1 9.2.2
39	对承包人提交的竣工验收报告进行审查;若竣工验收不合格的,按照验收意见发出指示,要求承包人对不合格工程返工、修复或采取其他补救措施。		10.1.2

续表

序号	职能	条文位置	
		FIDIC 银皮书 2017 版(由雇主代表履行)	2020 版工程总承包合同(示范文本)(由工程师履行)
40	验收合格后,向承包人出具经发包人签认的单位/区段工程验收证书。		10.2
41	颁发工程接收证书后,检验承包人应对施工现场的清理是否合格。		10.5.1
42	如果在相关缺陷通知期限内出现缺陷或发生损坏,雇主(或雇主代表)应根据情况,通知承包商。	11.1	
43	针对承包人导致的未能修复的缺陷,确定合理的补救期限并通知承包人。	11.4	
44	向承包人发出经过发包人签认的变更指示。		13.1.1
45	发出经过发包人签认的取消、确认或改变原指示的书面回复。		13.1.2
46	在指示变更中,接收承包人提交的详细资料。	13.3.1	
47	接收承包人提交的合理化建议,审查并报送发包人,通知承包人修改建议中的技术缺陷。合理化建议经过发包人批准的,向承包人发出变更指示;发包人不同意变更的,书面通知承包人。		13.2
48	发包人提出变更的,向承包人发出书面形式的变更指示。		13.3.1
49	接收承包人提交的变更估价申请,审查并报送发包人,若对申请有异议,通知承包人修改后再提交。		13.3.3.2
50	需要采用计日工方式的,经发包人同意后,通知承包人以计日工计价方式实施相应的工作,并按约确定计日工的单价。		13.6.1
51	经发包人同意后,通知承包人以计日工计价方式实施相应的工作,审查承包人报送的相关报表、凭证、付款申请单等。		13.6.2
52	按约处理因法律变化引起的合同价格和工期调整。		13.7.2

续表

序号	职能	条文位置	
		FIDIC 银皮书 2017 版(由雇主代表履行)	2020 版工程总承包合同(示范文本)(由工程师履行)
53	接收承包人提交的人工费付款申请单,审查并报送发包人。		14.3.1
54	接收承包人提交的进度付款申请单,审查并报送发包人,若对申请单有异议,要求承包人修正或提供补充资料后再提交。	14.6.3	14.3.2
55	接收承包人提交的付款计划表,审核并报送发包人。		14.4
56	接收承包人提交的竣工结算申请单,审查并报送发包人,并向承包人签发经发包人签认的竣工付款证书,若对申请单有异议的,要求承包人修正或提供补充资料后再提交。		14.5.1 14.5.2
57	在约定期限内发出复工指示。		15.1.1.(5)
58	接收承包人发出的暂停相应部位工程实施的通知。		15.1.2
59	批准承包人进场。		15.2.1.(5)
60	承包人违约时,向承包人发出整改通知。		15.2.2
61	根据第 15.2 款[由承包商违约的终止]规定终止合同后,雇主代表应根据第 3.5 款[商定或确定]行事,以商定或确定永久工程、货物和承包商文件的价值。	15.3	
62	要求承包人在停工期间照管、清理和修复工程。		17.4
63	因特殊事件导致工程无法进行的情况下,在终止日期后,承包商应在切实可行的范围内尽快提交佐证详情(按照雇主代表的合理要求),雇主代表应根据第 3.5 款[商定或确定]商定或确定所做工作的价值。	18.5	
64	接收承包人提出的相关索赔文件,审查并报送发包人,商定索赔事项等。	20	19

注:我们从 FIDIC 银皮书 2017 版中检索“雇主代表”,从 2020 版工程总承包合同(示范文本)中检索“工程师”,选取反映其主要职能的条款,综合对比总结成此表。

四、小结

2020版工程总承包合同(示范文本)中规定的“工程师”,与此前国内其他工程合同中规定的“监理人”,在工程建设过程中履行的职能并没有实质差异。但2020版工程总承包合同(示范文本)明确了“工程师”属于“发包人人员”的组成部分,发包人应当特别关注工程师履职过程中给自身所可能带来的不利风险。

另外,FIDIC黄皮书2017版仅规定了“工程师”这一概念,作为代表发包人行事的主体;FIDIC银皮书2017版仅规定了“雇主代表”这一概念,作为代表发包人行事的主体。由前文对比梳理可知,虽然2020版工程总承包合同(示范文本)中同时规定了“发包人代表”与“工程师”两个概念,但并未像FIDIC银皮书2017版一样,规定发包人代表的职能,而是类似于FIDIC黄皮书2017版,主要由工程师代表发包人行事。

专题二

建设项目工程总承包合同(示范文本)中关于“费期利损”的承担规则

综观2020版工程总承包合同(示范文本),会发现不同情形下涉及不同的“费用”、“工期”、“利润”和“损失”(下文简称为“费期利损”)的承担规则问题。有的情形,只承担“费用”“工期”,不承担“利润”。例如:第2.2.3项[逾期提供的责任]规定:“因发包人原因未能按合同约定及时向承包人提供施工现场和施工条件的,由发包人承担由此增加的费用和(或)延误的工期。”有的情形则既要承担“费用”,又要承担“工期”和“利润”。例如:第1.12款[《发包人要求》和基础资料中的错误]规定:“……《发包人要求》或其提供的基础资料中的错误导致承包人增加费用和(或)工期延误的,发包人应承担由此情形增加的费用和(或)工期延误,并向承包人支付合理利润。”

就此,我们通过梳理2020版工程总承包合同中涉及的该等不同责任的承担规则,尝试总结出不同情形下合同条款设计的不同责任承担标准,以期给发承包双方提供有关风险控制的参考。

一、词语定义

研究“费期利损”的承担规则,首先要明确“费用”、“工期”、“利润”和“损失”的定义。

(一)费用

关于“费用”一词,2020 版工程总承包合同(示范文本)采用了和九部委 2012 版、住建部施工合同 2017 版中同样的定义。2020 版工程总承包合同(示范文本)第 1. 1. 5. 3 目中规定:“费用:是指为履行合同所发生的或将要发生的所有合理开支,包括管理费和应分摊的其他费用,但不包括利润。”

这与我们工程造价角度一般意义上理解的费用概念不一样。根据《13 建安费用组成》的规定,建筑安装工程费用项目按费用构成要素组成划分为人工费、材料费、施工机具使用费、企业管理费、利润、规费和税金。在工程造价角度,所谓的费用是包括了利润的概念的。

(二)工期

根据 2020 版工程总承包合同(示范文本)第 1. 1. 4. 5 目的规定:“工期:是指在合同协议书约定的承包人完成合同工作所需的期限,包括按照合同约定所作的期限变更及按合同约定承包人有权取得的工期延长。”而在我们研究“费期利损”规则时,所谓的“工期”一般仅指“工期延误损失”,而非泛指。

(三)利润

《13 建安费用组成》将“利润”解释为承包人完成所承包工程获得的盈利。基于工程造价的角度,利润一般仅针对承包人向发包人主张的工程款来讲。2020 版工程总承包合同(示范文本)中未有关于“利润”的明确定义,同时也仅规定了发包人对承包人的利润承担规则。

(四)损失

一般理解,损失的构成包括积极损害,即损害事故发生导致赔偿权利人现有财产所减少的数额,也包括消极损害,即损害事故发生导致赔偿权利人财产应增加而未增加的数额。2020 版工程总承包合同(示范文本)中同样未有关于“损失”的明确定义,但相较于“利润”一般局限于承包人向发包人提出的视角来讲,“损失”对发承包双方均是适用的。特别是对于发包人来讲,在纯粹的工程造价角度的利润概念之外,存在可期待利益损失的主张问题。例如:第 16. 1. 3 项[因承包人违约解除合同后的估价、付款和结算]中规定,因承包人违约解除合同的,发包人可向承包人主张相关的损失。

二、针对发包人的"费期利损"承担规则

综观2020版工程总承包合同(示范文本),共有62种情形涉及针对发包人的"费期利损"承担规则。我们依据合同的行文顺序梳理了相关条款,制作成"费期利损"承担规则——发包人(见表2-2-1),以便读者阅读时参考。

表2-2-1 "费期利损"承担规则——发包人

序号	位置	承担规则概述					具体内容
		情形	费用	工期	利润	损失	
01	第1条 一般约定	为实施发包人列明的技术要求,承包人需进行研发试验、人员培训	√				1.4.3 没有相应成文规定的标准、规范时,由发包人在专用合同条件中约定的时间向承包人列明技术要求,承包人按约定的时间和技术要求提出实施方法,经发包人认可后执行。承包人需要对实施方法进行研发试验的,或须对项目人员进行特殊培训及其有特殊要求的,除签约合同价已包含此项费用外,双方应另行订立协议作为合同附件,其费用由发包人承担。
02		发包人未按约提供文件造成工期延误	√	√	√		1.6.1 发包人文件的提供 发包人应按照专用合同条件约定的期限、数量和形式向承包人免费提供前期工作相关资料、环境保护、气象水文、地质条件进行工程设计、现场施工等工程实施所需的文件。因发包人未按合同约定提供文件造成工期延误的,按照第8.7.1项[因发包人原因导致工期延误]约定办理。 8.7.1 因发包人原因导致工期延误 在合同履行过程中,因下列情况导致工期延误和(或)费用增加的,由发包人承担由此延误的工期和(或)增加的费用,且发包人应支付承包人合理的利润:……(2)发包人违反本合同约定,导致工期延误和(或)费用增加的;……

续表

序号	位置	承担规则概述					具体内容
		情形	费用	工期	利润	损失	
03	第1条 一般约定	发包人拒不签收承包人文件	√	√			1.7.3 发包人和承包人应当及时签收另一方通过约定的送达方式送达至收件地址的来往文件。拒不签收的,由此增加的费用和(或)延误的工期由拒绝接收一方承担。
04		通过贿赂或变相贿赂谋取非法利益或损害对方权益				√	1.8 严禁贿赂 合同当事人不得以贿赂或变相贿赂的方式,谋取非法利益或损害对方权益。因一方合同当事人的贿赂造成对方损失的,应赔偿损失,并承担相应的法律责任。 ……
05		化石、文物保护	√	√			1.9 化石、文物 …… 发包人、工程师和承包人应按有关政府行政管理部门要求采取妥善的保护措施,由此增加的费用和(或)延误的工期由发包人承担。 ……
06		泄密				√	1.11 保密 …… 一方泄露或者在本合同以外使用该商业秘密、技术秘密等保密信息给另一方造成损失的,应承担损害赔偿责任。……
07		《发包人要求》和基础资料错误	√	√	√		1.12 《发包人要求》和基础资料中的错误 ……《发包人要求》或其提供的基础资料中的错误导致承包人增加费用和(或)工期延误的,发包人应承担由此增加的费用和(或)工期延误,并向承包人支付合理利润。
08	第2条 发包人	违反法律	√			√	2.1 遵守法律 发包人在履行合同过程中应遵守法律,并承担因发包人违反法律给承包人造成的任何费用和损失。……
09		协助施工现场保护	√				2.2.2 提供工作条件 …… (3)协调处理施工现场周围地下管线和邻近建筑物、构筑物、古树名木、文物、化石及坟墓等的保护工作,并承担相关费用; ……

续表

序号	位置	承担规则概述					具体内容
		情形	费用	工期	利润	损失	
10	第2条　发包人	逾期提供施工现场和施工条件	√	√			2.2.3　逾期提供的责任 因发包人原因未能按合同约定及时向承包人提供施工现场和施工条件的,由发包人承担由此增加的费用和(或)延误的工期。
11	第2条　发包人	未在合理期限提供开工后所需的基础资料	√	√			2.3　提供基础资料 ……按照法律规定确需在开工后方能提供的基础资料,发包人应尽其努力及时地在相应工程实施前的合理期限内提供,合理期限应以不影响承包人的正常履约为限。因发包人原因未能在合理期限内提供相应基础资料的,由发包人承担由此增加的费用和延误的工期。
12	第2条　发包人	未能及时办理完毕许可、批准或备案	√	√	√		2.4.2　因发包人原因未能及时办理完毕前述许可、批准或备案,由发包人承担由此增加的费用和(或)延误的工期,并支付承包人合理的利润。
13	第3条　发包人的管理	发包人人员未遵守法律及有关规定				√	3.2　发包人人员 ……发包人应要求在施工现场的发包人人员遵守法律及有关安全、质量、环境保护、文明施工等规定,因发包人人员未遵守上述要求给承包人造成的损失和责任由发包人承担。
14	第3条　发包人的管理	工程师未按约发出指示、指示延误或错误	√	√	√		3.5.3　由于工程师未能按合同约定发出指示、指示延误或指示错误而导致承包人费用增加和(或)工期延误的,发包人应承担由此增加的费用和(或)工期延误,并向承包人支付合理利润。
15	第3条　发包人的管理	因发包人原因,对工程师确定作出修改	√	√			3.6.4　在该争议解决前,双方应暂按工程师的确定执行。按照第20条[争议解决]的约定对工程师的确定作出修改的,按修改后的结果执行,由此导致承包人增加的费用和延误的工期由责任方承担。
16	第4条　承包人	非承包人原因导致工期延长,继续提供履约担保	√				4.2　履约担保 ……非因承包人原因导致工期延长的,继续提供履约担保所增加的费用由发包人承担。

续表

序号	位置	承担规则概述					具体内容
		情形	费用	工期	利润	损失	
17	第4条 承包人	承包人遇到不可预见的困难,采取合理措施继续施工,工程师指示构成变更	√	√			4.8 不可预见的困难 …… 承包人遇到不可预见的困难时,应采取克服不可预见的困难的合理措施继续施工,并及时通知工程师并抄送发包人。通知应载明不可预见的困难的内容、承包人认为不可预见的理由以及承包人制定的处理方案。工程师应当及时发出指示,指示构成变更的,按第13条[变更与调整]约定执行。承包人因采取合理措施而增加的费用和(或)延误的工期由发包人承担。
18	第5条 设计	基准日之后国家颁布新的强制性规范、标准	√	√			5.1.3 法律和标准的变化 …… 在基准日期之后,因国家颁布新的强制性规范、标准导致承包人的费用变化的,发包人应合理调整合同价格;导致工期延误的,发包人应合理延长工期。
19	第5条 设计	发包人责任范围内,政府有关部门或第三方审查单位批准时间较长	√	√			5.2.3 ……政府有关部门或第三方审查单位审查批准后,承包人应当严格按照批准后的承包人文件实施工程。政府有关部门或第三方审查单位批准时间较合同约定时间延长的,竣工日期相应顺延。因此给双方带来的费用增加,由双方在负责的范围内各自承担。
20	第6条 材料、工程设备	发包人变更进场计划	√	√			6.2.1 发包人提供的材料和工程设备 …… 发包人需要对进场计划进行变更的,承包人不得拒绝,应根据第13条[变更与调整]的规定执行,并由发包人承担承包人由此增加的费用,以及引起的工期延误。……
21	第6条 材料、工程设备	提供材料和设备不符合约定,或由于发包人原因发生交货日期延误及地点变更等情况	√	√	√		6.2.1 发包人提供的材料和工程设备 …… 发包人提供的材料和工程设备的规格、数量或质量不符合合同要求,或由于发包人原因发生交货日期延误及交货地点变更等情况的,发包人应承担由此增加的费用和(或)工期延误,并向承包人支付合理利润。

续表

序号	位置	承担规则概述					具体内容
		情形	费用	工期	利润	损失	
21	第6条 材料、工程设备	提供材料和设备不符合约定，或由于发包人原因发生交货日期延误及地点变更等情况	√	√	√		8.7.1　因发包人原因导致工期延误 在合同履行过程中，因下列情况导致工期延误和(或)费用增加的，由发包人承担由此延误的工期和(或)增加的费用，且发包人应支付承包人合理的利润： …… (4)发包人未能依据第6.2.1项[发包人提供的材料和工程设备]的约定提供材料和工程设备导致工期延误和(或)费用增加的； ……
22		履行合同过程中，因国家颁布新标准，导致承包人提供的材料和设备不符合要求，需要修复或重新订货	√	√			6.2.2　承包人提供的材料和工程设备 ……由于国家新颁布的强制性标准、规范，造成承包人负责提供的材料和工程设备，虽符合合同约定的标准，但不符合新颁布的强制性标准时，由承包人负责修复或重新订货，相关费用支出及导致的工期延长由发包人负责。
23		使用前检验发包人供应的材料和设备	√				6.2.3　材料和工程设备的保管 (1)发包人供应材料与工程设备的保管与使用 ……发包人供应的材料和工程设备使用前，由承包人负责必要的检验，检验费用由发包人承担，不合格的不得使用。
24		因发包人原因造成工程质量未达合同约定标准	√	√	√		6.4.1　工程质量要求 …… 因发包人原因造成工程质量未达到合同约定标准的，由发包人承担由此增加的费用和(或)延误的工期，并支付承包人合理的利润。
25		工程师不能按时进行隐蔽工程检查，且顺延超过48小时	√	√			6.4.3 隐蔽工程检查 …… 除专用合同条件另有约定外，工程师不能按时进行检查的，应提前向承包人提交书面延期要求，顺延时间不得超过48小时，由此导致工期延误的，工期应予以顺延，顺延超过48小时的，由此导致的工期延误及费用增加由发包人承担。……

续表

序号	位置	承担规则概述					具体内容
		情形	费用	工期	利润	损失	
26	第6条 材料、工程设备	隐蔽工程覆盖后,工程师怀疑有质量问题,重新检查后证明工程质量符合合同要求	√	√	√		6.4.3 隐蔽工程检查 …… 承包人覆盖工程隐蔽部位后,工程师对质量有疑问的,可要求承包人对已覆盖的部位进行钻孔探测或揭开重新检查,承包人应遵照执行,并在检查后重新覆盖恢复原状。经检查证明工程质量符合合同要求的,由发包人承担由此增加的费用和(或)延误的工期,并支付承包人合理的利润;……
27		工程师对承包人试验和检验结果有异议,重新试验或检验后证明材料、设备符合合同要求	√	√			6.5.3 材料、工程设备和工程的试验和检验 …… (3)工程师对承包人的试验和检验结果有异议的,或为查清承包人试验和检验成果的可靠性要求承包人重新试验和检验的,可由工程师与承包人共同进行……重新试验和检验结果证明该项材料、工程设备和工程符合合同要求的,由此增加的费用和(或)延误的工期由发包人承担。
28		对因发包人或其人员导致的缺陷进行修补	√	√	√		6.6.2 承包人应遵守第6.6.1项下指示,并在合理可行的情况下,根据上述指示中规定的时间完成修补工作。除因下列原因引起的第6.6.1项第(3)目下的情形外,承包人应承担所有修补工作的费用: (1)因发包人或其人员的任何行为导致的情形,且在此情况下发包人应承担因此引起的工期延误和承包人费用损失,并向承包人支付合理的利润。 ……
29	第7条 施工	取得出入施工现场的批准手续、修建工程实施所需的基础设施	√				7.1.1 出入现场的权利 除专用合同条件另有约定外,发包人应根据工程实施需要,负责取得出入施工现场所需的批准手续和全部权利,以及取得因工程实施所需修建道路、桥梁以及其他基础设施的权利,并承担相关手续费用和建设费用。承包人应协助发包人办理修建场内外道路、桥梁以及其他基础设施的手续。

续表

序号	位置	承担规则概述					具体内容
		情形	费用	工期	利润	损失	
30	第7条　施工	场外交通设施无法满足工程施工需要	√				7.1.2　场外交通 除专用合同条件另有约定外,发包人应提供场外交通设施的技术参数和具体条件,场外交通设施无法满足工程施工需要的,由发包人负责承担由此产生的相关费用……
31		现场合作中出现承包人不可预见的情况	√	√	√		7.3　现场合作 …… 除专用合同条件另有约定外,如果承包人提供上述合作、条件或协调在考虑到《发包人要求》所列内容的情况下是不可预见的,则承包人有权就额外费用和合理利润从发包人处获得支付,且因此延误的工期应相应顺延。
32		违反安全生产责任				√	7.6.5　安全生产责任 发包人应负责赔偿以下各种情况造成的损失: (1)工程或工程的任何部分对土地的占用所造成的第三者财产损失; (2)由于发包人原因在施工现场及其毗邻地带、履行合同工作中造成的第三者人身伤亡和财产损失; (3)由于发包人原因对发包人自身、承包人、工程师造成的人身伤害和财产损失。 …… 如果上述损失是由于发包人和承包人共同原因导致的,则双方应根据过错情况按比例承担。
33		发包人人员和工程师人员未经允许、未配保护器具进入有毒有害作业区	√				7.7　职业健康 …… (4)承包人应在有毒有害作业区域设置警示标志和说明,对有毒有害岗位进行防治检查,对不合格的防护设施、器具、搭设等及时整改,消除危害职业健康的隐患。发包人人员和工程师人员未经承包人允许、未配备相关保护器具,进入该作业区域所造成的伤害,由发包人承担责任和费用。

续表

序号	位置	承担规则概述：情形	费用	工期	利润	损失	具体内容
34	第7条 施工	承包人进行施工现场环境保护,已及时通知发包人,发包人未及时作出指示	√	√			7.8.1 承包人负责在现场施工过程中对现场周围的建筑物、构筑物、文物建筑、古树、名木,及地下管线、线缆、构筑物、文物、化石和坟墓等进行保护……如承包人已及时通知发包人,发包人未能及时作出指示的,所造成的损害、损失、赔偿等费用增加,和(或)竣工日期延误,由发包人负责。
35		未按约定的类别和时间完成临时性公用设施节点铺设	√	√		√	7.9.1 提供临时用水、用电等和节点铺设 ……发包人无法提供的水、电等在专用合同条件中约定,相关费用由承包人纳入报价并承担相关责任……发包人未能按约定的类别和时间完成节点铺设,使开工时间延误,竣工日期相应顺延。未能按约定的品质、数量和时间提供水、电等,给承包人造成的损失由发包人承担,导致工程关键路径延误的,竣工日期相应顺延。
36	第8条 工期和进度	发包人原因造成实际开工日期迟于计划后第84天	√	√	√		8.1.2 开始工作通知 ……除专用合同条件另有约定外,因发包人原因造成实际开始现场施工日期迟于计划开始现场施工日期后第84天的,承包人有权提出价格调整要求,或者解除合同。发包人应当承担由此增加的费用和(或)延误的工期,并向承包人支付合理利润。
37		发包人原因导致的工期延误： 构成变更 违约 聘请的第三方造成延误、妨碍、阻碍 未依约提供材料和设备 暂停施工 未履行合同义务	√	√	√		8.7.1 因发包人原因导致工期延误 在合同履行过程中,因下列情况导致工期延误和(或)费用增加的,由发包人承担由此延误的工期和(或)增加的费用,且发包人应支付承包人合理的利润: (1)根据第13条[变更与调整]的约定构成一项变更的; (2)发包人违反本合同约定,导致工期延误和(或)费用增加的; (3)发包人、发包人代表、工程师或发包人聘请的任意第三方造成或引起的任何延误、妨碍和阻碍; (4)发包人未能依据第6.2.1项[发包人提供的材料和工程设备]的约定提供材料和工程设备导致工期延误和(或)费用增加的; (5)因发包人原因导致的暂停施工; (6)发包人未及时履行相关合同义务,造成工期延误的其他原因。

续表

序号	位置	承担规则概述					具体内容
		情形	费用	工期	利润	损失	
38	第8条 工期和进度	发包人责任范围内,行政审批迟延	√	√			8.7.3 行政审批迟延 合同约定范围内的工作需国家有关部门审批的,发包人和(或)承包人应按照专用合同条件约定的职责分工完成行政审批报送。因国家有关部门审批迟延造成工期延误的,竣工日期相应顺延。造成费用增加的,由双方在负责的范围内各自承担。
39		异常恶劣的气候条件下,承包人采取合理措施继续施工,工程师指示构成变更		√			8.7.4 异常恶劣的气候条件 …… 承包人应采取克服异常恶劣的气候条件的合理措施继续施工,并及时通知工程师。工程师应当及时发出指示,指示构成变更的,按第13条[变更与调整]约定办理。承包人因采取合理措施而延误的工期由发包人承担。
40		发包人指示承包人提前竣工且被承包人接受;承包人提出提前竣工建议且被发包人接受	√				8.8.1 发包人指示承包人提前竣工且被承包人接受的,应与承包人共同协商采取加快工程进度的措施和修订项目进度计划。发包人应承担承包人由此增加的费用,增加的费用按第13条[变更与调整]的约定执行;…… 8.8.2 承包人提出提前竣工的建议且发包人接受的,应与发包人共同协商采取加快工程进度的措施和修订项目进度计划。发包人应承担承包人由此增加的费用,增加的费用按第13条[变更与调整]的约定执行,并向承包人支付专用合同条件约定的相应奖励金。
41		因发包人原因,由发包人暂停工作	√	√	√		8.9.1 由发包人暂停工作 …… 承包人因执行暂停工作通知而造成费用的增加和(或)工期延误由发包人承担,并有权要求发包人支付合理利润,但由于承包人原因造成发包人暂停工作的除外。

续表

<table>
<tr><th rowspan="2">序号</th><th rowspan="2">位置</th><th colspan="6">承担规则概述</th><th rowspan="2">具体内容</th></tr>
<tr><th colspan="2">情形</th><th>费用</th><th>工期</th><th>利润</th><th>损失</th></tr>
<tr><td rowspan="3">42</td><td rowspan="3">第8条 工期和进度</td><td rowspan="3">承包人通知后28天内,发包人仍不予纠正,承包人有权暂停施工的情况</td><td>发包人原因导致付款延误</td><td rowspan="3">√</td><td rowspan="3">√</td><td rowspan="3">√</td><td rowspan="3"></td><td rowspan="3">8.9.2 由承包人暂停工作
……合同履行过程中发生下列情形之一的,承包人可向发包人发出通知,要求发包人采取有效措施予以纠正。发包人收到承包人通知后的28天内仍不予以纠正,承包人有权暂停施工,并通知工程师。承包人有权要求发包人延长工期和(或)增加费用,并支付合理利润:
(1)发包人拖延、拒绝批准付款申请和支付证书,或未能按合同约定支付价款,导致付款延误的;
(2)发包人未按约定履行合同其他义务导致承包人无法继续履行合同的,或者发包人明确表示暂停或实质上已暂停履行合同的。</td></tr>
<tr><td>发包人未履行合同义务导致承包人无法继续履行合同</td></tr>
<tr><td>发包人明确表示暂停或实质上已暂停履行合同</td></tr>
<tr><td>43</td><td rowspan="2">第9条 竣工试验</td><td colspan="2">发包人原因导致竣工试验延误14天以上</td><td>√</td><td>√</td><td>√</td><td></td><td>9.2.1 如果承包人已根据第9.1款[竣工试验的义务]就可以开始进行各项竣工试验的日期通知工程师,但该等试验因发包人原因被延误14天以上的,发包人应承担由此增加的费用和工期延误,并支付承包人合理利润。同时,承包人应在合理可行的情况下尽快进行竣工试验。</td></tr>
<tr><td>44</td><td colspan="2">发包人原因导致竣工试验未能通过</td><td>√</td><td>√</td><td></td><td></td><td>9.4.1 因发包人原因导致竣工试验未能通过的,承包人进行竣工试验的费用由发包人承担,竣工日期相应顺延。</td></tr>
<tr><td>45</td><td rowspan="2">第10条 验收和工程接收</td><td colspan="2">在全部工程竣工前使用已接收工程</td><td>√</td><td>√</td><td>√</td><td></td><td>10.2.2 发包人在全部工程竣工前,使用已接收的单位/区段工程导致承包人费用增加的,发包人应承担由此增加的费用和(或)工期延误,并支付承包人合理利润。</td></tr>
<tr><td>46</td><td colspan="2">无正当理由不接收工程</td><td>√</td><td></td><td></td><td></td><td>10.3.3 发包人无正当理由不接收工程的,发包人自应当接收工程之日起,承担工程照管、成品保护、保管等与工程有关的各项费用,合同当事人可以在专用合同条件中另行约定发包人逾期接收工程的违约责任。</td></tr>
</table>

续表

序号	位置	承担规则概述					具体内容
		情形	费用	工期	利润	损失	
47	第11条　缺陷责任与保修	发包人指示承包人调查缺陷,且该缺陷非承包人应当自费修补的	√		√		11.3.1　承包人缺陷调查 如果发包人指示承包人调查任何缺陷的原因,承包人应在发包人的指导下进行调查。承包人应在发包人指示中说明的日期或与发包人达成一致的其他日期开展调查。除非该缺陷应由承包人负责自费进行修补,承包人有权就调查的成本和利润获得支付。 ……
48	第11条　缺陷责任与保修	修复非承包人原因造成的缺陷或损坏	√		√		11.3.3　修复费用 发包人和承包人应共同查清缺陷或损坏的原因。……经查验非承包人原因造成的,发包人应承担修复的费用,并支付承包人合理利润。
49	第11条　缺陷责任与保修	发包人自行或委托第三方修复,但修复范围超出缺陷或损坏范围	√				11.3.6　未能修复 因承包人原因造成工程的缺陷或损坏,承包人拒绝维修或未能在合理期限内修复缺陷或损坏,且经发包人书面催告后仍未修复的,发包人有权自行修复或委托第三方修复,所需费用由承包人承担。但修复范围超出缺陷或损坏范围的,超出范围部分的修复费用由发包人承担。 ……
50	第11条　缺陷责任与保修	发包人责任范围内,在缺陷修复后开展进一步试验	√				11.4　缺陷修复后的进一步试验 …… 所有的重复试验应按照适用于先前试验的条款进行,但应由责任方承担修补工作的成本和重新试验的风险和费用。
51	第12条　竣工后试验	竣工后试验因发包人的原因被延误	√		√		12.2.1　如果竣工后试验因发包人原因被延误的,发包人应承担承包人由此增加的费用并支付承包人合理利润。
52	第12条　竣工后试验	未能通过竣工验收后试验,发包人无故拖延给予承包人进入工程调查、调整、修补所需的许可	√		√		12.4.3　发包人无故拖延给予承包人进行调查、调整或修补所需的进入工程或区段工程的许可,并造成承包人费用增加的,应承担由此增加的费用并支付承包人合理利润。

续表

<table>
<tr><th rowspan="2">序号</th><th rowspan="2">位置</th><th colspan="6">承担规则概述</th><th rowspan="2">具体内容</th></tr>
<tr><th colspan="2">情形</th><th>费用</th><th>工期</th><th>利润</th><th>损失</th></tr>
<tr><td>53</td><td rowspan="2">第13条 变更与调整</td><td colspan="2">发包人原因导致暂估价合同订立和履行迟延</td><td>√</td><td>√</td><td>√</td><td></td><td>13.4.2 不属于依法必须招标的暂估价项目
……
因发包人原因导致暂估价合同订立和履行迟延的,由此增加的费用和(或)延误的工期由发包人承担,并支付承包人合理的利润。……</td></tr>
<tr><td>54</td><td colspan="2">基准日期后法律变化</td><td>√</td><td>√</td><td></td><td></td><td>13.7.1 基准日期后,法律变化导致承包人在合同履行过程中所需要的费用发生除第13.8款[市场价格波动引起的调整]约定以外的增加时,由发包人承担由此增加的费用;减少时,应从合同价格中予以扣减。基准日期后,因法律变化造成工期延误时,工期应予以顺延。</td></tr>
<tr><td rowspan="7">55</td><td rowspan="7">第15条 违约</td><td rowspan="7">发包人违约</td><td>发包人原因导致开始工作日期延误</td><td rowspan="7">√</td><td rowspan="7">√</td><td rowspan="7">√</td><td rowspan="7"></td><td rowspan="7">15.1.1 发包人违约的情形
除专用合同条件另有约定外,在合同履行过程中发生的下列情形,属于发包人违约:
(1)因发包人原因导致开始工作日期延误的;
(2)因发包人原因未能按合同约定支付合同价款的;
(3)发包人违反第13.1.1项约定,自行实施被取消的工作或转由他人实施的;
(4)因发包人违反合同约定造成工程暂停施工的;
(5)工程师无正当理由没有在约定期限内发出复工指示,导致承包人无法复工的;
(6)发包人明确表示或者以其行为表明不履行合同主要义务的;
(7)发包人未能按照合同约定履行其他义务的。
15.1.3 发包人违约的责任
发包人应承担因其违约给承包人增加的费用和(或)延误的工期,并支付承包人合理的利润。此外,合同当事人可在专用合同条件中另行约定发包人违约责任的承担方式和计算方法。</td></tr>
<tr><td>发包人未按约支付价款</td></tr>
<tr><td>发包人自行或转由他人实施被取消的工作</td></tr>
<tr><td>发包人违约造成暂停施工</td></tr>
<tr><td>工程师无正当理由逾期发出复工指示致承包人无法复工</td></tr>
<tr><td>发包人不履行合同主要义务</td></tr>
<tr><td>发包人未按约履行其他义务</td></tr>
</table>

续表

序号	位置	承担规则概述					具体内容
		情形	费用	工期	利润	损失	
56	第16条 合同解除	发包人违约，承包人通知解除合同后14天内，发包人作出补救措施，承包人恢复正常工作	√				16.2.1 因发包人违约解除合同 …… 发包人接到承包人解除合同意向通知后14天内，发包人随后给予了付款，或同意复工、或继续履行其义务、或提供了支付担保等，承包人应尽快安排并恢复正常工作；因此造成工期延误的，竣工日期顺延；承包人因此增加的费用，由发包人承担。
57	第16条 合同解除	发包人违约，承包人解除合同				√	16.2.3 因发包人违约解除合同后的付款 承包人按照本款约定解除合同的，发包人应在解除合同后28天内支付下列款项，并退还履约担保： (1)合同解除前所完成工作的价款； (2)承包人为工程施工订购并已付款的材料、工程设备和其他物品的价款；发包人付款后，该材料、工程设备和其他物品归发包人所有； (3)承包人为完成工程所发生的，而发包人未支付的金额； (4)承包人撤离施工现场以及遣散承包人人员的款项； (5)按照合同约定在合同解除前应支付的违约金； (6)按照合同约定应当支付给承包人的其他款项； (7)按照合同约定应返还的质量保证金； (8)因解除合同给承包人造成的损失。 ……
58	第17条 不可抗力	不可抗力导致工程、设备及人员损害				√	17.4 不可抗力后果的承担 …… (1)永久工程，包括已运至施工现场的材料和工程设备的损害，以及因工程损害造成的第三人人员伤亡和财产损失由发包人承担； …… (3)发包人和承包人各自承担其人员伤亡及其他财产损失； …… 不可抗力引起的后果及造成的损失由合同当事人按照法律规定及合同约定各自承担。不可抗力发生前已完成的工程应当按照合同约定进行支付。

续表

序号	位置	承担规则概述					具体内容
		情形	费用	工期	利润	损失	
59	第17条 不可抗力	不可抗力导致停工	√	√			17.4 不可抗力后果的承担 …… (4)因不可抗力影响承包人履行合同约定的义务,已经引起或将引起工期延误的,应当顺延工期,由此导致承包人停工的费用损失由发包人和承包人合理分担,停工期间必须支付的现场必要的工人工资由发包人承担; …… (6)承包人在停工期间按照工程师或发包人要求照管、清理和修复工程的费用由发包人承担。 ……
60		不可抗力引起工期延误,发包人指示赶工	√				17.4 不可抗力后果的承担 …… (5)因不可抗力引起或将引起工期延误,发包人指示赶工的,由此增加的赶工费用由发包人承担; ……
61		因不可抗力解除合同	√			√	17.6 因不可抗力解除合同 因单次不可抗力导致合同无法履行连续超过84天或累计超过140天的,发包人和承包人均有权解除合同。合同解除后,承包人应按照第10.5款[竣工退场]的规定进行。由双方当事人按照第3.6款[商定或确定]商定或确定发包人应支付的款项,该款项包括: …… (3)发包人指示承包人退货或解除订货合同而产生的费用,或因不能退货或解除合同而产生的损失; (4)承包人撤离施工现场以及遣散承包人人员的费用; ……
62	第18条 保险	投保	√				18.4 其他保险 发包人应按照工程总承包模式所适用的法律法规和专用合同条件约定,投保其他保险并保持保险有效,其投保费用发包人自行承担……

经统计,62种情形中发包人要对承包人承担“费期利”的有17种,承担“费期”的有17种,承担“费期损”的有1种,承担“费利”的有4种,承担“费损”的有2种,

仅承担“费用”的有14种,仅承担“工期”的有1种,仅承担“损失”的有6种。

可见,针对发包人的“费期利损”承担规则中,主要分为“费期利”、“费期”和“费用”这三种方式。显然,承担“费期利”给发包人带来的负担高于承担“费期”,承担“费期”给发包人带来的负担又高于仅承担“费用”。

那么,为什么不同情形下发包人承担规则不同?2020版工程总承包合同(示范文本)根据不同情形设计发包人承担规则又有何标准?我们尝试在下文讨论该等问题。

(一)不同情形下,发包人承担规则的影响因素

某情形发生给承包人产生影响时,若要令发包人承担责任,应当在主客观两个层面作考虑。

主观层面,应考虑发包人对该情形的发生存在多大过错。如2020版工程总承包合同(示范文本)第1.6.1项所述“发包人未按约提供文件造成工期延误”的情形下,发包人过错大;再如第4.8款所述承包人遇到不可预见的困难,采取合理措施继续施工,工程师指示构成变更的情形下,发包人过错小。

客观层面,应考虑该情形本身对工程会产生多大影响。对工程的影响,主要体现在“对工期的影响”和“对工程质量的影响”两个方面。如2020版工程总承包合同(示范文本)第6.4.1项所述“因发包人原因造成工程质量未达合同约定标准”的情形下,工程质量必然会受到影响,从而必然导致工期延长;再如第6.4.3项所述隐蔽工程覆盖后,工程师怀疑有质量问题,重新检查后证明工程质量符合合同要求的情形下,工程质量不会受到影响,但是必然会导致工期延长;又如第1.9款所述发包人保护化石、文物的情形下,工期和工程质量均不会受到影响。

换言之,发包人过错较大或该情形发生本身就对工程影响较大时,对因该情形发生给承包人带来的损害,发包人应当在“费期利损”中承担更多项目,以敦促发包人在日常经营活动中注意防控该情形的风险,保障工程按时按质完成。发包人过错较小或该情形发生本身对工程影响较小时,对因该情形发生给承包人带来的损害,发包人可在“费期利损”中承担更少项目,以避免发包人负担过重。

综上所述,在不同情形中影响发包人承担规则的因素有三个:一是“发包人过错”;二是“情形对工期的影响”;三是“情形对工程质量的影响”。

(二)2020 版工程总承包合同(示范文本)涉及发包人承担规则的标准

前述三个影响因素相互作用共同决定了发包人责任的大小,即共同决定了发包人“费期利损”的承担规则。合同依据不同情形涉及的发包人“费期利损”承担规则,是依次考虑单个影响因素的大小,而后再综合考虑的结果。

1. 根据单个影响因素的大小可作如下细分

(1)发包人过错

①若情形发生,发包人本应当避免却没有避免,则判定“发包人过错”为“大”,如 2020 版工程总承包合同(示范文本)第 2.3 款所述未在合理期限提供开工后所需的基础资料的情形。

②若情形发生,发包人尽合理注意义务后本可避免却没有避免,则判定“发包人过错”为“中”,如 2020 版工程总承包合同(示范文本)第 3.6.4 项所述因发包人原因,对工程师确定作出修改的情形。

③若情形发生,发包人无法避免,则判定“发包人过错”为“小”,如 2020 版工程总承包合同(示范文本)第 6.2.2 项所述履行合同过程中,因国家颁布新标准,导致承包人提供的材料和设备不符合要求,需要修复或重新订货的情形。

(2)情形对工期的影响

①若情形发生,一定或很可能导致工期延误,则判定“情形对工期的影响”为“大”,如 2020 版工程总承包合同(示范文本)第 1.7.3 项所述发包人拒不签收承包人文件的情形。

②若情形发生,可能导致工期延误,则判定“情形对工期的影响”为“中”,如 2020 版工程总承包合同(示范文本)第 5.1.3 项所述基准日之后国家颁布新的强制性规范、标准的情形。

③若情形发生,不会导致工期延误,则判定“情形对工期的影响”为“小”,如 2020 版工程总承包合同(示范文本)第 2.2.2 项所述发包人协助施工现场保护的情形。

(3)情形对工程质量的影响

①若情形发生,一定或很可能影响工程质量,则判定“情形对工程质量的影响”为“大”,如上文提及的 2020 版工程总承包合同(示范文本)第 6.4.1 项所述因发包人原因造成工程质量未达合同约定标准的情形。

②若情形发生,可能影响工程质量,则判定“情形对工程质量的影响”为

“中”,如2020版工程总承包合同(示范文本)第2.2.3项所述逾期提供施工现场和施工条件的情形。

③若情形发生,不会影响工程质量,则判定“情形对工程质量的影响”为“小”,如2020版工程总承包合同(示范文本)第5.2.3项所述发包人责任范围内,政府有关部门或第三方审查单位批准时间较长的情形。

2. 量化综合考虑影响因素

按上述细分标准,将“大”计为3分,“中”计为2分,“小”计为1分。因为三个影响因素相互作用,共同决定了相应情形下发包人责任大小,此时可假设发包人责任大小为三个影响因素的乘积。乘积数值越大,该情形下发包人承担的责任越大,合同条款的设计,越应让发包人承担“费期利损”中更多的项目;乘积数值越小,该情形下发包人承担的责任越小,合同条款的设计,则应让发包人承担“费期利损”中更少的项目。

以上文提及的2020版工程总承包合同(示范文本)第1.6.1项所述发包人未按约提供文件造成工期延误的情形为例。该情形发生,发包人本应当避免却没有避免,故“发包人过错”判定为“大”,计3分;该情形发生,一定会导致工期延误,故“情形对工期的影响”判定为“大”,计3分;该情形发生,可能影响工程质量,故“情形对工程质量的影响”判定为“中”,计2分。上述三个影响因素相互作用,乘积为18分。发包人在该情形下需承担“费期利”。

再以上文提及的2020版工程总承包合同(示范文本)第3.6.4项所述因发包人原因,对工程师确定作出修改的情形作例子。该情形发生,发包人尽合理注意义务后本可避免却没有避免,故“发包人过错”判定为“中”计2分;该情形发生,可能会导致工期延误,故“情形对工期的影响”判定为“中”,计2分;该情形发生,不会影响工程质量,故“情形对工程质量的影响”判定为“小”,计1分。上述三个影响因素相互作用,乘积为4分。发包人在该情形下需承担“费期”。

按照上述方法,我们对2020版工程总承包合同(示范文本)中针对发包人的“费期利损”承担所涉及的62种情形逐一进行了梳理,并挑选“费期利”“费期”“费用”三种主要承担方式在表2-2-2中进行呈现。

表 2－2－2　不同情形影响发包人责任的量化标准

承担规则:费期利					
序号	情形	单个影响因素大小			乘积
		发包人过错	情形对工期的影响	情形对工程质量的影响	
02	发包人未按约提供文件造成工期延误	3	3	2	18
07	《发包人要求》和基础资料错误	3	3	2	18
12	未能及时办理完毕许可、批准或备案	3	3	1	9
14	工程师未按约发出指示、指示延误或错误	3	3	2	18
21	提供材料和设备不符合约定,或由于发包人原因发生交货日期延误及地点变更等情况	3	3	2	18
24	因发包人原因造成工程质量未达合同约定标准	3	3	3	27
26	隐蔽工程覆盖后,工程师怀疑有质量问题,重新检查后证明工程质量符合合同要求	2	3	1	6
28	对因发包人或其人员导致的缺陷进行修补	3	3	1	9
31	现场合作中出现承包人不可预见的情况	1	3	2	6
36	发包人原因造成实际开工日期迟于计划后第 84 天	3	3	1	9
37	发包人原因导致的工期延误	3	3	1	9
41	因发包人原因,由发包人暂停工作	3	3	1	9
42	承包人通知后 28 天内,发包人仍不予纠正,承包人有权暂停施工的情况	3	3	1	9
43	发包人原因导致竣工试验延误 14 天以上	3	3	1	9
45	在全部工程竣工前使用已接收工程	3	3	2	18
53	发包人原因导致暂估价合同订立和履行迟延	3	3	1	9
55	发包人违约	3	3	2	18
承担规则:费期					
序号	情形	单个影响因素大小			乘积
		发包人过错	情形对工期的影响	情形对工程质量的影响	
03	发包人拒不签收承包人文件	3	3	1	9
05	化石、文物保护	2	2	1	4

续表

承担规则:费期					
序号	情形	单个影响因素大小			乘积
		发包人过错	情形对工期的影响	情形对工程质量的影响	
10	逾期提供施工现场和施工条件	3	2	2	12
11	未在合理期限提供开工后所需的基础资料	3	3	1	9
15	因发包人原因,对工程师确定作出修改	2	2	1	4
17	承包人遇到不可预见的困难,采取合理措施继续施工,工程师指示构成变更	1	3	1	3
18	基准日之后国家颁布新的强制性规范、标准	1	2	2	4
19	发包人责任范围内,政府有关部门或第三方审查单位批准时间较长	2	3	1	6
20	发包人变更进场计划	2	3	1	6
22	履行合同过程中,因国家颁布新标准,导致承包人提供的材料和设备不符合要求,需要修复或重新订货	1	3	2	6
25	工程师不能按时进行隐蔽工程检查,且顺延超过48小时	3	2	2	12
27	工程师对承包人试验和检验结果有异议,重新试验或检验后证明材料、设备符合合同要求	2	3	1	6
34	承包人进行施工现场环境保护,已及时通知发包人,发包人未及时作出指示	3	2	1	6
38	发包人责任范围内,行政审批迟延	3	3	1	9
44	发包人原因导致竣工试验未能通过	2	3	1	6
54	基准日期后法律变化	1	3	1	3
59	不可抗力导致停工	1	3	1	3
承担规则:费用					
序号	情形	单个影响因素大小			乘积
		发包人过错	情形对工期的影响	情形对工程质量的影响	
01	为实施发包人列明的技术要求,承包人需进行研发试验、人员培训	1	1	2	2
09	协助施工现场保护	1	1	1	1

续表

承担规则:费用					
序号	情形	单个影响因素大小			乘积
		发包人过错	情形对工期的影响	情形对工程质量的影响	
16	非承包人原因导致工期延长,继续提供履约担保	3	1	1	3
23	使用前检验发包人供应的材料和设备	1	1	1	1
29	取得出入施工现场的批准手续、修建工程实施所需的基础设施	1	2	1	2
30	场外交通设施无法满足工程施工需要	1	2	1	2
33	发包人人员和工程师人员未经允许、未配保护器具进入有毒有害作业区	3	1	1	3
40	发包人指示承包人提前竣工且被承包人接受;承包人提出提前竣工建议且被发包人接受	1	1	1	1
46	无正当理由不接收工程	3	1	1	3
49	发包人自行或委托第三方修复,但修复范围超出缺陷或损坏范围	1	1	1	1
50	发包人责任范围内,在缺陷修复后开展进一步试验	3	1	1	3
56	发包人违约,承包人通知解除合同后 14 天内,发包人作出补救措施,承包人恢复正常工作	2	2	1	4
60	不可抗力引起工期延误,发包人指示赶工	1	3	1	3
62	投保	1	1	1	1

注:为方便读者查阅 2020 版工程总承包合同(示范文本)的条款原文,本表中的“序号”对应表 2-2-1 中的“序号”。

根据表 2-2-2,在绝大多数情形中:当三个影响因素乘积在 1~3 分时,发包人需承担“费期利损”中的“费用”,共计承担 1 个项目;当三个影响因素乘积在 3~9 分时,发包人需承担“费期利损”中的“费期”,共计承担 2 个项目;当三个影响因素乘积在 9~27 分时,发包人需承担“费期利损”中的“费期利”,共计承担 3 个项目。

三、针对承包人的“费期利损”承担规则

综观 2020 版工程总承包合同(示范文本),有 59 种情形涉及针对承包人的“费期利损”承担规则。我们同样依据合同的行文顺序梳理了相关条款,制作成《“费期利损”承担规则——承包人》(见表 2-2-3),以便读者阅读时参考。

表2-2-3　“费期利损”承担规则——承包人

序号	位置	承担规则概述					具体内容
		情形	费用	工期	利润	损失	
01	第1条　一般约定	优质费	√				1.4.4　发包人对于工程的技术标准、功能要求高于或严于现行国家、行业或地方标准的,应当在《发包人要求》中予以明确。除专用合同条件另有约定外,应视为承包人在订立合同前已充分预见前述技术标准和功能要求的复杂程度,签约合同价中已包含由此产生的费用。
02		承包人拒不签收发包人文件	√	√			1.7.3　发包人和承包人应当及时签收另一方通过约定的送达方式送达至收件地址的来往文件。拒不签收的,由此增加的费用和(或)延误的工期由拒绝接收一方承担。
03		通过贿赂或变相贿赂谋取非法利益或损害对方权益				√	1.8　严禁贿赂 合同当事人不得以贿赂或变相贿赂的方式,谋取非法利益或损害对方权益。因一方合同当事人的贿赂造成对方损失的,应赔偿损失,并承担相应的法律责任。 ……
04		化石、文物保护				√	1.9　化石、文物 …… 承包人发现文物后不及时报告或隐瞒不报,致使文物丢失或损坏的,应赔偿损失,并承担相应的法律责任。
05		泄密				√	1.11　保密 …… 一方泄露或者在本合同以外使用该商业秘密、技术秘密等保密信息给另一方造成损失的,应承担损害赔偿责任……
06	第4条　承包人	违反法律	√			√	4.1　承包人的一般义务 ……(1)办理法律规定和合同约定由承包人办理的许可和批准,将办理结果书面报送发包人留存,并承担因承包人违反法律或合同约定给发包人造成的任何费用和损失……
07		因承包人原因导致工期延长,继续提供履约担保	√				4.2　履约担保 ……因承包人原因导致工期延长的,继续提供履约担保所增加的费用由承包人承担……

续表

序号	位置	承担规则概述					具体内容
		情形	费用	工期	利润	损失	
08	第4条 承包人	不提交项目经理相关证明文件,发包人要求更换项目经理	√	√			4.3.1 工程总承包项目经理应为合同当事人所确认的人选,并在专用合同条件中明确工程总承包项目经理的姓名、注册执业资格或职称、联系方式及授权范围等事项。工程总承包项目经理应具备履行其职责所需的资格、经验和能力,并为承包人正式聘用的员工,承包人应向发包人提交工程总承包项目经理与承包人之间的劳动合同,以及承包人为工程总承包项目经理缴纳社会保险的有效证明。承包人不提交上述文件的,工程总承包项目经理无权履行职责,发包人有权要求更换工程总承包项目经理,由此增加的费用和(或)延误的工期由承包人承担。同时,发包人有权根据专用合同条件约定要求承包人承担违约责任。
09	第5条 设计	因承包人原因导致承包人文件无法通过审查,需修改后重新报送	√	√			5.2.1 根据《发包人要求》应当通过工程师报发包人审查同意的承包人文件,承包人应当按照《发包人要求》约定的范围和内容及时报送审查。……(2)因承包人原因导致无法通过审查的,承包人应根据发包人的书面说明,对承包人文件进行修改后重新报送发包人审查,审查期重新起算。因此引起的工期延长和必要的工程费用增加,由承包人负责……
10		承包人责任范围内,政府有关部门或第三方审查单位批准时间较长	√	√			5.2.3 ……政府有关部门或第三方审查单位审查批准后,承包人应当严格按照批准后的承包人文件实施工程。政府有关部门或第三方审查单位批准时间较合同约定时间延长的,竣工日期相应顺延。因此给双方带来的费用增加,由双方在负责的范围内各自承担。
11		操作和维修手册错误或遗漏				√	5.5.2 工程师收到承包人提交的文件后,应依据第5.2款[承包人文件审查]的约定对操作和维修手册进行审查,竣工试验工程中,承包人应为任何因操作和维修手册错误或遗漏引起的风险或损失承担责任。

续表

序号	位置	承担规则概述					具体内容
		情形	费用	工期	利润	损失	
12	第5条 设计	承包人文件错误	√	√			5.6　承包人文件错误 承包人文件存在错误、遗漏、含混、矛盾、不充分之处或其他缺陷,无论承包人是否根据本款获得了同意,承包人均应自费对前述问题带来的缺陷和工程问题进行改正,并按照第5.2款[承包人文件审查]的要求,重新送工程师审查,审查日期从工程师收到文件开始重新计算。因此款原因重新提交审查文件导致的工程延误和必要费用增加由承包人承担。《发包人要求》的错误导致承包人文件错误、遗漏、含混、矛盾、不充分或其他缺陷的除外。
13	第6条 材料、工程设备	承包人变更进场计划	√	√			6.2.1　发包人提供的材料和工程设备 ……承包人需要对进场计划进行变更的,应事先报请工程师批准,由此增加的费用和(或)工期延误由承包人承担。 ……
14		对承包人提供的材料和设备进行检验和交货验收	√				6.2.2　承包人提供的材料和工程设备 …… 对承包人提供的材料和工程设备,承包人应会同工程师进行检验和交货验收,查验材料合格证明和产品合格证书,并按合同约定和工程师指示,进行材料的抽样检验和工程设备的检验测试,检验和测试结果应提交工程师,所需费用由承包人承担。 ……
15		承包人妥善保管采购的材料和工程设备	√				6.2.3　材料和工程设备的保管 …… (2)承包人采购材料与工程设备的保管与使用 承包人采购的材料和工程设备由承包人妥善保管,保管费用由承包人承担……
16		工程师发现承包人使用不合标准的材料和设备,要求其修整	√	√			6.2.3　材料和工程设备的保管 …… (2)承包人采购材料与工程设备的保管与使用 ……工程师发现承包人使用不符合设计或有关标准要求的材料和工程设备时,有权要求承包人进行修复、拆除或重新采购,由此增加的费用和(或)延误的工期,由承包人承担。

续表

序号	位置	承担规则概述					具体内容
		情形	费用	工期	利润	损失	
17	第6条 材料、工程设备	承包人提供的材料和设备有权利负担	√	√			6.2.4 材料和工程设备的所有权 ……承包人按第6.2.2项提供的材料和工程设备,承包人应确保发包人取得无权利负担的材料及工程设备所有权,因承包人与第三人的物权争议导致的增加的费用和(或)延误的工期,由承包人承担。
18		因承包人原因造成工程质量未达合同约定标准	√	√			6.4.1 工程质量要求 ……因承包人原因造成工程质量未达到合同约定标准的,发包人有权要求承包人返工直至工程质量达到合同约定的标准为止,并由承包人承担由此增加的费用和(或)延误的工期……
19		隐蔽工程经工程师检查质量不合格,完成修复后重新检查	√	√			6.4.3 隐蔽工程检查 ……经工程师检查质量不合格的,承包人应在工程师指示的时间内完成修复,并由工程师重新检查,由此增加的费用和(或)延误的工期由承包人承担……
20		隐蔽工程覆盖后,工程师怀疑有质量问题,重新检查后证明工程质量不符合合同要求	√	√			6.4.3 隐蔽工程检查 ……承包人覆盖工程隐蔽部位后,工程师对质量有疑问的,可要求承包人对已覆盖的部位进行钻孔探测或揭开重新检查,承包人应遵照执行,并在检查后重新覆盖恢复原状……经检查证明工程质量不符合合同要求的,由此增加的费用和(或)延误的工期由承包人承担……
21		承包人未通知工程师检查,私自覆盖隐蔽工程	√	√			6.4.3 隐蔽工程检查 ……承包人未通知工程师到场检查,私自将工程隐蔽部位覆盖的,工程师有权指示承包人钻孔探测或揭开检查,无论工程隐蔽部位质量是否合格,由此增加的费用和(或)延误的工期均由承包人承担。
22		工程师对承包人试验和检验结果有异议,重新试验或检验后证明材料、设备不符合合同要求	√	√			6.5.3 材料、工程设备和工程的试验和检验 …… (3)工程师对承包人的试验和检验结果有异议的,或为查清承包人试验和检验成果的可靠性要求承包人重新试验和检验的,可由工程师与承包人共同进行。重新试验和检验的结果证明该项材料、工程设备或工程的质量不符合合同要求的,由此增加的费用和(或)延误的工期由承包人承担……

续表

序号	位置	承担规则概述					具体内容
		情形	费用	工期	利润	损失	
23	第6条　材料、工程设备	承包人对非发包人或其人员导致的缺陷和非不可抗力事件导致的缺陷进行修补	√				6.6.2　承包人应遵守第6.6.1项下指示,并在合理可行的情况下,根据上述指示中规定的时间完成修补工作。除因下列原因引起的第6.6.1项第(3)目下的情形外,承包人应承担所有修补工作的费用: (1)因发包人或其人员的任何行为导致的情形,且在此情况下发包人应承担因此引起的工期延误和承包人费用损失,并向承包人支付合理的利润。 (2)第17.4款[不可抗力后果的承担]中适用的不可抗力事件的情形。
24		承包人未遵守指示,发包人请第三方修补	√				6.6.3　如果承包人未能遵守发包人的指示,发包人可以自行决定请第三方完成上述修补工作,并有权要求承包人支付因未履行指示而产生的所有费用,但承包人根据第6.6.2项有权就修补工作获得支付的情况除外。
25	第7条　施工	承包人车辆外出行驶	√				7.1.2　场外交通 ……承包人车辆外出行驶所需的场外公共道路的通行费、养路费和税款等由承包人承担。
26		场内交通设施的维修、养护、管理	√				7.1.3　场内交通 除专用合同条件另有约定外,承包人应负责修建、维修、养护和管理施工所需的临时道路和交通设施,包括维修、养护和管理发包人提供的道路和交通设施,并承担相应费用……
27		承包人负责运输超大件和超重件	√				7.1.4　超大件和超重件的运输 由承包人负责运输的超大件或超重件,应由承包人负责向交通管理部门办理申请手续,发包人给予协助。运输超大件或超重件所需的道路和桥梁临时加固改造费用和其他有关费用,由承包人承担,但专用合同条件另有约定的除外。
28		承包人运输造成道路和桥梁损坏	√				7.1.5　道路和桥梁的损坏责任 因承包人运输造成施工现场内外公共道路和桥梁损坏的,由承包人承担修复损坏的全部费用和可能引起的赔偿。

续表

序号	位置	承担规则概述					具体内容
		情形	费用	工期	利润	损失	
29	第7条 施工	修建临时设施、申请临时占地、提交临时占地资料不及时	√	√			7.2.1 承包人提供的施工设备和临时设施 …… 除专用合同条件另有约定外,承包人应自行承担修建临时设施的费用,需要临时占地的,应由发包人办理申请手续并承担相应费用。承包人应在专用合同条件7.2款约定的时间内向发包人提交临时占地资料,因承包人未能按时提交资料,导致工期延误的,由此增加的费用和(或)竣工日期延误,由承包人负责。
30		施工设备不能满足要求,工程师要求承包人增加或更换施工设备	√	√			7.2.3 要求承包人增加或更换施工设备 承包人使用的施工设备不能满足项目进度计划和(或)质量要求时,工程师有权要求承包人增加或更换施工设备,承包人应及时增加或更换,由此增加的费用和(或)延误的工期由承包人承担。
31		施工控制网点的管理与修复	√				7.4.2 承包人应负责管理施工控制网点。施工控制网点丢失或损坏的,承包人应及时修复。承包人应承担施工控制网点的管理与修复费用……
32		承包人声明无能力或不愿意立即执行合同约定的抢修义务,发包人雇佣他人抢修	√	√			7.6.4 事故处理 ……在工程实施期间或缺陷责任期内发生危及工程安全的事件,工程师通知承包人进行抢救和抢修,承包人声明无能力或不愿立即执行的,发包人有权雇佣其他人员进行抢救和抢修。此类抢救和抢修按合同约定属于承包人义务的,由此增加的费用和(或)延误的工期由承包人承担。
33		违反安全生产责任				√	7.6.5 安全生产责任 ……承包人应负责赔偿由于承包人原因在施工现场及其毗邻地带、履行合同工作中造成的第三者人身伤亡和财产损失。 如果上述损失是由于发包人和承包人共同原因导致的,则双方应根据过错情况按比例承担。

续表

序号	位置	承担规则概述					具体内容
		情形	费用	工期	利润	损失	
34	第7条 施工	保障劳动者权益	√				7.7 职业健康 承包人应遵守适用的职业健康的法律和合同约定(包括对雇用、职业健康、安全、福利等方面的规定),负责现场实施过程中其人员的职业健康和保护,包括: (1)承包人应遵守适用的劳动法规,保护承包人员工及承包人聘用的第三方人员的合法休假权等合法权益,按照法律规定安排现场施工人员的劳动和休息时间,保障劳动者的休息时间,并支付合理的报酬和费用……
35		承包人进行施工现场环境保护,未及时通知发包人,未能得到发包人进一步指示	√	√			7.8.1 承包人负责在现场施工过程中对现场周围的建筑物、构筑物、文物建筑、古树、名木,及地下管线、线缆、构筑物、文物、化石和坟墓等进行保护。因承包人未能通知发包人,并在未能得到发包人进一步指示的情况下,所造成的损害、损失、赔偿等费用增加,和(或)竣工日期延误,由承包人负责……
36		施工现场环境污染	√	√			7.8.2 承包人应采取措施,并负责控制和(或)处理现场的粉尘、废气、废水、固体废物和噪声对环境的污染和危害。因此发生的伤害、赔偿、罚款等费用增加,和(或)竣工日期延误,由承包人负责。 7.8.3 承包人及时或定期将施工现场残留、废弃的垃圾分类后运到发包人或当地有关行政部门指定的地点,防止对周围环境的污染及对作业的影响。承包人应当承担因其原因引起的环境污染侵权损害赔偿责任,因违反上述约定导致当地行政部门的罚款、赔偿等增加的费用,由承包人承担;因上述环境污染引起纠纷而导致暂停施工的,由此增加的费用和(或)延误的工期由承包人承担。

续表

序号	位置	承担规则概述					具体内容
		情形	费用	工期	利润	损失	
37	第7条 施工	未提供临时用水、用电等资料	√	√			7.9.2　临时用水、用电等 承包人应在计划开始现场施工日期28天前或双方约定的其它时间，按专用合同条件中约定的发包人能够提供的临时用水、用电等类别，向发包人提交施工（含工程物资保管）所需的临时用水、用电等的品质、正常用量、高峰用量、使用时间和节点位置等资料。承包人自费负责计量仪器的购买、安装和维护，并依据专用合同条件中约定的单价向发包人交费，合同当事人另有约定时除外。 因承包人未能按合同约定提交上述资料，造成发包人费用增加和竣工日期延误时，由承包人负责。
38	第8条 工期和进度	承包人原因导致的工期延误	√	√			8.7.2　因承包人原因导致工期延误 由于承包人的原因，未能按项目进度计划完成工作，承包人应采取措施加快进度，并承担加快进度所增加的费用。 由于承包人原因造成工期延误并导致逾期竣工的，承包人应支付逾期竣工违约金。逾期竣工违约金的计算方法和最高限额在专用合同条件中约定。承包人支付逾期竣工违约金，不免除承包人完成工作及修补缺陷的义务，且发包人有权从工程进度款、竣工结算款或约定提交的履约担保中扣除相当于逾期竣工违约金的金额。
39		承包人责任范围内，行政审批迟延	√	√			8.7.3　行政审批迟延 合同约定范围内的工作需国家有关部门审批的，发包人和（或）承包人应按照专用合同条件约定的职责分工完成行政审批报送。因国家有关部门审批迟延造成工期延误的，竣工日期相应顺延。造成费用增加的，由双方在负责的范围内各自承担。
40		因承包人原因，由承包人暂停工作	√	√			8.9.2　由承包人暂停工作 因承包人原因所造成部分或全部工程的暂停，承包人应采取措施尽快复工并赶上进度，由此造成费用的增加或工期延误由承包人承担。因此造成逾期竣工的，承包人应按第8.7.2项[因承包人原因导致工期延误]承担逾期竣工违约责任。 ……

续表

序号	位置	承担规则概述					具体内容
		情形	费用	工期	利润	损失	
41	第8条　工期和进度	停工期间承包人的照管义务	√	√		√	8.9.4　暂停工作期间的工程照管 不论由于何种原因引起暂停工作的,暂停工作期间,承包人应负责对工程、工程物资及文件等进行照管和保护,并提供安全保障,由此增加的费用按第8.9.1项[由发包人暂停工作]和第8.9.2项[由承包人暂停工作]的约定承担。 因承包人未能尽到照管、保护的责任造成损失的,使发包人的费用增加,(或)竣工日期延误的,由承包人按本合同约定承担责任。
42	第9条　竣工试验	承包人未按期进行竣工试验	√				9.2.3　如果承包人未在该期限内进行竣工试验,则发包人有权自行组织该项竣工试验,由此产生的合理费用由承包人承担。发包人应在试验完成后28天内向承包人发送试验结果。
43		工程或区段工程未能通过根据第9.3款[重新试验]重新进行的竣工试验	√	√		√	9.4.2　如果工程或区段工程未能通过根据第9.3款[重新试验]重新进行的竣工试验的,则: (1)发包人有权要求承包人根据第6.6款[缺陷和修补]继续进行修补和改正,并根据第9.3款[重新试验]再次进行竣工试验; (2)未能通过竣工试验,对工程或区段工程的操作或使用未产生实质性影响的,发包人有权要求承包人自费修复,承担因此增加的费用和误期损害赔偿责任,并赔偿发包人的相应损失;无法修复时,发包人有权扣减该部分的相应付款,同时视为通过竣工验收; (3)未能通过竣工试验,使工程或区段工程的任何主要部分丧失了生产、使用功能时,发包人有权指令承包人更换相关部分,承包人应承担因此增加的费用和误期损害赔偿责任,并赔偿发包人的相应损失; (4)未能通过竣工试验,使整个工程或区段工程丧失了生产、使用功能时,发包人可拒收工程或区段工程,或指令承包人重新设计、重置相关部分,承包人应承担因此增加的费用和误期损害赔偿责任,并赔偿发包人的相应损失。同时发包人有权根据第16.1款[由发包人解除合同]的约定解除合同。

续表

序号	位置	承担规则概述					具体内容
		情形	费用	工期	利润	损失	
44	第10条 验收和工程接收	对验收不合格的工程采取补救措施	√	√			10.1.2 竣工验收程序 …… (3)竣工验收不合格的,工程师应按照验收意见发出指示,要求承包人对不合格工程返工、修复或采取其他补救措施,由此增加的费用和(或)延误的工期由承包人承担。承包人在完成不合格工程的返工、修复或采取其他补救措施后,应重新提交竣工验收申请报告,并按本项约定的程序重新进行验收。 ……
45	第10条 验收和工程接收	无正当理由不移交工程	√				10.3.4 承包人无正当理由不移交工程的,承包人应承担工程照管、成品保护、保管等与工程有关的各项费用,合同当事人可以在专用合同条件中另行约定承包人无正当理由不移交工程的违约责任。
46	第10条 验收和工程接收	竣工退场、逾期退场情况下发包人出售或另行处理承包人遗留物品	√				10.5.1 竣工退场 …… 施工现场的竣工退场费用由承包人承担。承包人应在专用合同条件约定的期限内完成竣工退场,逾期未完成的,发包人有权出售或另行处理承包人遗留的物品,由此支出的费用由承包人承担,发包人出售承包人遗留物品所得款项在扣除必要费用后应返还承包人。
47	第10条 验收和工程接收	未恢复临时占地及清理场地,发包人委托其他人恢复或清理	√				10.5.2 地表还原 承包人应按合同约定和工程师的要求恢复临时占地及清理场地,否则发包人有权委托其他人恢复或清理,所发生的费用由承包人承担。
48	第11条 缺陷责任与保修	承包人未根据发包人指示开展缺陷调查,由发包人开展调查	√				11.3.1 承包人缺陷调查 ……如果承包人未能根据本款开展调查,该调查可由发包人开展。但应将上述调查开展的日期通知承包人,承包人可自费参加调查。如果该缺陷应由承包人自费进行修补,则发包人有权要求承包人支付发包人因调查产生的合理费用。

续表

序号	位置	承担规则概述					具体内容
		情形	费用	工期	利润	损失	
49	第11条　缺陷责任与保修	缺陷责任	√			√	11.3.2　缺陷责任 缺陷责任期内,由承包人原因造成的缺陷,承包人应负责维修,并承担鉴定及维修费用。如承包人不维修也不承担费用,发包人可按合同约定从质量保证金中扣除,费用超出质量保证金金额的,发包人可按合同约定向承包人进行索赔。承包人维修并承担相应费用后,不免除对工程的损失赔偿责任。发包人在使用过程中,发现已修补的缺陷部位或部件还存在质量缺陷的,承包人应负责修复,直至检验合格为止。
50	第11条　缺陷责任与保修	修复承包人原因造成的缺陷或损坏	√				11.3.3　修复费用 发包人和承包人应共同查清缺陷或损坏的原因。经查明属承包人原因造成的,应由承包人承担修复的费用……
51	第11条　缺陷责任与保修	承包人拒绝或未能修复因其原因造成的缺陷或损坏,发包人自行或委托第三方修复	√			√	11.3.6　未能修复 因承包人原因造成工程的缺陷或损坏,承包人拒绝维修或未能在合理期限内修复缺陷或损坏,且经发包人书面催告后仍未修复的,发包人有权自行修复或委托第三方修复,所需费用由承包人承担……如果工程或工程设备的缺陷或损害使发包人实质上失去了工程的整体功能,发包人有权向承包人追回已支付的工程款项,并要求其赔偿发包人相应损失。
52	第11条　缺陷责任与保修	承包人责任范围内,在缺陷修复后开展进一步试验	√				11.4　缺陷修复后的进一步试验 ……所有的重复试验应按照适用于先前试验的条款进行,但应由责任方承担修补工作的成本和重新试验的风险和费用。
53	第12条　竣工后试验	工程或区段工程未能通过竣工后试验,承包人修补后重新试验	√				12.3　重新试验 如工程或区段工程未能通过竣工后试验,则承包人应根据第11.3款[缺陷调查]的规定修补缺陷,以达到合同约定的要求;并按照第11.4款[缺陷修复后的进一步试验]重新进行竣工后试验以及承担风险和费用。如未通过试验和重新试验是承包人原因造成的,则承包人还应承担发包人因此增加的费用。

续表

<table>
<tr><th rowspan="2">序号</th><th rowspan="2">位置</th><th colspan="6">承担规则概述</th><th rowspan="2">具体内容</th></tr>
<tr><th colspan="2">情形</th><th>费用</th><th>工期</th><th>利润</th><th>损失</th></tr>
<tr><td>54</td><td rowspan="2">第13条 变更与调整</td><td colspan="2">承包人原因导致暂估价合同订立和履行迟延</td><td>√</td><td>√</td><td></td><td></td><td>13.4.2 不属于依法必须招标的暂估价项目……因承包人原因导致暂估价合同订立和履行迟延的,由此增加的费用和(或)延误的工期由承包人承担。</td></tr>
<tr><td>55</td><td colspan="2">因承包人造成的工期延误,延误期间出现法律变化</td><td>√</td><td>√</td><td></td><td></td><td>13.7.3 因承包人原因造成工期延误,在工期延误期间出现法律变化的,由此增加的费用和(或)延误的工期由承包人承担。</td></tr>
<tr><td rowspan="10">56</td><td rowspan="10">第15条 违约</td><td rowspan="10">承包人违约</td><td>承包人原因致承包人文件、工程不符合标准及约定</td><td rowspan="10">√</td><td rowspan="10">√</td><td rowspan="10"></td><td rowspan="10"></td><td rowspan="10">15.2.1 承包人违约的情形
除专用合同条件另有约定外,在履行合同过程中发生的下列情况之一的,属于承包人违约:
(1)承包人的原因导致的承包人文件、实施和竣工的工程不符合法律法规、工程质量验收标准以及合同约定;
(2)承包人违反合同约定进行转包或违法分包的;
(3)承包人违反约定采购和使用不合格材料或工程设备;
(4)因承包人原因导致工程质量不符合合同要求的;
(5)承包人未经工程师批准,擅自将已按合同约定进入施工现场的施工设备、临时设施或材料撤离施工现场;
(6)承包人未能按项目进度计划及时完成合同约定的工作,造成工期延误;
(7)由于承包人原因未能通过竣工试验或竣工后试验的;
(8)承包人在缺陷责任期及保修期内,未能在合理期限对工程缺陷进行修复,或拒绝按发包人指示进行修复的;
(9)承包人明确表示或者以其行为表明不履行合同主要义务的;
(10)承包人未能按照合同约定履行其他义务的。
15.2.3 承包人违约的责任
承包人应承担因其违约行为而增加的费用和(或)延误的工期。此外,合同当事人可在专用合同条件中另行约定承包人违约责任的承担方式和计算方法。</td></tr>
<tr><td>违约转包或违法分包</td></tr>
<tr><td>违约购用不合格材料设备</td></tr>
<tr><td>承包人原因导致工程质量不符合合同要求</td></tr>
<tr><td>擅自撤离施工现场的设备、设施、材料</td></tr>
<tr><td>未及时完成工作造成工期延误</td></tr>
<tr><td>承包人原因未能通过竣工试验或竣工后试验</td></tr>
<tr><td>承包人未及时修复应由其修复的缺陷</td></tr>
<tr><td>承包人不履行合同主要义务</td></tr>
<tr><td>承包人未按约履行其他义务</td></tr>
</table>

续表

序号	位置	承担规则概述					具体内容
		情形	费用	工期	利润	损失	
57	第16条 合同解除	承包人违约,发包人解除合同				√	16.1.3 因承包人违约解除合同后的估价、付款和结算 因承包人原因导致合同解除的,则合同当事人应在合同解除后28天内完成估价、付款和清算,并按以下约定执行: (1)合同解除后,按第3.6款[商定或确定]商定或确定承包人实际完成工作对应的合同价款,以及承包人已提供的材料、工程设备、施工设备和临时工程等的价值; (2)合同解除后,承包人应支付的违约金; (3)合同解除后,因解除合同给发包人造成的损失; (4)合同解除后,承包人应按照发包人的指示完成现场的清理和撤离; (5)发包人和承包人应在合同解除后进行清算,出具最终结清付款证书,结清全部款项。 ……
58	第17条 不可抗力	不可抗力导致工程、设备及人员损害				√	17.4 不可抗力后果的承担 ……(2)承包人提供的施工设备的损坏由承包人承担;(3)发包人和承包人各自承担其人员伤亡及其他财产损失……不可抗力引起的后果及造成的损失由合同当事人按照法律规定及合同约定各自承担。不可抗力发生前已完成的工程应当按照合同约定进行支付。
59		不可抗力导致停工	√	√			17.4 不可抗力后果的承担 ……(4)因不可抗力影响承包人履行合同约定的义务,已经引起或将引起工期延误的,应当顺延工期,由此导致承包人停工的费用损失由发包人和承包人合理分担……

经统计,59种情形中承包人要对发包人承担“费期损”的有2种,承担“费期”的有27种,承担“费损”的有3种,仅承担“费用”的有20种,仅承担“损失”的有7种。可见针对承包人的“费期利损”承担规则中,主要分为“费期”“费用”两种方式。显然,承担“费期”给承包人带来的负担高于仅承担“费用”。

根据上文,在不同情形中影响承包人承担规则的因素同样有三个:一是“承包人过错”;二是“情形对工期的影响”;三是“情形对工程质量的影响”。

同样按照上文所述方法,我们对2020版工程总承包合同(示范文本)中针对承包人的“费期利损”承担规则的59种情形逐一梳理,并挑选“费期”和“费用”两种主要承担方式在表2-2-4中进行呈现。

表2-2-4 不同情形影响承包人责任的量化标准

承担规则:费期					
序号	情形	单个影响因素大小			乘积
		承包人过错	情形对工期的影响	情形对工程质量的影响	
02	承包人拒不签收发包人文件	3	3	1	9
08	不提交项目经理相关证明文件,发包人要求更换项目经理	3	2	1	6
09	因承包人原因导致承包人文件无法通过审查,需修改后重新报送	3	3	1	9
10	承包人责任范围内,政府有关部门或第三方审查单位批准时间较长	2	3	1	6
12	承包人文件错误	3	3	2	18
13	承包人变更进场计划	2	3	1	6
16	工程师发现承包人使用不合标准的材料和设备,要求其修整	3	2	3	18
17	承包人提供的材料和设备有权利负担	3	2	1	6
18	因承包人原因造成工程质量未达合同约定标准	3	3	3	27
19	隐蔽工程经工程师检查质量不合格,完成修复后重新检查	3	3	2	18
20	隐蔽工程覆盖后,工程师怀疑有质量问题,重新检查后证明工程质量不符合合同要求	3	3	3	27
21	承包人未通知工程师检查,私自覆盖隐蔽工程	3	3	2	18
22	工程师对承包人试验和检验结果有异议,重新试验或检验后证明材料、设备不符合合同要求	3	3	2	18
29	修建临时设施、申请临时占地、提交临时占地资料不及时	3	3	1	9
30	施工设备不能满足要求,工程师要求承包人增加或更换施工设备	2	3	2	12

续表

承担规则:费期					
序号	情形	单个影响因素大小			乘积
		承包人过错	情形对工期的影响	情形对工程质量的影响	
32	承包人声明无能力或不愿意立即执行合同约定的抢修义务,发包人雇佣他人抢修	3	2	1	6
35	承包人进行施工现场环境保护,未及时通知发包人,未能得到发包人进一步指示	3	2	1	6
36	施工现场环境污染	3	2	1	6
37	未提供临时用水、用电等资料	3	3	1	9
38	承包人原因导致的工期延误	3	3	1	9
39	承包人责任范围内,行政审批迟延	3	3	1	9
40	因承包人原因,由承包人暂停工作	3	3	1	9
44	对验收不合格的工程采取补救措施	3	2	1	6
54	承包人原因导致暂估价合同订立和履行迟延	3	3	1	9
55	因承包人造成的工期延误,延误期间出现法律变化	2	3	1	6
56	承包人违约	3	3	2	18
59	不可抗力导致停工	1	3	2	6
承担规则:费用					
序号	情形	单个影响因素大小			乘积
		承包人过错	情形对工期的影响	情形对工程质量的影响	
01	优质费	1	1	1	1
07	因承包人原因导致工期延长,继续提供履约担保	3	1	1	3
14	对承包人提供的材料和设备进行检验和交货验收	1	1	1	1
15	承包人妥善保管采购的材料和工程设备	1	1	1	1
23	承包人对非发包人或其人员导致的缺陷和非不可抗力情形导致的缺陷进行修补	3	2	1	6
24	承包人未遵守指示,发包人请第三方修补	3	2	1	6

续表

承担规则:费用					
序号	情形	单个影响因素大小			乘积
		承包人过错	情形对工期的影响	情形对工程质量的影响	
25	承包人车辆外出行驶	1	1	1	1
26	场内交通设施的维修、养护、管理	1	1	1	1
27	承包人负责运输超大件和超重件	1	1	1	1
28	承包人运输造成道路和桥梁损坏	2	1	1	2
31	施工控制网点的管理与修复	2	2	1	4
34	保障劳动者权益	1	1	1	1
42	承包人未按期进行竣工试验	3	1	1	3
45	无正当理由不移交工程	3	1	1	3
46	竣工退场、逾期退场情况下发包人出售或另行处理承包人遗留物品	2	1	1	2
47	未恢复临时占地及清理场地,发包人委托其他人恢复或清理	3	2	1	6
48	承包人未根据发包人指示开展缺陷调查,由发包人开展调查	3	1	2	6
50	修复承包人原因造成的缺陷或损坏	3	1	2	6
52	承包人责任范围内,在缺陷修复后开展进一步试验	3	1	1	3
53	工程或区段工程未能通过竣工后试验,承包人修补后重新试验	3	1	2	6

注:为方便读者查阅2020版工程总承包合同(示范文本)条款原文,本表中"序号"对应表2-2-3中的"序号"。

根据表2-2-4,在绝大多数情形中:当三个影响因素乘积在1~6分时,承包人需承担"费期利损"中的"费用",共计承担1个项目;当三个影响因素乘积在6~27分时,承包人需承担"费期利损"中的"费期",共计承担2个项目。

四、实践中应关注的重点

2020版工程总承包合同(示范文本)中规定的主要承担规则有"费用"、"工期延误"、"利润"和"损失"四项。在不同情形下,担责主体的过错、情形对工期的影响以及情形对工期的影响大小均不相同。三种影响因素相互作用,决定了担责主体的责任大小,进而导致了在合同条款设计时,担责主体的承担规则不同。由此,我们建议发承包双方:

1. 关注量化标准表中乘积数值较大的情形。

前述的《不同情形影响发包人责任的量化标准表》和《不同情形影响承包人责任的量化标准表》,分别按照发承包双方的主要责任承担规则进行分类,逐一分析了相应规则下每种情形的单个影响因素的大小及各影响因素相互作用的结果。

在两个量化标准表中,发承包双方应该特别关注乘积数值较大的情形,即“费期利损”中承担较多项目的情形,如涉及发包人“费期利”承担规则的情形,以及承包人“费期”承担规则的情形。该等情形都会导致发承包人承担更多的责任,应在工程建设中给予特别关注。

2. 关注量化标准表中“发承包人过错”这一影响因素。

上述情形发生时,“情形对工期的影响”和“情形对工程质量的影响”这两个客观层面的因素,由情形本身的性质决定,发承包人无法左右。但“发承包人过错”这一主观层面的因素,是发承包人在工程建设中可以控制的。所以发承包人应当特别关注量化标准表中“发承包人过错”这一影响因素。

对于量化标准表中“发承包人过错”影响因素判定为“大”或“中”的情形,即数值为“3”或“2”的情形,我们建议发承包双方特别关注工程建设中的自我管理,以减少因自身过错导致该情形发生、最终承担更多责任的风险。

对于量化标准表中“发承包人过错”影响因素判定为“小”的情形,即数值为“1”的情形,我们建议发承包双方特别关注工程建设中的风险预案,当情形发生时立刻响应,尽可能减少该情形发生给相对方带来的损害,从而减少自身应承担的责任。

专题三

建设项目工程总承包合同(示范文本)中关于“变更”规定的新特点

2020 版工程总承包合同(示范文本)中的“变更”规定,与以往各类工程总承包合同文本相比,既有吸收继承,也有发展创新,特别是较之住建部 2011 版呈现较大的变化。[①] 与住建部 2011 版相比,2020 版工程总承包合同(示范文本)不再直接约定变更的情形和范围,而是通过发包人行使变更权、接受承包人的合理化建议发出变更指示等程序要件,界定是否构成变更。这一变化也对发承包双方的现场管理能力提出更高的要求。本书从变更的概念、范围、程序等方面对两版合同进行对比,归纳 2020 版工程总承包合同(示范文本)有关“变更”规定的新特点,并在此基础上简要分析发承包双方在适用 2020 版工程总承包合同(示范文本)时应予以关注的问题。

一、2020 版工程总承包合同对比住建部 2011 版呈现的新特点

(一)调整了“变更”概念的范畴

根据住建部 2011 版第 1.1.24 项的定义,“变更”是指“在不改变工程功能和规模的情况下,发包人书面通知或书面批准的,对工程所作的任何更改”。2020 版工程总承包合同(示范文本)在第 1.1.6.3 目“变更”的定义中,则包括了对《发包人要求》的改变以及对工程的改变这两个部分。这一定义也是对九部委 2012

---

① 表 2-3-1 中,我们梳理了 2020 版工程总承包合同(示范文本)的具体变更情形,供读者对比分析参考。

版以及 FIDIC 合同条件中有关变更定义的吸收和继承。[①]

对比两版合同关于“变更”的定义:2020 版工程总承包合同(示范文本),一是不再将变更限制在“不改变工程功能和规模的情况下”。工程总承包的重要特征之一就是以满足发包人最终的功能需求作为合同履行的依据,而发包人对工程功能或规模的需求存在随着设计深化、施工深化等不同阶段产生调整的可能,住建部 2011 版对变更前提的限制可能与工程总承包模式的客观需求并不契合。

二是 2020 版工程总承包合同(示范文本)除了对工程所作出的改变外,变更的定义还增加了对《发包人要求》的改变。虽然对《发包人要求》的改变本质上也是对工程的改变,但 2020 版工程总承包合同(示范文本)将《发包人要求》明确定义为“列明工程的目的、范围、设计与其他技术标准和要求”的名为《发包人要求》的文件。这一变化体现了工程总承包模式下强调最终合同目的实现的特点。因而,2020 版工程总承包合同(示范文本)变更定义中将对《发包人要求》的改变与对除《发包人要求》之外工程的改变并列,一定程度上是对工程总承包模式特点的积极响应,是对《发包人要求》文件的重要地位的呼应。

(二)不再直接区分“变更”的情形

住建部 2011 版中将变更整体上区分为了“设计变更”、“采购变更”与“施工变更”这三种,等于人为地将工程总承包区分为了设计、采购与施工这三大块。每一种变更项下的范围描述,主要是针对工程改变这一客观事实结果的描述,既未涉及引起变更的原因,也忽视了各个变更之间的关联。例如:工程总承包模式下的设计变更,因为设计本就属于承包人的承包范围,因此可能就是承包人自己的原因所致,而非发包人要求的改变。设计变更通常就是采购变更和施工变更的前提,这三者并非相互并列独立。割裂地看待这三者之间的关联,其实无法准确地适用变更程序去规范发承包双方之间的权利义务。相较而言,2020 版工程总承包合同(示范文本)通过对变更定义提纲挈领地处理以及着重强调变更的程序要件,不再区分变更的情形,反而更容易基于工程总承包模式,厘清发承包双方之间的权利义务关系和责任范围。

---

① 九部委 2012 版第 1.1.6.3 目规定:“变更是指根据第 15 条的约定,经指示或批准对发包人要求或工程所做的改变。”FIDIC 黄皮书 2017 版第 1.1.88 项规定:“‘变更’系指根据第 13 条[变更和调整]的规定,经指示作为变更的,对雇主要求或工程所作的任何更改”。

(三)不再界定"变更"的范围

住建部2011版不仅区分了变更的三种情形,还在各情形下详细界定了变更的范围。例如:第13.2.1项规定设计变更范围,包括:(1)对生产工艺流程的调整,但未扩大或缩小初步设计批准的生产路线和规模、或未扩大或缩小合同约定的生产路线和规模;(2)对平面布置、竖面布置、局部使用功能的调整,但未扩大初步设计批准的建筑规模,未改变初步设计批准的使用功能;或未扩大合同约定的建设规模,未改变合同约定的使用功能……(7)其他超出合同约定的设计事项等设计变更情形。

但实践中,以我们服务过的建设项目为例,在适用住建部2011版时,发包人通常会在专用条款中排除通用条款对于变更范围的约定,而会另行在专用条款中约定仅发包人提出的,影响工程规模、功能、标准的变更才构成影响合同价格的变更。导致这一实践运用与示范文本规定相背离的原因,一方面既因住建部2011版列举式的变更范围规定较为宽泛,与工程总承包采用总价形式的初衷有所偏离,导致发包人对总价控制存在较大不确定性;另一方面又存在因变更无法准确界定进而导致双方履约过程中容易发生争议。

2020版工程总承包合同(示范文本)不再采用列举的方式界定变更的具体范围,而是通过是否改变《发包人要求》或工程的实质要件以及发包人行使变更权、接受承包人的合理化建议、发出变更指示等程序要件,界定是否构成变更。

(四)简化了变更通知程序

住建部2011版第13.3.1项规定了变更通知程序,即发包人的变更应事先以书面形式通知承包人。九部委2012版中,也在第15.3.1项规定"监理人可向承包人发出变更意向书"。2020版工程总承包合同(示范文本)删除了这一程序,由此,发包人直接指示的变更,在指示前缺少了商议程序,承包人收到变更指示后原则上应当遵照执行。

但这一点上,2020版工程总承包合同(示范文本)第13.1.2项也延续了住建部2011版第13.3.2项的规定,为承包人设置了可对发包人不合理变更要求提出异议的权利,即承包人及时向工程师发出通知,说明该项变更指示将降低工程的安全性、稳定性或适用性;涉及的工作内容和范围不可预见;所涉设备难以采购;导致承包人无法执行第7.5款[现场劳动用工]、第7.6款[安全文明施工]、第7.7款[职业健康]或第7.8款[环境保护]内容;将造成工期延误;与第4.1款[承包人的一般义务]相冲突等无法执行的理由。但最终是否执行,仍由发包人决定。

二、“变更”规定新特点下发承包双方应重点关注的问题

(一)着重关注变更的程序要件

2020 版工程总承包合同(示范文本)删除了关于变更范围的条款,明确变更指示应经发包人同意并由工程师发出,未经许可,承包人不得擅自对工程进行变更,承包人提出合理化建议的,应当经过发包人审查批准并由工程师发出变更指示。也即在 2020 版工程总承包合同(示范文本)下,不再列举和强调变更的情形和范围,更看重变更的程序要件。由此也提醒发承包双方在适用 2020 版工程总承包合同(示范文本)时,应当高度重视书面变更指令的发出,承包人应有针对性地加强并提升适应 2020 版工程总承包合同(示范文本)要求的变更管理能力,如在项目上配置专岗负责变更和索赔工作,结合合同约定及发包人要求、履约过程中发包人的指令等,及时确认变更程序,对于发包人不确认构成变更的,应及时收集资料和证据,转为索赔程序处理。

(二)关注《发包人要求》文件的解释优先顺位

2020 版工程总承包合同(示范文本)的变更包括对《发包人要求》的改变,这与《发包人要求》本身的内容和范围是否明确密切相关。从 2020 版工程总承包合同(示范文本)通用合同条件第 1.5 款规定的合同文件优先顺序来看,《发包人要求》优先于通用合同条件,通用合同条件又优先于承包人建议。在 2020 版工程总承包合同(示范文本)的适用过程中,通用合同条件通常不会被合同当事人修改。因此,承包人尤其要关注,对于承包人建议中的任何变化如果涉及对《发包人要求》的改变,在承包人建议获得发包人采纳的情况下,不仅应通过变更程序来落实,还应当相应修订《发包人要求》,否则承包人建议中涉及《发包人要求》的变化可能因为没有成为新的《发包人要求》的一部分,而在与通用合同条件产生冲突时,被通用合同条件经由优先解释顺位所取代。

(三)承包人应关注工程总承包模式下“设计变更”和“变更”的交叉与区别

在施工总承包模式下,设计并非承包人的工作范围,“设计变更”通常也非承包人的原因产生,承包人只要完成施工图纸及变更指示所示的建设内容即完成合同主要义务,无论是“设计变更”还是除设计变更之外的其他“变更”指示,在施工总承包模式下权利义务均相对明确。而在工程总承包模式下,设计本就在承包人的承

包范围内,承包人需要根据发包人要求自行完成设计工作,因而工程总承包模式下的“设计变更”也就可以根据发起的主体不同区分为两种情形:一种是承包人自身发起的“设计变更”,该种情形产生的原因有多种,比如基于不同设计阶段客观产生的设计深度、精确度的变化导致的设计变更,与承包人自身设计的疏漏、缺陷等原因产生的设计变更等。显然,该种情形下的“设计变更”并非发包人原因产生,也就不涉及2020版工程总承包合同(示范文本)中“经指示或批准对《发包人要求》或工程所做的改变”,不构成2020版工程总承包合同(示范文本)定义的“变更”。另一种“设计变更”情形则是由发包人指示或批准。虽然该种情形下的设计变更工作仍需由承包人完成,但属于2020版工程总承包合同(示范文本)定义的“经指示或批准对《发包人要求》或工程所做的改变”,是在“变更”情形下产生“设计变更”。

基于以上工程总承包模式下“设计变更”情形与“变更”的交叉与区别,承包人一方面应高度重视“变更”的程序要件,避免产生纠纷时有理说不清的现实尴尬;另一方面在承接项目时也要充分评估在工程总承包项目总价模式下,对因自身原因产生的“设计变更”的风险承受能力,尽可能避免不同设计阶段设计成果差异过大以及因自身设计疏漏、缺陷导致后续频繁设计变更,特别是在联合体承包情形下,设计单位和施工单位在设计阶段应保持充分沟通,共同参与设计工作,确保设计成果质量与后续施工工作的高度融合。

(四)发包人也应注意在下达的指示中明确是否构成变更

对于发包人来说,2020版工程总承包合同(示范文本)扩张了发包人变更权,不仅包括对工程的改变,还包括对发包人要求的改变。该变更范围的扩张,意味着有更多调整事项可依变更程序执行。该等调整事项涉及对工程功能和规模的更改,或涉及对发包人要求的更改时,发包人应当更加谨慎审查承包人建议,在指示或批准中明确该等调整事项是否构成变更。因发包人对某调整事项指示不明而被法院认为同意变更的情况在司法实践中时有发生。例如最高人民法院在(2019)最高法民终134号判决书中认为,发包人滨海鼎昇公司对承包人变更图纸而制作的《工程款支付申请表》《工程产值清单》进行了签字确认。据此,天津市高级人民法院认定滨海鼎昇公司对远达水务公司变更设计图纸并进行施工是明知且授意的,并无不当。对于滨海鼎昇公司认为“远达水务公司擅自变更设计图纸,土建工程设计变更部分的工程量不应计入滨海鼎昇公司应付款范围”的上诉主张,最高人民法院不予支持(见表2-3-1)。

表 2-3-1　2020 版工程总承包合同(示范文本)具体变更情形梳理

序号	情形	具体内容
1	《发包人要求》或发包人提供的基础资料错误,承包人发现后,发包人进行修改。	1.12　《发包人要求》和基础资料中的错误 承包人应尽早认真阅读、复核《发包人要求》以及其提供的基础资料,发现错误的,应及时书面通知发包人补正。发包人作相应修改的,按照第 13 条[变更与调整]的约定处理。 《发包人要求》或其提供的基础资料中的错误导致承包人增加费用和(或)工期延误的,发包人应承担由此增加的费用和(或)工期延误,并向承包人支付合理利润。
2	工程师按照发包人授权发出指示。	3.5.1　工程师应按照发包人的授权发出指示…… 3.5.2　承包人收到工程师作出的指示后应遵照执行。如果任何此类指示构成一项变更时,应按照第 13 条[变更与调整]的约定办理。
3	工程师因承包人遇到不可预见的困难而发出指示。	4.8　不可预见的困难 …… 承包人遇到不可预见的困难时,应采取克服不可预见的困难的合理措施继续施工,并及时通知工程师并抄送发包人。通知应载明不可预见的困难的内容、承包人认为不可预见的理由以及承包人制定的处理方案。工程师应当及时发出指示,指示构成变更的,按第 13 条[变更与调整]约定执行。承包人因采取合理措施而增加的费用和(或)延误的工期由发包人承担。
4	因法律和标准的变化承包人提出建议,而后工程师发出指示。	5.1.3　法律和标准的变化 除合同另有约定外,承包人完成设计工作所应遵守的法律规定,以及国家、行业和地方的规范和标准,均应视为在基准日期适用的版本。基准日期之后,前述版本发生重大变化,或者有新的法律,以及国家、行业和地方的规范和标准实施的,承包人应向工程师提出遵守新规定的建议。发包人或其委托的工程师应在收到建议后 7 天内发出是否遵守新规定的指示。如果该项建议构成变更的,按照第 13.2 款[承包人的合理化建议]的约定执行。 在基准日期之后,因国家颁布新的强制性规范、标准导致承包人的费用变化的,发包人应合理调整合同价格;导致工期延误的,发包人应合理延长工期。
5	发包人对承包人文件提出审查意见。	5.2.1　根据《发包人要求》应当通过工程师报发包人审查同意的承包人文件,承包人应当按照《发包人要求》约定的范围和内容及时报送审查。…… 发包人同意承包人文件的,应及时通知承包人,发包人不同意承包人文件的,应在审查期限内通过工程师以书面形式通知承包人,并说明不同意的具体内容和理由。 承包人对发包人的意见按以下方式处理: (1)发包人的意见构成变更的,承包人应在 7 天内通知发包人按照第 13 条[变更与调整]中关于发包人指示变更的约定执行,双方对是否构成变更无法达成一致的,按照第 20 条[争议解决]的约定执行……

续表

序号	情形	具体内容
6	因政府有关部门或第三方审查单位审查意见而修改《发包人要求》。	5.2.3　承包人文件需政府有关部门或专用合同条件约定的第三方审查单位审查或批准的,发包人应在发包人审查同意承包人文件后7天内,向政府有关部门或第三方报送承包人文件,承包人应予以协助。对于政府有关部门或第三方审查单位的审查意见,不需要修改《发包人要求》的,承包人需按该审查意见修改承包人的设计文件;需要修改《发包人要求》的,承包人应按第13.2款[承包人的合理化建议]的约定执行。上述情形还应适用第5.1款[承包人的设计义务]和第13条[变更与调整]的有关约定……
7	需要对发包人提供的材料和工程设备进场计划进行变更。	6.2.1　发包人提供的材料和工程设备 …… 发包人需要对进场计划进行变更的,承包人不得拒绝,应根据第13条[变更与调整]的规定执行,并由发包人承担承包人由此增加的费用,以及引起的工期延误。承包人需要对进场计划进行变更的,应事先报请工程师批准,由此增加的费用和(或)工期延误由承包人承担。 ……
8	因发包人原因导致工期延误。	8.7.1　因发包人原因导致工期延误 在合同履行过程中,因下列情况导致工期延误和(或)费用增加的,由发包人承担由此延误的工期和(或)增加的费用,且发包人应支付承包人合理的利润: (1)根据第13条[变更与调整]的约定构成一项变更的; ……
9	工程师发出指示,要求承包人在异常恶劣的气候条件下,采取合理措施继续施工。	8.7.4　异常恶劣的气候条件 …… 承包人应采取克服异常恶劣的气候条件的合理措施继续施工,并及时通知工程师。工程师应当及时发出指示,指示构成变更的,按第13条[变更与调整]约定办理。承包人因采取合理措施而延误的工期由发包人承担。
10	发包人指示承包人提前竣工且被承包人接受。	8.8.1　发包人指示承包人提前竣工且被承包人接受的,应与承包人共同协商采取加快工程进度的措施和修订项目进度计划。发包人应承担承包人由此增加的费用,增加的费用按第13条[变更与调整]的约定执行;发包人不得以任何理由要求承包人超过合理限度压缩工期。承包人有权不接受提前竣工的指示,工期按照合同约定执行。
11	承包人提出提前竣工的建议且被发包人接受。	8.8.2　承包人提出提前竣工的建议且发包人接受的,应与发包人共同协商采取加快工程进度的措施和修订项目进度计划。发包人应承担承包人由此增加的费用,增加的费用按第13条[变更与调整]的约定执行,并向承包人支付专用合同条件约定的相应奖励金。

续表

序号	情形	具体内容
12	发包人拖延复工。	8.9.5　拖长的暂停 根据第8.9.1项[由发包人暂停工作]暂停工作持续超过56天的,承包人可向发包人发出要求复工的通知。如果发包人没有在收到书面通知后28天内准许已暂停工作的全部或部分继续工作,承包人有权根据第13条[变更与调整]的约定,要求以变更方式调减受暂停影响的部分工程。发包人的暂停超过56天且暂停影响到整个工程的,承包人有权根据第16.2款[由承包人解除合同]的约定,发出解除合同的通知。
13	因法律变化而需要对工程的实施进行任何调整。	13.7.4　因法律变化而需要对工程的实施进行任何调整的,承包人应迅速通知发包人,或者发包人应迅速通知承包人,并附上详细的辅助资料。发包人接到通知后,应根据第13.3款[变更程序]发出变更指示。
14	因新颁布的法律法规,要求承包人增加强制保险。	18.4　其他保险 发包人应按照工程总承包模式所适用的法律法规和专用合同条件约定,投保其他保险并保持保险有效,其投保费用发包人自行承担。承包人应按照工程总承包模式所适用法律法规和专用合同条件约定投保相应保险并保持保险有效,其投保费用包含在合同价格中,但在合同执行过程中,新颁布适用的法律法规规定由承包人投保的强制保险,应根据本合同第13条[变更与调整]的约定增加合同价款。

专题四

建设项目工程总承包合同(示范文本)中关于“证书”问题的梳理与解析

以“证书”作为关键字,2020版工程总承包合同(示范文本)总共可以检索到73个结果,其中,剔除“产品合格证书”(第6.2.2项[承包人提供的材料和工程设备])和“上岗证书”(第7.6.2项[安全生产保证措施])这两项非发包人方面颁发的证书以外,尚余“接收证书”、“单位/区段工程验收证书”、“支付证书”①、“缺陷责任期终止证书”与“最终结清证书”等五种类型。为便于更好地理解本合同示范文本体系之下相关“证书”的颁发主体、程序与责任,我们通过本专题逐一进行梳理论述(见表2-4-1)。

一、接收证书

颁发主体:发包人

涉及条款:

1.第5.4款[竣工文件]中的第5.4.2项

规定了在发包人颁发工程接收证书前,承包人应提交有关竣工文件的义务。

2.第6.6款[缺陷和修补]中的第6.6.1项

规定了在发包人颁发工程接收证书前,可得指示承包人进行工程质量缺陷修补的权利。

---

① 第13.8款[市场价格波动引起的调整]中规定的付款证书,综观本合同示范文本的全文来讲,应与支付证书同一意思表示。

3. 第 8.2 款[竣工日期]

规定了竣工日期应在工程接收证书中写明。

4. 第 10.1.2 项[竣工验收程序]

规定了工程接收证书在竣工验收程序中的作用。例如:完成竣工验收后发包人不予签发工程接收证书的,视为竣工验收合格;以及,拖延颁发工程接收证书的,发包人应支付违约金等。

5. 第 10.4 款[接收证书]

规定了接收证书的颁发时间、颁发或拒绝颁发的条件、颁发注意事项以及拒绝颁发可能导致的后果等。

6. 第 10.5.1 项[竣工退场]

规定了发包人颁发工程接收证书之后的承包人竣工退场义务。

7. 第 14.2.1 项[预付款支付]

规定了在颁发工程接收证书前提前解除合同的,预付款的扣还。

8. 第 19.4 款[提出索赔的期限]

规定了承包人针对工程接收证书颁发之前的事项提出索赔的限制与条件。

二、单位/区段工程验收证书

颁发主体:工程师

涉及条款:

第 10.2 款[单位/区段工程的验收]中的第 10.2.1 项

规定了发包人需在全部工程竣工前使用已经竣工的单位/区段工程的,可进行已完成单位/区段工程部分的验收,并在验收合格后,由工程师向承包人出具经发包人签认的单位/区段工程的验收证书。

三、支付证书

支付证书在本合同示范文本中是一"统称"。在本合同示范文本中,其出现的情形大致可分为两类,一类是在"统称"的含义上进行使用,又与付款证书混同;另一类则进一步划分为人工费支付证书、进度款支付证书与竣工付款证书(包括临时竣工付款证书)等三项。

第一类:统称

颁发主体:同下述细分类的支付证书

涉及条款:

1. 第 8.9.2 项[由承包人暂停工作]

规定了发包人拖延、拒绝批准付款申请和支付证书情形下,承包人暂停工作的权利。

2. 第 13.8 款[市场价格波动引起的调整]中的第 13.8.2.1 目

规定了付款证书在价格调整公式中相关数据的计算参照,并未具体细分指向哪一类付款证书。

第二类:细分

(一)人工费支付证书

颁发主体:发包人

涉及条款:

第 14.3.1 项第(1)目[人工费的申请]

规定了人工费支付证书的颁发时间。

(二)进度款支付证书

颁发主体:发包人

涉及条款:

1. 第 14.3.1 项第(2)目

规定了承包人提交的进度付款申请应包括对发包人已签发的进度款支付证书中出现错误的修正。

2. 第 14.3.2[进度付款审核和支付]

规定了发包人签发进度款支付证书的时间、逾期签发情形下的后果,以及签发进度款支付证书之后的进度款支付期限等。

3. 第 14.3.3[进度付款的修正]

规定了针对已签发进度款支付证书中的错误的修正制度。

(三)竣工付款证书(包括临时竣工付款证书)

颁发主体:发包人/工程师①

---

① 关于竣工付款证书的签发主体,在本合同示范文本中可能存在前后表述不一致的情形。例如:第 14.5.2 项[竣工结算审核]中,竣工付款证书的签发主体到底是工程师还是发包人,前后可能存在矛盾。实际使用并据此制订专用合同条件时应予以关注、完善。

涉及条款:

1. 第 14. 5. 2 项[竣工结算审核]

规定了竣工付款证书的签发时间、逾期签发情形下的后果,以及签发竣工付款证书之后的竣工付款期限等。

2. 第 14. 6. 2 项[质量保证金的预留]

规定了竣工付款证书签发后承包人应提交工程质量担保的责任。

3. 第 19. 4 款[提出索赔的期限]

规定了承包人在接收竣工付款证书之后的索赔限制。

四、缺陷责任期终止证书

颁发主体:发包人

涉及条款:

1. 第 11. 6 款[缺陷责任期终止证书]

规定了发包人颁发缺陷责任期终止证书的时间,以及承包人在收到缺陷责任期终止证书之后的人员撤离义务。

2. 第 14. 6. 3 项[质量保证金的返还]

规定了发包人颁发缺陷责任期终止证书后,承包人的质量保证金返还义务。

3. 第 14. 7. 1 项[最终结清申请单]

规定了发包人颁发缺陷责任期终止证书后,承包人提出最终结算申请的权利。

4. 第 18. 1 款[设计和工程保险]中的第 18. 1. 2 项

规定了有关保险应在缺陷责任期终止证书颁发前始终确保有效。

五、最终结清证书

颁发主体:发包人

涉及条款:

1. 第 14. 7. 2[最终结清证书和支付]

规定了最终结清证书的颁发时间、逾期颁发可能导致的后果、颁发后的付款责任以及承包人的异议权等。

2. 第 16. 1. 3 项[因承包人违约解除合同后的估价、付款和结算]

规定了因承包人违约解除合同后,发包人颁发最终结清证书并进行付款的义务。

3. 第 19.4 款[提出索赔的期限]

规定了承包人在最终结清申请单中提出有关索赔事项的索赔期限应至接收最终结清证书时为止。

六、对比小结

结合前述梳理可以发现,在本合同示范文本体系之下,除单位/区段工程验收证书的颁发主体为工程师以外,其余各类证书的颁发主体均为发包人。这一点与同样设置有工程师制度的 FIDIC 黄皮书的规定存在显著差异。

在 FIDIC 黄皮书 2017 版中,各类证书的颁发主体一般均为工程师。根据第 1.1.35 项的定义,“工程师”系指由雇主任命并在合同数据中指明,为实施合同担任工程师的人员,或根据第 3.6 款[工程师的替代]的规定,由雇主任命的任何其他人员。也就是说,在设置有“工程师”的情况下,作为专业人员,工程师即代表雇主基于合同授权从事相应的工程管理活动,其行为后果应视为由雇主予以承受。否则,工程师无此等行为责任,其存在的价值可能就要“打折”,而纯粹变为雇主的“传声筒”。

以 FIDIC 黄皮书 2017 版中规定的期中付款证书为例:

首先,工程师应在收到承包商提交的有关报表和证明文件后的 28 天内向雇主签发期中付款证书;

其次,承包商如果对工程师签发的期中付款证书持有异议,可在下一份报表中提出意见,要求确认;

再次,对于承包商的意见,承包商与工程师之间应按照合同规定的异议流程进行处理,包括遵照商定或确定程序执行;

最后,雇主在收到期中付款证书后应按照期中付款证书中载明的金额,根据合同约定的期限(如果没有约定的,则不迟于工程师收到承包商提交报表和证明文件后的 56 天)内向承包商进行付款。

对应本合同示范文本中的进度款支付证书:

首先,工程师应在收到承包人进度付款申请单以及相关资料后 7 天内完成审查并报送发包人;

其次,发包人应在收到工程师报送后的 7 天内完成审批并签发进度款支付

证书;

最后,发包人应在签发进度款支付证书后的14天内完成支付。

两相比较,除过程中可能存在的进度款支付审批“僵局”不讲,发包人自身签发进度款证书,然后再安排付款的行为,可能会使得该证书制度本身存在的价值存疑。因此,发承包双方在适用本合同示范文本制订专用合同条件之时,可就有关的证书制度,结合发包人、工程师、承包人三者之间的权利义务定位,基于全局重新考量,并就此进行修订完善。这既使合同使用过程本身更为流畅,也便于合同履行出现“僵局”后的化解。

表2-4-1　各“证书”条款梳理

合同条款	颁发主体	
	发包人	工程师
一、接收证书		
5.4.2　在颁发工程接收证书之前,承包人应按照《发包人要求》的份数和形式向工程师提交相应竣工图纸,并取得工程师对尺寸、参照系统及其他有关细节的认可。工程师应按照第5.2款[承包人文件审查]的约定进行审查。	√	
6.6.1　发包人可在颁发接收证书前随时指示承包人: (1)对不符合合同要求的任何工程设备或材料进行修补,或者将其移出现场并进行更换; (2)对不符合合同的其他工作进行修补,或者将其去除并重新实施; (3)实施因意外、不可预见的事件或其他原因引起的、为工程的安全迫切需要的任何修补工作。	√	
8.2　竣工日期 承包人应在合同协议书约定的工期内完成合同工作。除专用合同条件另有约定外,工程的竣工日期以第10.1条[竣工验收]的约定为准,并在工程接收证书中写明。 因发包人原因,在工程师收到承包人竣工验收申请报告42天后未进行验收的,视为验收合格,实际竣工日期以提交竣工验收申请报告的日期为准,但发包人由于不可抗力不能进行验收的除外。	√	
10.1.2　竣工验收程序 除专用合同条件另有约定外,承包人申请竣工验收的,应当按照以下程序进行: (1)承包人向工程师报送竣工验收申请报告,工程师应在收到竣工验收申请报告后14天内完成审查并报送发包人。工程师审查后认为尚不具备竣工验收条件的,应在收到竣工验收申请报告后的14天内通知承包人,指出在颁发接收证书前承包人还需进行的工作内容。承包人完成工程师通知的全部工作内容后,应再次提交竣工验收申请报告,直至工程师同意为止。	√	

续表

<table>
<tr><th rowspan="2">合同条款</th><th colspan="2">颁发主体</th></tr>
<tr><th>发包人</th><th>工程师</th></tr>
<tr><td>(2)工程师同意承包人提交的竣工验收申请报告的,或工程师收到竣工验收申请报告后14天内不予答复的,视为发包人收到并同意承包人的竣工验收申请,发包人应在收到该竣工验收申请报告后的28天内进行竣工验收。工程经竣工验收合格的,以竣工验收合格之日为实际竣工日期,并在工程接收证书中载明;完成竣工验收但发包人不予签发工程接收证书的,视为竣工验收合格,以完成竣工验收之日为实际竣工日期。
(3)竣工验收不合格的,工程师应按照验收意见发出指示,要求承包人对不合格工程返工、修复或采取其他补救措施,由此增加的费用和(或)延误的工期由承包人承担。承包人在完成不合格工程的返工、修复或采取其他补救措施后,应重新提交竣工验收申请报告,并按本项约定的程序重新进行验收。
(4)因发包人原因,未在工程师收到承包人竣工验收申请报告之日起42天内完成竣工验收的,以承包人提交竣工验收申请报告之日作为工程实际竣工日期。
(5)工程未经竣工验收,发包人擅自使用的,以转移占有工程之日为实际竣工日期。
除专用合同条件另有约定外,发包人不按照本项和第10.4款[接收证书]约定组织竣工验收、颁发工程接收证书的,每逾期一天,应以签约合同价为基数,按照贷款市场报价利率(LPR)支付违约金。</td><td></td><td></td></tr>
<tr><td>10.4 接收证书
10.4.1 除专用合同条件另有约定外,承包人应在竣工验收合格后向发包人提交第14.6款[质量保证金]约定的质量保证金,发包人应在竣工验收合格且工程具备接收条件后的14天内向承包人颁发工程接收证书,但承包人未提交质量保证金的,发包人有权拒绝颁发。发包人拒绝颁发工程接收证书的,应向承包人发出通知,说明理由并指出在颁发接收证书前承包人需要做的工作,需要修补的缺陷和承包人需要提供的文件。
10.4.2 发包人向承包人颁发的接收证书,应注明工程或单位/区段工程经验收合格的实际竣工日期,并列明不在接收范围内的,在收尾工作和缺陷修补完成之前对工程或单位/区段工程预期使用目的没有实质影响的少量收尾工作和缺陷。
10.4.3 竣工验收合格而发包人无正当理由逾期不颁发工程接收证书的,自验收合格后第15天起视为已颁发工程接收证书。
10.4.4 工程未经验收或验收不合格,发包人擅自使用的,应在转移占有工程后7天内向承包人颁发工程接收证书;发包人无正当理由逾期不颁发工程接收证书的,自转移占有后第15天起视为已颁发工程接收证书。
10.4.5 存在扫尾工作的,工程接收证书中应当将第14.5.3项[扫尾工作清单]中约定的扫尾工作清单作为工程接收证书附件。</td><td>√</td><td></td></tr>
</table>

续表

<table>
<tr><th rowspan="2">合同条款</th><th colspan="2">颁发主体</th></tr>
<tr><th>发包人</th><th>工程师</th></tr>
<tr><td>10.5.1　竣工退场
颁发工程接收证书后,承包人应对施工现场进行清理,并撤离相关人员,使得施工现场处于以下状态,直至工程师检验合格为止:
(1)施工现场内残留的垃圾已全部清除出场;
(2)临时工程已拆除,场地已按合同约定进行清理、平整或复原;
(3)按合同约定应撤离的人员、承包人提供的施工设备和剩余的材料,包括废弃的施工设备和材料,已按计划撤离施工现场;
(4)施工现场周边及其附近道路、河道的施工堆积物,已全部清理;
(5)施工现场其他竣工退场工作已全部完成。
施工现场的竣工退场费用由承包人承担。承包人应在专用合同条件约定的期限内完成竣工退场,逾期未完成的,发包人有权出售或另行处理承包人遗留的物品,由此支出的费用由承包人承担,发包人出售承包人遗留物品所得款项在扣除必要费用后应返还承包人。</td><td>√</td><td></td></tr>
<tr><td>14.2.1　预付款支付
预付款的额度和支付按照专用合同条件约定执行。预付款应当专用于承包人为合同工程的设计和工程实施购置材料、工程设备、施工设备、修建临时设施以及组织施工队伍进场等合同工作。
除专用合同条件另有约定外,预付款在进度付款中同比例扣回。在颁发工程接收证书前,提前解除合同的,尚未扣完的预付款应与合同价款一并结算。
发包人逾期支付预付款超过7天的,承包人有权向发包人发出要求预付的催告通知,发包人收到通知后7天内仍未支付的,承包人有权暂停施工,并按第15.1.1项[发包人违约的情形]执行。</td><td>√</td><td></td></tr>
<tr><td>19.4　提出索赔的期限
(1)承包人按第14.5款[竣工结算]约定接收竣工付款证书后,应被认为已无权再提出在合同工程接收证书颁发前所发生的任何索赔。
(2)承包人按第14.7款[最终结清]提交的最终结清申请单中,只限于提出工程接收证书颁发后发生的索赔。提出索赔的期限均自接受最终结清证书时终止。</td><td>√</td><td></td></tr>
<tr><td colspan="3">二、单位/区段工程验收证书</td></tr>
<tr><td>10.2.1　发包人根据项目进度计划安排,在全部工程竣工前需要使用已经竣工的单位/区段工程时,或承包人提出经发包人同意时,可进行单位/区段工程验收。验收的程序可参照第10.1款[竣工验收]的约定进行。验收合格后,由工程师向承包人出具经发包人签认的单位/区段工程验收证书。单位/区段工程的验收成果和结论作为全部工程竣工验收申请报告的附件。</td><td></td><td>√</td></tr>
</table>

续表

<table>
<tr><th rowspan="2">合同条款</th><th colspan="2">颁发主体</th></tr>
<tr><th>发包人</th><th>工程师</th></tr>
<tr><td colspan="3">三、支付证书</td></tr>
<tr><td colspan="3">第一类:统称</td></tr>
<tr><td>8.9.2　由承包人暂停工作
因承包人原因所造成部分或全部工程的暂停,承包人应采取措施尽快复工并赶上进度,由此造成费用的增加或工期延误由承包人承担。因此造成逾期竣工的,承包人应按第8.7.2项[因承包人原因导致工期延误]承担逾期竣工违约责任。
合同履行过程中发生下列情形之一的,承包人可向发包人发出通知,要求发包人采取有效措施予以纠正。发包人收到承包人通知后的28天内仍不予以纠正,承包人有权暂停施工,并通知工程师。承包人有权要求发包人延长工期和(或)增加费用,并支付合理利润:
(1)发包人拖延、拒绝批准付款申请和支付证书,或未能按合同约定支付价款,导致付款延误的;
(2)发包人未按约定履行合同其他义务导致承包人无法继续履行合同的,或者发包人明确表示暂停或实质上已暂停履行合同的。</td><td>√</td><td></td></tr>
<tr><td>13.8.2.1　双方当事人可以将部分主要工程材料、工程设备、人工价格及其他双方认为应当根据市场价格调整的费用列入附件6[价格指数权重表],并根据以下公式计算差额并调整合同价格:
(1)价格调整公式
$$\triangle P = P_0\left[A + \left(B_1 \times \frac{F_{t1}}{F_{01}} + B_2 \times \frac{F_{t2}}{F_{02}} + B_3 \times \frac{F_{t3}}{F_{03}} + \cdots + B_n \times \frac{F_{tn}}{F_{0n}}\right) - 1\right]$$
公式中:$\triangle P$——需调整的价格差额;
P_0——付款证书中承包人应得到的已完成工作量的金额。此项金额应不包括价格调整、不计质量保证金的预留和支付、预付款的支付和扣回。第13条[变更与调整]约定的变更及其他金额已按当期价格计价的,也不计在内;
A——定值权重(不调部分的权重);
B_1;B_2;B_3;……B_n——各可调因子的变值权重(可调部分的权重)为各可调因子在投标函投标总报价中所占的比例,且$A + B_1 + B_2 + B_3 + \cdots\cdots + B_n = 1$;
F_{t1};F_{t2};F_{t3};……F_{tn}——各可调因子的当期价格指数,指付款证书相关周期最后一天的前42天的各可调因子的价格指数;
F_{01};F_{02};F_{03};……F_{0n}——各可调因子的基本价格指数,指基准日期的各可调因子的价格指数。
以上价格调整公式中的各可调因子、定值和变值权重,以及基本价格指数及其来源在投标函附录价格指数和权重表中约定。价格指数应首先采用投标函附录中载明的有关部门提供的价格指数,缺乏上述价格指数时,可采用有关部门提供的价格代替。</td><td>√</td><td>√</td></tr>
</table>

续表

合同条款	颁发主体	
	发包人	工程师
(2)暂时确定调整差额 在计算调整差额时得不到当期价格指数的,可暂用上一次价格指数计算,并在以后的付款中再按实际价格指数进行调整。 (3)权重的调整 按第13.1款[发包人变更权]约定的变更导致原定合同中的权重不合理的,由工程师与承包人和发包人协商后进行调整。 (4)承包人原因工期延误后的价格调整 因承包人原因未在约定的工期内竣工的,则对原约定竣工日期后继续施工的工程,在使用本款第(1)项价格调整公式时,应采用原约定竣工日期与实际竣工日期的两个价格指数中较低的一个作为当期价格指数。 (5)发包人引起的工期延误后的价格调整 由于发包人原因未在约定的工期内竣工的,则对原约定竣工日期后继续施工的工程,在使用本款第(1)目价格调整公式时,应采用原约定竣工日期与实际竣工日期的两个价格指数中较高的一个作为当期价格指数。		
第二类:细分		
14.3.1　工程进度付款申请 (1)人工费的申请 人工费应按月支付,工程师应在收到承包人人工费付款申请单以及相关资料后7天内完成审查并报送发包人,发包人应在收到后7天内完成审批并向承包人签发人工费支付证书,发包人应在人工费支付证书签发后7天内完成支付。已支付的人工费部分,发包人支付进度款时予以相应扣除。 ……	√	
14.3.2　进度付款审核和支付 除专用合同条件另有约定外,工程师应在收到承包人进度付款申请单以及相关资料后7天内完成审查并报送发包人,发包人应在收到后7天内完成审批并向承包人签发进度款支付证书。发包人逾期(包括因工程师原因延误报送的时间)未完成审批且未提出异议的,视为已签发进度款支付证书。工程师对承包人的进度付款申请单有异议的,有权要求承包人修正和提供补充资料,承包人应提交修正后的进度付款申请单。工程师应在收到承包人修正后的进度付款申请单及相关资料后7天内完成审查并报送发包人,发包人应在收到工程师报送的进度付款申请单及相关资料后7天内,向承包人签发无异议部分的进度款支付证书。存在争议的部分,按照第20条[争议解决]的约定处理。 除专用合同条件另有约定外,发包人应在进度款支付证书签发后14天内完成支付,发包人逾期支付进度款的,按照贷款市场报价利率(LPR)支付利息;逾期支付超过56天的,按照贷款市场报价利率(LPR)的两倍支付利息。 发包人签发进度款支付证书,不表明发包人已同意、批准或接受了承包人完成的相应部分的工作。	√	

续表

<table>
<tr><th rowspan="2">合同条款</th><th colspan="2">颁发主体</th></tr>
<tr><th>发包人</th><th>工程师</th></tr>
<tr><td>14.3.3 进度付款的修正
在对已签发的进度款支付证书进行阶段汇总和复核中发现错误、遗漏或重复的,发包人和承包人均有权提出修正申请。经发包人和承包人同意的修正,应在下期进度付款中支付或扣除。</td><td>√</td><td></td></tr>
<tr><td>14.5.2 竣工结算审核
(1)除专用合同条件另有约定外,工程师应在收到竣工结算申请单后14天内完成核查并报送发包人。发包人应在收到工程师提交的经审核的竣工结算申请单后14天内完成审批,并由工程师向承包人签发经发包人签认的竣工付款证书。工程师或发包人对竣工结算申请单有异议的,有权要求承包人进行修正和提供补充资料,承包人应提交修正后的竣工结算申请单。
发包人在收到承包人提交竣工结算申请书后28天内未完成审批且未提出异议的,视为发包人认可承包人提交的竣工结算申请单,并自发包人收到承包人提交的竣工结算申请单后第29天起视为已签发竣工付款证书。
(2)除专用合同条件另有约定外,发包人应在签发竣工付款证书后的14天内,完成对承包人的竣工付款。发包人逾期支付的,按照贷款市场报价利率(LPR)支付违约金;逾期支付超过56天的,按照贷款市场报价利率(LPR)的两倍支付违约金。
(3)承包人对发包人签认的竣工付款证书有异议的,对于有异议部分应在收到发包人签认的竣工付款证书后7天内提出异议,并由合同当事人按照专用合同条件约定的方式和程序进行复核,或按照第20条[争议解决]约定处理。对于无异议部分,发包人应签发临时竣工付款证书,并按本款第(2)项完成付款。承包人逾期未提出异议的,视为认可发包人的审批结果。</td><td>√</td><td>√</td></tr>
<tr><td>14.6.2 质量保证金的预留
双方约定采用预留相应比例的工程款方式提供质量保证金的,质量保证金的预留有以下三种方式:
(1)按专用合同条件的约定在支付工程进度款时逐次预留,直至预留的质量保证金总额达到专用合同条件约定的金额或比例为止。在此情形下,质量保证金的计算基数不包括预付款的支付、扣回以及价格调整的金额;
(2)工程竣工结算时一次性预留质量保证金;
(3)双方约定的其他预留方式。
除专用合同条件另有约定外,质量保证金的预留原则上采用上述第(1)种方式。如承包人在发包人签发竣工付款证书后28天内提交工程质量保证担保,发包人应同时返还预留的作为质量保证金的工程价款。发包人在返还本条款项下的质量保证金的同时,按照中国人民银行同期同类存款基准利率支付利息。</td><td>√</td><td></td></tr>
</table>

续表

合同条款	颁发主体	
	发包人	工程师
19.4　提出索赔的期限 (1)承包人按第 14.5 款[竣工结算]约定接收竣工付款证书后,应被认为已无权再提出在合同工程接收证书颁发前所发生的任何索赔。 (2)承包人按第 14.7 款[最终结清]提交的最终结清申请单中,只限于提出工程接收证书颁发后发生的索赔。提出索赔的期限均自接受最终结清证书时终止。	√	√
四、缺陷责任期终止证书		
11.6　缺陷责任期终止证书 除专用合同条件另有约定外,承包人应于缺陷责任期届满前 7 天内向发包人发出缺陷责任期即将届满通知,发包人应在收到通知后 7 天内核实承包人是否履行缺陷修复义务,承包人未能履行缺陷修复义务的,发包人有权扣除相应金额的维修费用。发包人应在缺陷责任期届满之日,向承包人颁发缺陷责任期终止证书,并按第 14.6.3 项[质量保证金的返还]返还质量保证金。 如根据第 10.5.3 项[人员撤离]承包人在施工现场还留有人员、施工设备和临时工程的,承包人应当在收到缺陷责任期终止证书后 28 天内,将上述人员、施工设备和临时工程撤离施工现场。	√	
14.6.3　质量保证金的返还 缺陷责任期内,承包人认真履行合同约定的责任,缺陷责任期满,发包人根据第 11.6 款[缺陷责任期终止证书]向承包人颁发缺陷责任期终止证书后,承包人可向发包人申请返还质量保证金。 发包人在接到承包人返还质量保证金申请后,应于 7 天内将质量保证金返还承包人,逾期未返还的,应承担违约责任。发包人在接到承包人返还质量保证金申请后 7 天内不予答复,视同认可承包人的返还质量保证金申请。 发包人和承包人对质量保证金预留、返还以及工程维修质量、费用有争议的,按本合同第 20 条[争议解决]约定的争议和纠纷解决程序处理。	√	
14.7.1　最终结清申请单 (1)除专用合同条件另有约定外,承包人应在缺陷责任期终止证书颁发后 7 天内,按专用合同条件约定的份数向发包人提交最终结清申请单,并提供相关证明材料。 除专用合同条件另有约定外,最终结清申请单应列明质量保证金、应扣除的质量保证金、缺陷责任期内发生的增减费用。 (2)发包人对最终结清申请单内容有异议的,有权要求承包人进行修正和提供补充资料,承包人应向发包人提交修正后的最终结清申请单。	√	
18.1.2　双方应按照专用合同条件的约定投保第三者责任险,并在缺陷责任期终止证书颁发前维持其持续有效。第三者责任险最低投保额应在专用合同条件内约定。	√	

续表

合同条款	颁发主体	
	发包人	工程师
五、最终结清证书		
14.7.2　最终结清证书和支付 (1)除专用合同条件另有约定外,发包人应在收到承包人提交的最终结清申请单后14天内完成审批并向承包人颁发最终结清证书。发包人逾期未完成审批,又未提出修改意见的,视为发包人同意承包人提交的最终结清申请单,且自发包人收到承包人提交的最终结清申请单后15天起视为已颁发最终结清证书。 (2)除专用合同条件另有约定外,发包人应在颁发最终结清证书后7天内完成支付。发包人逾期支付的,按照贷款市场报价利率(LPR)支付利息;逾期支付超过56天的,按照贷款市场报价利率(LPR)的两倍支付利息。 (3)承包人对发包人颁发的最终结清证书有异议的,按第20条[争议解决]的约定办理。	√	
16.1.3　因承包人违约解除合同后的估价、付款和结算 因承包人原因导致合同解除的,则合同当事人应在合同解除后28天内完成估价、付款和清算,并按以下约定执行: (1)合同解除后,按第3.6款[商定或确定]商定或确定承包人实际完成工作对应的合同价款,以及承包人已提供的材料、工程设备、施工设备和临时工程等的价值; (2)合同解除后,承包人应支付的违约金; (3)合同解除后,因解除合同给发包人造成的损失; (4)合同解除后,承包人应按照发包人的指示完成现场的清理和撤离; (5)发包人和承包人应在合同解除后进行清算,出具最终结清付款证书,结清全部款项。 因承包人违约解除合同的,发包人有权暂停对承包人的付款,查清各项付款和已扣款项,发包人和承包人未能就合同解除后的清算和款项支付达成一致的,按照第20条[争议解决]的约定处理。	√	
19.4　提出索赔的期限 (1)承包人按第14.5款[竣工结算]约定接收竣工付款证书后,应被认为已无权再提出在合同工程接收证书颁发前所发生的任何索赔。 (2)承包人按第14.7款[最终结清]提交的最终结清申请单中,只限于提出工程接收证书颁发后发生的索赔。提出索赔的期限均自接受最终结清证书时终止。	√	

专题五

建设项目工程总承包合同(示范文本)中关于“有经验的承包人”的理解

在日常生活中,我们常有“买的不如卖的精”这样的俗语说词。在建设工程合同领域,对应的则有所谓“有经验的承包人”这样的说法。具体就2020版工程总承包合同(示范文本)来讲,第4.8款[不可预见的困难]和第8.7.4项[异常恶劣的气候条件]中,均直接规定了有经验的承包人的责任界限。因“经验”二字的判断,通常基于某种模糊的主观评价,且当产生争议时往往会陷入各执一词的尴尬境地。为使发承包双方在订约之初就能基于司法审判实践的视角,尽量准确地把握对“有经验的承包人”的定性把握,本专题尝试同时结合FIDIC合同文本的相关规定,以及国内司法审判实践的有关裁判案例,来就此问题进行界定分析。

一、“有经验的承包人”的规定出处

1. 2020版工程总承包合同(示范文本)关于“有经验的承包人”的具体规定

(1)第4.8款[不可预见的困难][①]

不可预见的困难是指有经验的承包人在施工现场遇到的不可预见的自然物质条件、非自然的物质障碍和污染物,包括地表以下物质条件和水文条件以及专

---

① 住建部施工合同2017版第7.6款[不利物质条件]中,也有关于“有经验的承包人”的相关规定。该款中“不利物质条件”与2020版工程总承包合同(示范文本)第4.8款中的“不可预见的困难”仅为不同的表述,所规定的内容本身并无实质变化。

用合同条件约定的其他情形,但不包括气候条件。

(2)第8.7.4项[异常恶劣的气候条件][①]

异常恶劣的气候条件是指在施工过程中遇到的,有经验的承包人在订立合同时不可预见的,对合同履行造成实质性影响的,但尚未构成不可抗力事件的恶劣气候条件。合同当事人可以在专用合同条件中约定异常恶劣的气候条件的具体情形。

2. 该等规定的来源

国内工程合同中有关“有经验的承包人”的规定,若追根溯源的话,一般都认为源自FIDIC合同。例如:

FIDIC银皮书2017版

1.1.77 “不可预见”系指一个有经验的承包商在提交基准日期前不能合理预见。

17.2 工程照管责任

……对于因下列任何事件而导致的工程、货物或承包商文件的损失或损害,承包商概不承担赔偿或其他有关的责任,(除非此类工程、货物或承包商文件已经在以下任何事件发生之前,被雇主根据第7.5款[缺陷和拒收]规定拒收):

……(d)不可预见的或有经验的承包商无法合理预期,并采取充分预防措施应对的任何自然力的作用(而不是合同数据分配给承包商的)……

二、基于司法裁判案例检索的实证例举

为便于对所谓“有经验的承包人”的评判标准有更为直观的理解,我们通过Alpha法律数据库中以“有经验的承包”为关键词,在“全文”内容中检索,同时将案由限制在“建设工程合同纠纷”类别下,可检索到221个案例。[②] 本专题中,梳理出了以下一些具体场景下的典型个案。

1. 缔约阶段

举例场景一:已有政策法规对固定价的影响

例如,(2015)鄂黄石中民二初字第00053号案件中,黄石市中级人民法院认

---

① 同样地,住建部施工合同2017版第7.7款[异常恶劣的气候条件]中,也有关于“有经验的承包人”的相关规定。该款与2020版工程总承包合同(示范文本)第8.7.4项中的规定亦无实质变化。

② 最后检索时间为2021年10月20日,具体案例并不局限于工程总承包合同纠纷。

为使用预拌砂浆是政府明文规定的,且规定在涉案合同签署之前即公示,富煌公司应就没有在投标和签署合同时充分注意这一价格差异承担不利的后果,该部分材料差价 465870.76 元应当由富煌公司自行承担,不应计算至工程总造价。①

举例场景二:创奖费用对固定价的影响

如(2014)新民初字第 1848 号案件中,无锡高新技术产业开发区人民法院认为中江国际作为一个有经验的承包人,在投标作出质量承诺的同时应将创奖所需费用和为创奖优化等所增加的费用考虑进投标价和施工组织设计中,如果未考虑,则由施工企业自行负担,因此对中江国际提出其为创奖增加支出的费用问题不予考虑。

举例场景三:查勘现场后自行选择的施工方案对固定价的影响

如(2018)苏 0581 民初 14695 号案件中,常熟市人民法院认为原告投标时也明确申明其系有经验的承包商,具有丰富的施工经验和良好的技术,该投标报价已综合考虑此方面的费用。原告自制的施工方案也明确现场核对,考虑建筑结构、标高的影响,对施工班组做好详细的施工与技术交底,施工前熟悉施工图纸,进行图纸会审。案涉合同签订前,被告已经明确提示包括核算工程量在内的商业风险,告知原告勘查现场,拟定初步设计方案图纸,工程全包干。原告对此明知,也承诺其技术良好,经验丰富,综合考虑了各方面费用。但事实上,原告进场时未取得被告开工通知,施工后两个月,其委托的设计单位才出具设计图纸,说明此前施工属于无图纸施工的严重违法行为,审图时发现厂房结构荷载与设计不符时,又以先前 2016 年喷淋施工存在有充分理由相信经过了图审,其不应考虑房屋结构承载力问题,否则应一并招标。原告施工的是消防工程,施工在早已建成的房屋之内,施工方案与房屋结构、用途等各方面的匹配不可能不进行考虑,而且消防设计图纸也是其合同义务。其主张有充分理由,但并未能举证其勘查时进行过计算、测量,与先前施工单位进行过了解,与发包人进行过核实,也应知晓即便先前的施工经过审图,不代表其重新设计及施工必然也能通过审图,不存在承载力不足的问题。其主张施工仅是"下喷改上喷",也与其报价单及鉴定

① 本案例中,虽然黄石市中级人民法院在判决意见中未直接涉及有经验的承包商的评判,但该案中被告鸿威公司即是以富煌公司系有经验的承包商进行抗辩。实际法院最终是采纳了被告鸿威公司的该等抗辩意见。

结构评估报告明确载明的各项材料费不符。故原告所谓充分正当理由等主张,缺乏依据,不予采信。

又如,(2010)甬慈民初字第266号案件中,慈溪市人民法院认为招标文件规定"投标人应自行勘查现场,自行选择施工方案,对可能发生的一切费用由投标人自负""投标单位在踏勘现场后,作为一个有经验的承包人应对措施费及应预料到的各种不确定因素进行充分全面考虑,并在投标报价后一次性包死,结算时不做调整",原告作为施工单位,在施工过程中变更拱板制作方法,并根据自己编制的施工方案进行拱板分项工程的施工,应自行承担施工过程中发生的工程量增加的风险。另外,原告在编制拱板专项施工方案时认为该方案可节约建筑材料、减少用工量、缩短工期、节省工程造价,即便按新方案施工时工程量有所增加,工程量增加的风险也应由编制该方案的原告承担。现原告认为被告提供的施工图设计深度不足,无法满足施工需要,但并未就此提供证据予以证实,故原告的该项主张难以采纳。

再如,(2015)遵市法民商终字第222号案件中,遵义市中级人民法院认为根据《纳帕溪谷消防工程施工合同》第四条约定,固定总价包干包含"设计变更和修改内容的完整""不可预见风险",同时约定"合同价款中包括的风险范围⑤工程量清单中未列项",但施工图中有设计或施工图中虽未明确,但作为有经验的承包人可以预计必定要实施的项目其所需费用视为含在清单已列项的报价中,施工中和结算不得要求增加列项和调整价款。

2. 履约阶段

举例场景一:市场行情导致材料及人工费用上涨的影响

如(2018)苏民终1496号案件中,江苏省高级人民法院认为合同专用条款第14.1条及第14.2条明确约定案涉工程包工包料,有关政策法规方面调整及有经验的承包人所能预见的其他因素均属于合同价款的风险范围,因此材料上涨费在合同价风险范围内,属于陕西建工可预见因素,故分段车间材料上涨费不应计取。

又如,(2014)苏中民终字第03286号案件中,苏州市中级人民法院认为关于材料及人工的涨价问题,案涉施工合同明确约定涉案工程系固定总价合同,合同约定价格涵盖的范围包括但不限于劳动力成本、材料价格、临时工作等。应当认为,合同对于固定价格所包含的风险范围进行了明确而详尽的约定,苏州一建集团所主张的材料及人工价格调整属于合同约定的风险范围,其主张调整没有事实依据。《合同法司法解释(二)》第二十六条所规定之情事变更原则的适用,须以合同成立以后客观情况发生了当事人在订立合同时无法预见的、非不可抗力造成的不属于商业风险的重大变化为前提。苏州一建集团作为富有经验的承包人,在合同缔结时对于人力资源成本的持续上涨及材料价格的大幅波动的风险应当预见,材料及人工费用的变动属于其经营过程中应当承担的商业风险,苏州一建集团以情事变更为由要求法院对合同约定进行干预的主张没有事实及法律依据,不予支持。

举例场景二:施工场地条件发生变化的影响

如(2015)成民初字第 02085 号案件中,成都市中级人民法院认为关于二次转运事宜的问题,合同内的二次转运费已包含在单价中,合同外增加的项目单价已考虑二次转运费,至于施工场地条件发生了重大变化导致增加的二次转运费等,作为一个有经验的承包人能够预测现场发生二次转运,不应再单独计算此费用。特艺达公司的该项异议不成立。

三、工程总承包实务中关于“有经验的承包人”问题的一些建议

(一)对承包人来讲

1. 应充分考虑“依其经验可预见的风险”,并确定固定价。

实践中,工程总承包往往要求有经验的承包人对于现场各类数据、资料、设计标准与测算等的准确性承担相应的责任,哪怕该等数据、资料、设计标准与测算是由业主方提供的。故承包人应当认真阅读《发包人要求》及基础资料,并充分查勘现场。①

(1)对于《发包人要求》及基础资料中存在的错误及时书面通知发包人补正,同时保留相关证据,便于之后因该等错误引发费用增加或工期延误时主张发包人承担责任。2020 版工程总承包合同(示范文本)第 1.12 款也有相应规定。②

---

① 徐寅哲:《工程总承包从“按图施工”到“按约施工”转型的理念问题》,载《工程总承包(EPC/DB)诉讼实务:基于裁判文书网之大数据检索研析》,上海市建纬律师事务所编著,2020 年版,第 9 页。

② 2020 版工程总承包合同(示范文本)第 1.12 款[《发包人要求》和基础资料中的错误]中规定:“承包人应尽早认真阅读、复核《发包人要求》以及其提供的基础资料,发现错误的,应及时书面通知发包人补正。发包人作相应修改的,按照第 13 条[变更与调整]的约定处理……”

(2)考虑合同约定中如“创奖”等特殊要求所增加的费用。

(3)充分了解现场条件,确定设计及相应的施工方案,同时根据现场条件预见在施工过程中可能出现的常见变化,综合考虑相关风险因素对固定价的影响。2020 版工程总承包合同(示范文本)第 4. 7. 2 项也有相应规定。[①]

(4)调查当地已有政策及市场行情,预见施工过程中人工、材料费用的变化对固定价的影响,未能预见导致的价差应自行承担,不能向发包人主张调整。

2. 对于“不可预见的困难”和“异常恶劣的气候条件”等“依其经验不可预见的风险”,应当在固定价范围内明确约定,并且根据现场条件在合同专用条款中约定具体情形。且当发生风险时,承包人应当根据 2020 版工程总承包合同(示范文本)第 4. 8 款及第 8. 7. 4 项的要求,采取合理措施继续施工,并及时通知工程师及发包人。

(1)若未采取合理措施,承包人可能会承担风险。如(2020)粤 06 民终 7872 号案件中,佛山市中级人民法院认为中邦建设公司主张基于土层分布的复杂性,一周时间并不足以了解施工现场地基土软弱的情况并选择合适的压桩机。中邦建设公司作为专业的、有经验的施工单位,理应知悉并重视地基土情况对施工的重要性,并具有判断地基土情况的知识,其在收到《岩土工程勘察报告》后此期间内是可及时对地基土情况作出判断并选择合适的压桩机,其该上诉意见理据不足,不予采纳。

(2)上述风险发生时,承包人在及时通知工程师及发包人后,应当留存能够证明风险发生和通知事实的证据。如(2019)粤 07 民终 553 号案件中,江门市中级人民法院认为篁庄建筑公司仅在双方就涉案工程工期延误引发本案索赔纠纷时才提交《江门气候公报》和《江门气象信息》主张工期延误扣减的抗辩,而没有在索赔事件发生时及时进行证据固定,故篁庄建筑公司该上诉主张,理据不足,不予支持。

3. 对于“固定价范围外的风险”,承包人应当在合同中明确价格调整方法。如(2014)铁商初字第 56 号案件中,铁力市人民法院认为因原告未举出证据证实

---

① 2020 版工程总承包合同(示范文本)第 4. 7. 2 项中规定:“……承包人提交投标文件,视为承包人已对施工现场及周围环境进行了踏勘,并已充分了解评估施工现场及周围环境对工程可能产生的影响,自愿承担相应风险与责任。在全部合同工作中,视为承包人已充分估计了应承担的责任和风险,但属于 4. 8 款[不可预见的困难]约定的情形除外。”

此大风属于异常恶劣的气候条件(异常恶劣的气候条件是指在施工过程中遇到的,有经验的承包人在签订合同时不可预见的,对合同履行造成实质性影响的,但尚未构成不可抗力事件的恶劣气候条件)还是不可抗力(不可抗力是指合同当事人在签订合同时不可预见,在合同履行过程中不可避免且不能克服的自然灾害和社会性突发事件,如地震、海啸、瘟疫、骚乱、戒严、暴动、战争和专用合同条款中约定的其他情形)事件,因此无法证实其损失是属于可索赔的情况还是属于质量问题,故不予支持相关请求。

(二)对发包人来讲

发包人应当谨慎考察承包人的过往项目经验,并在缔约时做好相应的风险管理措施,预判有经验的承包人可预见的风险,并存留相应证据。

例如,(2020)陕民终25号案件中,陕西省高级人民法院认为葛洲坝公司应负有确保施工场地的义务,而葛洲坝公司并未提交证据证明在双方达成合意时,咸恒公司就可以预见或应当预见村民阻工的情形,亦未提交其他证据证明“有经验的承包人就应知此类风险”属于众所周知的事实或可以推定的事实。另外,承包人窝工损失的发生不以是否对计划工期造成实质性影响为前提,原审据此理由酌定减轻发包人责任于法无据。据此,咸恒公司所主张的因村民阻工而产生的窝工损失应予以支持。

专题六

建设项目工程总承包合同(示范文本)中关于“逾期默示”条款的梳理与解析

所谓“默示”自是相对“明示”而言。我国《民法典》第一百三十三条规定:“民事法律行为是民事主体通过意思表示设立、变更、终止民事法律关系的行为。”通常理解,某一意思表示的作出,势必需要民事主体积极而为,通过口头或书面的形式,对外传达积极而明确的讯息。沉默,则较难被理解为是意思表示的方式。但实际上,沉默本身亦是一种行为,其经由法定或依据习惯、当事人双方之间的自由约定等,同样会产生一定的法律后果。我国《民法典》第一百四十条规定:“行为人可以明示或者默示作出意思表示。沉默只有在有法律规定、当事人约定或者符合当事人之间的交易习惯时,才可以视为意思表示。”

在建设工程领域,为提高合同履行效率,实践中发承包双方往往通过“逾期默示”条款的设置,在合同中明确规定一方沉默之不利法律后果。因“逾期默示”条款往往经由程序设置方能实现其诉求目的,但本土当下仍缺乏足够的程序意识,实践中往往会因此而导致发承包双方在默示条款被触发的情况下,引发较为激烈的矛盾冲突。应注意到,“逾期默示”条款在我国当下的建设工程司法审判实践中,有被认可的法律规定基础。① 因此,针对合同中约定的“逾期默示”条款应予高度重视。基于此,我们就 2020 版工程总承包合同中有关的“逾期默示”条

① 《施工合同司法解释(一)》第十条第二款规定:“当事人约定承包人未在约定期限内提出工期顺延申请视为工期不顺延的,按照约定处理,但发包人在约定期限后同意工期顺延或者承包人提出合理抗辩的除外。”第二十一条规定:“当事人约定,发包人收到竣工结算文件后,在约定期限内不予答复,视为认可竣工结算文件的,按照约定处理。承包人请求按照竣工结算文件结算工程价款的,人民法院应予支持。”

款进行了全面的梳理。

以“视为”作为关键词,在本合同示范文本中共可检索到39处结果。剔除第1.4.4项、第3.3.4项、第3.4.2项、第4.7.2项、第5.1.3项、第9.4.2项、第12.4.1项和第14.1.2项中涉及的9处与“逾期默示”无关的条款(见表2－6－1),以及专用合同条件第8.7.4项与第17.1款中涉及的2处以外,剩余的28处共分散在以下24个条款中(见表2－6－2)。其中,对发包人不利的有18处,对承包人不利的有5处,对发、承包双方均不利的有1处。发承包双方具体适用本合同示范文本的过程中,应高度重视可能对己方产生不利法律后果的“逾期默示”条款。一方面,应注重在专用合同条件最初的洽商签订时结合具体项目的具体情形,作相应的调整考量;另一方面,在合同履约过程中应作充分的风险提示与预警。

表2－6－1　2020版工程总承包合同(示范文本)之“逾期默示”条款

序号	所涉条款	所涉事宜	对何者不利	
			发包人	承包人
第3条　发包人的管理				
1	3.5.1　工程师应按照发包人的授权发出指示。工程师的指示应采用书面形式,盖有工程师授权的项目管理机构章,并由工程师的授权人员签字。在紧急情况下,工程师的授权人员可以口头形式发出指示或当场签发临时书面指示,承包人应遵照执行。工程师应在授权人员发出口头指示或临时书面指示后24小时内发出书面确认函,在24小时内未发出书面确认函的,该口头指示或临时书面指示应被视为工程师的正式指示。	所涉事宜:[关于工程师授权人员所发出的口头指示或临时指示] 要求工程师在其授权人员发出口头指示或临时指示之后的24小时之内发出确认函,否则视为追认。	√	
2	3.6.3　任何一方对工程师的确定有异议的,应在收到确定的结果后28天内向另一方发出书面异议通知并抄送工程师。除第19.2款[承包人索赔的处理程序]另有约定外,工程师未能在确定的期限内发出确定的结果通知的,或者任何一方发出对确定的结果有异议的通知的,则构成争议并应按照第20条[争议解决]的约定处理。如未在28天内发出上述通知的,工程师的确定应被视为已被双方接受并对双方具有约束力,但专用合同条件另有约定的除外。	所涉事宜:[关于对工程师确定的异议] 要求发承包双方中的任何一方如果对工程师的确定有异议的,应在收到确定后的28天内向工程师提出异议,否则视为认可。	√	√

续表

序号	所涉条款	所涉事宜	对何者不利	
			发包人	承包人
第5条　设计				
3	5.2.1　根据《发包人要求》应当通过工程师报发包人审查同意的承包人文件,承包人应当按照《发包人要求》约定的范围和内容及时报送审查。……合同约定的审查期满,发包人没有做出审查结论也没有提出异议的,视为承包人文件已获发包人同意。……	所涉事宜:[关于承包人文件的审查期限] 要求发包人在合同约定的审查期限届满之前提出异议,逾期视为同意。	√	
第6条　材料、工程设备				
4	6.4.3　隐蔽工程检查 …… 除专用合同条件另有约定外,工程师不能按时进行检查的,应提前向承包人提交书面延期要求,顺延时间不得超过48小时,由此导致工期延误的,工期应予以顺延,顺延超过48小时的,由此导致的工期延误及费用增加由发包人承担。工程师未按时进行检查,也未提出延期要求的,视为隐蔽工程检查合格,承包人可自行完成覆盖工作,并作相应记录报送工程师,工程师应签字确认。工程师事后对检查记录有疑问的,可按下列约定重新检查。 ……	所涉事宜:[关于工程师进行隐蔽工程检查的期限] 要求工程师按照合同约定进行隐蔽工程的检查,逾期未检查也未提出延期要求的,视为隐蔽工程检查合格。	√	
第8条　工期和进度				
5	8.2　竣工日期 …… 因发包人原因,在工程师收到承包人竣工验收申请报告42天后未进行验收的,视为验收合格,实际竣工日期以提交竣工验收申请报告的日期为准,但发包人由于不可抗力不能进行验收的除外。	所涉事宜:[关于竣工验收合格的认定] 要求工程师在收到承包人竣工验收申请报告后的42天内进行验收,逾期未验收的视为验收合格。	√	

续表

序号	所涉条款	所涉事宜	对何者不利	
			发包人	承包人
6	8.4.1　项目进度计划的提交和修改 承包人应按照第8.3款[项目实施计划]约定编制并向工程师提交项目初步进度计划,经工程师批准后实施。除专用合同条件另有约定外,工程师应在21天内批复或提出修改意见,否则该项目初步进度计划视为已得到批准。对工程师提出的合理意见和要求,承包人应自费修改完善。 ……	所涉事宜:[关于项目进度计划的审批期限] 要求工程师针对承包人提交的项目进度计划在21天内(另有约定的除外)进行审批,逾期视为已得到批准。	√	
第9条　竣工试验				
7	9.1.2　承包人应在进行竣工试验之前,至少提前42天向工程师提交详细的竣工试验计划,该计划应载明竣工试验的内容、地点、拟开展时间和需要发包人提供的资源条件。工程师应在收到计划后的14天内进行审查,并就该计划不符合合同的部分提出意见,承包人应在收到意见后的14天内自费对计划进行修正。工程师逾期未提出意见的,视为竣工试验计划已得到确认。除提交竣工试验计划外,承包人还应提前21天将可以开始进行各项竣工试验的日期通知工程师,并在该日期后的14天内或工程师指示的日期进行竣工试验。	所涉事宜:[关于竣工试验计划的审批] 要求工程师在收到承包人提交的竣工试验计划之后的14天内进行审批,逾期未提出意见的,视为该竣工试验计划已经得到确认。	√	
8	9.1.4　完成上述各阶段竣工试验后,承包人应向工程师提交试验结果报告,试验结果须符合约定的标准、规范和数据。工程师应在收到报告后14天内予以回复,逾期未回复的,视为认可竣工试验结果。但在考虑工程或区段工程是否通过竣工试验时,应适当考虑发包人对工程或其任何部分的使用,对工程或区段工程的性能、特性和试验结果产生的影响。	所涉事宜:[关于竣工试验结果的确认] 要求工程师在收到承包人提交的竣工试验结果报告之后的14天之内回复意见,逾期未回复的,视为认可竣工试验结果。	√	

续表

序号	所涉条款	所涉事宜	对何者不利	
			发包人	承包人
第 10 条　验收和工程接收				
9	10.1.2　竣工验收程序 …… (2)工程师同意承包人提交的竣工验收申请报告的,或工程师收到竣工验收申请报告后 14 天内不予答复的,视为发包人收到并同意承包人的竣工验收申请,发包人应在收到该竣工验收申请报告后的 28 天内进行竣工验收。工程经竣工验收合格的,以竣工验收合格之日为实际竣工日期,并在工程接收证书中载明;完成竣工验收但发包人不予签发工程接收证书的,视为竣工验收合格,以完成竣工验收之日为实际竣工日期。 ……	所涉事宜:[关于竣工验收申请的同意与竣工验收合格的确认] 要求工程师在收到承包人提交的竣工验收申请报告后 14 天内予以答复,逾期视为同意竣工验收申请。而在竣工验收完成后发包人不予签发工程接收证书的,视为竣工验收合格。	√	
10	10.4.3　竣工验收合格而发包人无正当理由逾期不颁发工程接收证书的,自验收合格后第 15 天起视为已颁发工程接收证书。	所涉事宜:[关于工程接收证书的颁发] 要求发包人在验收合格后的 15 天内颁发工程接收证书。	√	
11	10.4.4　工程未经验收或验收不合格,发包人擅自使用的,应在转移占有工程后 7 天内向承包人颁发工程接收证书;发包人无正当理由逾期不颁发工程接收证书的,自转移占有后第 15 天起视为已颁发工程接收证书。	所涉事宜:[关于工程接收证书的颁发] 要求发包人在擅自提前投入使用建设工程的情况下,于转移占有之后的 7 天内向承包人颁发工程接收证书,逾期不颁发的,自转移占有后的第 15 天起视为已颁发。	√	

续表

序号	所涉条款	所涉事宜	对何者不利	
			发包人	承包人
第11条　缺陷责任与保修				
12	11.4　缺陷修复后的进一步试验 任何一项缺陷修补后的7天内,承包人应向发包人发出通知,告知已修补的情况。如根据第9条[竣工试验]或第12条[竣工后试验]的规定适用重新试验的,还应建议重新试验。发包人应在收到重新试验的通知后14天内答复,逾期未进行答复的视为同意重新试验。承包人未建议重新试验的,发包人也可在缺陷修补后的14天内指示进行必要的重新试验,以证明已修复的部分符合合同要求。 ……	所涉事宜:[关于缺陷修复后进一步试验的申请] 要求发包人在收到承包人发出的重新试验通知后的14天内答复,逾期未答复的视为同意进行重新试验。	√	
第12条　竣工后试验				
13	12.1.4　发包人应根据《发包人要求》、承包人按照第5.5款[操作和维修手册]提交的文件,以及承包人被要求提供的指导进行竣工后试验。如承包人未在发包人通知的时间和地点参加竣工后试验,发包人可自行进行,该试验应被视为是承包人在场的情况下进行的,且承包人应视为认可试验数据。	所涉事宜:[关于承包人参加竣工后试验的程序] 要求承包人在发包人通知的时间和地点参加竣工后试验,逾期未参加的视为认可发包人自行进行的试验数据。		√
14	12.2.2　如果因承包人以外的原因,导致竣工后试验未能在缺陷责任期或双方另行同意的其他期限内完成,则相关工程或区段工程应视为已通过该竣工后试验。	所涉事宜:[关于竣工后试验的期限] 要求发包人确保竣工后试验原则上(除另有约定)应在缺陷责任期内完成,逾期视为已通过。	√	
15	12.4.2　对未能通过竣工后试验的工程或区段工程,承包人可向发包人建议,由承包人对该工程或区段工程进行调整或修补。发包人收到建议后,可向承包人发出通知,指示其在发包人方便的合理时间进入工程或区段工程进行调查、调整或修补,并为承包人的进入提供方便。承包人提出建议,但未在缺陷责任期内收到上述发包人通知的,相关工程或区段工程应视为已通过该竣工后试验。	所涉事宜:[关于发包人在缺陷责任期内的通知义务] 要求发包人在缺陷责任期内针对承包人的建议发出通知,指示承包人进行调整和修补,逾期通知的视为相关工程或区段工程应视为已通过该竣工后试验。	√	

续表

序号	所涉条款	所涉事宜	对何者不利	
			发包人	承包人
第 13 条　变更与调整				
16	13.3.3.2　变更估价程序 承包人应在收到变更指示后 14 天内,向工程师提交变更估价申请。工程师应在收到承包人提交的变更估价申请后 7 天内审查完毕并报送发包人,工程师对变更估价申请有异议,通知承包人修改后重新提交。发包人应在承包人提交变更估价申请后 14 天内审批完毕。发包人逾期未完成审批或未提出异议的,视为认可承包人提交的变更估价申请。 ……	所涉事宜:[关于发包人针对承包人提交的变更估价申请的审批] 要求发包人应在承包人提交变更估价申请后 14 天内审批完毕,逾期视为认可。	√	
第 14 条　合同价格与支付				
17	14.3.2　进度付款审核和支付 除专用合同条件另有约定外,工程师应在收到承包人进度付款申请单以及相关资料后 7 天内完成审查并报送发包人,发包人应在收到后 7 天内完成审批并向承包人签发进度款支付证书。发包人逾期(包括因工程师原因延误报送的时间)未完成审批且未提出异议的,视为已签发进度款支付证书。 ……	所涉事宜:[关于发包人对进度款支付证书的审批期限] 要求发包人在收到工程师报送的进度付款资料后 7 天内完成审批并向承包人签发进度款支付证书,逾期(包括因工程师原因延误报送的时间)未完成审批且未提出异议的,视为已签发进度款支付证书。	√	
18	14.4.2　付款计划表的编制与审批 …… (3)发包人逾期未完成付款计划表审批的,也未及时要求承包人进行修正和提供补充资料的,则承包人提交的付款计划表视为已经获得发包人批准。	所涉事宜:[关于发包人对付款计划表的审批期限] 发包人应在收到经工程师审核的付款计划表后 7 天内完成审批,逾期未审批,也未提出修正与补充要求的,视为认可承包人的付款计划。	√	

续表

序号	所涉条款	所涉事宜	对何者不利	
			发包人	承包人
19	14.5.2　竣工结算审核 …… 发包人在收到承包人提交竣工结算申请书后28天内未完成审批且未提出异议的,视为发包人认可承包人提交的竣工结算申请单,并自发包人收到承包人提交的竣工结算申请单后第29天起视为已签发竣工付款证书。 ……	所涉事宜:[关于发包人针对承包人提交竣工结算申请的审批] 要求发包人在收到承包人提交的竣工结算申请后的28天内完成审批并提出异议,逾期视为认可且自第29天起视为已签发竣工付款证书。	√	
20	14.5.2　竣工结算审核 …… (3)承包人对发包人签认的竣工付款证书有异议的,对于有异议部分应在收到发包人签认的竣工付款证书后7天内提出异议,并由合同当事人按照专用合同条件约定的方式和程序进行复核,或按照第20条[争议解决]约定处理。对于无异议部分,发包人应签发临时竣工付款证书,并按本款第(2)项完成付款。承包人逾期未提出异议的,视为认可发包人的审批结果。	所涉事宜:[关于承包人针对发包人颁发的竣工付款证书的异议] 要求承包人在收到发包人签认的竣工付款证书后7天内提出异议,逾期视为认可发包人的审批结果。		√
21	14.5.3　扫尾工作清单 …… 扫尾工作的缺陷责任期按第11条[缺陷责任与保修]处理。承包人未能按照扫尾工作清单约定的完成时间完成扫尾工作的,视为承包人原因导致的工程质量缺陷按照第11.3款[缺陷调查]处理。	所涉事宜:[关于承包人扫尾工作的责任承担] 要求承包人按照约定完成扫尾工作清单中的工作,逾期视为存在工程质量缺陷,由承包人承担缺陷责任。		√
22	14.7.2　最终结清证书和支付 (1)除专用合同条件另有约定外,发包人应在收到承包人提交的最终结清申请单后14天内完成审批并向承包人颁发最终结清证书。发包人逾期未完成审批,又未提出修改意见的,视为发包人同意承包人提交的最终结清申请单,且自发包人收到承包人提交的最终结清申请单后15天起视为已颁发最终结清证书。 ……	所涉事宜:[关于发包人最终结清申请审批与最终结清证书的颁发] 要求发包人在收到承包人提交的最终结清申请单后14天内完成审批并向承包人颁发最终结清证书,逾期审批且未提出修改意见的,视为同意承包人的最终结清申请,并自发包人收到承包人提交的最终结清申请单后的第15天起,视为已颁发最终结清证书。	√	

续表

序号	所涉条款	所涉事宜	对何者不利	
			发包人	承包人
	第 19 条　索赔			
23	19.2　承包人索赔的处理程序 …… (2)工程师应按第 3.6 款[商定或确定]商定或确定追加的付款和(或)延长的工期,并在收到上述索赔报告或有关索赔的进一步证明材料后及时书面告知发包人,并在 42 天内,将发包人书面认可的索赔处理结果答复承包人。工程师在收到索赔报告或有关索赔的进一步证明材料后的 42 天内不予答复的,视为认可索赔。 ……	所涉事宜:[关于工程师针对承包人提出索赔的处理] 要求工程师在收到承包人提交的索赔报告和相关证明资料后及时告知发包人,并在 42 天内将发包人书面认可的索赔处理结果答复承包人,逾期不予答复的视为认可承包人的索赔。	√	
24	19.3　发包人索赔的处理程序 (1)承包人收到发包人提交的索赔报告后,应及时审查索赔报告的内容、查验发包人证明材料; (2)承包人应在收到上述索赔报告或有关索赔的进一步证明材料后 42 天内,将索赔处理结果答复发包人。承包人在收到索赔通知书或有关索赔的进一步证明材料后的 42 天内不予答复的,视为认可索赔。 ……	所涉事宜:[关于承包人针对发包人提出索赔的处理] 要求承包人在收到发包人发出的索赔通知书与相关证明材料后的 42 天内予以答复,逾期不予答复的,视为认可发包人的索赔。		√

表 2-6-2　2020 版工程总承包合同(示范文本)之其余“视为”条款

序号	条款内容
	第 1 条　一般约定
1	1.4.4　发包人对于工程的技术标准、功能要求高于或严于现行国家、行业或地方标准的,应当在《发包人要求》中予以明确。除专用合同条件另有约定外,应视为承包人在订立合同前已充分预见前述技术标准和功能要求的复杂程度,签约合同价中已包含由此产生的费用。

续表

序号	条款内容
	第3条　发包人的管理
2	3.3.4　通用合同条件中约定由工程师行使的职权如不在发包人对工程师的授权范围内的,则视为没有取得授权,该职权应由发包人或发包人指定的其他人员行使。若承包人认为工程师的职权与发包人(包括其人员)的职权相重叠或不明确时,应及时通知发包人,由发包人予以协调和明确并以书面形式通知承包人。
3	3.4.2　工程师可以授权其他人员负责执行其指派的一项或多项工作,但第3.6款[商定或确定]下的权利除外。工程师应将被授权人员的姓名及其授权范围通知承包人。被授权的人员在授权范围内发出的指示视为已得到工程师的同意,与工程师发出的指示具有同等效力。工程师撤销某项授权时,应将撤销授权的决定及时通知承包人。
	第4条　承包人
4	4.7.2　承包人应对现场和工程实施条件进行查勘,并充分了解工程所在地的气象条件、交通条件、风俗习惯以及其他与完成合同工作有关的其他资料。承包人提交投标文件,视为承包人已对施工现场及周围环境进行了踏勘,并已充分了解评估施工现场及周围环境对工程可能产生的影响,自愿承担相应风险与责任。在全部合同工作中,视为承包人已充分估计了应承担的责任和风险,但属于4.8款[不可预见的困难]约定的情形除外。
	第5条　设计
5	5.1.3　法律和标准的变化 除合同另有约定外,承包人完成设计工作所应遵守的法律规定,以及国家、行业和地方的规范和标准,均应视为在基准日期适用的版本。基准日期之后,前述版本发生重大变化,或者有新的法律,以及国家、行业和地方的规范和标准实施的,承包人应向工程师提出遵守新规定的建议。发包人或其委托的工程师应在收到建议后7天内发出是否遵守新规定的指示。如果该项建议构成变更的,按照第13.2款[承包人的合理化建议]的约定执行。 ……
	第9条　竣工试验
6	9.4.2　如果工程或区段工程未能通过根据第9.3款[重新试验]重新进行的竣工试验的,则: (1)发包人有权要求承包人根据第6.6款[缺陷和修补]继续进行修补和改正,并根据第9.3款[重新试验]再次进行竣工试验; (2)未能通过竣工试验,对工程或区段工程的操作或使用未产生实质性影响的,发包人有权要求承包人自费修复,承担因此增加的费用和误期损害赔偿责任,并赔偿发包人的相应损失;无法修复时,发包人有权扣减该部分的相应付款,同时视为通过竣工验收; ……

续表

序号	条款内容
	第 12 条　竣工后试验
7	12.4.1　工程或区段工程未能通过竣工后试验,且合同中就该项未通过的试验约定了性能损害赔偿违约金及其计算方法的,或者就该项未通过的试验另行达成补充协议的,承包人在缺陷责任期内向发包人支付相应违约金或按补充协议履行后,视为通过竣工后试验。
	第 14 条　合同价格和支付
8	14.1.2　除专用合同条件另有约定外: …… (3) 价格清单列出的任何数量仅为估算的工作量,不得将其视为要求承包人实施的工程的实际或准确的工作量。在价格清单中列出的任何工作量和价格数据应仅限用于变更和支付的参考资料,而不能用于其他目的。

注:专用合同条件第 8.7.4 项[异常恶劣的气候条件]和第 17.1 款[不可抗力的定义]不在此列。

专题七

建设项目工程总承包合同(示范文本)中关于竣工验收流程与实际竣工日期的认定

2020 版工程总承包合同(示范文本)中涉及工程完工到竣工验收、竣工后试验(如有)的内容主要集中在第 5.4 款[竣工文件]、第 9 条[竣工试验]、第 10 条[验收和工程接收]和第 12 条[竣工后试验]等条款中,条款编排的顺序也与工程验收流程的顺序基本吻合。其中“竣工试验”、“竣工验收”和“竣工后试验”等概念在第 1.1 款[词语定义和解释]中也有所明确。相较于以往的住建部 2011 版与九部委 2012 版来讲,2020 版工程总承包合同(示范文本)有关竣工验收流程设置与实际竣工日期的认定,都有所明晰与厘正。为便于更为深入地掌握该等问题,本专题尝试围绕于此做一梳理,并就有关的适用注意事项做出提示。

一、2020 版工程总承包合同(示范文本)有关竣工验收流程设置得明晰

2020 版工程总承包合同(示范文本)从工程完工到竣工验收、竣工后试验(如有)的流程可简要概括如下:(1)承包人完成工程进行竣工试验所需的作业;(2)承包人提交竣工文件(包括竣工记录、竣工图纸等)、操作和维修手册;(3)承包人向工程师提交竣工试验计划,工程师审查竣工试验计划;(4)承包人进行竣工试验,完成试验后向工程师提交试验报告;(5)承包人编制扫尾工作和缺陷修补工作清单以及相应实施计划;(6)承包人向工程师报送竣工验收申请报告,工程师进行审查并报送发包人;(7)发包人组织进行竣工验收(承包人应在工程竣工验收合格后向工程师提交竣工结算申请);(8)承包人向发包人提交质量保证金;(9)工程具备接收条件后,发包人向承包人颁发工程接收证书;(10)承包人对施工现场进行清理,并撤

离相关人员,工程移交发包人;(11)发包人组织进行竣工后试验(如有)。

上述流程(见图2-7-1):

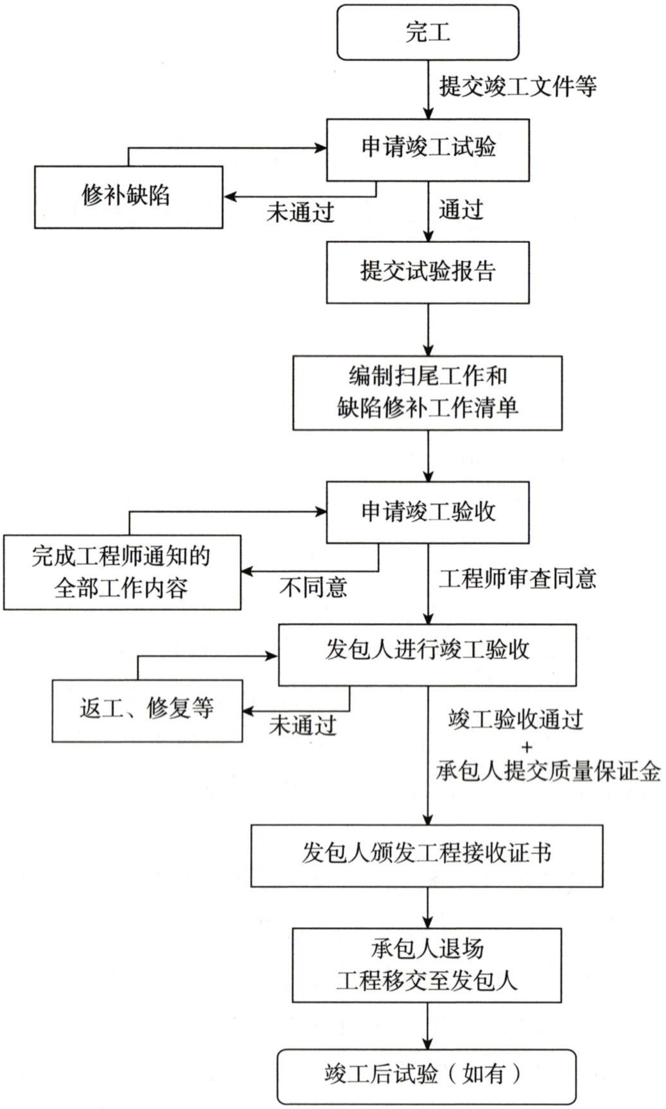

图2-7-1　竣工验收流程

从形式而言,2020版工程总承包合同(示范文本)较住建部2011版在体例上调整了竣工试验、竣工验收、工程接收、竣工后试验等程序的顺序,使其更为科学,更便于进行项目管理。

从实质来讲,2020 版工程总承包合同(示范文本)的上述调整实则是对发承包双方在各阶段权利义务关系的全面梳理和明晰。具体到竣工验收的问题,住建部 2011 版第 12 条[工程竣工验收]规定,工程符合工程接收条件,发包人颁发了竣工后试验及考核验收证书,且承包人完成了扫尾工程和缺陷修复,经发包人或监理人验收后,承包人应向发包人提交竣工验收报告和完整的工程竣工资料,发包人组织竣工验收。

在住建部 2011 版的体系下,工程接收并通过竣工后试验(如有)后,才进行"工程竣工验收"程序(结合其他相关条款的内容,能够发现住建部 2011 版验收流程,如图 2－7－2 所示)。此"工程竣工验收"更多侧重于对完整的竣工资料的审查,而非是对工程质量本身的检验接收。

加之住建部 2011 版体系下,工程竣工结算又以此"工程竣工验收"为前提,可能会导致工程实际已经过发包人检验、被发包人接收后,承包人却未能通过"竣工验收",迟迟不能进行竣工结算的僵局。

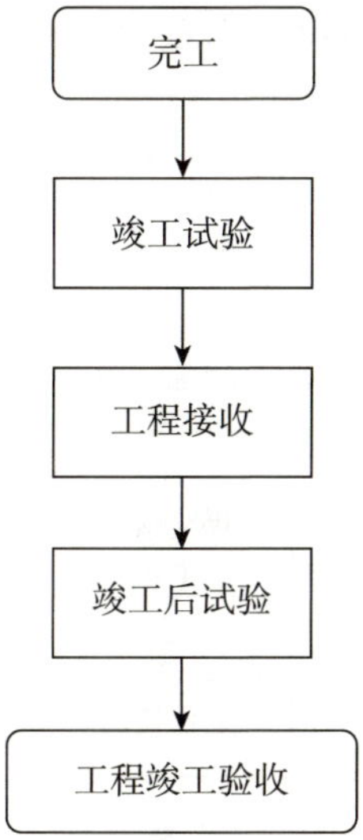

图 2－7－2　住建部 2011 版竣工验收相关流程

2020 版工程总承包合同(示范文本)则厘清了上述矛盾。根据第 14.5 款[竣工结算]的规定,承包人在竣工验收后便可以提交竣工结算申请。本合同示范文本的"竣工验收"程序则与传统施工总承包模式的各合同示范文本保持一致,是发包人对承包人工作成果的检验和接收,验收通过一般意味着承包人已将其主合同义务履行完毕,发包人也应当支付合同价款,以履行其相对的主合同义务。

二、2020 版工程总承包合同(示范文本)对实际竣工日期认定问题的厘正

如前所述,住建部 2011 版关于"工程竣工验收"程序的约定存在一定错位,除了会导致发承包双方在竣工结算方面的矛盾外,还可能会产生实际竣工日期认定不明的问题。

根据住建部 2011 版第 4.4.3 项的规定,实际竣工日期的认定分两种情况:一是含竣工试验阶段的,实际竣工日期为通过竣工试验的日期;二是不含竣工试验阶段的,为承包人完成全部施工作业,且符合合同约定的质量标准的日期。此外,通用条款第 9.2.1 项和第 8.2.6 项还规定了工程接收证书所载的工程接收的日期为竣工试验通过的日期,即在含竣工试验的情形中,实际竣工日期就是最后一个单项工程通过竣工试验的日期,表现为工程接收证书载明的通过竣工试验的日期(如图 2-7-3 所示)。

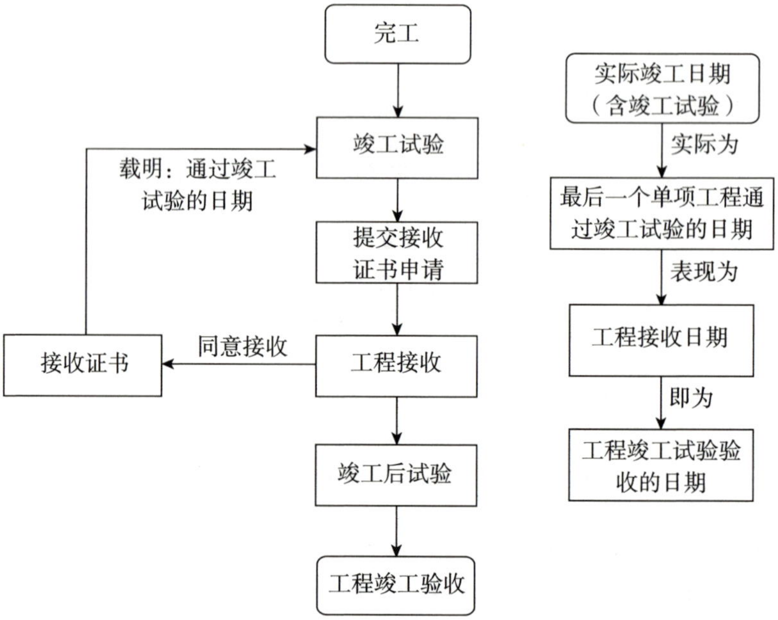

图 2-7-3 实际竣工日期认定流程

住建部2011版的上述规定可能导致发承包双方对实际竣工日期有争议时，难以直接套用施工合同司法解释的规定。《施工合同司法解释(一)》第九条规定了当事人对实际竣工日期有争议时的认定规则:(1)建设工程经竣工验收合格的,以竣工验收合格之日为竣工日期;(2)承包人已经提交竣工验收报告,发包人拖延验收的,以承包人提交验收报告之日为竣工日期;(3)建设工程未经竣工验收,发包人擅自使用的,以转移占有建设工程之日为竣工日期。

具言之,按住建部2011版的规定,实际竣工日期在"工程接收"程序即可确定。工程总承包项目通过竣工试验后,发包人接收工程,接收证书载明的日期为竣工试验通过之日,也就是实际竣工日期。本合同示范文本第12条约定的"工程竣工验收"程序在工程接收程序,甚至在竣工后试验程序之后,实际并不影响实际竣工日期的认定。适用住建部2011版时,若机械套用施工合同司法解释的规定,将该"竣工验收之日"作为实际竣工日期的认定标准,则违背了实际竣工日期认定的本意。

2020版工程总承包合同(示范文本)对此问题进行了厘正。第10.1.2项[竣工验收程序]对实际竣工日期的认定予以了明确:

(1)工程经竣工验收合格的,以竣工验收合格之日为实际竣工日期,并在工程接收证书中载明;完成竣工验收但发包人不予签发工程接收证书的,视为竣工验收合格,以完成竣工验收之日为实际竣工日期。

(2)因发包人原因,未在工程师收到承包人竣工验收申请报告之日起42天内完成竣工验收的,以承包人提交竣工验收申请报告之日作为工程实际竣工日期。

(3)工程未经竣工验收,发包人擅自使用的,以转移占有工程之日为实际竣工日期。

我们认为,上述规定厘清了住建部2011版实际竣工日期认定不明的问题,可视为《施工合同司法解释(一)》关于实际竣工日期的认定规则在工程总承包合同示范文本中的具体体现。

三、适用2020版工程总承包合同(示范文本)的注意事项

基于前述对2020版工程总承包合同(示范文本)中竣工验收流程、实际竣工日期的梳理,发承包双方在具体适用该合同文本实施工程总承包项目时,建议进

一步关注以下三个方面：

1. 房建和市政基础设施工程之外的其他行业(如公路、铁路、通信、能源等)在参照适用2020版工程总承包合同(示范文本)时,需要结合所属行业内相关验收标准规范,有针对性地调整验收流程以及发承包双方在验收程序中的权利义务。

2. 通常情况下,工程实际竣工日期进一步关系到缺陷责任期、保修期的起算,建设单位如对此有特殊考量的(例如商业地产类项目可能涉及从工程竣工验收到交付小业主使用的时间差,业主往往倾向于延长保修期、缺陷责任期,或对实际竣工日期的认定增设条件),则需要在专用合同条件中作出妥善安排。

3. 部分以功能产出作为工程总承包合同目的的市政项目(例如污水处理、垃圾处理等),可能需要经过一定周期的联合运转、调试,才能够判定工程是否达到合同约定的质量标准。该类项目在适用2020版工程总承包合同(示范文本)时,更应结合客观需求对实际竣工日期作出符合合同目的的约定,并关注竣工试验、竣工后试验程序中所涉及的考核标准、考核周期以及成本负担和收益归属,以免在竣工验收及接收环节发生争议,进一步影响竣工结算和工程交付投产运行。

专题八

建设项目工程总承包合同(示范文本)体系下“缺陷责任”与“保修义务”之再梳理

2020 版工程总承包合同(示范文本)通用合同条件第 11 条的名称为“缺陷责任与保修”。按照第 11.1 款[工程保修的原则]的规定:“在工程移交发包人后,因承包人原因产生的质量缺陷,承包人应承担质量缺陷责任和保修义务。缺陷责任期届满,承包人仍应按合同约定的工程各部位保修年限承担保修义务。”显然,在本合同示范文本中,承包人的缺陷责任和保修义务是在同一维度上使用的概念,均建立在“工程移交发包人后”和“因承包人原因产生的质量缺陷”这两个前提条件基础之上。

当缺陷责任期届满之后,如法定或合同约定的保修义务期限尚未届满的,则承包人仍应继续负责。简言之,本合同示范文本体系之下,“缺陷责任”与“保修义务”两者的意思内核相近,均指工程移交发包人后,承包人对因自身原因所致的质量缺陷向发包人负责。唯一的差别在于各自对应的期限不一。按照第 11.2 款[缺陷责任期]的规定,“缺陷责任期原则上从工程竣工验收合格之日起计算,合同当事人应在专用合同条件约定缺陷责任期的具体期限,但该期限最长不超过 24 个月”。而保修期则有如第 11.7 款[保修责任]的规定,在我国有明确的行政法规层级的法律规定。[①]

---

① 《建设工程质量管理条例》第四十条规定:“在正常使用条件下,建设工程的最低保修期限为:(一)基础设施工程、房屋建筑的地基基础工程和主体结构工程,为设计文件规定的该工程的合理使用年限;(二)屋面防水工程、有防水要求的卫生间、房间和外墙面的防渗漏,为 5 年;(三)供热与供冷系统,为 2 个采暖期、供冷期;(四)电气管线、给排水管道、设备安装和装修工程,为 2 年。其他项目的保修期限由发包方与承包方约定。建设工程的保修期,自竣工验收合格之日起计算。”

准确理解这两个概念的真义与差异,是否果真如此?如若建设工程发承包双方在合同中明确有此约定,可能自不待言。但基于我国现行法本身的规定,以及结合"缺陷责任"与"保修义务"这二者中文语意的自身汉语言词义角度来看,或还有进一步讨论的空间。基于此,我们衍生思考的问题,包括但不限于:1."缺陷责任"与"保修义务"是否均应以承包人存有过错为基础?2."缺陷责任"与"保修义务"之"责任"或"义务"指向,是否均仅限于质量保证本身?3.如超出"缺陷责任期"与"保修期",就所发现的建设工程质量瑕疵,承包人是否仍需担责?以下,我们尝试就此逐一进行分析论述。

一、"缺陷责任"与"保修义务"是否均应以承包人存有过错为基础?

本合同示范文本中,"缺陷责任"与"保修义务"的前提之一,即是"因承包人原因产生的质量缺陷"。但是实践中,质量缺陷情形的发生,显然并非仅有承包人过错这一诱因。针对工程总承包项目来讲,大的方面可以区分为发包人原因、承包人原因、其他第三方的原因以及不可归责于任何方的原因这四种不同情形。其中,发包人原因、承包人原因较易理解,其他第三方的原因例如发包人另行发包的勘察单位存有过错导致的建设工程质量瑕疵,不可归责于任何方的原因例如正常使用情形下合理使用期限内发生的建设工程质量瑕疵。

就此问题,已有相关立法也可作出类似解读。例如,原建设部《房屋建筑工程质量保修办法》第十三条规定:"保修费用由质量缺陷的责任方承担。"再如,住建部《建设工程质量保证金管理办法》第九条第二款规定:"由他人原因造成的缺陷,发包人负责组织维修,承包人不承担费用,且发包人不得从保证金中扣除费用。"立法背后的潜台词,均未将建设工程质量瑕疵的成因均归责于承包人。

因此,"缺陷责任"与"保修义务"之概念本身,均不以承包人过错为唯一诱因。

二、"缺陷责任"与"保修义务"之"责任"或"义务"指向,是否均仅限于质量瑕疵担保本身?

仅就中文表意来讲,"缺陷责任"更多地体现在对于建设工程质量瑕疵本身负责的意思,是指承包人需就其原因导致的工程质量瑕疵担责,类似于质量保证。"保修义务"则除了"缺陷责任"之外,还有一层需由承包人进行维修的意思,即保修不仅仅是对质量瑕疵的后果负责,更需要担负起针对建设工程质量瑕疵本身的维修义务。可以说,承包人是建设工程质量瑕疵的第一维修责任主体。

《建设工程质量管理条例》第四十一条规定:"建设工程在保修范围和保修期限内发生质量问题的,施工单位应当履行保修义务,并对造成的损失承担赔偿责任。"《建设工程质量管理条例释义》就此解释为,"对在保修期限和保修范围内发生质量问题的,一般应先由建设单位组织勘察、设计、施工等单位分析质量问题的原因,确定保修方案,由施工单位负责保修。但当问题严重时和紧急时,不管是什么原因造成的,均先由施工单位履行保修义务,不得推诿和扯皮"。也就是说,发生建设工程质量瑕疵,在保修期限和范围内,无论哪一方应对建设工程质量瑕疵本身负责,首先均应由承包人来予以维修。

因此,"缺陷责任"属于一种建设工程质量的保证责任,而"保修义务"的内在意思,除了承包人原因导致的质量瑕疵应当担责以外,还有一层承包人在保修期限与范围内对于建设工程质量瑕疵履行第一维修责任主体义务的意思。可以说,"保修义务"不仅仅保证的是质量后果,还有维修行为。

三、如超出"缺陷责任期"与"保修期",就所发现的建设工程质量瑕疵,承包人是否仍需担责?

这一问题在实践中也并不罕见。基于我国现行法定质量保修期的已有规定,普遍存在一种承包人超过保修期即可完全豁免质量保证的认知。在此,我们不妨就以下两类常见情形予以分析:

1. 竣工验收时未发现的建设工程质量瑕疵,在使用过程中逐渐显现,而后经过维修但反复出现,直至保修期满仍无法杜绝的,应当如何认定?

首先,建设工程并不是简单的"产品",而是在一定期限内,经"人""材""机"等多要素物理、化学组合而生成的复合成果。诸多质量瑕疵无法在竣工验收那一瞬间得以反映,而需要经过一段时间的使用才可显现。这也是《建设工程质量管理条例》对于建设工程作出最低保修期限规定的原因所在。所谓最低保修期限,即是"合理使用期限"。在此期限之内,对于有关的质量瑕疵承包人均应负有维修义务,而超出此"合理使用期限",任何产品的使用,包括建设工程在内,类似自然老化所致的瑕疵结果之发生,都属正常现象。

由全国人大常委会法工委编的《中华人民共和国建筑法释义》一书在对于

《建筑法》第六十二条规定的保修制度进行解释时指出,类似房屋建筑,如屋面漏水,墙壁裂缝或墙皮脱落,室内地面空鼓、开裂、起砂,上下水管道、暖气管道漏水、堵塞,暖气不热,电气故障,门窗开关不灵或缝隙超过规定等,在竣工验收时未被发现,而在使用过程中的一定期限内逐渐暴露出来的,施工企业则应当负责无偿修复。①

因此,此类不可归责于承包人的通病型、使用型质量瑕疵,②承包人仅在合理使用期限之内担责。超出合理使用期限,承包人可得缺陷责任豁免。

其次,若有关质量瑕疵不可归为通病型、使用型范畴,而纯粹就是竣工验收时未能发现,但在竣工验收后的使用过程中才暴露出来的,可得归责于承包人一方过错所致的缺陷,包括承包人提供的建筑材料本身的质量瑕疵,或者承包人施工工艺的问题等。此种情形下,当保修期届满之时,是否承包人可得维修义务之豁免?特别是当承包人一直修不好的情况下。

就此,有观点认为,承包人的维修义务应仅限于保修期内(不论法定最低还是双方合同约定),超出保修期的质量瑕疵,承包人不负有保修义务。否则,法承包双方之间的权利义务将长期处于一种无法期待的不稳定状态,不利于社会交易秩序的建立。也有观点认为,承包人的保修义务是建立在竣工验收合格基础之上的,如果建设工程本身在竣工验收时未发现质量瑕疵,但在使用过程中发现的,则此时承包人的质量保证义务在先。此种情形下的维修,并不是建立在建设工程质量合格基础之上,针对合理使用期限内出现的通病型、使用型质量瑕疵进行维修的次合同义务,而是基于质量保证的主合同义务。此种义务不以竣工验收程序而得以绝对免除。

我们认为,此种情形之下,当保修期届满之时,承包人的维修义务仍不应得以免除。理由在于:

一方面,竣工验收表示合格是一种应然状态,而非必然。但是,承包人对于其交付的建设工程成果的质量本身负责,却属于发承包双方之间建设工程合同的必然之意。《民法典》第七百七十条第一款规定:"承揽合同是承揽人按照定作人的要求完成工作,交付工作成果,定作人支付报酬的合同。"作为一种特殊的承

① 卞耀武主编:《中华人民共和国建筑法释义》,法律出版社1998年版,第167页。
② 指正常使用都有可能导致的质量瑕疵。

揽,建设工程承包人交付满足合同要求的质量的工程项目,亦是其必然的主合同义务。此种义务不应在竣工验收程序未能发现有关质量瑕疵,但保修期届满的情况下予以免除。

另一方面,我们认为竣工验收程序本身属于一种法律行为,无法避免行为人因自身经验或智识的局限所可能导致的意思表示瑕疵。如因此等法律行为而免除承包人本身的质量保证义务,直接进入视为竣工验收合格之后的保修范畴,则意味着行为人法律后果的承担与其自身的“运气”相关。这也同样可以避免承包人恶意拖延维修,或者反复维修仍无法修复,直至保修期满直接责任豁免的道德风险。在江苏南通二建集团有限公司与吴江恒森房地产开发有限公司建设工程施工合同纠纷案这一最高院公报案例①中,针对南通二建“案涉工程已竣工验收合格,施工单位仅应履行保修义务”的抗辩,江苏省高级人民法院在二审判决中即指出,竣工验收合格证明及其他任何书面证明均不能对抗案涉工程质量瑕疵本身,且《建设工程质量管理条例》作为行政管理性规范,在本案中仅作参考,有关案涉工程质量瑕疵问题的民事责任之判断仍应以当时有效的《民法通则》《合同法》等基本法律作为依据。

因此,承包人应当负有的建设工程质量保证义务,并不局限在保修期内。《民法典》第八百零一条规定:“因施工人的原因致使建设工程质量不符合约定的,发包人有权请求施工人在合理期限内无偿修理或者返工、改建。经过修理或者返工、改建后,造成逾期交付的,施工人应当承担违约责任。”仔细阅读该条,也并未就承包人的建设工程质量保证责任设限。

2. 超过保修期,发包人才发现质量瑕疵的,应当如何认定?

同前所述,保证建设工程质量是承包人基于建设工程合同的主合同义务。保修期届满,承包人豁免的只是针对通病型、使用型等不可归责于承包人的质量瑕疵责任。对于承包人自身原因所致的建设工程质量瑕疵,既不应以是否通过竣工验收为衡量标准,也不应以是否超过保修期为衡量标准。特别是针对一些隐蔽工程,发包人往往无法在某些期限之内主动发现。超过保修期即免除承包

---

① 《最高人民法院公报》2014 年第 8 期(总第 214 期),案号:(2012)苏民终字第 0238 号。此外,类似有关建设工程竣工验收报告不得作为对抗客观事实上确实存在的工程质量瑕疵的依据,在最高人民法院其他相关类似公报案例中亦有被申明。例如:《最高人民法院公报》2010 年第 11 期(总第 169 期),杨珺诉东台市东盛房地产开发有限公司商品房销售合同纠纷案,案号:(2008)东民一初字第 28 号。

人有关建设工程质量本身的保证义务,同样存在承包人期待保修期届满而得免除质量保证义务的道德风险。在北京捷宸阳光科技发展有限公司与中建二局第三建筑工程有限公司施工合同纠纷案件中,北京市高级人民法院经二审即明确指出,质量保修期满免除的只是施工人的保修责任,但并不必然免除其质量瑕疵担保责任。①

当然,上述观点在实践中势必也会引发不同的意见,例如此等责任分配,是否会导致发包人忽视自身的竣工验收义务。我们认为,此种意见违反了市场理性人的正常理性逻辑,作为发包人一方来讲,其合同目的就是获得合格的建设产品。较难想象发包人一方会主动忽视自身的竣工验收义务,而可能导致自身未来处于建设工程质量瑕疵的安全威胁之下。反之,若通过某种程序设置,将质量合格认定的后果强加于发包人一方,则会显得并不合理。只是,如果在承包人修复质量瑕疵后,是否需要重新计算保修期,则的确需要进一步考量发包人是否消极履行了自身义务。

实际上,建设主体本身对于建设工程质量瑕疵承担终身责任在现行法律体系之下,已有相关规定。例如:《建筑工程五方责任主体项目负责人质量终身责任追究暂行办法》第三条规定:"建筑工程五方责任主体项目负责人质量终身责任,是指参与新建、扩建、改建的建筑工程项目负责人按照国家法律法规和有关规定,在工程设计使用年限内对工程质量承担相应责任。"

四、小结:中国法下,"缺陷责任"与"保修义务"自身概念的再梳理

1. 为避免概念混淆与紊乱,建议未来立法时可将"缺陷责任"限定为承包人的质量保证义务,而与质量保修义务进行区分。若立法条件尚不具备的,发承包双方在制订自身的建设工程合同时,可予区分使用。

2. 类似于通病型、使用型建设工程质量瑕疵,不应归责于承包人,但属于承

---

① 本案中,北京市高级人民法院除了在说理部分就此问题给出了多重法理解释,还结合司法鉴定单位将工程质量瑕疵问题区分为"无时效作用"(从现存质量问题即可推定当初也存在质量问题)、"正的时效作用"(从现存质量问题足以推定当初的质量问题更为严重)和"负的时效作用"(自然损耗,由于目前尚无公认的性能与时间的定量关系曲线,基于现状难以反推当初状态)这三种情形,进一步论证在"无时效作用"与"正的时效作用"这两种情形下,承包人理应承担相应质量瑕疵担保责任。具体详阅(2020)京民终405号民事裁定书。

包人的“保修义务”,承包人须在保修期内予以维修。

3.“保修义务”对应的应是承包人的行为责任,其范畴不仅仅局限于通病型、使用型建设工程质量瑕疵,或承包人自身原因所致的瑕疵,还包括其他各种类型,只要在保修期内,承包人即是应予维修的第一责任主体。至于承包人履行“保修义务”之后的费用责任承担,则根据质量瑕疵的成因予以区分。

4.竣工验收合格不视为承包人可得免除自身建设工程质量瑕疵担保义务的前提条件,保修期内若发现可归责于承包人的质量瑕疵,承包人负有修复义务。并且,承包人的此等修复义务不因保修期限的届满而免除。

5.超过保修期发现可归责于承包人的质量瑕疵,承包人仍负有修复义务。无论保修期内发现,还是超过保修期后发现,针对应归责于承包人的质量瑕疵类型,在承包人修复后,发承包双方可通过合同约定的方式要求延长保修期。[①]

① 严格来讲,在这一类型问题之下,或许还应当区分,该等质量瑕疵本身是可通过竣工验收程序予以发现的;还是说发包人一方已经尽到了合理谨慎义务,鉴于建设工程竣工验收的客观局限性而未能发现的。对于前一种情形来讲,发承包双方之间权利义务的分配,或许应当结合个案进一步予以考量和平衡。

后　记

本书的写作可以说是个“副产品”。2021 年春节期间，根据事务所的统一布置，我负责参与了《工程总承包项目“发包人要求”推荐文本》立法调研分课题组的相关工作，在此课题研究过程中，通过对国内、国际不同工程总承包合同示范文本的梳理，我萌生出了针对 2020 版《建设项目工程总承包合同(示范文本)》按照个人的阅读理解习惯，进行体系化学习、阐释的想法。我试图想要了解的是，本合同示范文本每一个条款的来源出处在哪？为什么要这么制订？已有的合同条款在实践操作中，对于发承包双方来讲又应当注意什么？

显然，写作的过程充分证明了“理想很丰满、现实很骨感”这句话。从最初的没想写，到开始的想要写，再到过程中的不想写，直到最后的坚持写。夹杂着日常的诸多工作琐务，写作的过程断断续续持续了一整年的时间。而所有的这一切，靠我一个人的努力，可能也是无法实现的。在此付梓出版之际，想要万分诚挚的感谢法律出版社法商分社薛晗主任所给予的信任与大力支持，在我一开始提及这样一个写作想法时即给予了无条件的充分肯定，以及责任编辑肖越老师长期跟进沟通过程中所给予的周到协调，还有文稿编辑王静老师极为细致的逐字通稿审阅和大量的修订建议。

此外，还要感谢我所在的建纬上海总所工程总承包业务部的各位大小伙伴们对我本次写作所给予的包容与支持。特别是，上篇条文解析中大量的各合同示范文本条款复核、图表制作，均来自于实习生李玉浩、林昀昕、张玮杰的帮助，这些工作极为琐碎、耗时耗力；下篇专题解读中多篇文章来自郝运律师、吴浩然律师的合作，两位聪明的 90 后小伙伴极其优秀，大量的案例检索、条款梳理、图表制作均不在话下。最后要感谢建纬研究院朱树英院长百忙之中为本书作序，一直以来蒙朱老师教诲，唯有勤勉奋进，才是对老师最好的汇报。当然无论怎样，因个人学识与能力所限，最终呈现在大家面前的书稿中难免存在错误与疏漏,与此相关的责任一概均由我本人自行承担。您在阅读时若有发现任何瑕疵的,也欢迎您随时直接向我反馈赐教【电话:13701931711;微信号 lawyerxyz;电邮:xuyinzhe@ jianwei. com】。

徐寅哲

2022 年 8 月于上海